ARISTOTELĒS
PERI ZΩIΩN
ΓΕΝΕΣΕΩΣ

지은이 **아리스토텔레스** 기원전 384~322년

그리스 북동부 칼키디케 반도 스타게이로스 출생. 별칭으로 '스타게이로스의 사람'으로 불렸다. 마케도니아의 왕 아뮨타스 3세의 시의(侍醫)였던 아버지 니코마코스 덕에 어린 시절 펠라의 궁전에서 수준 높은 교육을 받으면서 성장했다. 17세가 되던 기원전 367년 아테네로 간 그는 플라톤의 아카데미아에 들어가 플라톤이 죽는 기원전 347년경까지 20년 동안 플라톤 문하에서 학문에 정진한다.

플라톤이 죽고 그의 조카 스페우시포스가 아카데미아의 새 원장이 되자 몇몇 동료와 함께 아테네를 떠난 아리스토텔레스는 기원전 342년 마케도니아의 필립포스 왕에게서 그의 아들 알렉산드로스의 교육을 위탁받은 것으로 추정되기도 한다. 알렉산드로스가 아시아 원정을 준비하던 335년 아테네로 돌아온 그는 아폴론 신전 경내에 뤼케이온이라는 학원을 설립한다. 기원전 323년 알렉산드로스 대왕이 죽고, 아테네에 반마케도니아 기운이 감돌기 시작하자 아리스토텔레스는 아테네를 떠나 어머니의 고향 칼키스로 갔고, 이듬해에 세상을 떠난다.

그의 저술들을 주제별로 정리하면 다음과 같다. 논리학적 저작으로 『범주론』, 『명제론』, 『분석론 전서』, 『분석론 후서』, 『토피카』, 『소피스트적 논박에 대하여』 등이, 이론철학적 저작으로 『자연학』, 『형이상학』, 『혼에 대하여』 등이, 실천철학적 저술로 『니코마코스 윤리학』, 『정치학』, 『에우데모스 윤리학』, 『대도덕학』 등이 전해진다. 또한 언어학적 철학 저작인 『수사학』과 예술이론적 저작인 『시학』이 전승되었고, 생물학 관련 작품으로 『동물 탐구』, 『동물의 부분들에 대하여』, 『동물의 운동에 대하여』 등도 전해진다.

옮긴이·주석 **김재홍**

숭실대학교 철학과 졸업. 같은 대학교 대학원에서 서양고전철학 전공, 1994년 「아리스토텔레스의 학문방법론에서의 변증술의 역할에 관한 연구」로 철학박사 학위 취득. 캐나다 토론토대학교 '고중세철학 합동 프로그램'에서 철학 연구(Post-Doc). 가톨릭대학교 인간학연구소 전문연구원, 서울대학교 철학사상연구소 선임연구원 역임. 가톨릭관동대학교 연구교수를 거쳐 전남대학교 사회통합지원센터 부센터장을 지냈으며, 현재 정암학당 연구원으로 있다.

저서로는 『그리스 사유의 기원』, 『왕보다 더 자유로운 삶』, 『아리스토텔레스 정치학』 등이, 역서로는 『자기 자신에게 이르는 것들』, 『에픽테토스 강의 1·2』, 『에픽테토스 강의 3·4, 엥케이리디온, 단편』, 아리스토텔레스의 『토피카』, 『소피스트적 논박에 대하여』, 『니코마코스 윤리학』 등이 있다.

ARISTOTELĒS
PERI ZΩIΩN
ΓΕΝΕΣΕΩΣ

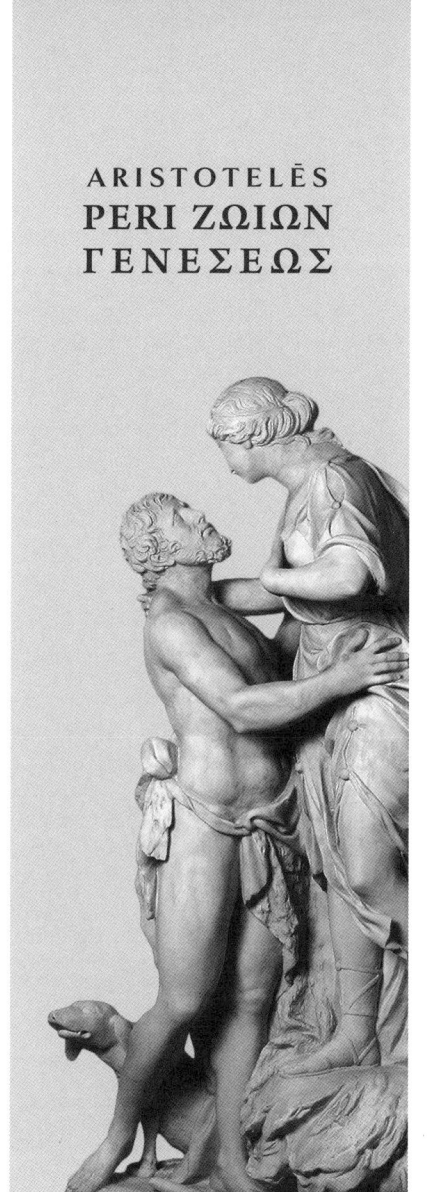

아리스토텔레스

동물의 발생에 대하여

김재홍
옮김·주석

그린비

고전의 숲 12 — 아리스토텔레스 전집 16

동물의 발생에 대하여

초판1쇄 펴냄 2025년 11월 25일

지은이 아리스토텔레스
옮긴이 · 역주 김재홍
펴낸이 유재건
펴낸곳 (주)그린비출판사
주소 서울시 서대문구 이화여대2길 10, 1층
대표전화 02-702-2717 | **팩스** 02-703-0272
홈페이지 www.greenbee.co.kr
원고투고 및 문의 editor@greenbee.co.kr

책임편집 이진희
편집 민승환, 문혜림, 전혜빈, 홍기표 | **디자인** 심민경, 조예빈
독자사업 류경희 | **경영관리** 장혜숙

ISBN 979-11-94513-42-1 93110

독자의 학문사변행學問思辨行을 돕는 든든한 가이드 _(주)그린비출판사

"사실 그 〔동물에 대한〕 고찰들 중 일부는 감각에 대해 불편한 구석이 있지만,
그러한 것들 중에서도 그것들을 만들어 낸 자연은 마찬가지로 원인을
알 수 있는 능력이 있고 본성적으로 지식을 사랑하는 사람〔철학자〕들에게
엄청난 기쁨을 준다."
──『동물의 부분들에 대하여』제1권 제5장 645a7-10

"나의 고귀한 데모크리토스여!
나는 아리스토텔레스가 준 정확한 정보에 놀란다네.
도대체 언제, 누구에게서 배운 걸까?
바다 저 깊은 곳에서 프로테오스나 네레오스라도 올라온 것일까?
물고기가 무엇을 하는지, 어떻게 자는지, 어떻게 지내는지를.
그는 희극 시인처럼 인용하면서 '멍청이들이 경탄하도록' 책을 썼기 때문이네."
──아테나이오스, 『현자의 식탁』제8권 352e

일러두기

1. 이 책은 번역 대본으로 다음의 책을 사용했다.

   Drossaart Lulofs, H. J., *Aristotelis De generatione animalium*, recognovit brevique adnotatione critica instruxit(Oxford Classical Texts), Oxford: Oxford University Press, 1965.

2. 대본과 다른 방식으로 텍스트를 읽는 경우 달라진 사항을 주에서 처리했다.

3. 아리스토텔레스 저작을 표시하는 관례에 따라서 베커(Bekker, 1831, Berlin)판의 텍스트 표시를 사용했다. 이를테면 724b30는 '베커판 724쪽 오른쪽 난(欄, column) 30행'을 가리킨다. a는 왼쪽 난을, b는 오른쪽 난을 의미한다. 단, 원전과 번역본 사이의 행수 표기는 정확히 일치하지 않을 수 있다.

4 베커(Bekker)의 교정본에 없는 글을 대본에 삽입하여 행이 늘어난 경우(Balme의 *Historia animalium*에서와 같이), 추가된 행에는 기존 행 번호 옆에 소문자 알파벳을 붙여 '33a, 33b, 33c'처럼 표기했다.

5. 『동물 탐구』는 종래의 베커판과 달리 새롭게 편집되었다(『동물 탐구』 제7권=제8권, 제8권=제9권, 제9권=제7권). 이 책에서는 발메(Balme)판을 원전으로 삼으며, 상호 참조가 필요한 경우에는 권수 표기 뒤에 소괄호(( ))를 사용하여 대응되는 베커판 권수를 병기했다. 예: 『동물 탐구』 제8권(9권) 제17장 616b25.

6. 원칙적으로 헬라스 원전에 충실하되, 우리말로 매끄럽지 않은 경우에는 어느 정도 의역을 허용하여 맥락이 자연스럽게 이어질 수 있도록 옮긴이의 해석에 따라 옮기려 노력했다. 원문에 없지만 문맥상 생략된 말로 보이거나, 겉으로 드러나지 않은 말들로 인해 원문만으로는 충분한 의미 전달이 어렵다고 판단되는 경우에는 대괄호([ ])를 사용하여, 옮긴이 임의로 원문을 이해하는 데 도움이 될 수 있는 방향으로 의미를 보충했다. 대괄호는 때로 원어에 대한 부가적 설명을 담기도 한다. 또 다른 풀어쓰기가 요청되는 경우에는 각주를 통해 의미를 명확히 밝혔다. 한편, 소괄호(( ))는 원문의 헬라스어와는 다르게 풀이 가능한 번역이나, 원문에 괄호 표시된 표현을 옮긴 경우에 사용했다. 따라서 이 경우 해당 표현은 원문으로 읽어도 무방하다. 가능한 한 독해에 방해가 되지 않도록, 원문에 생략된 표현이나 겉으로 드러나지 않은 헬라스어로 판단된 경우에도 기호를 사용하지 않고 자연스럽게 번역에 드러내고자 했다.

7. ē와 ō는 헬라스어의 장모음 에타(eta)와 오메가(omega)를 나타낸다. x는 ch로, υ는 u로 표기했다. 헬라스어의 우리말 표기는 원음에 가깝게 표기하고, υ는 일관적으로 '위'로 발음하여 Phuthagoras는 '퓌타고라스'로, Aiguptos는 '아이귑토스'(이집트)로 표기했다.

8. 단행본이나 정기간행물 등에는 겹낫표(『 』)를, 논문, 단편, 작품명 등에는 낫표(「 」)를 사용했으며, 학명일 경우에는 이탤릭으로 표기했다.

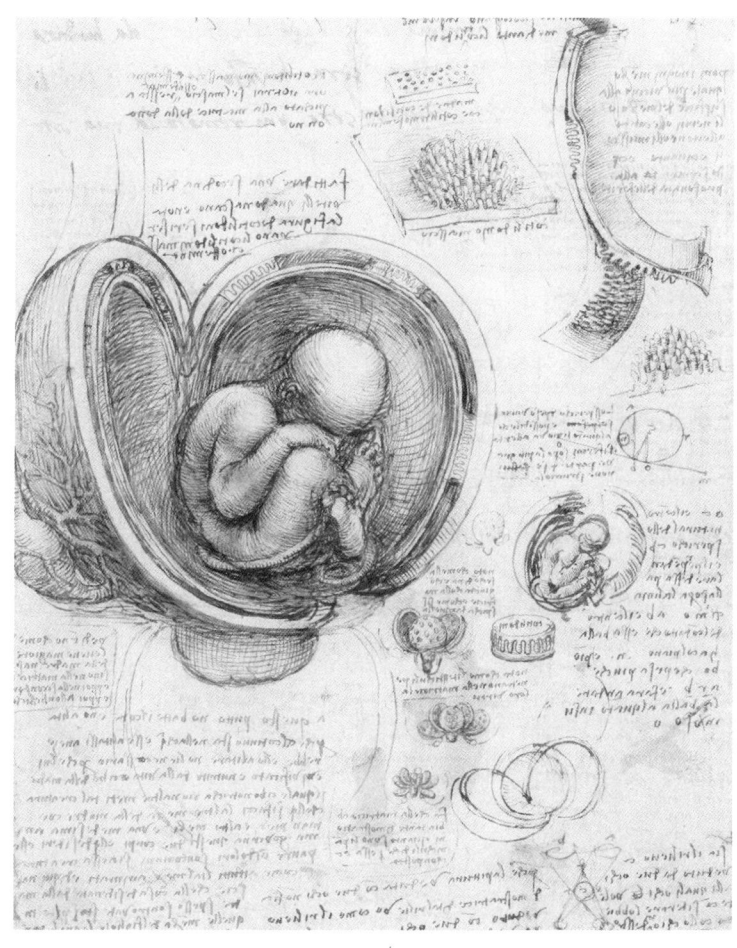

레오나르도 다 빈치, 「지궁 속 데이」(The Fetus in the Womb, c.1511)

차례 및
내용 요약

제1권

제2권

제5권

생명의 발생과 생물학의 탐구 방법론

아리스토텔레스의 동물학 저작과 그 순서에 대하여

우리에게 전승되는 아리스토텔레스의 저작집(*Corpus Aristotelicum*)에 실려 있는 주요 철학적 저술들을 주제별로 정리하면 다음과 같다. 논리학적 저작들로서는 『범주론』(*Categoriae*), 『명제론』(*De interpretatione*), 『분석론 전서』(*Analytica priora*), 『분석론 후서』(*Analytica posteriora*), 『토피카』(*Topica*), 『소피스트적 논박에 대하여』(*De sophisticis elenchis*, 『토피카』 제9권)이 전해진다. 그리고 이론철학적 저작들로는 『자연학』(*Physica*), 『형이상학』(*Metaphysica*), 『혼에 대하여』(*De anima*), 『생성과 소멸에 대하여』(*De generatione et corruptione*), 『기상학』(*Meteorologica*), 『천계에 대하여』(*De caelo*), 『우주에 대하여』(*De mundo*) 등이 전해진다. 실천철학적 저술로는 『니코마코스 윤리학』(*Ethica Nicomachea*), 『정치학』(*Politica*), 『에우데모스 윤리학』(*Ethica Eudemia*, 4~6권은 『니코마코스 윤리학』 5~7권과 동일), 『대도덕학(대윤리학)』(*Magna moralia*) 등이 전해진다. 그리고 언어학적-철학적 저작으로 『수사학』(*Rhetorica*)과 예술이론의 저작으로 『시학』(*Poetica*)이 전승된다. 동물학에 관련된 주요 작품으로는 『동물 탐구』

(*Historia animalium*),[1] 『동물의 부분들에 대하여』(*De partibus animalium*), 『동물의 운동에 대하여』(*De motu animalium*), 『동물의 발생에 대하여』(*De generatione animalium*) 등이 전해지고 있다.

아리스토텔레스 저작집의 20퍼센트 이상은 동물학 분야에 해당하는 작품이다. 아리스토텔레스 자신은 '생물학', '동물학'이라는 말을 사용하지 않았고, 다만 '자연에 대한 일반적 연구'라고 말하고 있을 뿐이다. '생물학의 저작'에는 식물과 동물에 관한 논의뿐 아니라 '혼'(psuchē)의 능력에 대한 연구도 포함된다. 그렇기 때문에 어떤 작품을 생물학의 범주에 포섭시키느냐에 따라, 또 진작 여부가 의심스러운 작품을 어떻게 해석하느냐에 따라 '생물학'의 범주 역시 달라질 수 있다. 아리스토텔레스의 철학 —— 형이상학을 위시한 여러 연구에서 사용되는 개념적 도구들 —— 을 이해하기 위한 매우 중요한 작품들을 담고 있는 이 분야에 대한 관심이, 헬레니즘 시기에 접어들어 어떤 이유로 간과되고 포기되었는지는, 앞으로 더 많은 연구자의 노력이 기다려지는 대목이다.[2] 어쨌거나 이에 관한 연구와 관심이 본격적으로 시작된 것이 2,000여 년이 지난 1970년대였다는 사실은 다소 의아하며,[3] 왜 이 분야에 대한 관심이 오랫

---

1 『동물 탐구』는 경우에 따라 『동물지』로 번역되기도 한다. 이때 '지'(誌)에 해당하는 historia는 원래 '탐구', '조사'를 뜻하며, 나아가 '그 결과들을 기록해 놓은 것'을 의미한다. 이 단어에서 현대 영어의 '역사'(history)라는 말이 파생되었다. 이를 풀어서 정확히 옮기자면 『동물들에 대한 탐구』(*tōn peri ta zōia historiōn*) 정도에 해당한다. 이 작품에는 동물의 삶과 개별 종들의 특성을 묘사한 방대한 자료가 집적되어 있다. 『동물 탐구』는 종래의 표준판인 베커(Bekker)판과 달리 새롭게 편집되었다(『동물 탐구』 제7권=제8권, 제8권=제9권, 제9권=제7권). 편집자에 따라서, 제10권은 내용상의 일관성이 없는 것으로 보고, 진작 여부를 의심해서 삭제하기도 한다(Balme, 1991, pp. 487~489).

2 Lennox, J. G.(2001a) 및 Lennox, J. G.(1987, pp. 110~125, Part I '생물학과 철학: 개관') 참조.

3 이에 대한 초창기 연구자로는 Lloyd, G. E. R., Preus, A., Kullmann, W., Balme, D. M.

동안 사라졌는지는 여전히 해명되지 않은 철학사적 문제로 남아 있다.

앞서 언급한 문제인 '동물학 저작'에 대하여 좀 더 살펴보기로 하자. 현재 우리에게 전해진 아리스토텔레스 저작집 중 '동물학'에 관련된 여러 논고는 『동물 탐구』 전 10권, 『동물의 부분들에 대하여』 전 4권, 『동물의 발생에 대하여』 전 5권, 『동물의 운동에 대하여』, 『동물의 진행에 대하여』 등이다. 우리는 이 가운데 앞서 순서대로 열거된 세 작품을 아리스토텔레스 동물학에 관련된 3부작(trilogy)이라고 부를 수 있다.

인간을 비롯한 동물 전반을 대상으로 한 학문적 탐구의 기본 구상에 기초하는 아리스토텔레스의 일련의 논고에서, 『동물의 발생에 대하여』는 『동물의 부분들에 대하여』 다음에 위치한다. 아리스토텔레스는 『동물의 부분들에 대하여』 맨 끝머리에서 명확하게 이 점을 밝힌다. 그래서 우리는 이 두 작품을 동물 탐구 방법상 서로 연속되는 작품으로 판단한다. 즉 '동물의 부분에 대한 설명(원인)'을 말한 다음에 '동물의 발생'이 온다는 것이다. 다만, 이는 논술의 순서를 보여 주는 것일 뿐 저작의 집필 순서를 그대로 반영하는 것은 아니다. 특히 발메(Balme)는 『동물의 발생에 대하여』 서론 격에 해당하는 제1권 첫머리 715a1-18의 논술을 아리스토텔레스 자신에 의한 것이 아니라, 다른 사람에 의해서 쓰인 것이라고 추정하기도 한다.

"[몸의] **여러 부분에 대해서**, 어떤 원인으로 그 각각이 동물로 있게 되었는지, 모든 동물에 대해서 개별적으로 말했다. 그것들을 규정했기 때문에, 다음은 '**그것들의 발생**'에 대해 상세히 논할 것이다."(『동물의 부분들

등과 같은 학자를 언급할 수 있다. 1980년대 들어서는 Gotthelf, A., Lennox, J. G., Pellegrin, P., Bolton, R., Nussbaum, M. 같은 학자들이 있다.

에 대하여』제4권 제14장 697b27-30, 강조는 옮긴이)

이를 이어받아 『동물의 발생에 대하여』 첫머리는 '원인'(aitia)을 통해 동물의 각 부분이 어떤 방식으로 존재하는지를 동물 일반에 공통된 관점에서 말해 왔음을 말하면서, 다음과 같이 탐구를 위한 중요한 개념 도구인 이른바 '4원인설'에 대한 설명을 제시하는 것으로부터 논의를 시작하고 있다.

"동물 몸의 다른 부분에 대해서, 이와 같은 원인에 의해 각 부분이 어떤 방식으로 존재하는지를 동물 일반에 공통되는 관점에서 말해 온 것과 동시에, 동물의 각각의 유에 고유한 부분에 대해 개별적으로 말해 왔다.[4] 여기서 내가 '원인'이라고 말하는 것은 '무언가를 위해서'라는 원인[5]을 말한다. 즉, 원인으로서 밑에 놓여 있는 것에는 4종류가 있는데, 목적으로서 '그것을 위해서'의 '그것'과 본질적 실체(ousia)에 대한 설명 규정(logos)(이 둘은 사실상 하나의 것으로서 받아들여야 한다), 또한 세 번째 및 네 번째 것으로서 질료[6] 및 거기로부터 운동이 시작되는 것이 그렇다 ── 그런데 네 번째 원인 이외의 다른 원인에 대해서는 이미 말한 대로이다."(『동물의 발생에 대하여』제1권 제1장 715a1-9)

---

4 『동물의 부분들에 대하여』의 논술 내용을 가리킨다.
5 아리스토텔레스의 4원인 중 하나인 '목적'(telos)으로서의 원인, 즉 목적인을 말한다. 아울러 이 목적인을 포함한 아리스토텔레스의 4원인에 대해서는 『자연학』제2권 제3장 194b23-195b21, 『형이상학』제5권 제2장 1013a24-b28 참조.
6 사물의 질료(hulē)에 해당하는 것으로서, 그 사물을 물질적으로 성립시키는 원인(질료인)을 말한다.

여기서 '거기로부터 운동(kinēsis)이 시작되는 것'이라 함은, 사물의 운동 변화의 시원에 해당하는 것으로 '운동인', 즉 작용인을 말한다. '동물의 생성'에서 네 가지 설명 방식 중 작용인에 대한 탐구는 오늘날의 '발생 생물학' 및 '신경 생리학'에 해당하며, 질료인은 '생화학' 내지는 '생리학', 형상인은 부모로부터 '정액을 통해' 전달받은 정보에 대한 설명으로서 해당 종의 다른 구성원과 공유하는 특징, 즉 '유전학'에 해당한다. 목적인은 모든 부분을 '기능'의 관점에서 설명하는 '적응'의 연구 과제로서, '진화 생물학'의 한 영역에 해당한다고 할 수 있다(Leroi). 나아가 목적인은 나머지 3원인을 포괄하며, 우리의 사고에 구조를 부여하는 역할을 맡는다. 이처럼 4원인(형상, 질료, 운동, 목적)은 자연과 생물 세계를 설명하는 연구 프로그램의 토대를 받치는 굳건한 '원리'가 되고 있다.

아리스토텔레스의 동물학과 연관된 작품에 대하여

먼저 아리스토텔레스 자신이 독립된 학문의 분야로 분류하지 않았던 동물학 관련 저작들을 좀 더 살펴보자. 철학의 예비 학문으로서 도구적 기능을 수행하는, 논리학 작품을 싣고 있는『오르가논』에 뒤이어『자연학』이 뒤따르고, 베커(Bekker)판 402쪽에 이르러 학문 분야의 성격에 논란이 있을 수 있는『혼에 대하여』를 비롯한 '혼(psuchē)의 기능'을 주제로 논의하는 '심리학적 지각'을 포함하는 일련의 작은 작품들이 잇따르고 있다. 베커판 486쪽에 가서 본격적으로 생물학의 영역으로 넘어가 동물의 탐구가 시작되며, 그 첫 번째 위치에『동물 탐구』(486a-638b)가 시작되면서『동물의 부분들에 대하여』(639a-697b),『동물의 운동에 대하여』(698a-714b),『동물의 발생에 대하여』(715a-789b) 등의 주요 작품이 연이어 등장한다. 이어서 진작 여부를 의심받는 식물 및 이와 연관된 문제들에 관련된 다른 작은 작품들이 계속되고, 980쪽에 이르러 '자연학 다음에 오는 것들'(ta meta ta phusika)인 『형이상학』으로 넘어간다.

동물학 저작 중에 가장 중요한 세 작품인 『동물 탐구』, 『동물의 부분들에 대하여』, 『동물의 발생에 대하여』는 베커판 쪽수로 각각 146쪽, 58쪽, 74쪽을 점유한다. 생물학 저작에 속할 수 있는 『자연학 소론집』(Parva naturalia)에는 심리학에 해당하는 혼의 기능을 논하는 작은 작품들이 실려 있다. 여기에 속하는 주요 작품으로는 「감각과 감각되는 것에 대하여」(De sensu et sensibilibus), 「기억과 상기에 대하여」(De memoria et reminiscentia), 「잠과 깸에 대하여」(De somno et vigilia), 「꿈에 대하여」(De insomniis), 「잠 속에서의 예언에 대하여」(De divinatione per somnum), 「숨에 대하여」(De spiritu), 「젊음과 늙음, 삶과 죽음, 호흡에 대하여」(De iuventute et senectute, de vita et morte, de respiratione, 13쪽), 「장수와 단명에 대하여」(De longitudine et brevitate vitae, 3쪽) 등이 있는데, 그 논의 주제는 작품 제목이 보여 주는 바와 같다.

이론적으로(logikōs) 살펴볼 때, 생물학적 저작의 논의 출발은 phusis(자연) 일반에서 관찰될 수 있는 현상 혹은 사실(phainomenon)들, 즉 데이터의 축적으로부터 시작한다고 말할 수 있다. '데이터의 축적'이야말로 아리스토텔레스 학문 전개 방법상 학문 논의의 아르케(archē, 출발)가 되어야 한다. 일상적 경험과 관찰을 '과학으로 만들고 철학의 한 자리를 차지하게 만든' 것은 아리스토텔레스의 최고의 업적이라 할 수 있다. '사실의 축적'은 엔독사(endoxa, 통념)로부터 출발하는 아리스토텔레스의 '개념 분석적 변증술적 학문 방법론'에 해당하는 것이라 할 수 있다. 또한 그의 학문 방법론이 일반적인 것으로부터 개별적인 것으로 나아간다는 지향점에 비추어 보아도 이러한 고찰 순서는 정당하다고 하겠다. 이와 관련해 **생물학적 탐구와 개념 분석적 변증술적 학문 방법론의 관련성**에 대해서는 뒤에 가서 다시 언급하겠다.

먼저, 『동물 탐구』에서는 (1) 'phusikē(자연) 일반에 대한 탐구'를 통해, 동물 일반의 관찰에서 얻어진 경험적 정보들을 수집·정리하고 있으며, 이어서 (2) 이러한 관찰을 토대로 한 이론적 기반을 구축하고 정리한다. 우리는 때때로 아리스토텔레스의 동물학에 축적된 방대한 자료에 놀라지만, 그 축적된 자료에 포함된 오류의 정도에 더욱 놀라지 않을 수 없다.

이어지는 『동물의 부분들에 대하여』에서는 동물의 '발생' 과정을 설명하기 위한 '질료'로서의 동물 부분은 배제한 채 동물들의 여러 '기관들'(즉, 부분들)의 '질료들'과 그 목적을 설명한다. 『혼에 대하여』가 동물의 '형상'에 해당하는 '혼'과 그 부분들, 즉 '기능'을 설명하는 것이라면, 이와 연관해서 읽어야 할 다른 작품들은 이후에 나오는 동물학 일반에 관한 작은 작품들에서 다시 언급되고 있다.

(3) 질료적 관점과 형상적 관점이 논의되었다고 한다면, 여전히 동물의 '발생' 부분에 대한 설명이 빠져 있는 『자연학 소론집』과 『동물의 운동에 대하여』에서는 '혼과 몸'의 문제가 한데 뒤얽혀 있을 수밖에 없다. 따라서 이들 작품에서는 혼과 몸에 공통되는 기능들에 대한 탐구가 그 주된 논의 대상이 되고 있다. 이렇게 점차적으로 논의의 순서를 좁혀 나가다 보면, **생명 과학의 기원의 문제**(The Problem of the Origins of Life Science)라 할 수 있는 철학적 과제가 남게 된다.

(4) 바로 이 지점에서 우리는 몸과 혼에 공통되는 '생명 발생의 기능'을 설명하는 '생성'의 문제에 맞닥뜨리게 된다. 만일 이러한 작품 구성에 대한 분석과 배열이 아리스토텔레스의 철학적 관심을 충실히 반영하고 있다면, 바로 이 문제야말로 아리스토텔레스 동물학 저작이 갖는 철

학적 문제의 정점이라 할 수 있다. 이 점이『동물의 발생에 대하여』라는 작품이 갖는 학문적 중요성이며, 궁극적으로 아리스토텔레스의 생명 현상에 대한 철학함의 telos(궁극적 목표)가 이 지점에서 드러난다고 해석해도 무리는 없을 것이다.

이러한 작품의 순서가 '이론적 관점'에서의 동물학에 관련된 논술 순서라고 받아들여져 왔다. 그러나 주의해서 바라봐야 할 것은 이러한 순서가 반드시 '저작의 성립 순서'를 드러내는 것은 아니라는 점이다. 예컨대『동물 탐구』에는 다른 저술에 대한 언급이 없기 때문에, 동물과 관련된 저작 중『동물 탐구』가 최초로 성립되었다는 해석이 일반적이었다. 그러나 발메(Balme)는『동물 탐구』가 다른 저작이 쓰인 후에 정리되었다는 해석을 제안했다. 발메가 상정하는 집필 순서에 따르면,『동물 탐구』는 맨 처음이 아니라, 생물학에 관련된 세 주요 작품들 중 맨 나중이다. ①『동물의 부분들에 대하여』제2~4권, ②『동물의 부분들에 대하여』제1권, ③『동물의 발생에 대하여』, ④『동물 탐구』등의 순서가 아리스토텔레스의 형이상학적 사고에서의 발전 순서라는 것과 맞아떨어진다는 것이다(Balme 1987a, pp. 9~20).

이 책의 목표와 '생식적 질료형상설'(Reproductive Hylomorphism)

『동물 탐구』는 인간을 비롯한 동물 전반을 대상으로 동물의 각 유에 고유한 특성이나 동물 간의 차이 등을 '사실'로 확인하고, 이것들을 정확하게 기술하는 데 중점을 두고 있다. 이를 이어받아『동물의 부분들에 대하여』는 파악된 사실을 바탕으로 동물의 몸과 그것을 구성하고 있는 여러 부분에 대해 각 부분의 구조와 기능을 해명하며, 동시에 그것이 동물의 각 유에 적합해야 할 필연성을 '그것이 무엇을 목적으로 존재하는

가'라는 관점에서 설명하려는 목표를 가지고 있다. 아리스토텔레스는 동물의 각 유가 생존하기 위해서 생존의 '목적에 적합한 기능을 하기 위한' 신체의 여러 부분이 존재하는 것이 '필연적'이라고 주장한다. 이러한 '필연성'을 '조건적 필연성'(hypothetical necessity)이라고 한다.

'조건적 필연성'은 '어떤 일이 생기거나 성립하게 된다면 필연적으로 그러한 것으로 되어 있어야 한다'라는 식으로 최종 목적이 되는 것이 조건으로서 세워졌을 때 거기로부터 필연적으로 귀결되는 필연성이다. 즉 '음식은 필연적인[필수적인] 것이다'(제1권 제1장 642a7)라든가, '도끼는 물건을 쪼개야 하므로, 그것은 필연적으로 단단해야 하며, 만일 단단해야 한다면 그것은 필연적으로 청동이나 철이어야 한다'(642a9-11)라는 것이다.[7]

조건적 필연성으로 수컷의 '음경'(陰莖)을 언급한 예를 살펴보자,

"수컷의 기관은 몸의 차이에 따라 다르다. 그 기관들 모두가 자연 본성상 똑같이 근육 모양으로 만들어져 있는 것이 아니기 때문이다. 게다가 여러 부분 중에서 그것만이 병적인 변화를 수반하지 않고도 커지거나 작아진다. 커지는 것은 성적 교접에 유용하고, 작아지는 것은 신체 부분의 다른 필요를 위해 유용한 것이다.[8] 그것이 항상 같은 상태로 있으면 지장이 있기 때문이다. 그 부분은 본성상 그렇게 양쪽 상태가 일어날 수 있는 그런 것들로 이루어져 있다. 즉 한편으로는 힘줄인 동시에 다른 한편으로는 연골길이기도 하고, 그 때문에 줄어들 수도 늘어날 수도 있어서, 숨

---

7   '조건적 필연성'에 대해서는 『동물의 부분들에 대하여』 제1권 제1장 642a2 아래 및 『동물의 부분들에 대하여』(김재홍, 2024), 해제 「여기에도 신들이 있소이다」, pp. 60~68 참조.

8   오줌 누는 것.

결을 받아들일⁹ 수 있는 것이다."(『동물 탐구』 제4권 제10장 689a22-31)

여기서 우리가 관심을 갖는 『동물의 발생에 대하여』라는 작품의 전반적인 목표에 대한 설명은 『동물의 부분들에 대하여』에 명확히 나와 있다. 아리스토텔레스는 이 책에서 생성(genesis)은 존재(ousia)를 위한 것이지 그 반대가 아니라는 중요한 주장을 내세운다. "왜냐하면 생성[된다는 것]은 실체[실재로 있음]에 부수하며 실체를 위해 있는 것이며, 실체가 생성에 부수하는 것이 아니기 때문이다"(『동물의 발생에 대하여』 제5권 제1장 778b6-7). 이러한 주장을 앞서 제시한 다음, 그는 다음과 같이 말한다.

"(1) 따라서 무엇보다 이런 식으로 설명해야 한다. 즉 '**원래 이것이 인간임이기 때문에, 그렇기에 인간은 이러한 것들을 가지고 있다.** 이것들의 부분들 없이는 인간일 수 없기 때문이다'. 이렇게 말할 수 없다면, 가능한 한 이에 가까운 설명을 해야 하며, 일반적으로 ① '다른 식으로는 불가능하다'라거나 ② '적어도 그런 식이라면 올바른 방식이 된다'라고 설명해야 한다. 이처럼 '이런 것들이 [어떤 것이 있어서] 파생되는 것이다. (2) 인간은 이러한 것이기 때문에, 필연적으로 이것과 같은 **생성**이 이런 식으로 일어나야 한다. 그러므로 여러 부분 중에서도 이것이 처음으로 생기고, 이어서 저것이 생긴다'. 자연에 의해 형성된 모든 것에 대해서도 마찬가지로 바로 이런 식으로 설명해야 하는 것이다."(『동물의 부분들에 대하여』 제1권 제1장 640a34-640b4, 강조는 옮긴이)

---

9   정액의 사출은 '숨의 내뿜음에 의해' 일어난다.

이 구절에서 아리스토텔레스는 『동물의 발생에 대하여』와 『동물의 부분들에 대하여』의 목표를 제시한다. 『동물의 부분들에 대하여』가 **동물이 왜 그런 부분을 가지고 있는지**에 대한 설명에 관심을 두는 반면, 『동물의 발생에 대하여』는 **그 부분들이 존재하게 되는 과정**에 초점을 맞추고 있다. 즉 인용문의 (1)은 본질적 존재의 우선성을 말하는 것으로서, 예를 들어 척추를 가지고 있는 인간이기 때문에, 이러한 것들이 따라 나온다는 것이다. 즉 '**인간임(본질)은 볼 수 있기 때문에, 눈을 가진다**'는 것이다(『동물의 발생에 대하여』 제5권 제1장 778a31-b13 참조). 인용문의 두 번째 부분(2)은 이 과정이 어떻게 설명되어야 하는지를 말한다. 그 설명은 생성된 것의 '본질'에서부터 시작해야 한다는 것이다. 생성된 것이 **그런 본질**을 가지고 있기 때문에, '어떤 것'이 '조건적 필연성으로' 그것이 어떻게 존재해야 하는지에 관련해서 뒤따른다는 것이다. 부분들이 존재하는 순서대로 그것들이 존재하게 되는 이유가 된다. 아리스토텔레스의 설명 방식에 따르면, 신체의 어떤 부분들은 인간의 '형상'(본질)이 그 부분들을 요구한다는 것을 보여 줌으로써 설명될 수 있다. 따라서 인간의 '형상'은 인간의 신체 부분들의 존재를 설명하는 효력을 가진다.

여기서 ①은 '심장이 없으면 인간은 살 수 없다'라는 식으로 본질적 특성에서 직접 도출되는 것은 아니더라도, 필수 불가결하다는 점에서 설명하는 방식을 말한다. ②는, 예를 들어 '신장은 [필수 불가결하지 않지만] 있으면 좋은 모습이 실현된다'라고 하는, 필수 불가결하지는 않지만 그것이 있음으로써 더 '나은 삶'을 영위할 수 있게 되었다고 하는 설명 방식이다. 이것은 생존을 위해 꼭 필요한 것이지만, 동물의 '비-정의적 특징'(non-defining features)을 말하는 것으로 이해된다(Balme). 심장, 간, 폐와 같은 기관이 그런 것이다(『동물의 부분들에 대하여』 제3권 670a23-30 참조).

"수컷에서 정액을 위한 기관의 차이에 관련해서, 그러한 것은 어떤 원인에 의한 것인가 하는 점을 고찰하고자 하는 사람은 고환의 형성이 무엇을 목적으로 하고 있는가 하는 점을 먼저 파악해야만 한다. 그런데 자연이 행하는 **모든 것이 '필요'를 위해서이든지, 또는 '더 좋은 것'을 위해서라고 한다면**, 고환이라고 하는 부분이 존재하는 것도 이 둘 중 어느 하나를 원인으로 하고 있을 것이다."(『동물의 발생에 대하여』 제1권 제4장 717a14-18, 강조는 옮긴이)

이를테면 부분 P가 F라는 기능을 위해 있는 것이고, 또 어떤 동물은 P 없이도 F라는 기능을 수행한다면, 어떤 동물은 P를 가졌기 때문에 F라는 기능을 더 낮게 수행한다는 것을 보인 셈이 된다는 것이다. 그래서 "자연은 아무런 쓸데없는 일을 하지 않으며, 항상 동물 각각의 유에 따른 본질적 실체에 가능한 것들 중 최선의 것을 만드는 것이다"(『동물의 진행에 대하여』 제2장 704b15-18).

이 책에서 아리스토텔레스는 동물에 수컷과 암컷이 존재한다는 사실을 전제로 동물의 몸의 부분들 중에서 발생(생성)에 기여한다고 여겨지는 부분(수컷과 암컷의 생식기관)의 구조와 기능을 밝힌 후, 이러한 부분의 구조와 기능에 기초한 발생 구조에 대해서 동물 전반에 공통되는 관점에 기반하면서도 동물의 각각의 유에 고유한 관점에서 논의하고 있다. 이 논의에서 아리스토텔레스는 이른바 '생식 물질'에 해당하는 것으로서 수컷이 방출하는 '정액'과 암컷에서 제공되는 '월경혈'의 자연 본성을 밝히는 동시에, 이것들을 통해 수컷과 암컷이 동물의 발생에서 담당하는 역할을 명확히 규정한다.

이 책 전반에 걸쳐 아리스토텔레스는 암컷이 어떤 의미에서 수컷의 정자와 비교할 수 있는 생식에서의 '정자'에 기여하고, 암컷의 정자는 자궁이 교미하는 동안 분비하는 액체에 담겨 '자궁 앞 부근'으로 운반된다고 주장한다. 거기서 그것이 수컷의 분비물과 섞인 후, 둘 다 숨결(pneuma)에 의해 함께 자궁으로 끌려 들어가 자궁에 의해 붙잡히게 된다. 자궁이 정자를 흡수하고 붙잡는다는 것이 곧 '임신한다'라는 것의 의미이다.[10] 즉 태아가 된다. 사실 이 견해는 당시 널리 퍼져 있었다.[11]

아리스토텔레스의 이론은 수컷만이 정액에 기여한다는 견해에 반대한다. 수컷만이 정자를 제공한다는 주장을 펼치는 플라톤은 이렇게 주장한다. "경작지에 **씨앗을 뿌리듯이 자궁에다 작아서 보이지 않고 형태도 갖추어지지 않은 생명들**을 뿌리고는, 다시 그것들을 분화시키고 자궁 안에서 자라도록 양육하며, 그런 다음에는 그것들을 빛으로 인도함으로써 생명체의 탄생을 완수할 때까지 계속될 것입니다."[12] 이와 달리, 『동물 탐구』 제10권에서 아리스토텔레스는 여성의 '방출'을 더 이상 말하고 있지 않지만, '국소적인 발한'과 같이(635b17) 교미(성교) 중에 발생하는 '습기'와 구별한다. 그러나 아리스토텔레스는 『동물의 발생에 대하여』에서 일반적으로 교미 중에 분비되는 습기는 국소적일 뿐이며 정자가 아니라고 말한다. "어떤 사람들은 여자에게도 남자의 것에 가까운 환희가 가끔 생길 수 있고, 동시에 액상 분리가 일어난다는 것을 근거로 여자가 성교 중 정액을 제공하는 것으로 생각하는데, 이 액상물은 정액의 형태가 아니라 어떤 특정한 여자의 국부(局部)에 고유한 것이다."[13]

그 대신에 그는 태아가 발달하려면 반드시 존재해야 하는 '월경액'

---

10 『동물 탐구』 제9권(7권) 583b29 아래.

11 알크마이온(DK24A13), 파르메니데스(DK28A54, B18), 엠페도클레스(DK31B63), 데모크리토스 (DK68A142), 힙포크라테스 등.

12 플라톤, 『티마이오스』 91d; 아낙사고라스 DK59A107 참조. 강조는 옮긴이.

13 『동물의 발생에 대하여』 제1권 제20장 727b34-728a1, 제2권 제4장 739a20 참조.

과 여성의 정자를 동일시 한다(『동물의 발생에 대하여』제2권 제4장 739a27). 따라서 『동물의 발생에 대하여』의 이론은 『동물 탐구』제10권 이론과 근본적으로 모순되지 않지만, 그것을 새롭게 다듬고 있다. 그것은 아리스토텔레스가 월경혈을 '암컷의 정자'(『동물의 발생에 대하여』 725b3, 728a26, 728b22, 737a28, 750b4, 766b14, 『동물의 부분들에 대하여』689a12)라고 부르는 것을 막지는 않지만, 그는 그것이 수컷의 정자보다 덜 숙성되었으며 '영양적 혼'만을 지니고 있기 때문에, 그 자체로는 '풍란' 이상을 생성할 수 없다고 주장한다. "따라서 풍란이 가능상태에서 어떤 혼을 갖는다는 것은 분명하다. 그럼, 그것은 어떤 종류의 혼을 말하는 것인가? 그것이 가장 낮은 혼인 것이라는 것은 필연적이다. 즉 영양 섭취를 위한 혼이다"(『동물의 발생에 대하여』제2권 제5장 741a24-25). 동일하게 암컷의 씨앗(정액)을 함축하는 『동물 탐구』제1권 제3장 489a9-12(베게티(Vegetti)는 그의 주석에서 『동물의 발생에 대하여』와 일치하지 않는다고 생각함)와 제9권(7권) 582a17의 진술은 『동물의 발생에 대하여』이론과 정합적이지 못하다.

아리스토텔레스는 『동물 탐구』제10권에서 '여성도 남성이 성교할 때, 암컷의 씨앗(월경피)을 방출하는 곳인 자궁의 입구 앞으로 방출한다. 그것은 거기에서 수컷의 정액과 섞인다'라고 주장하지만, 그와 달리 『동물의 발생에 대하여』에서는 다음과 같이 부정한다.

"'인간인 여자도 정액을 방출한다'라고 주장하는 사람[14]들에게도 현실에서 일어나는 일은 그와 정반대이다. 수컷의 생식액과 섞이려면 자궁

---

14 제1권 제20장 727b33 아래 참조. 『동물 탐구』제10권은 '동물의 암컷도 정액을 제공한다'는 입장을 일관적으로 유지한다.

은 일단 밖으로 방출한 것을 다시 내부로 흡입하게 되기 때문이다. 하지만 그런 일이 생기는 것은 쓸데없는 일이고, 자연은 무엇 하나 쓸데없는 일을 하지 않는다."(제2권 제4장 739b16-20)

아리스토텔레스가 『동물의 발생에 대하여』에서 반대 의견('수컷만이 생성에 기여한다')을 반박하지 않는 것은 이상하다. 그런데 그는 더 이상의 논증 없이 '암컷도 어떠한 정액을 제공하는 것인가, 아니면 암컷은 정액을 제공하지 않는 것인가'(721a35, 763b30)라고 언급한다. 『동물의 발생에 대하여』에서 그는 여성의 기여에 대한 당시 통용되는 이론에 주의를 기울였는데, 그는 자신의 이론을 설명하기 전에 기존의 모든 이론을 자세하게 반박하고 있다. 이것은 『동물 탐구』 제10권을 『동물의 발생에 대하여』 이전에 쓰인 아리스토텔레스의 진정한 작품으로 받아들일 수 있는 근거를 제공한다.

아리스토텔레스는 수컷과 암컷이 동물의 발생에서 담당하는 역할을 명확히 규정하는 과정에 따라 논의를 진행하는 가운데, 수컷과 암컷의 성별은 어떻게 결정되는가 하는 문제, 자녀가 부모나 친부 또는 외조부 쪽의 특징을 이어받아 태어나는 것은 어떤 원인에 의한 것인가 하는 문제 등을 비롯하여 동물의 발생 전반에 관계되는 복잡한 문제에 대해 명확한 답변을 주는 것에 강한 관심을 기울이고 있다.

이와 같이 이 책은 동물의 발생 원리에 해당하는 것이나 발생 구조 등에 대해 일반적이고 개별적인 관점에서 논의함으로써 동물의 발생 전반을 둘러싼 여러 문제를 해명하는 것을 목적으로 하고 있다. 그 과정에서 우리는 이른바 **'질료형상설'**(hylomorphism)을 시작으로 하여 아리스토텔레스 자신의 학문적 방법, 그의 자연관이나 형이상학과 관련된 여러 개념이나 이론적 틀을 읽어 낼 수 있다. 따라서 이 책에서 전개되고 있는 동물의 발생 이론의 독립성과 그 의미를 이해하기 위해서는 동물의 발생을 비롯한 생명 과학 전반을 둘러싸고, 아리스토텔레스의 이론에 선행하는 여러 이론이나 견해를 비판적 검토의 대상으로 삼아야 한다. 그래서 이들 개념이나 이론적 틀이 비판의 전제로서 어떻게 기능하고 있는가를 명확하게 제시하는 동시에, 아리스토텔레스가 자신의 이론을 전개하는 경우에, 이들 개념이나 이론적 틀이 어떻게 도움이 되고 있는가를 분명히 하는 것도 중요한 작업으로 생각되고 있다.

『동물의 발생에 대하여』에는 여러 철학적 개념을 사용하는 방법론이 개재되고 있음을 빠뜨려서는 안 된다. 아리스토텔레스는 동물 생성에 대한 '확고한' 철학적 설명과 개념을 제공하는 데 관심을 가지고 있다. '확고한 철학적 설명'이란 아리스토텔레스가 자연 연구를 위해 개발한 질료와 형상, 가능상태와 실현상태(dunamis와 energeia), 4가지 종류의 원인과 같은 그의 철학적 핵심 개념 도구를 사용하는 설명을 하고 있다는 점이다. 아리스토텔레스는『동물의 발생에 대하여』를 시작하면서 '생성적 원인'(운동인)을 제외한 동물의 각 부분에 대한 목적인, 형상인, 질료인을 이미 탐구했다고 말하고 있는 점은 의미심장하다. 그는 우리가 탐구해야 할 일은 '생성적 원인'인 운동하는 원인에 대한 전반적인 연구임을 밝힌다.

"여기서 내가 '원인'이라고 말하는 것은 '무언가를 위해서'라는 원인을 말한다. 즉, 원인으로서 밑에 놓여 있는 것에는 4종류가 있는데, 목적으로서 '그것을 위해서'의 '그것'과 본질적 실체(ousia)에 대한 설명 규정 (이 둘은 사실상 하나의 것으로서 받아들여야 한다), 또한 세 번째 및 네 번째 것으로서 질료 및 거기로부터 운동이 시작되는 것이 그렇다 ── 그런데 네 번째 원인 이외의 다른 원인에 대해서는 이미 말한 대로이다(즉,

설명 규정과 목적으로서의 '그것을 위해서'의 '그것'은 동일한 것이며, 동물에서는 그 몸의 여러 부분이 그 질료에 해당한다. 모든 동물은 온몸에서 비동질적 부분이 그 질료에 해당하고, 비동질 부분에서는 동질 부분이 그 질료에 해당하고, 동질 부분에서는 '물체의 기본 요소'라고 불리는 것이 질료에 해당한다)."(『동물의 발생에 대하여』 제1권 제1장 715a3-12)

이런 식으로 아리스토텔레스는 '운동인'을 『동물의 발생에 대하여』의 주요 탐구 목표로 삼을 뿐만 아니라 4가지 원인에 대한 이론이 동물에 대한 그의 연구의 광범위한 영역을 어떻게 형성하고, 그 안에서 어떻게 작동되며, 어떻게 통제하는지에 대한 '훌륭한' 설명을 제공하고 있다. 물론 아리스토텔레스가 '운동인'은 이 책의 탐구의 주요 논술의 초점이 될 것이라고 말하고 있지만, 그렇다고 해서 다른 원인들, 특히 궁극적 원인인 '목적인'의 관련성을 배제하려는 것은 아니다.

어쨌든 아리스토텔레스 철학의 토대를 세우는 이론 중 하나로, 그의 사상 전체를 특징짓는 것이 바로 '질료형상설'이다. 아리스토텔레스에 의하면, 가옥이나 조각상 등의 기술 제작품, 또 동물이나 식물로 대표되는 자연적 사물을 비롯한 모든 사물은 —— '신'을 제외하고 —— 원칙적으로 '질료'와 '형상'이라는 2개의 원리로 구성되어 있다. '질료'는 각 사물을 '그것으로부터' 물질적으로 구성하고 있는 원리를 말하는 것이고, '형상'은 그 사물의 질료를 '각 사물이 그것으로서 존재한다'라는 것에 의해서 그 사물의 '본질'(ousia)을 결정하는 원리를 말한다. 이 두 가지 원리를 설명하기 위해 아리스토텔레스가 '빈번하게' 예로 들고 있는 '청동구'라는 사물의 경우, 청동이 질료(hulē)에 해당하는 반면, 구의 형태가 '형상'(eidos)에 해당한다는 것이다.

질료와 형상이라는 두 가지 원리는 전문 기술자에 의해 제작되는 작품의 형태와 성립을 원리적으로 설명하는 경우뿐만 아니라, 동물이나 식물의 형태와 성립을 원리적으로 설명하는 경우에도 적용된다. 게다가 동물이나 식물이 처음 생성 단계부터 완전히 성장해 가는 과정을 설명하는 경우에, 전문 기술자가 작품을 제작하여 그것을 완성한 작품으로 만들어 가는 과정을 설명하는 경우와 마찬가지로 '질료'와 '형상'이라는 두 가지 원리에다가 '운동을 일으키는 원인' ── 운동인, '그것에 의해 사물이 만들어지는 것' ── 이라는 개념이 원리로 더해진다. **즉 기술 제작품의 제작에서 건축가나 조각가가 자신의 '혼' 속에 있는 가옥이나 조각상의 '형상'에 기초하여 '질료'에 해당하는 목재나 대리석 등을 가공하거나 조립함으로써, 자신의 '혼' 속의 가옥이나 조각상의 '형상'을 거기에다가 실현시켜 나가는 것이다.** 이것에 대해 동물이나 식물의 생성을 설명하는 경우, 아리스토텔레스는 '자연'(phusis)을 그것들의 '생성의 원리' ── 운동인 내지는 작용인 ── 에 해당하는 것으로 도입함으로써, 자연을 가옥이나 조각상 등의 기술 제작품의 제작에서 작용인으로서 작용하는, 전문 기술자의 '혼' 속에 존재하는 기술 제작품의 '형상'에 대응시키고 있다. 그렇다면 동물과 식물이 생성되는 과정에서 이 원리들은 어떤 방식으로 작동하고 있는 것일까?

아리스토텔레스의 동물의 발생 이론과 그 전개 방향

아리스토텔레스는 동물의 발생 전반을 학문적 탐구의 대상으로 삼는 경우에, 우리에게 친숙한 **사실** 내지는 **현상**(phainomenon)으로부터 출발한다. 즉, 많은 동물은 수컷과 암컷이 나뉘어 존재하고 있다는 사실, 많은 동물의 발생은 수컷과 암컷이 짝짓기함으로써 일어난다는 사실 등이다. 이 사실을 바탕으로 아리스토텔레스는 수컷과 암컷을 동물 발생의 시원(archē)에 해당하는 것으로 규정한 다음, 발생에서 수컷과 암컷이 각각 수행하는 역할을 명확히 규정하려고 시도한다. '자연은 아무것도 쓸모없게 만들지 않는다'(『동물의 발생에 대하여』 제2권 제5장 741b4-5)라는 그 자신의 자연관에 근거한다면, 수컷과 암컷이 나뉘어 존재한다는 사실은 동물의 발생에서 수컷과 암컷이 해야 할 역할이 명확하게 구별되어 있다는 것을 전제로 하는 것이다.

> "한편으로 (a) 그것[암수의 구별]이 필연에 의한 것이라고 하는 점에서 처음에 움직이는 것과 어떤 질료에 의한 것이라는 점을 이 논의가 진행되어 가는 단계에서 보일 수 있도록 시도해야만 한다. 그러나 다른 한편으로 (b) 그것이 '더 나은 것'을 위한 것이며, 즉 '무언가를 위해서'라는 원인에 의한다고 하는 점에서는 그 원리를 상위의 것[15]으로부터 얻고 있는 것이다."(『동물의 발생에 대하여』 제2권 제1장 731b21-24)

동물의 발생에서 수컷과 암컷이 완수해야 할 역할에 대한 물음은, 양자가 각각 제공하는 '정액'과 '월경혈'의 자연 본성과 그 기능을 둘러싼 물음으로 바뀌어 간다. 이 물음을 둘러싼 고찰을 통해 아리스토텔레스는 암컷이 제공하는 '월경혈'(유혈동물의 경우) 또는 '월경혈과 유비적인 것'(무혈동물의 경우)은 배아의 몸을 형성하기 위한 '질료'에 해당하는 데 반해, 수컷이 방출하는 '정액'은 암컷으로부터 제공받는 '질료'로

---

15 '상위의 것으로부터'(anōthen; to anō sōma)에서 '상위의 것'이란 여러 천체를 말한다. 여러 천체는 aithēr라고 불리는 '기본 요소'로 구성되어 영원불멸이며 신적이라고 여겨진다(Loeb, p. 129, note e 참조). 『천계에 대하여』 제1권 제3장 270b1 아래 참조. 이에 반해 발메(Balme)는 '상위의 것'을 일련의 여러 원리 중 '더 일반적인 것', 여기에서는 '아름다움'이나 '신적인 것' 같은 '더 일반적인 목적인'을 가리키는 것으로 해석한다.

부터 '형상'을 실현시키기 위한 '운동의 시원'을 전하는 것이라고 결론 짓고 있다.

이러한 결론에 이르는 일련의 논의에서, 아리스토텔레스는 이른바 '생식 물질로서의 정액'의 자연 본성과 그 작용 등을 둘러싸고, 선행하는 여러 이론이나 견해를 비판적 검토의 대상으로 삼는다. 사실 인간을 비롯한 동물의 발생 전반에 관련된 사건들은 수컷과 암컷의 성별은 어떻게 결정되는가 하는 문제, 자식이 부모나 친부 또는 외조부 쪽의 특징을 이어받아 태어나는 것은 어떤 원인에 의한 것인가 하는 문제를 중심으로 철학자들과 의학자들의 학문적 관심의 대상이 되어 왔다. 아리스토텔레스가 이러한 사람들의 여러 입장이나 견해를 비판적 검토의 대상으로 삼을 경우, 그 비판은 그의 자연관이나 형이상학과 관련된 여러 개념이나 이론적 틀의 타당성을 전제로 하고 있다. 이런 의미에서 호혜의 원칙과 공평성이 결여되어 있는 것처럼 보일지도 모른다. 이러한 그의 비판으로부터 우리는 선행하는 이론이나 견해에서 어떤 점에 대해서 아리스토텔레스가 근본적 물음을 던지고 있었는지를 읽어 낼 수 있다.

이 책의 논의 가운데 아리스토텔레스가 비판적 검토의 대상으로 삼고 있는 철학자들의 여러 입장과 견해 중 구체적으로 이름을 들어 언급하는 것은 아낙사고라스, 엠페도클레스, 원자론자 데모크리토스의 이론이다. 이들은 기원전 5세기에서 기원전 4세기 전반에 걸쳐 활약한 유명한 자연철학자들로, 생물을 비롯한 자연적 사물의 생성과 소멸, 그 원인을 둘러싸고 저마다 특색 있는 자연학적 이론을 전개하고 있다. 동물의 발생 전반을 둘러싼 여러 문제와의 관련에서 말하자면, 수컷과 암컷의 성별 결정의 원인으로 여겨지는 것을 둘러싸고 아낙사고라스는 수컷의 오른쪽의 고환으로부터 방출된 '정액'은 수컷이 되는 것에 비해, 왼쪽 고환에서 방출된 '정액'은 암컷이 된다고 주장한 것으로 알려졌다.

엠페도클레스는 월경혈의 온도 여하에 따라 자궁이 뜨거워지는 경우에는 태아가 수컷이 되는 반면, 자궁이 차가워지는 경우에는 태아가 암컷이 된다고 주장한 것으로 알려졌다. 이에 대해 데모크리토스는 수컷의 부모와 암컷의 부모의 생식기에서 정액이 방출될 때, 어느 부모로부터 나온 정액이 상대의 정액을 '압도하느냐에 따라' 수컷과 암컷의 성별이 결정된다고 주장했다. 이들의 이론은 아리스토텔레스 자신의 발생 이론과 대립되기 때문에 신랄한 비판의 대상이 되고 있다.

동물의 발생 전반을 둘러싼 논의를 전개하는 과정에서, 철학자들의 여러 설과 견해와 함께 아리스토텔레스가 높은 관심을 보이는 것은 의학자들의 이론과 견해들이다. 질병의 진단 치료와 건강의 유지를 목적으로 한 전문기술(technē)로서의 의학은 당시 힙포크라테스에 의해 철학과 구별되는 '경험과학으로서' 기초를 확립해 가고 있었다 —— 플라톤이나 아리스토텔레스는 힙포크라테스의 의학 이론에 크게 빚지고 있으면서도 자신이 사용하고 있는 이론이 '누구의 것'인지를 명확하게 밝히고 있지 않다 —— 그 과정에서 의학자들은 꼼꼼한 관찰과 경험에 기초한 전문적 지식을 바탕으로 독자적인 발생 이론을 전개해 나갔다.

제1권 제17장 721b6 아래에서 아리스토텔레스는 이른바 '생식 물질'에 해당하는 '정액'의 자연 본성을 둘러싸고 고찰하는 경우, **정액은 온몸으로부터 나온다**'(721b12, 범생설[pangenesis])라고 주장하는 사람들의 입장에 대해 비판을 전개하고 있다. 이 범생설의 특징은 태어날 아이가 전신 또는 신체의 특정 부분에서 부모 중 어느 하나의 특징을 이어받고 있다는 것을 부모의 전신 또는 각 부분에서 방출되는 '정액'의 양과 인과적으로 연관 지어 설명한다는 점에 있다. 이 설은 태어날 아이(새끼)를 형성하는 '질료'에 해당하는 것을 수컷과 암컷이 함께 제공한다고 전제하기 때문에, 동물의 발생에서 암컷이 배아를 형성하기 위한 '질료'

로서 '월경혈' 또는 '월경혈과 유비적인 것'을 제공하는 것에 대해, 수컷이 '정액'을 통해 암컷으로부터 제공되는 '질료'에서 '형상'을 실현시키기 위한 운동의 시원을 제공한다고 주장한다. 이것은 아리스토텔레스의 발생 이론과 정면으로 대립한다.

이 설에 대한 아리스토텔레스의 비판은 주도면밀하고 매우 상세하다. 아리스토텔레스의 발생 이론 자체가 어떤 의미에서 이 설에 대한 비판적인 응답이라고 해석할 수 있다. 그 배경에는 인간을 비롯한 동물의 생식 발생에 관한 당시의 주요 교설의 하나로서 이 설이 큰 영향력을 가지고 있었다는 사실이다. 예를 들면 힙포크라테스 『신성한 병에 대하여』 및 『공기, 물, 장소에 대하여』에서의 주장이나 힙포크라테스 일련의 논고에서의 주장 등에서 드러나듯이, 해당 설이 의학자들 사이에 침투해 있었다는 사실을 엿볼 수 있다. 수컷과 암컷의 생식기로부터 '정액'이 방출되는 경우에, 어느 쪽의 '정액'이 상대의 '정액'을 압도하는가에 따라서 자녀의 성별이 결정된다고 주장한 데모크리토스 역시 이 이론에 의존하고 있는 것으로 이해된다.

아리스토텔레스가 비판적 검토의 대상으로 삼고 있는 자연철학자들이나 의학자들의 여러 이론이나 견해는 아리스토텔레스에 앞서 이미 동물의 발생의 구조나 원인 등을 둘러싸고 고도의 학문적 관심에 기초한 고찰이 진행되어 왔다는 사실을 말해 준다. 그러나 그러한 고찰은 자연 탐구의 일부로서의 동물의 발생을 둘러싼 고찰이라든가, 의학자들에게 고유한 문제적 관심에 따라 인간 몸의 자연 본성을 밝히는 한정적인 탐구의 영역을 넘어서는 것은 아니었다.

이에 대해 동물의 발생 원인과 그 메커니즘의 해명을 포함하여, 동물 전반을 대상으로 한 학문적 탐구를 독립적인 연구로 규정한 후, 이 연구를 체계적이고 포괄적으로 전개하는 것에 착수한 것은 아리스토텔레스가 최초라고 말할 수 있다. 이러한 연구를 꾸준히 진행하기 위한 효과적인 방법으로 도입된 것이 **해부(anatomai)의 방법**이다. 해부의 연구 방법은 관찰과 경험적 판단을 바탕으로 확인되는 사실(ergon)과 이론(logos) 사이의 정합성을 중시하는 아리스토텔레스 자신의 동물학 연구의 방법을 확립하는 데 큰 도움이 되었을 뿐만 아니라, 아리스토텔레스 이후의 학문 방향에 큰 영향을 미치게 되었다.

아리스토텔레스 이후의 시대에 들어가서 이 해부라는 연구 방법을 특정한 영역에 특화된 학문적 방법으로서 발전시켜, 수많은 학문적 성과를 이루어 낸 것은 헬레니즘 시기의 의학자들이었다. 헤로필로스(Herophilos, 기원전 335~280년)나 에라시스트라토스(Erasistratos, 기원전 304년~250년)로 대표되는 초기 알렉산드리아의 의학자들에 의한 뇌의 구조와 기능의 해명, 정맥계나 동맥계와 구별되는 신경계의 발견이 가장 중요한 성과라고 여겨진다. 인간의 생식 발생을 둘러싼 문제들과 관련해서 말하자면, 헤로필로스는 인체 해부를 통해 밝혀낸 인간 남녀의 생식기관 구조와 기능에 대한 정확한 견해를 바탕으로 당시로서는 가장 고도의 인간 발생 이론을 전개했다.[16] 이러한 연구 성과는 제정 로마기의 저명한 의학자 중 한 사람으로, 인간의 생식 발생에 관한 중요한 논고 『인간 태아의 형성에 관하여』를 저술한 갈레노스로 이어졌다.

16　헤로필로스의 『해부학』 제3권은 인체의 해부에 근거한 인간 남녀의 생식기관의 구조 등에 대해 다루고 있다.

이 책의 논의 내용과 그 전개 과정

이 책의 논의 과정을 살펴보면, 이 책의 논의 구성이 전체적으로 잘되었다고 말하기는 어렵다. 니덤(Needham)과 같은 학자는 발생학의 역사적 전개에서 아리스토텔레스가 수행한 역할을 높이 평가하고, 또 이 책이 '발생학'에 대해 쓰인 최초의 중요한 저작임을 인정하면서도, 구성이 잘 갖추어지지 않았으며 반복되는 부분이 많고, 논의의 순서도 즉흥적이어서 논의 맥락에서 벗어난 이야기들이 많다고 비판하기도 한다. 이러한 평가에 맞서 아리스토텔레스 생물학 연구의 최근 경향으로 대표되는 고트헬프와 팰컨(Gotthelf & Falcon)을 비롯해서, 이 책의 논의 전체를 통일적인 주제와 문제 설정에 기초한 일관성을 가진 논의를 구성하고 있는 것으로 이해하려는 움직임이 연구자들 사이에서 나타나고 있다. 고트헬프와 팰컨에 따르면, 전체 5권으로 구성된 이 책의 논술은 전체적으로 단 하나의 물음에 답을 주기 위한 단일한 프로젝트로서 성립되고 있으며, 처음부터 끝까지 단일한 구상을 가진 것으로 이해된다.[17]

『동물 탐구』는 탐구의 순서와 방법을 다음과 같이 규정하는 것으로부터 시작한다.

"그래서 먼저 (1) **동물을 구성하는 여러 부분**에 대해 파악해야 한다. 왜냐하면 몸 전체의 차이도 부분의 차이에 의한 것이 무엇보다 크기 때문이다(그것은 해당 부분을 가지고 있음과 없음, 위치나 배열에 의한 차이, 앞에서 말한 종[eidos], 초과, 유비, 반대의 특성[pathēma]에 의한 차이였다). 하지만 **맨 처음으로 사람의 여러 부분을 파악해야 한다.** 왜냐하면 누구나 자신에게 가장 잘 알려진 화폐에 비추어 [다른] 화폐를 감정

---

17 Gotthelf & Falcon(2018, pp. 15~34) 참조.

하는 것처럼, 마찬가지로 그것은 화폐 이외의 다른 경우에도 해당되며, 또한 사람이야말로 필연적으로 **우리에게 가장 잘 알려진**(gnōrimōtaton hēmin) 동물이기 때문이다. 확실히 [동물의] 부분은 감각으로 명료하게 파악할 수 없는 것은 아니다. 그러나 이것들에 대해서는 감각뿐만 아니라 이치에 맞게, 또 빠짐이 없도록 순서대로 —— 처음에 도구적 부분, 그 다음에 '동질 부분'이라는 순으로 —— 말해야 한다."(『동물 탐구』 제1권 제6장 491a14-26)

여기서 아리스토텔레스가 가장 중요시하는 탐구의 목표는 늘 '사람의 여러 부분에 대한 파악'이었다. 인체의 해부학에 대한 그의 관심도 여기서 비롯된다. 생물학적 저술에서 종종 그렇듯이, 아리스토텔레스는 인간(남성)의 신체를 설명의 출발점이자 그의 설명을 구성하는 지침으로 삼고 있다.[18] 그래서 아리스토텔레스는 동물을 탐구하면서도 인체의 구성에 관심을 기울이며, 인체의 부분과 다른 동물의 기관을 비교하여 그 차이점을 기술하고 있다. 왜냐하면 "사람이야말로 필연적으로 **우리에게 가장 잘 알려진 동물이기**" 때문이다(강조는 옮긴이).

아리스토텔레스의 『동물의 발생에 대하여』 전체 5권은 고대의 배아학, 동물학, 의학적 지식 전반에 걸친 종합적 지식체계로 구성되어 있다. 거듭 강조하거니와 이 책에서 그의 전반적인 탐구 목표는 **인간을 포함한 동물의 생식 방법에 대한 포괄적이고 체계적인 설명**을 제공하는 것이었다. 여기에는 생식기관에 대한, 즉 우리가 수태와 수정, 배아의 발생, 기관의 형성(organogenesis)이라고 부르는 것에 대한 연구가 포함된

---

18 『동물의 부분들에 대하여』 제2권 제10장 656a9-14, 『동물의 발생에 대하여』 제2권 제4장 737b25-27 참조.

다. 『동물의 발생에 대하여』에는 동물 발생의 탐구 과정에서 반드시 언급해야만 하는 문제들, 예를 들어 잡종성, 성체(成體)의 선천적 결함, 임신한 암컷의 질병, 수유(授乳)의 문제를 포함하여, 이것들과 관련된 동물의 생성 과정에 대한 설명을 포괄하고 있다. 아리스토텔레스가 이 책 전체 5권 중 앞부분에 해당하는 제1권에서부터 제4권에 걸쳐서 동물의 발생 과정이 '출생'에서 끝난다는 점을 확립하는 논점을 드러내서 명확히 밝힌 바는 없지만, 오히려 제5권은 동물이 태어난 이후에 발달하는 기관들의 부분에서의 그 변화 과정 또한 설명하고 있다.

아리스토텔레스는 자연을 연구하는 전문가, 의사, 역사가의 견해에 대해 경험적 관점에서 여기에 참여한다. 그는 이 분야의 선행 연구가로 엠페도클레스(제4권 제1장 764a1-6), 아낙사고라스(763b30-35), 데모크리토스(764a6-11), 크테시아스, 헤로도토스, 크로톤의 알크마이온 등을 명시적으로 언급한다. 그는 또한 그 이름을 밝히지 않는 힙포크라테스의 논고에서 찾을 수 있는 자연학적 이론, 의학적 지식과 사상 또한 언급한다.[19] 아리스토텔레스에 따르면, 모든 선행 연구가들이 관련된 동물학적(및 식물학적) 데이터에 대한 신중한 수집과 심층적인 연구를 통해 얻은 지식이 부족했기 때문에 적절한 과학적 설명을 제공하지 못했다는 것이다. 그는 현상적 사실을 무시하는 자연학적 사실을 설명하는 선행 연구가들의 방법론적 태도를 비판하면서 '사실과 이론의 일치'를 추구

---

19 아리스토텔레스는 『동물 탐구』 제3권 제3장 512b12-513a7에서 인체 혈관 조직에 대한 서술을 폴뤼보스라는 인물에게로 돌리고 있다. 폴뤼보스(기원전 400년경)는 힙포크라테스의 사위(학생)로 이른바 '힙포크라테스의 4체액설'로 유명한 이론을 전개한 『인간의 본성에 대하여』(De natura homini)라는 제목을 가진 논고의 저자로 알려져 있다. 『아리스토텔레스 관상학』(김재홍 2024), 해제 「아리스토텔레스와 관상학의 역사적 연원 ── 관상학과 의학」, pp. 40~44 참조.

하는 과정에서 경험적 데이터를 수집하고, 그것을 이론(logos)에 기반한 경험적 사실(phainomenon)로서 재구성하고 있다. 우리는 이것을 '현상의 구제'(sōzein ta phainomena)라고 부를 수 있다.

이 책의 논의는 『동물의 부분들에 대하여』의 마지막 대목인 제4권 제14장 697b27 아래에서 제시된 논의 순서에 따라 진행되고 있다. 즉, (1) 동물의 몸의 여러 부분 중에서 발생에 기여한다고 여겨지는 부분(수컷과 암컷의 생식기관)의 구조와 기능을 밝힌 다음, (2) 동물의 각각의 유에 고유한 특성과 동물 간의 차이에 근거해서 (3) 동물의 각각의 유가 어떠한 발생의 구조를 갖고 있는지를 밝히는 과정이다.

제1~3권에서는 생식과 배아 발생의 메커니즘, 신체 각 부분이 생성되는 자연적인 순서를 논의하고 있다. 제1권 제1장부터 제2장까지 아리스토텔레스는 많은 동물은 수컷과 암컷, 성(sex)이 나뉘어 존재한다는 사실, 많은 동물의 발생은 수컷과 암컷이 교미함으로써 일어난다는 사실에 착안한다. 이 사실을 바탕으로 수컷과 암컷이 발생의 시원에 해당한다는 것을 논의의 전제로 삼은 다음, 수컷과 암컷이 본질적 실체(ousia)에 대한 설명 규정(logos)에서 다르다는 점을 확인한다. 이어서 수컷과 암컷이 각각 고유의 작용을 하기 위한 몸의 부분(생식기관)에서 다르다는 점을 확인한다.

제1권 제4장부터 제16장까지는 동물의 발생에 기여한다고 여겨지는 몸의 부분인, 수컷의 고환과 음경, 암컷의 자궁 또는 자궁에 상당하는 부분의 구조와 기능이 아리스토텔레스의 동물 분류에 근거하여 동물의 각각의 유에 고유한 발생 구조와 관련해서 논의된다. 아리스토텔레스의 동물 분류에서 동물은 (A) 붉은 혈액을 체내에 가지고 있는 것으로 여겨지는 유혈동물, (B) 그것의 '유비적인 것'을 체내에 가지고 있는 무혈동물로 크게 구별된다. 게다가 발생의 구조라고 하는 관점에서는 동물 전

반은 (a) '태아를 낳는 것', (b) '알을 낳는 것', (c) '구더기를 낳는 것'이
라는 세 가지 형태로 나눌 수 있다. 현대 생물학의 관점에서는 (a)의 방
식에 의해 탄생하는 것은 '태생동물'(사람, 소, 말 등의 포유류)과 '난태
생동물'(상어, 가오리 등의 연골어류)이 있으며, (b)의 방식에 의해서 탄
생하는 것이 '난생동물'(어류, 조류, 파충류 등)에 해당한다. (c)의 방식
에 의해서 탄생하는 것은 '절지동물'(곤충)에 해당한다.

발생의 구조라고 하는 관점에서 동물 분류에 근거한 동물의 각각
의 유에 고유의 특성과 동물 간의 차이 등에 대해 대략적으로 설명을
한 후, 아리스토텔레스는 제1권 제17장부터 제22장에 걸쳐 '성 발생 이
론'(theory of sexual generation)을 논의한다. 먼저 수컷이 방출하는 '정액'
과 암컷이 제공하는 '월경혈'의 자연 본성을 밝힌다. 아리스토텔레스는
제17장부터 제18장 전반에 걸쳐 '정액은 전신으로부터 나온다'(721b12,
범생설[pangenesis])라고 주장하는 사람들의 입장에 대해 비판을 전개
하고, 이 설을 배척함으로써 '정액'을 방출하는 것은 수컷뿐이라는 것을
확인한다.

제18장 후반 이후의 논의는 아리스토텔레스의 발생 이론의 핵심으
로, (1) 수컷이 방출하는 '정액'(생식액)은 최종 단계의 영양에 해당하는
피의 '잉여물'이고, (2) 암컷이 제공하는 '월경혈'은 암컷 특유의 '생식
물질'로서 수컷이 방출하는 '정액'에 대응하는 것이라고 주장한다. 월경
혈은 덜 숙성되었다는 점을 빼고는 정액과 비슷하다. (3) '월경혈'이 배
아의 몸을 형성하기 위한 '질료'에 해당하는 반면, 수컷은 '정액'의 방출
을 통해 암컷으로부터 제공되는 '질료'에다가 '형상'을 실현시키기 위한
운동의 시원을 제공한다는 점을 결론으로 제시한다.

제2권부터 제3권 전체에 걸친 논의는 동물의 각 종류에 고유한 특성
이나 동물 간의 차이 등을 발생 구조라는 관점에서 앞서의 (a)~(c)의 동

물 분류에 기초하여 보다 상세하게 설명하고 있다.

이 논의에 앞서 아리스토텔레스는 자신의 동물 발생 이론의 전제로 제시한 사고방식을 부연하기 위한 논의를 전개한다. 우선, 제2권 제1장 첫머리에서는 동물에 수컷과 암컷이 나뉘어 존재하고 있는 것의 원인이 (1) 그편이 '더 좋다'는 이유로부터 뿐만 아니라, (2) 수컷 또는 암컷의 탄생은 운동의 시원에 해당하는 것이 '질료'에 대해 어떻게 작용하는가에 의해서 필연적으로 생기는 프로세스로서 설명된다. 제1장 전반에서는 앞서 서술한 (a)~(c)의 구별이 동물의 각 유가 체내에 가지는 '자연 본성의 열'(732b32)의 정도에 의한 것이라고 설명된다. 제1장 후반부에서는 동물 발생의 작용인에 해당하는 것에 대한 고찰이 진행된다. 제2권 제2장에서는 수컷이 방출하는 '정액'의 합성을 둘러싼 문제가 논의되며, 그것이 '물'과 '숨결'(pneuma)로 구성되어 있다는 점이 확인된다. 제3장에서는 수컷이 방출하는 '정액'이나 배아가 어떤 방법으로 '혼'을 가지게 되는가 하는 문제가 논의된다. 이 맥락에서 혼 가운데 '밖에서 오는' 것은 인간의 고유한 '지성'(nous)뿐이며, 이것만이 '신적'이라는 흥미로운 견해가 제시되고 있다.

발생의 구조라는 관점에서 (a)~(c)의 동물 분류에 근거해, 아리스토텔레스가 자세하게 설명하고 있는 것은 제2권 제4장에서이다. 여기서 (a)에 속하는 것 중에서 '체내에 태아를 낳는 것'이 '첫 번째 것', '완전한 것'으로서 자리매김되며, 인간을 모델로서 이러한 동물류의 발생 구조에 관한 설명이 시작된다. 이후 제7장 전반에 이르기까지 수컷이 방출한 '정액'이 암컷의 자궁 내로 들어가 암컷으로부터 제공되는 '월경혈'을 '질료'로 하여 이를 배아로 형성해 가는 과정에서 성장의 시원을 지닌 부분 —— 심장(유혈동물의 경우) 또는 '심장과 유비적인 것'(무혈동물의 경우) —— 의 형성을 시작으로 동질 부분이나 비동질 부분이 생성되는 프로세스와 그렇게 생성된 배아의 몸이 자궁 안에서 자라나는 과정이, 동물의 몸과 그 부분의 생성을 둘러싼 자연철학자들과 의학자들의 여러 입장과 견해에 대한 비판을 진행하면서 밝혀진다.

제2권 제7장 후반부터 제8장까지 '손상된(pērōma) 동물'인 반-당나귀가 생식 불능인 것의 원인에 대한 설명이 이루어진 후, 제3권 이후에서는 앞서 말한 동물 분류의 (b)에 속하는 것으로서 조류(제1장·제2장), 연골어를 포함한 어류 전반(제3장·제4장), 연체동물과 연각동물('부드러운 껍데기를 가진 동물', 제8장)의 발생 구조와 그 특징이 상세하게 논의된다.

조류나 어류 전반의 발생을 둘러싸고는 어류나 조류(일부 포유류)의 발생에 관한 오류설은 배척된다(제5장·제6장). 한편, 조류의 암컷이 잉태한다고 여겨지는 '풍란' ─ 무정란에 해당하는 것 ─ 의 형성도 포함해서 그것들이 낳는 알의 모습 등에 대한 설명을 하고 있다.[20]

여기서 손상된(pērōma)이란 '자연(phusis)이 자신의 고유한 목적(telos)을 성취하지 못했다'는 것을 의미한다. 그러니까 '자연적 완결성'의 결여를 말한다. "정액은 자연에 반하는 것의 일부도 아니고 손상된 것도 아니다"(724b33). 그러므로 '손상된 것'이란 본래 어떤 동물에게 갖추어져 있어야 할 구조나 기능이 손상된 것을 말한다. 그렇지만 종양 등과 같이 '자연'에 반해서 생성되는 것과는 구별되는 것이다(제2권 제3장 737a27-28, 『혼에 대하여』 제3권 제9장 432b21-24 참조).

제3권 제9장과 제10장에서는 (c)에 해당하는 것으로, 곤충의 발생과 그 특징에 대해 논의하고 있다. 그중에서도 독특한 발생 방식을 취하는

---

20 아리스토텔레스는 조류의 암컷이 잉태한다고 여겨지는 '풍란'이 그런 것처럼, 암컷이 '질료'로서 제공하는 것 중에 일정한 형성 능력과 같은 것을 인정하고 있다.

꿀벌의 생태(제10장)를 포함하여 그러한 점을 비교적 자세하게 설명하고 있다.

제3권 제11장에서는 '껍데기동물'의 발생에 대해 논의한다. 아리스토텔레스에 따르면, 이런 종류의 동물은 동물과 식물의 중간에 위치하며 동물과 식물의 두 종류에 걸쳐 있다고 한다. 그 특이한 발생 방식에 의해서, 아리스토텔레스는 이것들을 '저절로 발생하는 것'(자연 발생)에 포함시켜 생각하고 있다.

제4권 및 제5권의 논의는 동물의 발생 전반과 관련된 복잡한 사건에 대해 원리적인 설명을 하는 것을 목적으로 하고 있다. 제4권에서는 수컷과 암컷의 성별 결정과 그 원인을 둘러싼 문제(제1장·제2장), 아이가 부모나 친부 또는 외조부 쪽의 특징을 이어받아 태어나는 것은 어떤 원인에 의한 것인가 하는 문제(제3장)를 비롯하여, 몸에 형태적인 이상(異常)을 초래한 것 ── '괴물'(teras)이라고 불리는 것의 탄생과 그 원인(제4장), 중복임신(제5장), 동물에게서 미완성 상태의 새끼가 태어나는 것과 그 원인(제6장), 동물의 임신 기간(제10장) 등을 둘러싼 논쟁이 전개된다.

제5권에서는 지금까지 '태아 발생'과 동물의 태어남을 둘러싸고 일어나는 동물 발생의 원인을 탐구해 온 것과 달리 발생 과정에서 벗어난 '탄생한 이후'를 전개한다. 즉 동물의 눈의 성질과 상태(제1장)나 체모(제3장), 인간과 다른 동물의 털 색깔(제4장), 동물의 혀와 계절적 색의 변화(제6장), 동물의 목소리(제7장)와 같은 부분에서 동물 가가의 유 사이이에 차이가 존재하고 있다는 것, 그리고 동일한 유에 속하는 동물끼리도 다양성을 볼 수 있는 것 등을 둘러싸고 일어나는 차이나 다양성의 원인에 해당하는 것을 대상으로 해서 논의가 전개되고 있다.

제4권까지의 논의와 달리 제5권은 동물이 '탄생한 이후'에 나타나는 특징과 상태(pathos)를 주제로 논하고 있기 때문에, 이 책 전체의 통일성을 문제 삼는 학자들도 생겨났다. 여전히 제5권은 그 주제, 그 설명 방식, 책 전체에서의 그 위치가 여전히 불명확하다는 오해를 받고 있다. 제1~4권이 '작용인'과 최종적 인과관계의 관점에서 동물의 발생을 설명하고 있는 것에 비해, 제5권은 앞선 책들에 대한 '단순한 부록'쯤으로 간주되기도 한다. 그래서 제5권은 (1) 동물 간의 개별적이고 우연적인 차이와 (2) 그 차이라는 것도 순전히 질료상에서 필연적이어서 목적론의 작동과 아무런 관계가 없으며, (3) 앞서 제1~4권에서 논의된 주제와 '부수적으로만' 관련이 있다고 생각하기도 한다.[21] 이에 대해 레우니센과 고트헬프(Leunissen & Gotthelf)는 제5권에서의 방법(제5권 제1장 778a16-b19)과 제8장(질료인을 목적인과 결부시키는 방법)을 검토함으로써 제1권에 제시한 방법론적 설명과 차이가 있으며, 대안적인 해석 방식을 제시해서 이 책 전체를 통합된 방식으로 설명할 수 있다고 주장한다. 따라서 이 책은 제5권을 포함해서 하나의 유기적인 전체로 통일성을 가지고 있으며, 제5권에서도 아리스토텔레스의 생물학에서 '목적론적 설명'에 대한 보다 미묘한 이론이 나타나고 있다는 해석을 제안하고 있다.[22]

---

21 제5권의 범위를 하부 종에서 부수적인, 비목적론적 차이로 한정하는 해석에 대해서는 Balme(1987a, p. 11; 1987b, pp. 305~306, p. 312; 1992, p. 51); Cooper(1990, pp. 81~83); Johnson(2005, p. 59, 197); Liatsi(2000, pp. 14~19, p. 23, 25); Lloyd(1990, pp. 20~21, 23~24); Pellegrin(1986, p. 157) 참조.

22 Leunissen & Gotthelf(2010, pp. 325~356) 참조.

생물학적 방법과 이론적 방법의 대립과 해소

아리스토텔레스의 철학적 방법론은 생물학적 방법과 사유로부터 기원하는 것일까? 어떤 학자는 이 견해에 전적으로 동조하지 않는다.[23] 일찍이 르 블롱(Le Blond)은 아리스토텔레스의 논리적 개념들이 생물학적인 기원을 갖고 있다고 보았다.[24] 한편, 발메(Balme)는 생물학 저작에서 사용된 genos와 eidos의 용법을 구체적으로 분류해서 그 본래적 의미를 구분해 주고 있다.[25]

eidos(형상)라는 용어를 철학적 이론으로 사용했던 플라톤에게서 이 말은 '유동적이고 가변적인 세계에서' 안전성을 확보하려는 과정에서 끌어들였던 개념이었다. 감각적 물체는 추상적이고 비물체적인 실체, 즉 에이도스의 불완전한 복제품이라는 것이다.『티마이오스』에 따르면, 에이도스는 '신의 마음속에 있는 일종의 청사진'으로서 생각할 수 있다. 플라톤은 그것을 '신의 구상'(pronoia)이라고 불렀다(44c). 우주를 구성하는 자는 부분을 가진 것들을 닮지 않았으며, 개별적인 것들이든 유(genos)적인 것들이든 다른 생물을 부분으로 가지고 있는 것으로 '가지적인 생물 모두를 자기 안에 가지고 있는 것'이다(30c). 우주는 살아 있다는 것이다. 우리식으로 풀어 말하자면, 모든 생물을 포괄하는 궁극적인 '형상'은 우주에 있는 모든 대상의 청사진을 가지고 있는 셈이다.

생물학적 세계를 설명하고 싶어 하는 아리스토텔레스의 의문은, '형

---

23 아리스토텔레스의 철학이 그의 생물학적 관심으로부터 이루어졌는지를 검토하면서 그 견해가 지니는 난점을 지적한 Graham의 논문 참조. 그는 그 같은 견해가 하나의 신화와 같은 것으로 보고 있다(Graham, 1986, pp. 529~546).

24 Le Blond, 1939, p. 72 참조.

25 아리스토텔레스의 생물학 저작에서 genos는 413번, eidos는 96번 사용되었으며, 이에 관련된 상이한 용법에 관해서는 Balme(1962, p. 85) 참조.

상'이 정적이고 영원하다면 형상이 하는 일이란 무엇이라는 말인가? 감각 세계가 형상 세계에 '참여'한다는 말은 무슨 의미를 가지는 말인가? 플라톤의 생각에 맞다면, '김재홍의 복제품'은 여럿이 존재하는 것이 아닐까? 따라서 아리스토텔레스는 플라톤적인 형상이란 한낱 시적인 은유에 불과하다고 결론 맺고 있다. '이데아는 없다. 설령 있다고 하더라도 우리의 문제와는 아무런 관계가 없다'는 것이다.[26]

"이렇게 해서 형상(eidos)에는 이별을 고하자. 그것은 지저귐(의미 없는 소리)이며, 만일 에이도스가 있다고 해도, 사항을 밝히는 논의(logos)에는 도움이 되지 않기 때문이다."(『분석론 후서』 제1권 제22장 83a33-34)

하지만 아리스토텔레스는 플라톤적인 '형상'을 거부했으면서도 eidos 개념을 실질적으로 유용하게 이용하고 있다. 앞서 설명한 '질료형상설'에서 보았듯이, '형상'은 질료와 떨어져서는 아무런 의미가 없다. 마치 밀랍이 인장 반지에 눌렸을 때 새겨지는 각인이 바로 그 사물의 형태(eidos)를 말하는 것처럼, 이때 '형태'란 그 대상을 인식할 수 있도록 해 주는 구조화된 방식인 셈이다. 아리스토텔레스는 이 개념을 생물학적 설명을 위해 유용하게 사용한다.

에이도스와 짝하는 게노스(genos, genē[복수])라는 말은 논리적으로 '유'개념으로 사용되는 기술적 용어인데, 동물의 종류를 기술하는 경우에 '이 유(두루미)는 저 유(새의 종류)보다 더 작다'라고 말한다. 또 아리스토텔레스는 에이도스라는 말을 특정한 종류의 동물의 '특성'을 말하는 것으로 사용해서, 다른 부류와의 차이를 구별해 준다. 또한 '물고기와

---

26 『니코마코스 윤리학』 제1권 제6장 1096a34-b5, b32-1097a14 참조.

새에는 많은 에이도스가 있다'라고 말하는 경우에, 생명의 다양성을 말하는 단위로서 현대적 의미에서는 '종'(species)에 해당한다. 즉 어류와 조류에는 많은 '종'이 있다.

게다가 아리스토텔레스는 모호하기는 하나 '나눌 수 없는 종'(atomon eidos, 『동물의 부분들에 대하여』 643a, 『형이상학』 1043a5, 『혼에 대하여』 414b27, 『동물 탐구』 486a16)이라는 말도 사용하는데, 이것은 '종' 혹은 '개별자'를 의미하는 것으로 이해된다. 여기서 종이란 '두 개별자가 동일한 불가분의 에이도스를 공유'한다는 것을 말한다. 즉 두 사람이 동일하다는 것이 아니라, '동일한 본질적 특성'을 지니고 있다는 것을 의미한다.

그런데 발메(Balme)는 생물학에서 동물이나 식물의 분류에 있어 가장 중요한 개념인 '종'과 '유' 개념이 아리스토텔레스의 생물학 저작에서는 포기되고 있으며, 실제로 그 기술적 용어는 그 저작들에서 동일한 외연을 갖는 것이라고 해석한다. 또한 그는 르 블롱(Le Blond)과 다른 입장으로 자신의 논의 결론을 이끌고 있다. 그에 따르면, 생물학적 저작에서 사용되는 주요 개념들 가운데 genos와 eidos라는 용어는 일반적으로 받아들여지는 생각과 달리 논리적 개념에서 연원하고 있다는 것이다.[27]

이러한 상반된 견해들은 아리스토텔레스 사상에 관련된 많은 문제점을 더욱 복잡하게 만드는 측면이 있다. 왜냐하면 르 블롱의 주장처럼, 만일 논리적 개념들이 생물학적 기원을 갖고 있다고 한다면, 경험적 사실에 입각하는 생물학적 연구 방법의 태도와 방법이 아리스토텔레스 사상 발전의 중기 이후에 등장했다는 예거식의 '발전론적 해석'은 흡사 모래

---

27   Balme(1962, p. 98).

위에 터 잡은 성과 같이 고스란히 무너지고 말 것이기 때문이다.[28] 그러
나 발메의 주장대로 논리학적 기원에 있다 하더라도 예거의 발전 구도
는 유지되기 어렵다. 게다가 일반적으로 아리스토텔레스의 생애에 관
련된 역사적 사실들에 일치하는 저작의 연대에 관련해서 이루어진 연구
들은 모두 정당한 근거에 기반하지 않는 한갓 가상적 추측에 불과한 것
이 되고 말 것이다. 물론 우리는 이 주장을 아무런 검토 작업 없이 받아
들일 수는 없을 것이다. 그의 생물학적인 저작에 관련된 여러 사항을 상
세하게 연구하고 난 후 답을 찾아내야 할 사항이기 때문이다.

　그렇다면 우리가 택할 수 있는 가장 안전한 길은 무엇이겠는가? 아마
도 가장 무난한 해석의 태도로서 취할 수 있는 입장은, 그의 논리적-형
이상학적 개념들과 체계적 방법들이 그의 생물학적 연구에도 일관적으
로 적용되고 있다는 가정을 토대로 그의 실제적인 저작들을 검토해 보
는 태도일 것이다.[29] 물론 이러한 태도를 견지하면서도 아리스토텔레스
의 학문 이론을 탐구함에 있어서는 그 탐구 주제의 차이에 따라 상이한
설명 방식이 주어지는 논리적 과정을 주의하면서 살펴보아야 한다.

　조금은 다른 각도에서 우리에게 주어진 문제를 고려해 보자. 만일 우
리가 그의 생물학적 저작을 그의 학문의 분류에서 이론학의 범주로 분
류한다면, 생물학과 논리적-형이상학적 저작들 간에는 어떤 분명한 경
계가 세워질 수 없을 것이다. 양자 간의 차이는 단지 다루어지는 주제와

28　예거식의 '발전론적 입장'에 대해서는 『정치학』(김재홍, 2017), 해제 「아리스토텔레스
　　의 정치철학: 윤리학과 정치학의 만남」, pp. 687~698 참조.

29　형이상학적 개념들이 생물학을 위시한 개별적인 과학적 탐구를 기술하는 저작 등에
　　서도 동일한 의미로 사용되는가 하는 논란에 대해서는 Pellegrin(1982; eds. 1987 pp.
　　313~314)과 박홍규·이태수(1988, 「아리스토텔레스에 있어서 목적인과 운동인」)의 논
　　의를 참고.

대상의 차이만 있을 뿐이다. 따라서 아리스토텔레스의 기본적 사유 구조의 틀 내에서 볼 때, 개별적 주제들을 다루는 그의 생물학적 연구 방법은 '변증술적 방법'으로 수용될 수 있는 것처럼 보인다.

우리가 '엔독사', '사실', '현상'(phainomena)의 의미를 광의의 넓은 영역을 차지하는 언어와 세계에 대한 인간의 형이상학적 이해까지도 포함하는 개념으로 이해한다면, 그의 생물학적 탐구의 방법은 엔독사에 기반을 두면서도 대상의 차이에서 발생하는 상이한 주제를 연구하는 하나의 특정한 분야에 지나지 않을 수 있다. 또한 그의 사유 구조의 내적 관련성에 대한 우리의 가정은 무너지지 않은 채, 여러 상이한 방법이 그의 사상 속에서 한데 어울릴 수 있다는 점을 보여 줄 수도 있을 것이다. 따라서 학적 탐구에서의 이론과 실제는 지식의 탐구를 위해 계속해서 서로 대립하면서 그 대립을 해소하기 위한 가장 적절한 방법을 찾아 새롭게 진행해 나가야 한다.

『동물의 발생에 대하여』 제3권 제10장에서의 꿀벌의 탐구 사례

아리스토텔레스가 보여 주는 구체적인 하나의 사례를 들어 보자. 『동물의 발생에 대하여』 제3권 제10장에서 아리스토텔레스는 벌의 생식에 대해 논의하면서 다음과 같은 주장을 펼치고 있다. '벌의 생식'에 관하여 주장되는 바가 '엔독사 형식'으로 주어지게 되는데, 그것은 이론적인 관점(logos)과 '사실이라고 생각되는 것들'(ta dokounta)[30]에서 판단해 볼

---

30 현상(phainomena)과 '사실들'(gignomena, sumbainonta, huparchonta)은 서로 구별되지 않은 채 사용된다(『동물의 발생에 대하여』 750a21-3, 759a11, 『형이상학』 1090b19-20). 이따금씩 양자가 대조적으로 사용되는 경우도 있다(『토피카』 146b36, 171b27-30, 『형이상학』 1009a38-1010a3, 『수사학』 1402a26-7, b23).

수 있다. 이 대목은 자연 연구에서의 감각(aisthēsis)과 이론(logos)의 관계에 관한 중요성을 언급한 것으로 판단된다.

"그런데 이론에 비추어 보면 꿀벌의 발생에 관한 것은 이와 같은 것으로 보인다. 게다가 꿀벌에 대해 일어나고 있다고 생각되는 현상으로부터도(ek tōn sumbainein dokountōn) 그와 같은 것이다. 그러나 일어나고 있는 현상(ta sumbainonta)이 충분히 파악되고 있다고 할 수 없고, 만일 언젠가 파악되었다면 그때에는 이론(logos) 이상으로 감각(aisthēsis)에 신뢰를 두어야 하고, 만일 이론이 나타나고 있는 사실[현상]과(tois phainomenois) 정합적이라는 것(homologoumena)을 보여 준다면 이론에도 신뢰를 두어야 한다."(『동물의 발생에 대하여』제3권 제10장 760b29-33).

이 대목은 이론이 관찰에 의하여 확증될 때까지 잠정적으로 대기 상태에 머물러 있어야 한다는 점을 지적하는 말로 해석할 수 있다. 또한 이 인용 대목은 하나의 '현상'에 대한 이론과 실제가 맞물려 들어간다는 것으로도 해석될 수 있는 구절이다. 하나의 이론 체계도 결국은 '경험과 현상의 구제'를 통해 확증된다는 주장은 현대 과학철학적 용어를 빌려 표현하면, 'theory-laden' 이론이라고 말할 수 있다. 또한 '경험의 이론 의존성'을 피력하는 이 구절을 '이론과 실제의 조화'를 표명하는 그의 생각으로 받아들일 수 있다.

아리스토텔레스는 자신이 '신성하다'라고 말한 꿀벌에 대해 어떻게 자세히 알고 있었을까? 지금으로 보자면 그가 탐구한 경험적 사실은 놀라울 정도로 정확하기도 하지만, 그것이 지니는 한계도 명확히 드러나고 있다. 물론 꽃의 꿀이 벌집 속에서 증발과 효소의 작용에 의해 벌꿀로 가공되는 '화학적 과정'과 같은 사실을 아리스토텔레스는 알지 못했다. 대신 그는 『동물 탐구』에서도 꿀벌의 먹이, 천적, 질병 등을 보고하고, 꿀벌들이 지니는 '부지런함'과 복잡한 생활 환경을 자세히 기록하고 있다.[31] 그러면 아리스토텔레스는 어떤 과정을 거쳐 앞서 제시한 이러한 방법론적 결론에 도달할 수 있었을까? 그 논리적 과정을 자세히 검토해 보자.

먼저 그는 제3권 제10장에서 꿀벌의 발생에는 '큰 난제'(polla aporia)가 포함되어 있음을 지적한다. 누구도 벌들이 교미하는 것을 보지 못했다. 교미 없이 새끼를 낳는 그러한 식의 발생을 하는 것이 있다면, "실제로 일어나고 있는 사실[현상]로부터 미루어 볼 때 꿀벌에 대해서도 그것이 일어나고 있을 것 같다. 실제로 필연적으로 다음 중 어느 하나를 생각할 수 있다". 그것은 다음의 가능성 중 하나이다.

(1) 어떤 사람들이 말하는 것처럼, 꿀벌은 '저절로 생긴 것'이거나(자연 발생), 무언가 다른 동물이 낳은 것일 수도 있다.

혹은 (2) 그것들 자신이 낳은 것이다.

혹은 (3) 어떤 것은 데려오는 것이고, 다른 것은 자신들끼리 낳은 것이다.

(2)가 맞다면, (a) 교미해 낳을 것이거나, 혹은 (b) 교미하지 않고 낳을 것이다.

벌에는 부분적으로 발달한 '꿀벌'(일벌; W), 수컷인 '수벌'(D), 완전히 발달한 암컷으로서 '왕벌, 지도자'(여왕벌; Q)라는 세 종류가 있다. 교미

---

31 꿀벌의 발생에 대한 여러 설에 대해서는 『동물 탐구』 제5권 제21장 참조. 꿀벌의 생태에 대해서는 『동물 탐구』 제8권(9권) 제40장 참조. 또한 '꿀벌'(melitta)이라는 단어는 종으로서의 '꿀벌'을 가리키는 경우 '일벌'을 가리키는 경우가 있다.

해서 낳는다면(a), (i) 각각의 종류의 것이 스스로 낳을 것이다. 아니면 (ii) 그것들 중의 한 종류가 다른 것을 낳을 것이다. 아니면 (iii) 서로 다른 종류끼리는 교미하여 낳을 것이다.

이것이 의미하는 바는, (i) 꿀벌[일벌]은 꿀벌[일벌]끼리 교미하여 태어나고, 수벌은 수벌로부터, 왕벌은 왕벌로부터 태어나는 것이다. 여기서 '*'는 교배를 나타내며, '→' 오른쪽은 자손의 조합을 표시한다. 즉, W*W → W, D*D → D, Q*Q → Q이다. 혹은 (ii) 한 종류의 것으로부터 다른 모든 것이 태어난다. 예를 들면 '왕벌'이라든가 '지도자'라고 불리고 있는 것으로부터 다른 것도 태어난다. 즉 Q*Q → W+D+Q. 다른 동형의 교형도 마찬가지이다. 혹은 (iii) 수벌과 꿀벌[일벌]로부터 태어난다. 즉, D*W → D+W+Q. 다른 이형의 교배도 마찬가지이다.

여기서 아리스토텔레스는 "꿀벌에 대해 일어나는 고유한 현상으로부터 추론해도, 또 다른 동물과 더 공통적인 것으로부터 추론해도" 꿀벌이 자연 발생한다거나 다른 동물에 의해 생겨난다는 가설 (1)이 불가능하다는 것을 파악하고 이를 금세 포기한다.

그런 다음, 아리스토텔레스는 '성적인 고정관념'에 근거한 '일반적인 경험화로부터' 다음과 같이 추론한다. (iii)의 경우에, "꿀벌[일벌]이 암컷이고 수벌이 수컷이라는 것은 이치에 맞지 않는다. 왜냐하면 자연은 방어를 위한 무기를 어느 암컷에게도 할당하지 않는데, 수벌에게는 침이 없으며, 꿀벌[일벌]에게는 모두 침이 있기 때문이다".[32] 이와 반대로, 꿀벌[일벌]이 수컷이고 수벌이 암컷이라는 반대 주장 역시 이치에 맞지 않는다고 주장한다. "왜냐하면 수컷은 어느 것도 새끼에 매달려 있는 힘을 다해 고생하는 일은 하려고 하지 않지만, 실제로 꿀벌[일벌]은 그것

---

32 『동물 탐구』 제5권 제21장 553b4-5 참조.

을 하고 있기 때문이다." 이런 방법을 우리는 '경험적 일반화'(empirical generalization)에 근거한 추론이라고 부를 수 있다.

　다음으로 아리스토텔레스는 어떤 벌이 어떤 벌을 낳는지를 탐구한다. 일반적으로 수벌 새끼의 씨는 수벌이 없어도 둥지 안에서 발생하는 한편, 꿀벌[일벌] 새끼의 씨는 왕벌이 없으면 발생하지 않는 것이 관찰되고 있기 때문에 (b) 교미에 의해 발생하지 않는다는 것은 분명하다. (i) 각각의 종류의 것이 같은 종류의 것과 교미하여 그로부터 발생하는 것도, (iii.1) 꿀벌[일벌]과 수벌로부터 발생하는 것도 아니다. 그러므로 여왕벌은 일벌을 생겨나게 한다. 일벌도 수벌도 여왕벌을 생겨나게 하지 않으므로, 여왕벌은 스스로 생겨날 수밖에 없다고 아리스토텔레스는 결론적으로 추론해 낸다. 이제 남아 있는 것은 다음과 같은 발생 순서이다. 즉 왕벌이 왕벌 자신과 꿀벌[일벌]을 낳고, 그런 다음 수벌이 생겨난다는 것이다. 논의를 요약하자면, 이렇게 된다. 즉, (1) '왕벌'은 두 가지 유, 즉 자신의 종과 다른 유(즉, 왕벌과 '꿀벌')를 생성할 수 있다. (2) '꿀벌'은 한 가지 유, 즉 자신의 종과 다른 유(즉, 수벌)를 생성할 수 있다. (3) 수벌은 어떤 유도 생성할 수 없다. 이것이 유비의 한계(끝, peras)이다(760a33 참조). 왕벌(여왕벌)이 왕벌을 낳고, 왕벌이 꿀벌을 낳고, 꿀벌이 수벌을 낳는 세 단계의 계열에서 그 '끝'이라는 것이 있게 된다는 것이다($Q \rightarrow Q*W \rightarrow D$).

"하지만 지도자도 무언가로부터 발생하는 것이 필연적이다. 꿀벌[일벌]로부터도, 수벌로부터도 아니기 때문에, 필연적으로 그것들은 지도자 자신이 낳는 것이어야 한다. 또한 그들의 방은 마지막에 생겨나며 수는 많지 않다. 따라서 지도자는 지도자를 스스로 낳음과 동시에 다른 유(즉 꿀벌[일벌]의 유)도 낳으며, 그리고 꿀벌[일벌]은 다른 것, 즉 수벌을 낳지만, 꿀벌[일벌] 자신을 낳는 일은 없고, 꿀벌[일벌]은 그 일을 빼앗기고 있는 것이 된다. 자연에 어울리는 것은 항상 질서가 있는 것이기에, 그 때문에 필연적으로 다른 유를 낳는 것도 수벌은 빼앗기고 있으며, 그 사실이 그렇다는 것도 관찰되고 있다. 즉 수벌 자체는 발생하지만 다른 것을 아무것도 낳지 않으며, 발생은 세 번째가 한계(peras)이다. 그리고 자연에 의해 훌륭하게 구성되어 있고, 항상 그 세 가지 유가 계속 존재하며 모두가 새끼를 낳는 것은 아니지만, 어느 것도 끊어지는 일이 없도록 되어 있다는 것이다."(『동물의 발생에 대하여』 제3권 제10장 760a25−b3)

한편, 아리스토텔레스의 귀납에 관한 논의 가운데에서 드러나고 있는 바처럼, 그는 생물학적 기본 개념들과 보편자를 파악하기 위한 수단으로서 경험적 매개체가 개입하는 귀납의 역할을 인정하고 있다. 그는 『분석론 후서』 제2권에서 다음과 같이 말하고 있다.

"이렇게 해서 우리가 앞서 말했듯이, 감각에서 기억(mnēmē)이 생기고, 동일한 사항에 대해 반복된 기억에서 경험(empeiria)이 생긴다. 왜냐하면 수적으로 많은 기억이 하나의 경험이기 때문이다. 경험으로부터 혹은[즉, 오히려] 혼 안에서 머물게 된 모든 보편자로부터, 즉 많은 사항에서 떨어진 하나(henos para ta polla)가 머물 때, 즉 이 모든 사항 안에 어떤 동일한 것이 머물 때, 기술과 지식의 원리가 생긴다. 즉, 생성에 대해서는 기술의, '있는 것'[존재]에 대해서는 학적 지식의 원리가 있다."(『분석론 후서』 제2권 제19장 100a3−9)

인용구에서 보여 주는 바처럼, "감각에서 기억(mnēmē)이 생기고, 동일한 사항에 대해 반복된 기억에서 경험(empeiria)이 생긴다"(『분석론 후서』제2권 제19장 100a4-5). 즉 반복되는 관찰에 의해 만들어지는 우리의 정신 속에서 형성되는 보편자를 통해, 우리는 실제적인 학문의 영역에서 요구되는 제일원리를 발견할 수 있다는 것으로 이 대목을 해석할 수 있다. 귀납의 학적인 기능은 보편자의 파악에 있다.[33] 『분석론 후서』제2권 제19장에서 전개된 에파고게(epagōgē)의 논의에 따르면, 개별자의 지각으로부터 보편자의 파악으로의 이행은 귀납에 의해서 주어진다. 이 과정은 kat' hekaston으로부터 katholou로의 이행이다. 인식 대상은 애초부터 지각을 통해 파악되고, 기억을 통하여 보존되고, 경험을 통하여 분류되는 감각적 개별자이다. 이 대상은 어떻게든 지식의 보편적 대상으로 바뀌어진다. 이 과정은 감각적 대상으로부터 분리되어 정의되는 속성을 파악하는 것이며, 또한 우리는 이것을 추상(aphairesis)이라고 부를 수 있다.[34]

아리스토텔레스는 귀납을 첫째, 개별자들로부터의 보편자의 분절로 파악하고 있다. 실제로 아리스토텔레스는 '우리가 제일원리를 귀납에 의해 인식한다는 것은 분명하다'라고 말하면서, 그 인식 과정을 귀납과 동일시하고 있다. 둘째, 귀납은 사유자가 개별적 경우로부터 보편적 주장으로 이행할 수 있게 하는 추론(sullogismos)의 한 방법이다. 셋째, 그는 귀납을 결론의 인식뿐 아니라, 개별적 진리의 인식 또한 귀납에 할당하고 있다. 또한 귀납은 보편자의 원천이기도 하다. 이를 통해서 미루어 볼 때, 귀납의 목적은 보편자의 파악이거나 혹은 애초에 감각적 표상으로 제기된 일련의 개별자로부터의 보편자에 대한 파악이다. 그리고 계속적으로 더 추상적으로 표상하는 인식론적 작업을 수행한다. 보편자는

---

33 『분석론 후서』제1권 제18장 81b2 및 제2권 제19장 100a4-5.

34 『분석론 후서』제2권 제19장 100a14-b3.

때때로 자연종과 같은 단순한 개념이다. 나아가 그것은 기하학의 제일 원리와 같은 추상적 원리이기도 하다. 모든 경우에 보편자가 분절화되는 인식 과정은 동일하다. 아리스토텔레스의 귀납 이론은, 정신이 감각적 표상에 기초하는 보편자들의 파악을 초래하는 과정을 수행할 수 있는 인식론적 기능에 근거하고 있다.[35]

생물학적 방법론에서의 변증술의 적용

이제 몇몇의 구체적인 예를 통해 아리스토텔레스의 변증술적 방법이 적용되는 텍스트를 살펴보기로 하자. 나는 '개념 분석적 변증술'에 관한 논의를 통한 아리스토텔레스의 학문 방법론을 '엔독사[36]를 수집하고 그것들을 준별해 가는 과정'으로 이해한다. 이 과정 자체는 마치 포퍼(Popper)의 철학적 방법인 '추측과 반박'을 통하여 과학적 지식을 축적해 가는 과정과도 비견될 수 있다. 이런 의미에서 이 과정은 반(역)-귀납적이고, 반-베이컨적 사실을 발견하는 절차일 수 있다. 여기서 반-베이컨적 사실이란 '인간의 개념 체계에 의존하는 관찰된 사실'을 말한다. 에파고게(귀납)가 개별자를 통한 보편자, 즉 제일원리를 탐구하여 어떤 추상 과정을 거쳐 보편적인 주장을 이끌어 내었다면, 그 주장이 관찰된 사실과 부합하는지를 검토해야만 한다. 바로 이 단계에서 엔독사로부터 출발하는 변증술적 절차는 하나의 유용한 방법일 수 있다.

아리스토텔레스에게서 주어진 문제에 대한 **참(진실)**은 일반적으로

---

35 이상의 귀납에 관한 논의에 관해서는 『분석론 후서』 제2권 제19장 참조.

36 엔독사의 분석과 그 철학적 의미에 대해서는 『토피카』(김재홍 2021), 해제 「토포스를 마련하기 위한 시도와 탐구」, pp. 562~570 참조.

그 문제에 연관된 엔독사에 내재하고 있다. 아리스토텔레스는 먼저 주어진 문제에 관한 엔독사를 수집하고, 거기서 어떤 난점들을 찾아낸다. 이어서 그 난점들을 제거한다. 또 그것들 가운데 서로 배치(背馳)되는 주장이 있다면 수정을 가한다. 수정과 검증 과정을 거쳐서 여전히 굳건하게 남아 있는 것들을 참으로 확정한다. 이 과정을 좀 더 체계적으로 정리해 보자. 엔독사, 즉 '받아들여진 어떤 문제에 대한 주장(명제)들'이 참인지, 혹은 거짓인지를 검토하는 변증술적 방법은 다음과 같은 절차를 밟는다.

(1) 한 주제의 논의에 적합한 후보자로서 엔독사를 제시한다.

(2) (1)에서 제시된 것들 중 적절한 것과 부적절한 것을 탐지하는 작업을 수행한다. 그 기준은 일종의 논리적 정합성이다.

(3) (2)의 단계를 거쳐서 만들어진 {B1, B2 ⋯ Bn} 중에서 '가장 유력한' B들을 선택한다.

(4) (3)으로부터 {Γ1, Γ2, ⋯ Γm}(m≪n)을 이끌어 낸다. 단 Γ들은 '충분하게 증명된 것들'이다.[37]

---

[37] Barnes(1980), Nussbaum(1986), Irwin(1987, pp. 109~134; 1988) 참조. 이들은 변증술적 방법과 절차에 대해서는 기본적으로 동의하면서도 다른 각도에서 이 문제에 접근해 들어간다. 누스바움(Nussbaum)은 아리스토텔레스가 '현상'에 집착하는 태도를 퍼트넘(Putnam)의 '내재적 실재론'(internal realism)과 연결시켜 받아들이는 데 반해, 반스(Barnes)는 그 방법이 '제한적'이고 '순환적'일 수밖에 없으므로 '발견의 방법'으로 충분하게 활용되고 있지 못한다는 점을 지적한다. 누스바움이 말하는 내재적 실재론이란, '실재하는 것과 실재하지 않는 것은, 단지 어떤 이론이나 기술(記述), 이미 수용되는 믿음의 체계 안에서 결정될 수 없으며 또 독립적이며 외적인 방식으로도 결정될 수 없다'라는 이론이다. 이 이론은 칸트에게서 기원한다(Putnam, 1981, pp. 49ff., 60). 누스바움의 내재적 실재론적 해석에 대한 쿠퍼(Cooper)의 비판 참조(Cooper, 1988b; 1999). 한편 어윈(Irwin)은 무차별적으로 선택된 엔독사의 집합으로부터 추론하는 '순수 변증론'에서 적절하게 선택된 엔독사의 하부 집합으로부터 추론하는 '강력한 변증

나는 이러한 절차를 거친 해당하는 문제에 대한 탐구 과정이 아리스토텔레스의 과학적 탐구를 비롯한 학문의 방법으로 적용될 수 있을 것이라고 생각한다. 앞서 언급했던 『동물의 발생에 대하여』 제3권 제10장 760b30-33의 '꿀벌의 논의'에서 볼 수 있듯이, 탐구의 과정은 먼저 엔독사가 제시되고, 그런 다음 각 엔독사들에 대한 우리의 이론 체계가 사실과 부합하는지를 규명하는 순서로 이어진다.

이러한 맥락에서 『동물 탐구』 제1권 제6장의 언급을 자세히 살펴볼 필요가 있다.

"그런데 지금까지 말한 것[동물의 분류와 그것들의 종과 그 속성들의 구분]은 말하자면 윤곽이며, 얼마나 많은 것[대상]에 대해, 얼마나 많은 것[속성]을 고찰해야 하는가에 대해 맛보기(geuma)를 얻기 위한 것이다. 그것들을 엄밀히 따지는 것은 나중에 이야기하겠지만, 그 목적은 (1) 우선 [동물 사이에] **어떤 차이와 모든 동물에게 받아들여지는 사항[속성]을 파악하는 데** 있다. 그리고 그다음에 (2) **그것들의 원인[aitia, 인과적 설명]을 발견하도록 노력해야 한다.** 왜냐하면 각각의 동물에 관한 탐구 기록(historia)이 손에 들어오면 이런 식으로 나아가는 것이 자연에 적합한 길이기 때문이다. 즉, 논증이 '무엇에 대해' 이루어져야 하는가[사실], 또 무엇으로부터 이루어져야 하는가[원인]라는 것은 그것들의 사항으로부터 밝혀지는 것이기 때문이다.

그래서 먼저 동물을 구성하는 여러 부분에 대해 파악해야 한다. 왜냐

론'으로 방법론적 이행이 있었다고 본다. 엔독사 간의 '정합성 확립'은 '제일원리'에 대한 지식을 줄 수 없다는 것이다. 아리스토텔레스는 '순수 변증론'이 '제일원리'에 대한 지식을 제공할 수 없다는 것을 깨닫고 방법론적 이행을 했으며, 제일원리에 대한 지식을 확보할 수 있는 엔독사를 통한 더 '강력한 변증론'으로 전환했다고 해석하고 있다.

하면 몸 전체의 차이도 부분의 차이에 의한 것이 무엇보다 크기 때문이다(그것은 해당 부분의 유무, 위치나 배열에 의한 차이, 또 앞서 말한[38] ― 종, 초과, 유비, 반대의 특성[pathēmata]에 의한 차이였다). 하지만 **먼저 사람의 여러 부분을 파악해야 한다.** 왜냐하면 누구나 자신에게 가장 잘 알려진 화폐에 비추어 [다른] 화폐를 감정하지만, 그것은 화폐가 다른 경우에도 해당되며, 또한 사람이야말로 필연적으로 우리에게 가장 잘 알려진(gnōrimōtaton hēmin) 동물이기 때문이다.[39] 확실히 [동물의] 부분은 감각으로 명료하게 파악할 수 없는 것이 아니다. 그러나 이들에 대해서는 감각뿐만 아니라 이치에 맞게,[40] 또 누락이 없도록 순서대로 처음에 도구적 부분, 다음에 동질 부분(homoiomerē) 순으로 서술해야만 한다."[41]

여기서 보는 바처럼, 개략적으로 설명한 '동물학 연구 프로그램'은 자연 과학자에게 설명할 기본 사실(즉, 『분석론 후서』의 말로는 hoti)을 수집하는 것으로 시작하도록 권장하고 있다. 이 수집에서 아리스토텔레스는 동물의 속성과 차이점 ― 동물의 생활 방식, 활동, 특성 및 부위에 대한 차이점 ― 을 기록하여 상관관계를 확립하는 것을 목적으로 한다. 그래서 주로 『동물 탐구』에서는 동물 간의 차이점에 대한 아리스토텔레스적 구분을 통해 이루어지고 있다. 다시 말해, 이 탐구 프로그램은 생물학의 탐구 과정이 맨 처음 단계에서 '사실들의 수집'이 이루어지고, 그다음 단계에서는 '그 설명'(원인, aitia)을 찾는 것이라는 점을 명확히 밝혀

---

38 『동물 탐구』제1권 제1장 486a14–b17.

39 『동물의 부분들에 대하여』제2권 제10장 655a8–10 참조.

40 감각과 이치(logos)에 관련해서는 『동물의 발생에 대하여』제2권 제4장 740a4–5, 제3권 제10장 760b27–33 참조.

41 『동물 탐구』제1권 제6장 491a7–26.

주고 있다. 또 개별적인 동물의 부분들에 대한 탐구가 이루어지고 난 후, 전체 동물에 대한 설명을 찾아내는 순서를 택해야 한다는 것이다. 학적 탐구의 최종적 단계에 이르러서야, 이렇게 성취된 탐구의 결과를 제시할 수 있는 '분석론적인 증명'이 뒤따르게 된다.

"그런데 네 발의 태생동물은 모두 털로 덮여 있다고 해도 되지만, 사람의 경우와는 생김새가 같지 않다. 사람은 머리 외에는 털이 적고 짧지만, 머리는 동물 중 가장 털이 많다."[42]

이 예에서 보듯이, 아리스토텔레스는 상관관계가 있는 특징('네 발의 태생동물'과 '털로 덮여 있음')과 그것들의 정확한 외연('모든 …')을 기록하고, 이 상관관계가 다른 유에서 어떻게 다른지('인간임'은 '모든 동물 중에서 가장 털이 많은 머리를 가짐'과 상관관계가 있음)를 보여 준다. 『분석론 후서』의 논증 모델에 따르면,[43] 사실에 대한 탐구(조사)는 '이유'에 대한 탐구와 별개이며 그 조사에 선행한다. 따라서 아리스토텔레스는 『동물 탐구』에서 '항상' 또는 '대개의 경우에' 함께 일어나는 생물학적 사실을 수집하여, 술어 또는 주어 위치에서 추론적 논증에서 용어로 선택될 수 있는 후보를 구성한다. 이러한 상관관계가 있는 사실 쌍은 논증의 '무언가에 대하여'를 구성한다. 이 경우에, 설명 대상 중 하나는 왜 '가장 털이 많은 머리를 가진 것'(술어 명사로 선택)이 '항상 또는 대개의 경우에' '인간임'(주어 명사로 선택)과 상관관계가 있는가 하는 것이다.

---

42 『동물 탐구』 제2권 제1장 498b16-18.

43 『분석론 전서』 제1권 제30장, 『분석론 후서』 제1권 제13장 및 제2권 제1장 참조.

이러한 방법론적 실행 절차에 대한 논의를 통해, 우리는 아리스토텔레스의 구체적인 학문 방법론의 특징을 찾아낼 수 있다. 또한, "거기다가 또 철학적 성격을 지닌 여러 학문에 대해 유용한 것은, 대립되는 양쪽의 입장에서 생겨난 난제를 풀어 나갈 수 있다면, 우리가 각각의 사안에 대해 참과 거짓을 판별하는 것이 손쉬울 수 있을 테니까"라는 점을 상기하여, 우리는 이러한 변증술적 방법이 아리스토텔레스의 구체적인 학문의 방법임을 파악할 수 있다. 이 점은 또한 변증술이 '각각의 학문에 관련된 사안들 중 제일의 것들을 위해서도 유용하다'라는 그의 주장과도 일맥상통한다. 다시 말해 '아르카이'(학문의 원리)에 대한 지식을 획득하는 데 일정한 몫을 수행할 수 있다는 관점에서, 우리는 변증술을 엔독사에 대한 검증과 비판의 과정, '추측과 반박'의 과정으로서 '아르카이'를 발견하는 과정 자체로 이끄는 논의로 해석할 수 있다. 그래서 나는 이 과정의 절차와 단계를, 아리스토텔레스가 규정하는 자신의 실제적인 학문 방법으로 이해하고 '개념 분석적 변증술'이라고 부르는 것이다.[44]

생물학적 탐구는 변증술적 특징을 가지고 있으며, 과학자로서의 아리스토텔레스 자신의 작업은 아포리아를 해결하는 방식을 택하고 있다는 점을 주목해야만 한다. 아닌 게 아니라, 우리가 방금 정리한 방법론적 절차는 그의 저서 도처에서 찾아진다. 수집된 전문(傳聞)을 통하든 혹은 기록을 통했든지 간에 탐구의 주제와 관련된 엔독사가 해당하는 학문의 원리를 확립하기 위한 중요한 요소가 되고 있다. 전문을 통한 예는 이런 것이다. 그러다 보니, '돌고래의 입이 상어처럼 머리의 아랫부분에 있다'라고 하는 여러 관찰상에, 혹은 해부학상의 오류가 담길 수밖에 없다. 그럼에도 이러한 생물에 관련된 [어부의] 전문이나 경험을 '과학적 탐구

---

44 『토피카』 제1권 제2장 101a35−b4 참조.

방식'으로 전환시킨 최초의 철학자가 아리스토텔레스였다는 점을 빠뜨려서는 안 된다. 『동물 탐구』 제8권 제48장의 돌고래의 예를 보자.

"바다 동물에서는 돌고래가 온후(溫厚)하고 얌전하다(praotētos kai hēmerotētos)는 그 증거가 많이 **보고되고 있다**(pleista legetai). 특히 탈라스[45]나 카리아[46] 근해에서는, 또 그 밖의 해역에서도 돌고래 새끼에 대한 사랑과 열정[에 대한 이야기]이 **보고되고 있다**. 예를 들어 카리아 근해에서 돌고래 한 마리가 잡혀 상처를 입었을 때 수많은 돌고래가 일제히 항구로 몰려들었다. 어부(ho halieus)가 그 돌고래를 풀어 줄 때까지 계속 있다가 놓아주자 모두 일제히 항구를 **떠났다고 한다**. 또한 작은 돌고래[어린 돌고래]들에게는 큰 돌고래가 한 마리, 망을 보기 위해 항상 동반한다. 지금까지 큰 것과 작은 것이 함께 헤엄치는 돌고래 무리가 **확인됐다**(hōptai). 그중 두 마리가 조금 늦게 헤엄치다가, 죽은 작은 아이 돌고래가 가라앉을 것 같으면 뭔가 다른 생물에게 잡아먹히지 않을까 연민하듯이(kataleountes) 그 아래까지 헤엄쳐 가서, 등으로 들어 올리는 모습이 최근에 **확인되었다**(ephanēsan).(강조는 옮긴이)

이 동물의 헤엄치는 속도에 대해서도 믿을 수 없는 **이야기가 있다**(legetai). 왜냐하면 수생, 육생의 모든 동물에서 돌고래가 가장 **빠르다**고 생각되어 큰 배의 돛대를 뛰어넘어 버리기 때문이다. 특히 그런 일이 일어나는 건, 먹이로 삼으려고 어떤 물고기를 쫓고 있을 때이다. 그때 물고기가 도망치면 돌고래는 굶주림에 쫓겨 깊이 쫓아간다. 하지만 수면까지 돌아오는 데 오래 걸릴 것 같으면 그 사실을 짐작하듯

---

45 이탈리아 남부의 항구 도시로, 현재의 타란토.
46 아나톨리아 반도(튀르키예 공화국) 남서부 바다 쪽에 위치한 지역.

(analogisamenos) 숨을 멈추고, 그 거리를 고속으로 헤엄쳐 [물 위에서] 숨을 쉬려고 한번 몸을 웅크리고 나서 화살처럼 나아간다. 거기에 우연히 배가 지나갈 때는 돛대를 뛰어넘는다. 덧붙여 말하자면 잠수부도 깊이 잠수할 때에는 같은 일을 한다. 왜냐하면 그들도 한번 몸을 웅크리고 나서 자신의 힘에 따라 상승하기 때문이다.

또 돌고래 수컷은 암컷과 짝을 지어 함께 살고 있다. 돌고래에 대해 수수께끼인 것(diaporeitai)은, 왜 육지에 올라타는가 하는 것이다. 왜냐하면 아무 원인도 없이(di' oudemian aitian) 우연히 그렇게 하는 일이 때때로 있다고 하기 때문이다."[47]

'확인됐다'(hōptai), '확인되었다'(ephanēsan), '이야기가 있다'(legetai) 등에서 확인할 수 있는 것처럼, 아리스토텔레스는 먼저 주제에 관련된 '경험된 사실', 선행 철학자 혹은 과학자들의 다양한 학문적 견해들을 보존하고, 그것을 상세하게 검토하는 방법을 선택한다. 이러한 절차로 이루어지는 대표적인 대목은, 『형이상학』 제1권 제3장(983b1-7, 995a24-b4), 제12권 제8장(1073b13-16), 『자연학』 제4권 제4장(211a7-11), 『천계에 대하여』 제1권 제10장(279b12 아래), 제4권 제1장(308a6), 『혼에 대하여』 제1권 제2장, 『니코마코스 윤리학』 제7권 제1장, 『명제론』 제9장 등이다. 이상의 모든 대목에서 아리스토텔레스는 동일한 방식으로 다른 사람이 말해 왔던 것으로부터 탐구를 시작하고 있다. 이렇듯 '엔독사'가 그의 철학적 논의의 출발점이 되고 있다.

아리스토텔레스는 선행 철학자들이 말해 왔던 바를 논의 형식으로

---

47 돌고래의 특징에 대해서는 『동물의 부분들에 대하여』 제4권 제13장 697a15-697b1 논의 참조.

그대로 받아들이기보다는 그들이 말한 것(legomena) 속에 포함되어 있는 아포리아를 개념적으로 포착해 내는 작업을 수행함으로써 자신의 논의를 전개한다. 엔독사 형식으로 전해진 그 견해들 가운데에는 아포리아(난제)에 대한 매듭이 들어 있기도 하고, 어느 측면에서는 그들이 인식하지 못했던 새로운 아포리아가 등장하기 마련이다. 『혼에 대하여』와 『천계에 대하여』에서 이 점이 분명하게 부각될 수 있다.

"혼에 관해 탐구하는 경우에, 우리는 장차 그 매듭을 풀어 나가고자 하는 난제를 제기하면서(diapotountas)도 동시에, 혼에 관해 피력했던 선행 학자들의 견해(doxa)를 필연적으로 고려해야 한다. [그들의 제안 가운데에서] 건전한 것은 취하고, 잘못된 것은 신중을 기하기 위해서."[48]

"거기서 우선 다른 사람들에 의해서 말하는 것을 살펴봄으로써, 그 고찰을 위해 분리해야 될 문제점을 꺼낸(diaporēsantes) 다음, 그것들에 대한 우리의 생각(현상, phainomenon)을 말하기로 하자."[49]

이 두 구절에서 우리는 『니코마코스 윤리학』에서 제시한 개념 분석적 변증술의 절차와 동일한 절차를 밟는 과정을 읽어 낼 수 있다.

"다른 경우들에서처럼, [여기서도] 우리는 (1) 그렇게 생각되는 바(현상)(phainomenon)를 제시한 후, 우선 (2) 그 문제가 포함하고 있는 어려움을 따져 보고(diaporēsantas), 가능하면 이러한 상태를 둘러싼 모든 평판을

---

48 『혼에 대하여』 제1권 제2장 403b20-26.
49 『천계에 대하여』 제4권 제1장 308a4-7.

가진 통념(엔독사)의 참을, 또 만일 그렇게 할 수 없다면 대부분의 가장 존중해야 할 평판을 가진 통념(엔독사)의 참을 증명해야 한다. 왜냐하면 그 난점들이 해소되어 평판을 가진 통념들이 [적절한 입장에] 남겨질 때, 참은 충분하게 증명된 것이 되기 때문이다."(『니코마코스 윤리학』 제7권 제1장 1145b2-7)

즉 "'우선' 그 문제를 포함하고 있는 어려움을 따져 보고, … 가능하면 … 대부분의 가장 존중해야 할 평판을 가진 통념(endoxa, phainomenon)의 참을 증명해야 한다. … 그 난점들이 해소되어 그 엔독사들이 적절한 입장에 남겨질 때, 참을 충분하게 증명한 것"이기 때문이다. 개념 분석의 변증술 방법을 제시하는 인용된 대목에서, (1) 우리는 철학적 이론화의 데이터들은 엔독사로 한정되고, 또 철학적 이론은 그것들을 떠나서는 성립될 수 없다는 함축을 발견할 수 있다. (2) 여기서 표명된 방법론적 절차는 『토피카』에서 주어진 절차와도 아귀가 잘 맞아떨어진다.

변증술의 물음은 그 답이 즉각적으로 주어지지 않는 명백하지 않은 물음이다.[50] 그것은 또한 '선택(취함)과 회피(거부)에 대해서 혹은 진리와 앎에 대해서 기여하는 고찰의 대상이 되는 주제'이다.[51] 이 구절은 변증술이 실제적이면서도 이론적 방법일 수 있다는 점을 명확하게 드러내 준다. 변증술은 이어지는 탐구의 방향을 정립하기 위해 그 탐구의 대상으로 주어진 주제에 관련된 엔독사를 수집하고 그것을 평가하는 기능을 담당한다. 또한 그것은 독단적인 탐구가 가져올 수 있는 위험과 논리적 오류를 회피하기 위해 주어진 주제에 관련된 여러 상이한 견해들을 고

---

50 『토피카』 제1권 제11장 104b14.

51 『토피카』 제1권 제11장 104b1-3.

려하는 것이다.

아리스토텔레스는 변증술의 목적을 "철학적 성격을 지닌 여러 학문에 대해 유용한 것은, 대립되는 양쪽의 입장에서 생겨난 난쩨를 풀어 나갈 수 있다면, 우리가 각각의 사안에 대해 참과 거짓을 판별하는 것"[52]이라고 규정하고 있다. 엔독사에 대한 취급은 '잘못을 탐지'한다는 측면에서는 부정적인 측면을 가지며, '참을 탐지'한다는 측면에서는 긍정적인 측면을 지닌다. 앞서 인용한 『혼에 대하여』의 구절("건전한 것은 취하고, 잘못된 것은 신중을 기하기 위해서")은 『토피카』의 해당 구절에서 언급된 변증술의 이중적인 목적을 더욱 분명하게 밝혀 주고 있다.

이 두 대목은 아리스토텔레스에게서 변증술의 주요한 학적인 역할이 '현상의 구제'에 있다는 우리의 주장을 뒷받침하며, 또 변증술의 목적에 대한 이 두 측면이 논리적으로 양립한다는 사실을 명확히 보여 주고 있다. 즉 '현상의 구제'라는 말은 아리스토텔레스의 철학적 맥락에서 '현상의 폐기와 구제'라는 이중적인 의미를 지니고 있다는 것이다. 또한 『토피카』 105b15-29에서 언급되고 있듯이, 변증술적인 물음들은 윤리적, 논리적, 자연학적, 생물학적 물음을 두루 포괄한다. 따라서 변증술적 학문 방법은 경험적인 문제까지도 포함한다. 선행 철학자들의 견해로 전해 오는 엔독사 그 자체가 모두 변증술적 물음으로 전환되는 것은 아니지만, 그 자체가 최소한 변증술적 탐구의 출발이 될 수 있다.

『형이상학』 제3권 제1장 995a29-33에서 아리스토텔레스는 자신이 즐겨 택하는 일상적 방법론뿐만 아니라, 왜 그러한 절차가 탐구자에게 이미 있어야만 하는가 하는 이유에 대한 설명을 주고 있다. 그 이유란, 현존하는 난제를 해결해야 할 필요성이 탐구자에게 자신의 탐구가 진행

---

52 『토피카』 제1권 제2장 101a35-37.

될 수 있을지 없을지를 말해 주는 것이다. 해결되어야만 할 문제가 무엇인지를 먼저 상술하지 못하는 사람은 갈피를 못 잡고, 자신의 탐구 방향을 어느 쪽으로 이끌어 나아갈지를 알지 못하는 사람들이다. 주어진 아포리아와 관련해 논의해야만 하는 가장 적합한 가설들(이론들)이 무엇인지를 결정하고, 해당하는 논의가 어떤 목표를 향해 나아갈지를 알려 주는 방법이 곧 '변증술'인 셈이다. 물론 변증술의 방법과 절차를 밝히는 맥락은 탐구의 원리를 언급하고 있지 않지만, 다른 모든 맥락에 행해질 수 있는 일반적인 방법상의 전략임을 말해 준다. 이런 대목에서 우리는 변증술의 탐구 방법에 관련된 중요한 방법상의 수행적 역할을 찾아볼 수 있는데, 그것은 주어진 아포리아에 대한 탐구가, 한편으로는 엔독사 그 자체에 관련된 난제들에 대한 진술과 다른 한편으로는 주어진 주제를 둘러싸고 전개되는 부가적인 난제들 가운데서 이루어진다는 점이다. 사실상, 『혼에 대하여』제1권 제1장은 그 자신의 용어로 혼에 관련된 일련의 난점들을 제시하고 있으며, 제2장에서 제5장에 걸쳐 영혼에 관한 엔독사에 대한 고려로부터 생겨난 난제들을 논의하고 있다.

이런 측면에서, 우리는 아리스토텔레스의 과학적 탐구도 그 특징상 변증술적이지 않을 수 없을 것이라는 점을 지적할 수 있다. (1) 변증술적인 프로타시스(protasis, 전제)는 모순 대립되는 한 쌍의 물음으로 이루어지고, 또한 (2) 그 프로타시스는 세상 사람들의 '엔독사와 화이노메나'(일반적으로 그렇다고 생각되는 것)에 대한 가정이다(『분석론 전서』제1권 제1장 24b10-13). 따라서 변증술은 엔독사와 화이노메나(phainomena)로부터 출발하지 않을 수 없다. 이렇게 해석해 놓고 보면 아주 중요한 발견에 이르게 된다. 즉 프로타시스에 대한 두 측면을 고려하게 되면, 변증술적 '제일원리(archai)'는 '예, 아니오'라는 대답을 가져올 뿐만 아니라, 엔독사의 형식을 취할 수밖에 없게 된다. 그래서 아리스토텔레스는 그의 개별 과학을 다루는 실제적 저작에서 다음과 같은 변증술적 물음을 묻게 되는 것이다. 그러한 변증술적 물음의 전형적인 예는 다음과 같다.

"여기서 반드시 고려해야만 할 사항이 있다. 즉, (1) 모든 수컷이 정액을 방출하는가, 혹은 그렇지 않은가. 또, (2) 만일 모든 수컷이 정액을 방출하는 것이 아니라면, 어떤 것은 정액을 방출하는 데 반해, 어떤 것은 정액을 방출하지 않는 것은 어떤 원인에 의한 것인가. 그런데 (3) 암컷도 어떠한 정액을 제공하는 것인가, 아니면 암컷은 정액을 제공하지 않는 것인가. 또, (4) 만일 암컷이 정액을 제공하지 않는다고 하면, 다른 무엇도 제공하지 않는 것인가, 아니면 (5) 암컷은 어떤 것을 제공하지만, 그 것은 정액이 아니라는 것인가. 게다가 (6) 정액을 방출하는 것이 정액을 통해 발생에 어떻게 기여하는지도 고찰해야 하며, 일반적으로 (7) 정액의 자연 본성이 무엇인가 하는 것, 또 (8) 월경혈이라고 불리는 것에 관해서도 동물 중에서 이 액체를 방출하는 것들의 경우에 그 자연 본성이 무엇인가 하는 것을 고찰해야 한다."[53]

'P는 … 인가, … 그렇지 않은가'(poteron … ē ou; Is P the case, or not?)라는 형식화된 물음은 변증술적 물음의 전형적인 예이다(『토피카』 101b30). 변증술적 물음은 '예' 혹은 '아니오'라는 답변을 요구한다. 변증론자는 'P는 … 인가?'(Is P the case?),[54] 즉 '인간은 좋은가?', '좋음이라는 말은 어떤 방식으로 사용되는가?'라는 식으로 묻지 않고, '좋음이

---

53 『동물의 발생에 대하여』 제1권 제17장, 721a33-721b7.
54 『토피카』 제1권 제4장 101b29-36.

란 말은 이런 방식으로 사용되는가, 아니면 저런 방식으로 사용되는가?' 혹은 '인간은 두 발로 걷는 동물인가 혹은 아닌가?'라고 묻는다.[55] 이러한 물음의 제기 방식과 탐구할 문제의 설정은 동일한 방식으로 진행하는 작업이다. 결국, 변증술은 어떤 종류의 물음을 제기하고, 어떻게 그 답변을 검토할 것인지를 제시하는 방법이다. 또한 물음을 제기하는 아리스토텔레스 방식에는 항시 반복적으로 apoeō('난제를 제기하다')라는 동사를 사용하고 있다.[56] 예를 들면『동물의 발생에 대하여』제2권 735a30에서는 변증술적 물음과 철학적 문제를 동시에 내놓고 있는데, "그런데 정액의 자연 본성을 놓고 난제를 제기하는 사람도 있을 것이다"(peri de tēs tou spermatos phuseōs aporēseien)라는 것이 그 대표적인 문제 제기 방식이다. 아리스토텔레스는 생물학 저작을 통해 매번 새로운 물음을 물으면서, 동시에 탐구될 문제를 제기하는 방식을 택하여 계속되는 논의 가운데 적절한 음미 과정을 거쳐 적절한 답변을 찾아내고 있다.

---

55 변증술적 물음의 예들에 대해서는『토피카』제2권 제10장 114b39, 제8권 제2장 158a15 아래 참조.

56 이러한 예는『동물의 발생에 대하여』제2권 733b24, 735a30, 736a23-25, 740b3, 741a4, a6, 743b33, 제3권 752a4, 754b20, 755b1, 757a14, 제4권 770b30, 771b15 등 참조.

제1권

제1장

동물 몸의 다른 부분에 대해서, 이 같은 원인에 의해 각 부분이 어떤 방식으로 존재하는지를 동물 일반에 공통되는 관점에서 말해 온 것과 동시에, 동물의 각각의 유에 고유한 부분에 대해 개별적으로 말해 왔다.[1] 여기서 내가 '원인'이라고 말하는 것은 '무언가를 위해서'라는 원인[2]을 말한다. 즉, 원인으로서 밑에 놓여 있는 것에는 4종류가 있는데, 목적으

---

1 이 구절은『동물의 부분들에 대하여』의 논술 내용을 가리킨다. 이 책이『동물의 부분들에 대하여』다음으로 이어지는 논고라는 점에 대해서는『동물의 부분들에 대하여』제4권 제14장 697b27 아래("이렇게 해서 여러 부분에 대해서, 어떤 원인으로 그 각각이 동물로 있게 되었는지, 모든 동물에 대해서 개별적으로 말했다. 그것들을 규정했기 때문에, 다음은 그것들의 발생에 대해 상세히 논할 것이다") 참조. 나란 이는 논술의 순서를 보여 주는 것일 뿐 저작의 집필 순서를 반드시 보여 주는 것은 아니다. Balme은 이 책의 서론 격에 해당하는 715a1-18의 논의를 아리스토텔레스 자신에 의한 것이 아니라, 다른 사람에 의해서 쓰인 것이라고 추정한다.

2 아리스토텔레스의 4원인의 하나에 해당하는 '목적'(telos)으로서의 원인(목적인)을 말한다. 또한 목적인을 포함한 아리스토텔레스의 4원인에 대해서는『자연학』제2권 제3장 194b23-195b21,『형이상학』제5권 제2장 1013a24-b28 참조.

로서 '그것을 위해서'의 '그것'과 본질적 실체(ousia)[3]에 대한 설명 규정
(이 둘은 사실상 하나의 것으로서 받아들여야 한다[4]), 또한 세 번째 및 네
번째 것으로서 질료[5] 및 거기로부터 운동이 시작되는 것[6]이 그렇다[7] ─
그런데 네 번째 원인 이외의 다른 원인에 대해서는 이미 말한 대로이다
(즉, 설명 규정과 목적으로서의 '그것을 위해서'의 '그것'은 동일한 것이며,
동물에서는 그 몸의 여러 부분이 그 질료에 해당한다. 모든 동물은 온몸에
서 비동질 부분이 그 질료에 해당하고, 비동질 부분에서는 동질적 부분[8]이

5

10

---

3 '본질적 실체'라고 번역한 것은 헬라스어로 ousia이다. 어떤 사물의 '우시아'가 설명
   규정(logos)으로서의 사물의 정의 ── '형상'(eidos)으로서의 원인(형상인)에 해당하
   는 것 ── 의 대상을 가리키고 있는 경우에는 '본질적 실체'라고 옮길 수 있다. 이 말이
   '생성'(genesis)과의 대비로 사용되는 경우(제2권 제6장 742a21-22 등)에는 '실재'라
   고 옮길 수 있다. 그 이외의 맥락에서는 '본질 존재' 또는 '본질'로 옮긴다. ousia는 동
   사 einai[to be]의 여성 분사 ousa에서 유래한 추상 명사이다. 실체는 다음과 같은 의미
   를 갖는다. (1) 무언가의 실체는 그것의 '본질'을 나타낸다. (2) 실체는 술어의 최종적
   인 주어('밑에 놓여 있는 것')로 기본적인 어떤 종류의 존재이다. 즉 tode ti('이 무엇', 즉
   개별자)를 말한다. 이것은 그 자체로 어떤 다른 것에 대해서 술어가 되지 않으며, 사물
   과 따로 떨어져 있는 것으로 각 사물의 형태나 형상이 그렇다(『형이상학』 제5권 제8장
   1017b23-26). 맥락에 따라 '본질 규정(설명식, logos)을 갖는 존재로서의 실체'를 뜻하
   는 경우에는 '본질적 실체'로 옮길 것이다.
4 '자연'에 기초한 사물의 경우와 기술에 의한 제작품의 경우에도, '생성'은 완성된 사물
   에서 발현하는 그 사물의 '형상'(eidos)을 목적으로, 그것을 목표로 해서 나아가는 것으
   로 이해될 수 있다.
5 사물의 질료(hulē)에 해당하는 것으로서, 그 사물을 물질적으로 성립시키고 있는 원인
   (질료인)을 말한다.
6 '거기로부터 운동(kinēsis)이 시작되는 것'이라고 하는 것은, 사물의 운동 변화의 시원
   에 해당하는 것, 즉 '운동인', 작용인을 말한다.
7 동물의 생성에서의 네 가지 설명 방식. 작용인에 대한 탐구는 오늘날의 '발생 생물학',
   '신경 생리학'에 해당하고, 질료인은 '생화학', '생리학'에 해당하고, 형상인은 '유전학'
   에, 목적인은 적응의 연구로 '진화 생물학'에 해당할 수 있다.
8 '동질 부분'(homoiomerē)이라는 것은 살, 뼈, 힘줄 등 네 종류의 '기본 요소'(stoicheia)
   에 해당하는 불, 공기, 물, 흙을 질료로 하는 동물 몸의 기초적 조직을 말한다. '비동질

그 질료에 해당하고, 동질적 부분에서는 '물체의 기본 요소'라고 불리는 것이 질료에 해당한다).

이제 남은 것은 몸의 여러 부분 중 동물의 발생에 기여하는 부분[9]에 대해서 앞의 논의에서 무엇 하나 명확하게 규정되어 있지 않으므로 이러한 부분을 명확하게 규정하는 것이며, 또 운동을 일으키는 원인에 대해서도 그 시원이 무엇인지를 명확하게 규정하는 것이다. 이 점을 고찰하는 것과 각각의 동물의 발생에 대해 고찰하는 것은 어떤 의미에서 동일하다. 따라서 아래에서 이루어지는 우리의 논의는 발생에 기여하는 부분을 동물의 몸 부분에 관한 논의의 맨 마지막으로 배치하고, 그것에 이어 동물의 발생에 대한 설명을 시작하는 순서로 해서 이 둘을 하나로 묶었던 것이다.

그런데 동물 중 어떤 것은 암컷과 수컷이 짝짓기(성교, 교미, 교접)[10]함으로써 발생한다. 암컷과 수컷이 있는 동물의 유 전체가 그렇다. 왜냐하면 모든 동물에 암컷과 수컷이 있는 것은 아니기 때문이다. 유혈동물[11]

15

20

부분'(anomoiomerē)이란 눈, 귀, 얼굴, 손가락, 손발 등 복수의 '동질 부분'을 질료로 하여 복합적으로 구성된 부분으로 동물의 생존을 목적으로 각각 일정한 작용을 한다고 생각되는 부분이다. '동질 부분'과 '비동질 부분'의 관계에 대해서는 『동물의 부분들에 대하여』 제2권 제1장 646b10-647a2 참조.

9   동물의 발생에 기여하는 부분은 암수 생식기관을 말한다. 이러한 부분에 대해서는 『동물 탐구』 제3권 제1장 509a27 아래 참조.

10 나의 어릴 적 기억으로는 충청도 사투리로 동물에 대해 '덩굴다'(즉 흘레하다)라는 표현을 사용했다.

11 아리스토텔레스의 동물 분류에서 동물은 '유혈동물'(ta enaima)과 '무혈동물'(ta anaima)로 크게 구별된다. 아리스토텔레스는 적색의 혈액을 '혈액'(haima)이라고 생각하고 있으며, 적색의 혈액을 몸속에 가지는 것을 유혈동물(척추동물)로서 분류한다. '무혈동물'은 현대 생물학에서는 '무척추동물'에 해당한다. '무혈동물'에는 '피와 유비적인 것'(to analogon)이 몸속에 존재하는 것이다. '유혈동물'과 '무혈동물'의 구별에 대해서는 『동물 탐구』 제1권 제4장 489a31-34 참조. 또 무혈동물로 분류되는 각각의 유

의 경우에는 소수의 것[12] 이외의 모든 것에서 동물로서 완성되었을 때 한 쪽은 수컷으로서 존재하고 다른 한쪽은 암컷으로서 존재하지만, 무혈 동물 중에서 어떤 것은 그 부모와 동류의 새끼를 낳고 암컷과 수컷을 갖는 데 반해, [암컷과 수컷이 교미함으로써] 새끼를 낳기는 하지만 부모와 같은 유의 것을 낳지 않는 것도 있다. 교미하는 동물에서가 아니라 부패된 흙이나 잉여물로부터 발생하는 동물[13]이 그런 것에 해당한다. 일반적으로 말하자면, 동물 중에서 장소를 이동할 수 있는 것, 다시 말해 헤엄치기에 적합한 몸을 갖춘 것, 날기에 적합한 몸을 갖춘 것, 육상을 보행하기에 적합한 몸을 갖춘 것의 경우, 이들 동물에는 그 모두에 암컷과 수컷이 있는데, 이는 유혈동물뿐만 아니라 어떤 종류의 무혈동물도 그러한 것이다. 또, 무혈동물 가운데 어떤 것에는, 예를 들어 연체동물[14]이나 연각동물[15]이 그렇듯이 유 전체에 걸쳐 암컷과 수컷이 존재하고 있지만,

25

30

715b

들을 정리한 이 책의 제4권 제1장 523b1-21 참조. '유비적인 것'의 개념에 대해서는 『동물의 부분들에 대하여』 제1권 제2장 647b13-16 참조.

12 제2권 제5장 741a32 아래 참조.

13 여기서 '잉여물'(perittōma)은 영양을 흡수한 후에 몸 밖으로 배설되는 것으로서 남겨지는 물질을 말한다. 아리스토텔레스에 따르면, 어떤 종류의 동물은 암컷과 수컷이 교미하는 것에 의해서가 아니라 배설물이나 부패한 땅으로부터 '저절로'(automatos) 발생하는(이른바 '자연 발생') 것으로 되어 있다. 『동물 탐구』 제5권 제1장 539a16-25, 제19장 550b30-551a13 참조. 호메로스, 『일리아스』 제19권 24~28행에 아킬레우스는 친구를 두고 이렇게 말한다. "(파트로클로스에게) 파리 떼가 꾀면서 청동에 맞은 그의 상처에 구더기가 생겨 그의 시신을 욕되게 하고, 그래서 그의 살이 모두 썩지 않을까 심히 두려워요." 이 말은 '구더기'가 자연 발생에 의한 것이 아니라는 주장처럼 들린다.

14 연체동물(ta malakia)은 문어, 오징어 등의 두족류를 말한다. 『동물 탐구』 제4권 제2장 523b21 아래 참조. 연체동물의 발생에 대해서는 이 책의 제1권 제15장 및 제3권 제8장 참조.

15 '연각동물'('부드러운 껍데기를 가진 동물', ta malakostraka)은 게나 새우 등의 대부분의 갑각류를 말한다. 『동물 탐구』 제4권 제2장 참조. 연각동물의 발생에 대해서는 제1권 제14장 및 제3권 제8장 참조.

'마디가 있는 동물'(곤충, 절지동물)[16]의 유는 그 대다수에 암컷과 수컷이 존재하고 있다.[17] 절지동물[18] 그 자체 중에서도 유를 같이하는 동물끼리 교미함으로써 발생하는 것은 그들 자신도 동류성에 따라서 새끼를 낳는다.[19] 한편, 동물에서가 아니라 부패한 질료로부터 발생하는 것의 경우, 이것들은 새끼를 낳지만 부모와는 다른 유의 새끼를 낳는데, 태어나는 것은 암컷도 수컷도 아니다.[20] 절지동물 중 어떤 것이 그런 것이다. 그리고 그 말이 옳다는 것은 이치에 맞다. 동물로부터 발생하지 않는 것들의 경우에 이것들이 교미함으로써 동물이 태어난다면, 이것들로부터 태어난 새끼가 이것들과 동류라면, 이 새끼들을 낳은 부모 자신들의 발생도 처음부터 그런 것이었을 것이다(그렇게 주장하는 것은 이치에 맞다. 다른 동물의 경우에는 그런 식으로 되어 있다는 것이 명확하니까). 이에 반해 태어난 새끼가 낳은 부모들을 닮지 않았음에도 교미하는 능력을 가졌다

5

10

---

16 entoma는 '마디마디로 나뉜 것들'을 뜻한다. '마디가 있는 동물'로 곤충류(절지동물)에 거의 해당한다.

17 즉 '하지만 유 전체에 걸쳐 암컷과 수컷이 있다는 것은 아니다'.

18 '절지동물'(마디가 있는 동물, ta entoma)의 종에는 곤충뿐 아니라 거미류와 다족류 등도 포함된다. 『동물 탐구』 제4권 제7장 및 제5권 제19장, 『동물의 부분들에 대하여』 제4권 제6장 참조. 절지동물의 발생에 대해서는 제1권 제16장 및 제3권 제9~10장 참조.

19 '동류성에 근거해'(kata tēn suggeneian)라는 것은 '낳는 것(부모)과 태어나는 것(자식)이 같은 유(genos)에 속하는 관계를 가진다'라는 것을 의미한다. 즉 공통의 자연 본성(phusis)을 가지다 『동물 탐구』 제5권 제1장 539a22 참조.

20 '구더기'(애벌레, skōlēs)를 말한다. 이것은 절지동물(곤충)의 애벌레 해당하는 것으로, 아리스토텔레스에 의하면 이것들은 '구더기'가 생성하고, 이것이 '알'(번데기)로 변화한 후, 거기서 완성된 동물이 태어난다고 되어 있다. 제3권 제9장 758a29 아래 참조. 이른바 자연 발생 동물의 경우 부모는 자연 발생한 '구더기'에서 생기지만, 그것이 낳는 것은 '구더기'로 남아 있기 때문에 다음 세대가 태어나지는 않는다. 『정치학』 제2권 제8장 1256b10 및 이 책의 제3권 제11장 763a9-16 참조.

면, 이것으로부터 무엇인가 서로 다른 자연[21]이 생성되고, 또 그것들로부터 무엇인가 다른 자연이 생성되며, 이것이 무한히 계속되어 나가게 될 것이다. 그러나 자연은 무한을 회피한다. 왜냐하면 무한에는 끝(완결성)이 없는 데 반해, 자연은 항상 끝(완결성)을 지향하기 때문이다.

동물 중에서 껍데기(각피)동물[22]이나 무엇인가에 부착함으로써 살아 있는[23] 것처럼, 걸을 수 없는 것들은 그 본질이 식물에 가깝기 때문에 식물의 경우처럼 암컷과 수컷이 나누어 존재하지 않는 것[24]과 마찬가지로, 그것들에서도 암컷과 수컷은 나누어 존재하지 않으며, 유사성과 유비에 의해서 암컷과 수컷이 이야기되는 것에 지나지 않는다. 즉, 약간이나마 암컷과 수컷의 차이를 가지고 있기는 하다. 식물의 경우에도 열매를 맺는 나무와 그 자체로 열매를 맺지 않는데도 열매를 맺는 나무가 열매를 숙성시키는 데[25] 기여하는 것과 같은 종류에 속하는 것으로 존재한다. 예

---

21 '무엇인가 서로 다른 자연'(phusis)이라는 것은 낳은 부모와 다른 자연 본성을 가진 생물을 말한다. 이 '자연'(phusis)은 아리스토텔레스 자연 철학의 주요 개념 중 하나로 사용된다. 이는 자연적 사물의 생성 '목적'(telos)에 해당하는 것으로, 동물의 경우 완전한 성장을 이룬 것에서 발현되는 '형상'(eidos)과 같다. 『형이상학』 제5권 제4장 1015a10-11 참조.

22 '껍데기동물'(ta ostrakoderma)은 '껍데기의 피부를 가진 것'이라는 뜻인데, 이것으로 분류되는 것은 조개류 외에 성게류, 멍게, 말미잘류 등이다. 『동물 탐구』 제4권 제4~6장 참조. 『동물 탐구』 제7권(8권) 제1장 588b16 아래에서 보행할 수 있는 동물과 비교했을 경우, '껍데기동물'은 잎벌레식물에 가까운 것으로 되어 있다. '껍데기동물'의 발생에 대해서는 제3권 제11장 참조.

23 키조개, 맛조개 등과 같은 부착성 동물을 말한다. 『동물 탐구』 제7권(8권) 제1장 588b13-16 참조.

24 제1권 제23장 731a1-2 참조.

25 pettein. 이 말은 식물의 열매와 동물의 씨(정액)에도 적용되는데, 아리스토텔레스에 따르면 이 양자는 '숙성'의 과정을 통해 '영양'으로부터 생산된 것이다.

를 들어 무화과와 야생 무화과[26]에 관련해서 그렇다.

[이와 같은 사항은 식물의 경우에도 마찬가지이다. 어떤 식물은 씨앗으로부터 생성되지만, 어떤 식물은 자연의 자발적인 작용[27]에 의해 생성된다. 이 식물들은 부패한 땅이나 식물 속의 어떤 부분에서 생성된다. 어떤 종류의 것은 그 자체로 따로 형성되는 일이 없이, 다른 수목 속에서 생겨 나옴으로써, 예를 들면 겨우살이[28]가 그렇다.][29] 그런데 식물에 대해서는 식물 자체를 대상으로 해서 따로 고찰해야 한다.[30]

제2장

동물의 발생에 관련해서는 이미 서술한 사항으로부터 논의를 연결하면서 동물의 각 종류를 대상으로 하여 순서대로 논의해야 한다.

---

26 아래의 755b10과 『동물 탐구』 제5권 제32장 557b31 참조. 남유럽에서 일반적으로 재배되는 무화과나무는 *Ficus carica*이다. 이 종에는 두 가지 종류의 나무가 있다. (1) 꽃차례에 완전히 발달한 암꽃만 있는 것. (2) 꽃차례에 개구부 근처에 수꽃이 있고 아래쪽에 낙태된 암꽃이 있는 것인데, 이것은 무화과말벌(*Blastophaga grossorum*)의 알을 받도록 특별히 준비되었기 때문에 '담즙꽃'(gall-flower)이라고 불린다. 이 알은 꽃의 난소를 담즙으로 만든다. 후자의 나무가 caprificus(야생 무화과)로 알려져 있다.

27 '자연 발생'을 말한다. 제3권 제11장 763a9-16 참조.

28 참나무, 물오리나무, 밤나무, 팽나무 등에 기생한다. 과육이 잘 발달되어 산새들이 좋아하는 먹이가 되며, 이 새들에 의해 나무로 옮겨져 퍼진다.

29 펙(Peck)은 식물을 언급하기 시작하는 이 대목을 여기에 위치시키는 것이 내용상 적절하지 않음을 지적한다. 오히려 앞의 715a25으로 옮길 것을 제안한다(Peck, 1942, p. 9).

30 아리스토텔레스의 식물에 관한 논고가 있었다는 언급에 대해서는 『동물 탐구』 제5권 제1장 539a20-21, 제1권 제23장 731a29-30 및 제5권 제3장 783b20-21 등으로부터 명백하나 현존하지는 않는다. 이 점에 대해서는 『동물 탐구』 제5권 제1장 참조.

그런데 앞에서 말한 것처럼,[31] 우리는 발생의 시원으로서 무엇보다도 먼저 전제로 삼는 것은 암컷과 수컷일 것이다. 즉 수컷을 운동과 발생의 시원을 가진 것으로, 암컷을 질료의 시원을 가진 것으로 놓는다는 것이다.[32] 이 점에 대해서 정액이라는 것[33]이 어떻게, 또 어디에서 생기는가하는 것을 살펴본다면 가장 납득이 갈 것이다. 자연에 의해 생성되는 것

들은 정액으로부터 형성되는데, 우리가 간과해서는 안 되는 것은 정액이 암컷과 수컷으로부터 어떻게 생성되는가 하는 점이다. 암컷과 수컷이 발생의 시원에 해당한다는 것은 암컷과 수컷으로부터 그러한 부분[34]이 분리되어,[35] 그 분리가 그들의 내부와 그들의 밖을 향해 일어난다는 것을 원인으로 하고 있다. 즉, 우리가 주장하는 바로는 수컷은 다른 것의

몸속에 낳는 동물인 반면, 암컷은 자신의 몸속에 낳는 동물이라는 것이다. 이러한 까닭에 온 우주에 대해서 사람들이 땅의 자연 본성을 암컷이

---

31 제1장 715a18 아래를 가리킨다.

32 암컷과 수컷이 '발생의 시원'(archē)에 해당한다고 해도 그 의미는 확연히 다르다. 수컷이 제공하는 것은 '정액'으로, 이는 발생을 위한 운동의 시원을 가진다. 이에 반해, 암컷은 태아를 형성하는 질료의 근원('월경혈')을 제공한다. 이에 대해서는 제1권 제17장 721a30 아래 논의 참조.

33 아리스토텔레스는 '정액'(sperma)이라는 말을 여러 의미로 사용하는데, ① 식물의 씨앗, ② 동물의 수컷이 내놓는 '생식액'(gonē, 727b34), 또 ③ 수정된 '배아'(kuēma, 724b14-18) 등을 의미한다. 정액은 식물의 '씨앗'과 동물의 '배아'에 해당한다고 되어 있다(제1권 제23장 731a3-4 참조). 아리스토텔레스의 동물 발생을 둘러싼 이론에서는, ②가 엄밀한 의미에서의 '정액'에 해당한다. 또, 수컷의 '생식액'에 대응하는 것으로서 암컷은 '월경혈'(katamēnia)을 제공하는 것으로 되어 있다(제1권 제19장 727a25-30 참조). 그러나 ②에 해당하는 협의의 '정액' 및 '월경혈'의 자연 본성에 대해 명확한 규정이 주어진 후의 논의에서도, '정액'은 '생식 물질'이라는 넓은 의미로 사용되고 있는 용례를 많이 찾아볼 수 있다. 이 대목의 문맥에서도(716a4-13) 그러한 넓은 의미를 포함하는 것으로 해석된다.

34 수컷과 암컷에서 제공되는 생식 물질로서의 '정액'.

35 즉 방출되어.

자 '어머니'로 부르며, 하늘이나 태양, 혹은 그것들과는 다른 그런 무언가를 '자식을 낳는 것', 즉 '아버지'라고[36] 부르는 것이다.

수컷과 암컷은 그것들의 본질적인 설명 규정에 따른다면, 각각이 다른 능력[37]을 가진다는 점에서 다르고, 감각에 따른다면 특정 부분[38]에서 다르다. 즉, 설명 규정에 따른다면 앞에서 말한 것처럼,[39] 수컷은 다른 것의 몸속에 낳는 능력을 가지는 것이며, 암컷은 자신의 몸속에 낳는 능력을 가지는 것, 즉 태어나는 것이 낳는 것의 몸속에 있는 채로 거기로부터 태어난다는 것이라는 점에서 다르다. 수컷과 암컷은 특정한 능력과 기능(작용)에 의해서 명확하게 다르게 규정되지만 모든 작업에는 도구가 필요하기 때문에, 그들의 능력에서 도구에 해당하는 것은 몸의 특정한 부분이기 때문에, 새끼를 낳는 것을 목적으로 함과 동시에 교미하는 것을 목적으로 하는 부분이 존재하는 것은 필연적이며,[40] 이 부분들은 서로 다르고 이 점에서 수컷이 암컷과 다르게 될 것이다. 동물의 전체(온몸)에 대해서, 어떤 것에는 '암컷'으로 어떤 것에는 '수컷'으로 말해지는데,

20

25

---

36 헤시오도스(기원전 700년경)의 『신통기』 126행 아래 참조.

37 '능력'(dunamis) 개념에 대해서는 『형이상학』 제5권 제12장 1019a15 아래 참조. '능력'에 관계되는 점에서 수컷과 암컷의 차이에 대해서는 이 책 제4권 제1장 765b35 아래 참조.

38 수컷과 암컷 각각에 고유한 생식기관.

39 이 장의 716a14-15.

40 동물의 몸 '기관'(organon)이 '일'(기능, ergon)과 어떻게 관계를 맺는가 하는 점에 대해서는 『동물의 부분들에 대하여』 제1권 제5장 645b19-20 참조. 즉 '일'이 목적이며, 몸의 부분은 목적의 실현을 위한 '도구'에 해당하는 것으로서 필연적으로 요청된다는 것이다. 아리스토텔레스의 자연학에서는, 이것을 '조건적 필연성'(hypothetical necessity)이라고 부른다. '조건적 필연성'에 대해서는 『동물의 부분들에 대하여』 제1권 제1장 642a2 아래 및 '음경'의 예를 들고 있는 제4권 제10장 689a22-31, 『동물의 부분들에 대하여』(김재홍 2024), 해제 「여기에도 신들이 있소이다」, pp. 64~67 참조.

30 그 동물이 암컷이나 수컷인 것은 동물의 온몸에 따르는 것이 아니라, 볼 수 있는 것이나 보행할 수 있는 것의 경우와 같이 어떤 특정한 능력에 의해서인 것과 동시에 특정한 부분에 의한 것이다.[41] 이 부분은 감각에 의해서도 명확하다.

모든 유혈동물의 경우에 암컷에서는 '자궁'이라고 불리는 것이 바로 그런 부분에 해당하고, 수컷에서는 고환[42] 및 음경과 그 주변이 그렇다.
35 유혈동물 중에는 고환을 가지고 있는 것도 있고, 그에 상당하는 관을 가
716b 지고 있는 것도 있기 때문이다. 무혈동물의 경우도 암컷과 수컷이라는 대립을 가지는 것에서는, 양자 사이에 여러 가지 차이가 있지만, 유혈동물에서 교미를 위한 부분은 그 형태에 따라 다르다. 여기서 주목해야 할 것은, 비록 시원이 작은 것이라 하더라도 이것이 변동을 겪으면 시원에
5 이은 부분의 대부분이 함께 변화한다는 것은 통상적이라는 것이다.[43] 이 점을 확실히 알 수 있는 것은 거세된 동물의 경우이다.[44] 왜냐하면 단지 수컷의 생식 능력을 가진 부분이 손상되었을 뿐인데도, 마치 암컷이거나 혹은 암컷과 아주 조금밖에 다르지 않다고 생각될 정도로, 온몸의 체형이 함께 크게 변화해 가기 때문이다. 동물이 암컷이나 수컷인 것은 어떤 임의적 부분에 의한 것도 아니며, 또 어떤 임의적 능력에 의한 것도 아니라는 것이다.

---

41 이 점에 대해서는 제4권 제1장 766b4-7 참조.

42 헬라스어 perineos는 일반적으로 '회음부(會陰部)'(space between the anus and scrotum[항문과 음낭 사이의 부위])를 의미한다(『동물 탐구』 제1권 제14장 493b9 참조). 하지만 여기서는 수컷의 생식기에 해당하는 '음경'을 가리킨다.

43 제4권 제1장 766a24-30 참조.

44 『동물 탐구』 제5권 제14장 545a20-22 및 제8권(9권) 제50장 631b19-21, 이 책의 제5권 제7장 787b19-22 등을 참조.

그렇다면 암컷과 수컷이[45] 분명히 어떤 시원임이 명백하다. 어쨌든 암 　　**10**
컷과 수컷이 그에 따라 구별되는 부분이 변화를 겪게 되면, 시원이 변동
함에 따라 많은 부분이 함께 변화하기 때문이다.

제3장

고환 및 자궁, 그 주변 부분은 모든 유혈동물에서 동일한 모습을 하는 것
은 아니다. 그러므로 먼저 수컷의 고환과 그 주변 부분을 이야기하도록 　　**15**
하자.

　이러한 유혈동물 중에는 어떤 것은 고환을 전혀 가지지 않은 것도 있
는데, 예를 들어 어류나 뱀류가 그렇지만, 이것들은 정액을 방출하기 위
한 2개의 관[46]을 가질 뿐이다. 한편, 고환을 가진 것도 있지만, 이것들은
몸속의 허리에 가까운 신장의 장소 아래에 그것들을 갖고 있으며, 양쪽
의 각각의 고환으로부터 관이 나오고 있다는 점에서는 고환을 갖지 않 　　**20**
은 동물과 마찬가지이며, 두 개의 관이 하나로 결합되어 있다는 점에서
도 그들과 마찬가지이다. 예를 들면 공기를 내뱉기 위한 폐를 가진 동물
에서는 조류 전체와 네 발 달린 동물로 알을 낳는 것이[47] 그렇다. 즉, 네

45　즉 성(sex)의 구분.

46　수정관을 말한다. 이들 동물의 경우 이 '2개의 관'이 고환(성소)에 해당하지만, 포유류
　　의 고환과 비교해 구조의 형태가 다르기 때문에 아리스토텔레스는 이를 고환이라고
　　생각하지 않았다.

47　'알을 낳는 것'이라고 번역한 것은 'ta ō[i]otokouta'이다. 이는 '알을 낳다'(ō[i]otokein)
　　라는 동사의 현재 분사의 중성 복수형이 명사화된 것이다. 이 동사와 관련된 형용사가
　　명사화한 것으로 'ta ō[i]otoka'라는 말이 있다. 어미가 '알을 낳는' 것에 의해 그 알이 모
　　체 밖에서 부화해 태어난 것이 현대 생물학에서 말하는 '난생동물'이다.

발의 동물로 알을 낳는 것도 모두 몸속의 허리에 가까운 장소에 고환을
가지고 있으며, 게다가 거기서 나오는 두 개의 관을 가지고 있다는 점에
서는 뱀과 같다. 예를 들어 도마뱀, 거북이, 뿔비늘로 씌워진 동물 모두
가[48] 그렇다. 한편, 태아를 낳는 동물[49]은 모두 몸의 앞쪽에[50] 고환을 가지
는데, 이들 동물 중에는 그것을 몸의 안쪽 복부의 끝 가까운 장소에 가

---

48 파충류 일반을 가리킨다. 파충류의 '뿔비늘'(pholis)에 대해서는,『동물 탐구』제1권 제
6장 490b22,『동물의 부분들에 대하여』제4권 제11장 691a15-19 참조.

49 '태아를 낳는 동물'이라고 번역한 것은 원어로 ta zō[i]otokounta이다. 이는 '태아를 낳
다'(zō[i]otokein)라는 동사의 현재 분사의 중성 복수형이 명사화한 것이다. 이 동사
에 관련된 형용사가 명사화한 것으로 'ta zō[i]otoka'라는 말도 많이 나온다. 부모가 태
아를 낳으면서 발생하는 것이 현대 생물학의 '태생동물'인 셈이다. 아리스토텔레스가
'태아를 낳는 것'으로서 주로 염두에 두고 있는 것은 "몸 밖뿐만 아니라 자신의 몸속에
도 태아를 낳는 동물"(제1권 제3장 716b35)로, 사람, 말, 소 등의 태생 포유류를 말한다.
아리스토텔레스에 따르면, 이들 동물은 '먼저 자신의 몸속에 알을 낳고 몸 밖으로 태
아를 낳는 것'(현대 생물학에서는 이러한 발생 방식에 의해 발생하는 것을 '난태생동물'
이라고 한다)과 대비되고 있다. 이 점에 대해서는『동물 탐구』제1권 제5장 489b10-12,
이 책의 제1권 제9장 및 제10장 참조.

50 여기서 앞쪽은 등 쪽에 대한 상대적 방향으로, 복부 쪽을 가리키고 있다. 동물의 몸의
상대적 위치 관계(전후, 좌우, 상하 등)에 대해, 아리스토텔레스는 인간의 체형을 기준
으로 생각하고 있었다. 때로는 절대적 위치 관계로 언급하는 경우도 있다. 이 점에 대
해서는『동물 탐구』제1권 제6장 491a22-23,『동물의 부분들에 대하여』제2권 제10장
656a8-14 참조. "따라서 이 때문에, 더욱이 특히 사람의 바깥 부분의 형태는 잘 알려진
것이므로, 사람에 대해 먼저 이야기해야만 한다. 인간만이 그 자연 본성에 맞는 부분이
바로 [전 우주의] 자연 본성에 입각한 모습을 하고 있으며, 사람의 상체는 우주 전체의
위쪽을 향하고 있다. 동물 중에서 사람만이 직립하고 있으니까." 아리스토텔레스가 상
정하는 '상하'는 통상적 의미와는 달리 몸의 여러 부분의 상대적인 위치 관계를 나타낸
다. 동물에게는 머리가 있는 곳을 (직립하지 않더라도) '위'라고 하며, 예를 들어 식물
에서는 그 입에 상당하는 부분이 뿌리이기 때문에 뿌리를 '위'라고 부른다(『혼에 대하
여』제2권 제4장 415b27-416a5 참조). 또한『동물 탐구』제4권 제5장 530b18-20에서는
성게의 몸 구조를 두고, '머리'라고 불리는 것과 입은 아래에 있으며 배설물을 배출하
는 곳은 '위'에 있다고 설명하고 있는데, 이 경우에 '위'는 절대적 위치 관계를 나타내
는 말로 사용되고 있다.

지는 것도 있는데, 예를 들면 돌고래가 그렇지만, 또 소처럼 관이 아니라 음경이 고환으로부터 몸의 바깥쪽으로 뻗어 있는 것도 있는 한편, 몸의 바깥쪽에 고환을 가지는 것도 있지만, 그중에는 사람의 남자가 그렇듯이 고환이 매달려 있는 것이나, 돼지가 그렇듯이 엉덩이에 가까운 장소에 고환을 가지는 것도 있다. 이들에 대해서는 『동물 탐구』에서 보다 엄밀하게 규정한 바 있다.[51]

어느 동물의 수컷에게도 고환이 두 개가 있는 것처럼, 자궁은 어느 암컷의 경우에도 좌우 양쪽으로 갈라진 구조를 이루고 있다.[52] 어떤 것은 생식기에 접한 장소에 자궁을 가지고 있는데, 이것은 인간의 여자를 비 롯해서 몸 밖뿐만 아니라 자신의 몸속에도 태아를 낳는 모든 동물, 또 눈 에 보이는 장소[53]에 알을 낳는 어류가 그렇다 — 이에 반해 격막[54]에 가까운 장소에 자궁을 가진 것도 있는데, 이것은 조류 전체와 어류 중에서도 태아를 낳는 것[55]이 그렇다. 연각류와 연체류도 둘로 갈라진 자궁을 가지고 있다.[56] 왜냐하면 이러한 동물의 '알'이라고 불리는 것은 자궁에 상당하는 포막으로 씌워져 있기 때문이다.

---

51 『동물 탐구』 제3권 제1장 509a27 아래 참조.

52 '자궁'(hustera, 복수형은 husterai)의 구조 및 동물 종류별 특징과 차이점에 대해서는 『동물 탐구』 제3권 제1장 510b5 아래 참조.

53 '눈에 보이는 곳에'(eis toumphanes)는 '몸 밖에서'라는 의미이다.

54 '격막'(hupozōma)은 아리스토텔레스의 동물학에서는 동물의 몸속에서 흉부와 복부를 가른다고 생각되는 '막'을 말한다. 유철동물(척추동물)에게는 횡격막에 해당한다.

55 고래, 돌고래와 같은 해생 포유류.

56 현대 생물학에서 자궁을 가진 것은 포유류에 한정된다. 아리스토텔레스는 발생을 목적으로 필연적으로 요청되는 기관(organon)으로 자궁을 자리매김하고 있기에, '연각동물'과 '연체동물'에 대해서는 '알'(난소)을 싸고 있는 막이 자궁에 해당한다고 생각한 것이다. '연각동물'에서는 장(腸)의 양쪽에서 갈라져 나팔관이 자궁에 해당한다고 되어 있다. 제1권 제14장 720b14-15 참조.

문어의 경우에는 그 형태가 특히 불명료하기 때문에 하나처럼 보인다. 그 원인은 덩어리 같은 몸이 모두 균질하다는 점에 있다. 절지동물(곤충)의 자궁도 몸이 큰 것에서는 둘로 갈라져 있다. 작은 것의 경우에는 몸이 작기 때문에 분명하게 알 수 없다.

앞에서 설명한 동물의 몸 부분에 대해서는 이상과 같다.

제4장

수컷에서 정액을 위한 기관의 차이에 관련해서, 그러한 것은 어떤 원인에 의한 것인가 하는 점을 고찰하고자 하는 사람은 고환의 형성이 무엇을 목적으로[57] 하고 있는가 하는 점을 먼저 파악해야만 한다.

그런데 자연이 행하는 모든 것이 '필연'(필요)을 위해서이든지, 또는 '더 좋은 것'을 위해서라고 한다면, 고환이라고 하는 부분이 존재하는 것도 이 둘 중 어느 하나를 원인으로 하고 있을 것이다. 그래서 고환이 발생하기 위해 필연적이지 않다는 점은 분명하다. 그렇다고 한다면 낳는 모든 것에 존재하고 있을 것이지만, 뱀도 어류도 고환을 가지고 있지 않다. 그러나 이들 동물은 교미하고 있거나 생식액[58]으로 가득 찬 관을 갖고 있음이 목격되고 있다. 거기서 남아 있는 것은, 고환은 무엇인가 '더 좋은 것'을 위해서 존재하고 있다는 점이다. 그런데 대부분의 동물의 기능은, 식물의 기능이 씨앗이나 열매를 맺는 것과 마찬가지로 새

---

57 동물 수컷의 '고환'(orcheis)의 있고 없음 및 그 위치 등에 대해서는 『동물 탐구』 제3권 제1장 509a30 아래 참조.

58 '생식액'(thoros)은 특히 어류의 수컷이 방출하는 '정액'을 가리킨다. 『동물 탐구』 제3권 제1장 509b15-21, 제5권 제5장 540b28-32 참조.

끼를 낳는 것 외에는 거의 아무것도 아니라는 것이다. 그러나 영양에 관
해서는 장이 곧은 구조를 가진 동물이 음식에 대한 욕망이 더 왕성하듯
이,[59] 고환을 가지지 않고 관만 가지고 있는 동물, 혹은 고환을 가지고 있   25
지만 그것을 몸속에 가지고 있는 동물 모두는 교미의 활동으로 향하는
것이 신속하다. 한편, 더 절제가 있어야 할 동물은 영양이라는 점에 관련
해서 곧은 구조를 가진 장(腸)을 가지고 있지 않지만, 또 교미라는 점에
관련해서도 그것에 대한 욕망이 왕성하거나 신속하거나 하는 일이 없도
록 관은 나선형 구조를 하고 있다.

고환은 이상의 것을 목적으로 고안되었다. 즉, 고환은 씨앗 잉여물[60]   30
의 움직임을 더 완만하게 하는 것으로, 예를 들면 말이나 말 이외의 그것
과 유사한 것과 같은 태아를 낳는 동물의 경우와 인간의 남자의 경우에,
관은 구부러진 형태로 유지되고 있다(그 형태가 어떻게 되어 있는가 하
는 점에 대해서는 『동물 탐구』로부터 확인해야 한다[61]). 즉 고환은 관의 일   35
부가 아니라 관에 딸린 것인 그것은, 베 짜는 여자들이 도투마리[62]에 돌
의 추(무게)를 부착하는 것과 같은 것이다.[63] 즉 고환이 제거되면 관이 몸   717b

59　『동물의 부분들에 대하여』 제3권 제14장 675b23 아래 참조. "동물 중에서 먹이 획득
　　에 대해 보다 절제가 필요한 것[육식동물]에서는, 하부 위 근처의 넓은 장소가 크지 않
　　고 더 구불구불하며 창자는 곧지 않다. 즉 넓은 공간이 있으면 많은 먹이를 얻고자 하
　　는 욕구가 생기고, 장이 곧으면 그 욕구가 성급해진다. 그래서 동물들 중에는 잉여물의
　　수용기관이 단순한 것도 있고, 넓은 공간이 있는 것도 있는데, 후자는 탐욕스럽게 많이
　　먹으려고 하는 반면에, 전자는 빨리 먹으려고 한다."(675b23-29)

60　spermatikou perittōmatos(정액적 잉여물). '정액'을 가리킨다. 제1권 제2장 각주 33
　　참조.

61　『동물 탐구』 제3권 제1장 510a12 아래를 가리키는 것으로 보인다. '구부러진 형
　　태'(epanadiplōsis)라는 것은 수정관을 포함한 부고환에 해당하는 부분을 말한다.

62　베를 짜기 위해 날실을 감아 놓은 틀.

63　수컷의 '고환'은 베 짜기의 날실을 치기 위한 무게(추)에 해당한다는 것이다. 제5권 제

속에 올라가기 때문에 거세된 동물은 새끼를 낳을 수 없게 된다. 관이 끌어올려지는 일이 없으면, 그것이 가능할 테니까. 실제로 수컷 소 한 마리가 거세된 후 곧바로 교미하여 암컷을 잉태시키는 일이 있었는데, 이는 교미했을 때에 관이 아직 끌어올려지지 않았기 때문이다.[64] 조류나 네 발 달린 동물 가운데 알을 낳는 것은 고환이 씨앗 잉여물을 받아들이기 때문에, 몸 밖으로의 방출이 어류보다 느려진다. 이는 조류의 경우에 현저하다. 짝짓기 시기가 다가오면 새의 고환은 매우 커지며, 또 일정한 계절에 교미하는 새의 경우 이 시기가 지나면 고환은 거의 알아볼 수 없을 정도로 작아지는데, 짝짓기 시기가 다가오면 고환이 크게 부풀어 오르게 된다.[65] 그런데 몸속에 고환을 가지고 있는 동물은 [그렇지 않은 동물보다] 신속하게 교미한다. 즉 몸 밖에 고환을 가지고 있는 것이라도 고환이 위로 끌어올려진 후가 아니면 정액을 방출하지 않는다는 것이다.

제5장

게다가 네 발 달린 동물은 교미하기 위한 기관[66]을 가지고 있다. 이들 동물에게는 이 기관을 갖는 것이 가능할 수 있기 때문인 반면, 조류나 발이 없는(無足) 동물은 이를 가질 수 없다는 것인데,[67] 조류의 경우에는 다리

7장 787b24 아래에서는 고환을 제거한 동물의 수컷이 암컷화하고 목소리가 변화하는 것을 설명하기 위해 '베 짜기'의 비유를 사용한다.

64 『동물 탐구』 제3권 제1장 510a35b4 참조.

65 『동물 탐구』 제3권 제1장 509b35~510a7 참조.

66 수컷의 '음경'(aidoion)을 말한다.

67 『동물 탐구』 제3권 제1장 509b29 아래에서는 '거위'(xēn) 등의 조류에도 음경이 있는

가 복부 한가운데에서 아래로 뻗어 있는 데 반해, 무족동물에게는 다리가 전혀 존재하지 않지만, 음경은 자연 본성상[68] 거기에 결합해 있어서 거기에 위치를 차지하고 있기 때문이다(이런 이유로 교미를 하는 동안에 양다리에 긴장이 생기는 것이다. 이 기관은 근육질을 하고 있는데, 다리도 그 자연 본성이 근육질을 하고 있기 때문이다[69]). 따라서 이 기관을 갖는 것이 불가능한 경우에는 고환을 가지고 있지 않거나, 적어도 그 장소에 가지고 있지 않음이 필연이다. 즉 고환과 이 기관을 가지고 있는 동물의 경우, 이것들은 함께 같은 장소에 위치하고 있다.

게다가 몸 밖에 고환을 가지고 있는 동물에서는 운동을 통해 음경이 뜨거워지면 정액은 일단 모아졌다가 방출되는 것이며, 어류의 경우처럼 암컷과 접촉했을 때 즉시 방출될 준비가 되어 있는 것은 아니다.

태아를 낳는 동물은 고환을 몸속에 가지는 경우든[70], 몸 밖에 가지는 경우든 모두 이것을 몸의 앞쪽에 가지고 있지만, 다만 고슴도치[71]는 다르다. 이 동물만은 고환을 허리와 가까운 곳에 지니는데, 그것은 조류가 그 장소에 고환을 가지고 있는 것과 같은 이유에 의한다. 그것들은 짝짓기를 신속하게 행할 필요가 있기 때문이다. 즉 온몸이 가시로 덮여 있기

20

25

30

것으로 알려져 있다.

68 tēn tou aidoiou phusin(음경의 자연). 아리스토텔레스의 생물학 저작에는 이 부분과 같이 몸의 특정한 부분이나 기관 등에 관련해서 일정한 기능(일, ergon)을 갖춘 그러한 부분과 기관에 고유한 '성립과 구조' 등을 나타내는 표현으로서 '~이 자연'(phusis)라는 표현이 자주 나온다.

69 '근육'(neuron)에 대해서는 『동물 탐구』 제3권 제5장 515a27 아래 참조.

70 717b27. hē exō를 보충해 읽는다.

71 '고슴도치'(echinos)의 고환의 위치에 대해서는 『동물 탐구』 제3권 제1장 509b5-9, 그 짝짓기 방식에 대해서는 제5권 제2장 540a3-4('고슴도치는 배와 배를 마주대고 서서 교미한다') 참조.

때문에, 그 밖의 다른 네 발 달린 동물처럼 수컷이 암컷의 등에 올라타는 것이 아니라 서 있는 자세로 교미하는 것이다.

그렇다면 고환을 가진 동물이 그것을 가지고 있는 것은 어떤 원인에 의한 것인가, 어떤 원인에 의해서 어떤 동물은 몸 밖에 고환을 가지고 있는 것인 데 반해, 어떤 동물은 몸속에 고환을 가지고 있는가 하는 점에 대해서는 이미 말한 대로이다.

제6장

이에 반해 고환을 갖지 않는 동물이 이 부분을 가지고 있지 않다는 점은 앞에서 말했듯이[72] 그편이 '좋다'라는 것이 아니라, 그것이 단지 '필연적이다'라는 것이며, 게다가 교미를 신속하게 행할 필요가 있기 때문이다. 어류와 뱀의 자연 본성이 그런 것이다. 즉 어류는 암컷과 수컷이 달라붙어 짝짓기를 한 후 신속하게 짝짓기를 푼다는 것이다.[73] 사람이나 그와 유사한 모든 동물의 경우 숨을 멈춘 채 생식액을 방출하는 것이 필연인 것처럼, 어류가 정액을 방출하려면 바닷물을 빨아들이는 것을 멈추

35

718a

5

---

72 제1권 제5장 717b15 아래의 논술을 가리킨다. 제1권 제4장 717a15 아래에서, 아리스토텔레스는 '자연'(phusis)이 무엇인가를 이루는 것의 '목적'(telos)에 해당하는 것으로 하고 (a) '필요한 것'과 (b) '더 좋은 것'을 구별한 다음, '어떤 동물의 수컷이 고환을 가지고 있는 것'에 대해서는, (b)가 원인이라고 설명한다. 이 부분에서는 '어떤 동물의 수컷이 고환을 가지지 않는 것'에 대해서, 그 원인을 (b)에 의한 것이 아니라, (c) 이러한 동물의 몸의 구조에 필연적으로 기인하는 것이라고 설명하고 있다.

73 알을 낳는 어류는 암컷이 낳은 알에 수컷이 정자를 뿌려 수정시키므로 교미라고 말할 수 없다. 어류의 교미에 대해 아리스토텔레스는 신중한 면도 보이고 있다가(『동물 탐구』 제5권 제5장 541a11-12), 최종적으로는 '어류에는 수컷과 암컷이 있어 모두 교미한다'(이 책의 제3권 제5장 756a27-28 참조)라고 결론 내린다.

게 되는데 바닷물을 빨아들이지 않으면 사멸하기 쉽기 때문이다.[74] 따라서 육생동물에서 태아를 낳는 것과 달리 어류는 짝짓기하는 동안 정액을 숙성시켜서는 안 되는 것이며, 오히려 짝짓기 시기가 다가오면 숙성된 정액을 미리 쌓아 두었다가 암컷과 수컷이 서로 접촉할 때 정액을 숙성시키는 것이 아니라 이미 숙성된 정액이 방출되도록 하는 것이다.

어류가 고환을 갖지 않고 곧고 단순한 구조를 가진 관만을 가지고 있는 것은 그 때문이며, 이는 네 발 달린 동물에서는 고환 부근에 존재하고 있는 작은 부분과 같은 것이다. 즉 이 관이 구부러진 곳이 있는 부분은 혈액을 포함하는 반면, 어떤 부분[75]은 혈액을 포함하는 대신 액체를 받아들이고 이미 정액으로 변화한 것이 그곳을 통해 이동한다는 것이다. 따라서 생식액이 그곳에 이르렀을 때, 이러한 동물에서도 신속하게 교미를 푼다.[76] 어류의 경우 이 관 전체는 사람이나 그와 유사한 동물에서 관이 구부러진 곳의 한쪽 부분에 대응하는 것과 같은 그런 성질의 것이다.

제7장

뱀은 암컷과 수컷이 서로 엉켜서 짝짓기를 한다. 뱀이 고환도 음경도 가

---

74 어류가 바닷물을 흡입하는 것은 숨 쉬는 동물이 '숨'(pneuma)을 흡입함으로써 몸속의 열을 식히는 반면, 물로 몸속이 열을 시히기 때문이다. 『동물의 부분들에 대하여』 제3권 제6장 669a2-6("그러므로 호흡에 관한 논의에서 말했듯, 물고기는 폐가 없고, 그 대신 아가미가 있다. 즉 물고기는 물에 의해 냉각되는 반면, 숨 쉬는 동물은 공기에 의해 냉각된다. 그러므로 호흡하는 것들은 모두 폐를 가지는 것이다"), 『자연학 소론집』 중 「젊음과 늙음, 삶과 죽음, 호흡에 대하여」 제16장 476a1-15 등 참조.
75 수정관을 말한다. 이에 대해서는 제4장 참조.
76 즉 정액을 방출한다.

지고 있지 않다는 점에 대해서는 앞에서 말한 대로인데,[77] 음경을 가지지 않는 것은 다리가 없기 때문이며, 고환을 가지지 않는 것은 몸이 길쭉하기 때문이다. 그러나 어류와 마찬가지로 관을 가지고 있다. 즉 뱀은 자연 본성이 길게 뻗어 있는 것이므로, 만일 고환 부근에서 생식액의 이동에 더욱 정체가 생기면 이동이 느리게 되므로 생식액이 식어 버리기 때문이다. 이는 큰 음경을 가진 동물에게도 해당된다.[78] 즉 이들 동물은 적당한 크기의 음경을 가진 것에 비해 생식력이 떨어진다는 것이다. 왜냐하면 차가워진 정액은 생식력이 부족하게 되는데, 정액이 먼 거리를 운반되어 감으로써 차갑게 되기 때문이다.

그런데 동물 중에 고환을 가진 것과 가지지 않은 것이 있는 것은 어떤 원인에 의한 것인가 하는 점에 대해서는 이미 말한 바와 같다.

뱀의 몸은 암컷과 수컷이 달라붙어 짝짓기에 적합하지 않은 구조를 하고 있으므로 서로 휘감는다. 몸이 매우 길기에 서로 겹치는 부분이 적어 몸을 잘 겹치지 못하기 때문이다. 따라서 상대를 제대로 잡기 위한 부분을 갖지 않으므로, 그 대신에 서로 얽히는 데 몸의 유연함을 이용하는 것이다. 이런 까닭에 짝짓기를 푸는 것이 어류보다 느린 것처럼 보이는 것이다. 그것은 관이 길기 때문만이 아니라, 이와 같은 동작을 교묘하게 하고 있기 때문이다.

---

77 제1권 제5장 717b15 아래 참조. 사실상 뱀류도 교미를 위한 음경과 고환을 갖고 있다.

78 당나귀와 말을 염두에 두고 있는 것으로 보인다. 아리스토텔레스에 의하면, 당나귀나 말은 자연 본성에서 차갑기 때문에 생식력이 부족하다고 여겨진다. 제2권 제8장 748a22 아래 참조.

암컷의 자궁과 그 주변 부분이 어떻게 배치되어 있는가 하는 점에 대해 **35** 서 난제[79]를 제기하는 사람도 있을 것이다. 왜냐하면 암컷끼리 많이 대립 하는 점[80]이 있기 때문이다.

즉 태아를 낳는 동물이라고 해서 모두가 같은 것은 아니며, 사람이나 모든 육생동물은 몸 아래쪽 생식기에 접한 곳에 자궁을 갖는 반면, 연골 **718b** 어는 태아를 낳는데도[81] 몸 위쪽 격막에 접한 곳에 자궁을 가진다. 알을 낳는 동물이라도 어류의 경우는 사람이나 네 발 달린 동물 중 태아를 낳 는 것이 그렇듯이 몸 아래쪽에 자궁을 갖는 반면, 조류나 네 발 달린 동 물 중에 알을 낳는 것들 일반은 몸 위쪽에 자궁을 갖는다. 그러나 이러한 **5** 대립하는 점도 이치에 맞는다.

먼저 알을 낳는 동물이 알을 낳을 때의 낳는 방식이 다르다는 점이다. 어떤 것은 알을 미완성 상태로 내놓는다. 예를 들어 어류가 그렇다. 어 류의 알은 몸 밖에서 완성해서 성장을 이룬다.[82] 그 원인은 어류가 다산 이며, 그것이 식물과 마찬가지로 어류의 작용(기능)이라는 데 있다.[83] 따 **10**

---

79 자궁의 기능은 어느 동물의 경우나 마찬가지인데, 그 '배치'(tropos)가 동물마다 다른 것은 어떤 원인에 의한 것인가?

80 즉 차이.

81 718b1: 대본에서는 "태아를 낳는"(zō[i]otokounta)이라는 말 앞에 'ta'(정관사)를 보충 한다(Peck).

82 아리스토텔레스는 어류의 암컷과 수컷이 교미하여 암컷의 몸속에 알이 형성되는 단 계와 암컷이 몸 밖으로 낳은 알이 수컷의 '생식액'(제1권 제4장 참조)에 의해 번식력을 획득하여 알로서 완성되는 단계(이것이 본래의 수정에 해당한다)를 구별하고 있다. 제 1권 제21장 730a18-23, 제3권 제5장 755b4-6 참조.

83 어류의 알은 대다수가 사멸해 버리기 때문에, 그것을 수(數)로서 보충함으로써 종의 존속을 도모한다는 것이다. 제3권 제4장 755a31-32 참조.

라서 몸속에서 알을 완성시킨다면, 필연적으로 알의 수는 적을 것이다. 그러나 현실에서는 매우 많은 수의 알을 가지고 있기 때문에, 적어도 작은 어류에서는 자궁의 좌우가 각각 하나의 알처럼 생각될 정도이다.[84] 작은 어류는 가장 다산이며, 그것은 동물이든 식물이든 작은 어류와 유비적인 자연 본성을 가진 다른 경우와 마찬가지이다. 즉 작은 어류의 경우, 몸집이 커짐에 따라 정액으로 바뀌어 간다는 것이다.[85]

이에 반해 조류 및 알을 낳는 동물 중 네 발 달린 것은 완성된 상태의 알을 낳는데, 이 알은 보호받을 목적으로 딱딱한 표피로 덮여 있어야 한다(알의 표피는 알이 자라는 동안 부드럽다). 껍데기[86]가 생기는 것은 열이 토질(흙)인 것으로부터 습기를 증발시키는 것에 의해서이다. 따라서 껍데기가 생기는 곳은 뜨거운 것이 필연적이다. 그러한 상태에 있는 것은 격막 부근의 장소이다. 영양을 숙성시키는 것도 그 장소이기 때문이다.

그래서 알이 자궁에 존재하는 것이 필연이라면, 완성된 상태의 알을 낳는 것에서는 자궁은 격막에 인접한 장소에 배치되어 있는 것이 필연이고, 알을 미완성 상태로 낳는 것에서는 자궁은 아래쪽에 배치되어 있는 것이 필연이다. 그렇게 있는 편이 유리하게 작용하기 때문이다. 무엇보다 자연의 다른 기능[87]이 그것을 방해하지 않는다면, 자궁은 몸의 위

---

84 『동물 탐구』제3권 제1장 510b23-27 참조.

85 몸의 성장을 위해 소비되는 영양이 적기 때문에, 영양에서 많은 양의 잉여가 '정액'으로 바뀌어 감으로써 다산이라고 하는 것이 생긴다. 제4권 제4장 771a26-31 참조.

86 '껍데기'(ostrakon)는 '진흙을 굳혀 만든 그릇'을 말한다. 동물의 몸 부분으로서는 '각피 동물'의 겉껍데기나 조류의 알껍데기에 해당한다. 알껍데기의 형성에 대해서는 제3권 제2장 752a29-b1 참조.

87 여기서는 조류나 알을 낳는 네 발의 동물이 껍데기로 씌워진 알을 낳는 기능을 말한다. 이 기능을 위해서는 자궁은 몸 아래쪽이 아닌 '격막' 부근의 뜨거운 곳에 배치되어 있

쪽보다 아래쪽에 배치되어 있는 것이 자연스럽다. 왜냐하면 자궁에 관해서는 그 한계[88]도 몸 아래쪽에 있기 때문이다. 한계가 존재하는 장소에 그 기능도 존재하는 자궁은 그 기능이 존재하는 장소에 배치되어 있다.

제9장

태아를 낳는 동물도 서로 다른 차이(특성)[89]를 갖고 있다. 즉 어떤 것은 몸 밖에 태아를 낳을 뿐만 아니라 자기 몸속에도 태아를 낳는다. 예를 들어 사람을 비롯하여 말, 개, 털로 덮인 동물 전부가 그러하며, 수생동물에서는 돌고래,[90] 고래, 이와 유사한 고래류가 그러하다.

30

는 것이 필연적이다. 아리스토텔레스는 자연의 작용 속에 우열 관계가 존재함을 인정하고 있다. 이런 생각을 밝혀 주는 것에 대해서는 『동물의 부분들에 대하여』 제3권 제3장 665a9-26("대체로 더 나은 것과 더 고귀한 것은 항상 더 중대한 것에 방해받지 않는 경우에는 위냐 아래냐 하는 경우에 더 위쪽에, 앞쪽이냐 뒤쪽이냐 하는 경우에 더 앞쪽에, 오른쪽이냐 왼쪽이냐 하는 경우에 더 오른쪽에 있다"), 제4장 665b19-21("즉 몸의 중심 부근에 있으며, 어느 쪽인가 하면 아래쪽보다는 위쪽으로, 뒤쪽보다는 앞쪽으로, 자연은 그것보다 더 중대하고, 지장이 되지 않는 한 고귀한 것일수록 더 고귀한 곳에 두기 때문이다") 등을 참조.

88 '한계'(peras)는 그 기능이 완료되는 장소를 말한다.

89 현대 생물학에서 '태생동물'에 해당하는 것과 '난태생동물'에 해당하는 것(제1권 제10장 참조)의 발생 방식에 관한 차이를 말한다.

90 『동물 탐구』 제1권 제5장 489b4 참조. 돌고래의 속성에 대해서는 『동물 탐구』 제3권 제7장 516b11-12 참조. 이 밖에도 돌고래 및 고래류의 특징에 대한 언급은 『동물의 부분들에 대하여』 여기저기에 나온다(특히 제4권 제13장 697a15 아래 참조).

제10장

이에 반해 연골어[91]나 뱀[92]은 몸 밖에 태아를 낳지만, 먼저 자신의 몸속에 알을 낳는다. 이것들은 완전한 상태의 알을 낳는다. 즉 알이 이런 상태에 있다면, 거기서 동물이 태어나는 것이며 불완전한 상태의 알에서는 아무것도 태어나지 않는다. 몸 밖으로 알을 낳지 않는 것은 그 자연 본성이 차갑기 때문이며, 어떤 사람들이 주장하는[93] 것처럼 뜨거워서가 아니다.

제11장

어쨌든 연골어류가 낳는 알은 부드러운 표피에 싸여 있다. 연골어는 열이 적기 때문에 그 자연 본성은 알의 겉껍데기를 건조시키지 않기 때문이다. 따라서 이들이 부드러운 표피에 싸인 알을 낳는 것은, 그 자연 본성이 차갑기 때문이며, 몸 밖으로 알을 낳지 않는 것은 알을 싸고 있는 표피가 연하기 때문이다.[94] [만일 몸 밖에 알을 낳는다면] 알은 사멸하고

---

91 아리스토텔레스는 상어, 전기가오리, 노랑가오리 등의 어류를 '연골어류'(ta selakē)라고 부른다. 『동물 탐구』 제1권 제5장 489b2 아래 참조. 그 밖에도 그 아목(亞目)인 홍어 등을 포함한다. 아리스토텔레스는 아귀를 연골어류로 분류한다. 그러나 아귀는 오늘날의 분류 체계에서는 경골어류로 분류되고 있다. 『동물의 부분들에 대하여』 제4권 제13장 참조.

92 '뱀'(echis)에 대해서는 『동물 탐구』 제1권 제6장 490b24-25, 제3권 제1장 511a15-22 참조. 『동물의 부분들에 대하여』 제4권 제1장 676b2-3("연골어와 독사 모두 먼저 자신의 몸속에 알을 낳고는 몸 밖으로 새끼를 낳기 때문이다") 참조.

93 엠페도클레스의 견해. 「젊음과 늙음, 삶과 죽음, 호흡에 대하여」 제20장 477b1-5(엠페도클레스, 「단편」 DK31A73) 참조.

94 제3권 제3장 754a31-33 참조.

말 것이다.

    그런데 이 알에서 동물이 태어날 때, 그 대부분은 조류의 경우와 마찬가지로 생겨나는 것이고, 알은 몸 아래쪽으로 내려가 애초부터 직접 태아를 낳는 것의[95] 경우와 마찬가지로 생식기에 접한 곳에서 동물이 된다. 이런 까닭에 이러한 동물들은 두 가지 발생 형태를 모두 갖추고 있기 때문에, 태아를 낳는 것이나 알을 낳는 것이나 비슷하지 않은 자궁을 갖는 것이다. 즉 연골어류의 자궁은 격막과 맞닿은 곳에 위치해서 아래쪽으로 뻗어 있는 셈이다.[96] 그런데 연골어류의 자궁에 관해서도, 그 이외의 동물의 자궁에 관해서도 그것들이 어떻게 배치되어 있는지에 대해서는 『해부집』 및 『동물 탐구』로부터 확인해 둘 필요가 있다.[97] 따라서 연골어류는 완전한 상태의 알을 낳기 위해 자궁을 몸 위쪽으로 잡고 몸 아래쪽으로 태아를 낳기 위해 두 자궁을 모두 아우르게 된 것이다.

    이에 반해 직접 태아를 낳는 동물은 그 모두가 자궁을 몸 아래쪽으로 가져간다. 자연의 어떤 작용도 그것을 방해하지[98] 않으며, 이중[방식]으

5

10

---

95 현대 생물학에서 '태생동물'을 말한다.

96 연골어류의 자궁 구조와 알의 형성에 대해서는 『동물 탐구』 제3권 제1장 511a3-14 참조.

97 『동물 탐구』 제3권 제1장 510b5 아래의 논의를 가리킨다. 『해부집』(*Anatomai*)은 전승 과정에서 흩어져 사라진 동물의 해부학에 관한 중요한 저작 중 하나로, 『동물의 발생에 대하여』에서는 이곳을 포함하여 적어도 세 곳에서 『동물 탐구』와 함께 이 저작에 대한 언급을 찾아볼 수 있다(『동물의 발생에 대하여』 제2권 제4장 740a23-24 및 제7장 746a14-15 참조). 그의 저작으로 목록만 전해지는 것 중에 『해부집』 8권, 『해부집 선집』 1권 등이 있다(디오게네스 라에르티오스, 『유명한 철학자들의 생애와 사상』 제5권 25절 참조).

98 이 점에 대해서는 제1권 제8장 참조. 태아를 낳는 동물은 조류나 네 발 달린 동물이 알을 낳는 것처럼 보호를 위한 알껍데기로 씌워진 알을 낳을 필요가 없으므로, 자궁은 자연 본래의 장소에 배치되어 있다.

로 낳지도 않기 때문이다. 이에 더해 격막에 접한 장소에 동물이 생성된 다는 것은 불가능하다. 태아는 무게와 운동을 갖는 것이 필연적이지만, 격막에 접한 장소는 부모 자신의 생존에 중요하므로[99] 이것들을 감당할 수 없기 때문이다. 게다가 이동하는 거리가 길어지기 때문에 난산이 되

는 것이 필연적이고, 실제로 인간의 여자라도 출산이 가까워졌을 때 하품을 한다든가, 뭔가 그와 같은 것을 함으로써, 자궁이 위로 올라오면 난산을 한다. 이들 동물의 자궁은 그 내부가 태아를 잉태하지 않은 상태라도 몸 위쪽으로 밀리면 호흡곤란을 일으킨다.[100] 왜냐하면 동물을 잉태하게 되는 자궁은 더 강할 수밖에 없고, 그러한 동물의 자궁이 모두 육질인 것은 그 때문이지만, 격막에 접한 장소에 있는 자궁은 막[을 형성하

는]질(膜質)이다. 이것은 이중[방식]으로 낳는 동물[101]에게도 분명히 들어맞는 일이다. 즉 이들이 알을 가진 것은 자궁 위쪽의 한쪽이지만, 동물을 가진 것은 자궁 아래쪽 부분이기 때문이다.

이렇게 해서 어떤 특정한 동물에서 자궁과 그 주변 부분이 대립하는 점을 가지는 것은 어떤 원인에 의한 것인가, 또 일반적으로 어떤 동물의 경우에 자궁이 몸의 아래쪽에 배치되어 있는 것에 비해, 어떤 동물의 경우에 몸의 위쪽 격막에 접한 장소에 배치되어 있는 것은 왜인가 하는 점에 대해서는 이미 말한 대로이다.

---

99 생명 원리에 해당하는 '혼'(psuchē)이 존재하는 심장에 가깝기 때문이다.

100 이러한 증상에 대해서는 힙포크라테스 『여성의 자연 본성에 대하여』 제26절, 제62절 참조.

101 연골어류를 말한다. 연골어류는 먼저 자신의 몸속에 알을 낳고 몸 밖으로 태아를 낳는다. 제1권 제10장 718b32-33 참조.

자궁에 관련해서 모든 암컷이 이것을 몸속에 가지는 것에 비해, 고환에   **30**
관련해서 이것을 몸속에 가지는 것이 있는 한편으로, 이것을 몸 밖에 가
지는 것도 있는 것은 어떤 원인인가? 모든 암컷의 자궁이 몸속에 있는
원인은 태어나는 새끼는 지켜져서 보호될 필요가 있기 때문에, 또 성숙
할 필요가 있기 때문에 자궁 내에 존재하는 것이지만, 몸의 바깥쪽 장소
는 상처받기 쉽고, 차갑다는 것이다.   **35**

   고환에 관련해서, 어떤 동물에서는 고환이 몸 밖에 존재하는 데 반해,
어떤 동물에서는 몸속에 존재하고 있다는 …[102] 것은, 고환도 안전을 위   **719b**
해서와 정액의 숙성을 위해서 보호와 덮개를 필요로 하기 때문이다. 왜
냐하면 고환은 차가워져 경직되어 버리면, 위로 끌어올려져 생식액을
방출할 수 없게 되기 때문이다. 그러므로 대략 고환이 눈에 보이는 곳에
있는 동물은 피부 모양의 보호물로 '음낭'(불알주머니, 陰囊)이라고 불리   **5**
는 것[103]을 가지고 있다. 이에 반해, 피부가 딱딱한 성질이기 때문에 감싸
기에 적합하지 않고 연하지도 않다[104]는 점에서 피부의 자연 본성이 반
대의 성질을 가지는 것의 경우, 예를 들면 물고기와 같은 피부를 갖는 것
이나, 비늘 껍데기(角鱗)로 씌워진 피부[105]를 갖는 것이 그렇지만, 이것들

---

102 719a35: 대본은 이 부분에 몇 가지 문구가 탈락된 것으로 보고 있다.

103 '음낭'(oschea)에 대해서는 『동물 탐구』 제1권 제13장 493a32-33, 제3권 세1상 510a12
   참조.

104 719b7: 대본에 따라 "피부인 것처럼"(kai dermatikēn)을 삭제한다.

105 '물고기와 같은 피부를 가진 것'은 '물고기 비늘'(lepis)로 씌워진 어류 일반을 말한다.
   '뿔비늘로 씌운 피부를 가진 것'은 파충류 일반을 가리킨다. 이 양자의 구별에 대해서
   는 『동물의 부분들에 대하여』 제4권 제1장 691a15-19("양자가 그렇게 된 원인은 이들
   피부의 단단함에 있다. 실제로 새는 날개에 씌워져 있고, 다른 쪽 이런 동물들은 모두 뿔

은 필연적으로 몸속에 고환을 가진다. 돌고래나 고래류 중에서 고환을 갖고 있는 동물 일반, 또 비늘 껍데기로 씌워진 동물 중 네 발의 동물로 알을 낳는 것이 고환을 몸속에 갖는 것은 그 때문이다. 조류의 피부도 단단하므로 고환을 감싸기에는 그 크기에 비해 어울리지 않는 것으로, 이

와 같은 것도 조류의 교미에 필연적으로 따른 사실들을 기초로 해서 앞서 말한 여러 원인[106]에 더해져서 조류 모두가 고환을 몸속에 갖는 것의 원인이라고 하는 것이 된다. 코끼리나 고슴도치가 몸속에 고환을 갖는 것도 이와 동일한 원인에 의한다.[107] 이들 동물의 경우도 피부가 고환을 보호하는 부분을 별개로 갖기에는 적합하지 않기 때문이다.

　자궁은 위치[108]라는 점에서도 자신의 몸속에 태아를 낳는 동물과 몸

밖에 알을 낳는 동물 사이에서 대립하고 있지만, 몸 밖에 알을 낳는 동물 사이에서도 자궁을 몸의 아래쪽에 갖는 동물과 격막에 접한 장소에 갖는 것 사이에서 위치적으로 대립하고 있는데, 예를 들면 어류에서는 조

비늘을 뒤집어쓰고 있으며, 그 뿔비늘은 부드러운 비늘과 비슷한 위치에 있으나 자연 본성적으로 비늘보다 더 단단하다. 그 사실은 거북이나 대형 뱀이나, 강에 사는 악어에서도 분명하다. 즉 그들의 비늘이 뼈보다 강해지고, 그것들의 자연 본성이 그런 것처럼 말이다') 참조.

106　제1권 제4장 717a21 아래의 논의를 가리킨다. 조류는 '몸속의 허리에 가까운 신장의 장소 아래에 고환을 가진다'(제1권 제3장 716b18-19)라고 되어 있는데, 그것은 '짝짓기 활동으로 향하는 것이 신속하기'(제1권 제4장 717a26) 때문이다. 또한 제1권 제4장 717b4-11에는 조류가 몸속에 고환을 갖는 것은 그것이 '씨앗의(정액의) 잉여'를 쌓아두는 장소로서 필요하기 때문이라고 되어 있다.

107　코끼리는 피부가 까칠까칠하고 딱딱한 성질이기 때문에, 음낭을 갖기에는 적합하지 않다는 것이다. 고슴도치의 경우 온몸의 피부가 가시로 변해 있어서 음낭 형성에 적합하지 않다는 것이다.

108　동물의 암컷 자궁은 그 '위치'(thesis)라는 점에서도 이를 몸의 앞쪽(복부 쪽)에 두는 것과 몸의 뒤쪽(등 쪽)에 두는 것 사이에 차이(대립)가 있어 보인다. 이 점에 대한 설명은 제1권 제13장 720a13-17 참조.

류나 네 발 달린 동물 중에서 알을 낳는 것에 대해서 그러하고, 이들 양쪽의 방식으로 낳는 동물, 즉 자신의 몸속에 알을 낳아 눈에 보이는 장소에 태아를 낳는 것[109]의 경우에도 그렇다. 이에 비해서, 자신의 몸속에도 또 몸 밖에도 태아를 낳는 동물[110]은 복부에 접한 장소에 자궁을 갖는데, 예를 들면 사람, 소, 개, 그 외에 이것들과 유사한 동물이 그렇다. 태아가 안전하게 성장하려면 자궁에 어떤 부담도 주지 않는 것이 유익하기 때문이다.

제13장

또, 태아를 낳는 동물 모두에서 고체의 잉여물이 몸 밖으로 나가는 데 통과하는 관과 액상의 잉여물이 몸 밖으로 나가는 데 통과하는 관은 따로 따로 되어 있다.[111] 그래서 이런 동물들은 수컷과 암컷 모두가 음부(陰部)

---

109 연골어류를 가리킨다.

110 현대 생물학에서는 태생(胎生)동물.

111 '고체의 잉여물'이란 '똥'을 말하는 것이고, 이것이 몸 밖으로 나가는 데 통과하는 관이라는 것은 항문에 이르는 통로를 말한다. '액상의 잉여물'은 소변을 말하는 것으로, 이것이 '몸 밖으로 나가는 데 통과하는 관'은 요도를 말한다. 수컷에서는 배뇨와 사정(射精)을 위한 통로(요도구)는 하나이다. 암컷에서 요도와 질(태아가 지나가는 통로, 즉 산도(産道)는 따로 분리된 구조로 되어 있는데, 이들은 함께 '음부'(소음순)에 위치하고 있기 때문에 뒤에 이어지는 논의에서는 이것들이 하나의 '관'을 형성하고 있다는 설명이 나온다. 『동물의 부분들에 대하여』 제4권 제10장 689a4 아래("'몸통'이라고 불리는 부분의 마지막은, 배설물 —— 그것에는 굳은 것도 있고 액상인 것도 있다 —— 의 출구와 관련된 부분이다. 자연은 같은 부분을 액상 배설물의 출구로도, 그리고 짝짓기에도 활용하고 있으며, 그것은 수컷이든 암컷이든 마찬가지로 약간의 예외가 있지만 모든 유혈동물, 그리고 모든 태생동물에 해당한다. 그 원인은 생식액이 액상인 것이고 잉여물이라는 데 있다") 참조.

를 가지고 있으며, 거기서 액상의 잉여물이 배설되는 동시에 수컷에서
는 정액이 방출되는 반면, 암컷에서는 배아[112]를 분만하도록 되어 있다.
이 관은 고체의 영양 잉여물을 배설하기 위한 관보다 위에 위치하고 있

35
720a

으며 몸 앞쪽에 있다. [이에 대해 알을 낳긴 하지만 불완전한 알을 낳는
동물은, 예를 들어 어류 중 알을 낳는 것이 그렇듯 복부 아래가 아니라
허리 가까운 곳에 자궁을 가진다. 왜냐하면 성장하는 것은 몸 밖으로 나
와 완성에 이르므로, 알의 성장은 자궁이 그곳에 위치하는 것을 방해하
지 않기 때문이다.[113] 또한 생식을 위한 음경(陰莖, 수컷 생식기)이 없는

5

동물에서도, 이 관은 고체의 영양 잉여물을 배설하기 위한 관과 같은 것
이다. 즉 알을 낳는 동물에서는 그것들 가운데 방광을 가진 것 ── 예를
들어 거북이가 그런 것처럼 모두 다 그렇게 되어 있다.[114] 왜냐하면 두 개
의 관이 존재하는 것은 발생을 목적으로 한 것이지, 액상의 잉여물이 배
설되는 것을 목적으로 한 것이 아니기 때문이다. 액상의 영양 잉여물이
정액과 동일한 관을 공유하고 있는 것은 정액의 자연 본성이 습하기 때

10

문이다. 이는 모든 동물이 정액을 제공하는[115] 데 반해, 모든 동물에게 액
상의 잉여물이 생기는 것은 아니라는 점에서 명백하다.

따라서 수컷의 정액 관도, 암컷의 자궁도 몸속 곳곳으로 이동하지 않

---

112 '배아'(kuēma)는 '모체가 가진 것'이라는 의미이다. 태아를 낳는 동물의 경우에는 '태
    아'(embruon)라는 말을 사용하지만, 양자는 반드시 엄밀하게 구분되어 사용되는 것은
    아니다.

113 719b34-720a3: 대본에서는 "이에 대해 알을 낳긴 하지만 … 방해하지 않기 때문이
    다"(hosa d' ōotokousin … to auxanomenon)라는 구절을 삭제할 것을 제안하고 있다
    (Loeb).

114 『동물 탐구』 제5권 제5장 541a6-11 참조.

115 아리스토텔레스에 의하면 절지동물의 일부 등에서 동물의 수컷 중에는 정액을 제공하
    지 않는 것도 있다고 한다. 제1권 제22장 730b8 아래 참조.

고 단단히 고정되어 있어야 하며,[116] 그 위치는 몸의 앞쪽이나 등 쪽 중 하나일 것이 필연적이므로, 태아를 낳는 동물에서는 태아를 그곳에 머물게 하기 위해 자궁은 몸의 앞쪽에 있는 반면, 알을 낳는 동물의 경우는 자궁은 허리와 가까운 곳, 즉 등 쪽에 있게 된다. 이에 반해 자신의 몸속에 알을 낳고 몸 밖에 태아를 낳는 동물[117]의 경우, 이것들은 양쪽의 발생 형태를 모두 갖추고 있어서 태아를 낳는 것이기도 하고, 알을 낳는 것이기도 하기 때문에 자궁의 위치도 양쪽에 걸쳐 있다. 다시 말해 자궁의 윗부분, 즉 격막 아래에 알이 생성되는 곳은 등 쪽 허리에 가까운 곳에 있으며, 거기서 아래쪽으로 뻗어 나가 복부에 닿아 있다.[118] 그곳에 오면 곧 태아를 낳는다는 것이다. 이와 같은 동물의 경우도 고체 잉여물의 배설과 교미를 위한 관이 하나가 있을 뿐이다. 이 동물들 중에는 앞에서 말한 것처럼,[119] 음부로서 따로 분리된 기관을 가진 동물은 없기 때문이다.

　고환을 가진 동물의 경우도 또 고환을 갖지 않는 동물의 경우도, 수컷의 관은 알을 낳는 동물의 자궁과 같은 위치에 있다. 이들 동물 모두에서 이들 관은 등뼈가 지나가는 곳을 따라서 등에 부착되어 있다. 그것들은 몸속 곳곳으로 이동하는 일이 없어야 하고 잘 자리 잡아야 하는데, 등이 그런 곳에 해당하기 때문이다. 그 장소는 연속과 안정을 가져온다는 것

15

20

25

30

---

116 고대 헬라스 의학자들 사이에서는 자궁은 불안정한 기관으로, 질병이 있을 경우에 일정한 장소에 머물지 않고 이곳저곳으로 이동하는 것으로 생각되었다. 힙포크라테스, 『부인병』 제2권, 『불임증에 대하여』로 구성된 일련의 논고의 제149절 참조.

117 연골어류.

118 이 점에 대해서는 제1권 제1장 719a5-8 참조.

119 이 장의 719b30-33의 논의를 가리킨다. 즉 태아를 낳는 동물의 암컷에게는 '배아'를 분만하는 장소인 '음부'와 고체의 잉여물을 배설하는 장소인 항문이 따로 존재한다는 것이다.

이다. 몸속에 고환을 가지는 동물에서 이러한 관[120]은 등뼈의 장소에 직
접 고정되어 있지만, 몸 밖에 고환을 가지는 것의 경우도 동일하게 되어
있다. 그런 다음 음부가 있는 장소에 도달해, 거기에서 하나로 만나 결합
한다. 돌고래의 경우도 이들 관은 동일하게 되어 있다. 그러나 돌고래의

35 고환은 복부 부근의 움푹 팬 곳 아래에 숨어 있어 보이지 않는다.[121]

720b 　그런데 발생에 기여하는 부분이 위치에서 어떻게 되어 있는가 하는
점, 그것이 어떤 원인에 의한 것인가 하는 점에 대해서는, 이미 말한 대
로이다.

제14장

그 외의 동물, 즉 무혈동물의 경우 발생에 기여하는 부분의 배치는 유혈
동물의 경우와 동일하지 않고, 무혈동물 그 자체도 동일한 것이 아니다.

5 　남아 있는 것은 다음의 네 종류이다. 즉, 첫째로 연각동물류, 둘째로
연체동물류, 셋째로 절지동물류, 그리고 넷째로 각피동물(껍데기동물)
류이다(껍데기동물에 대해서는 그 모두가 그러한지 확실하지 않지만, 대
다수가 짝짓기를 하지 않는다는 것은 분명하다.[122] 껍데기동물의 유가 어떻
게 결합(형성)하는지에 대해서는 뒤에서 설명해야 한다[123]).

10 　연각동물은 뒤쪽으로 소변을 보는 동물의 경우와 마찬가지로, 한쪽

---

120 720a31: 대본의 제안에 따라 "관과 함께"(hama tois porois)를 삭제한다(Loeb).

121 돌고래 고환의 위치에 대해서는 제1권 제3장 716b26-27 참조.

122 껍데기동물의 종류 중에서 수컷과 암컷이 짝짓기하고 있음이 확인되고 있는 것은 '달
팽이'(kochlias)뿐이라고 한다. 제3권 제11장 762a32-35 참조.

123 제3권 제10장 761a13 아래 참조.

이 위를 향하게 되고 다른 한쪽이 엎드려서, 꼬리를 오가게 하여 짝짓기를 한다.[124] 꼬리 부분에는 긴 부속물에 해당하는 지느러미가 달려 있으므로, 수컷이 복부를 아래로 하고 암컷의 등을 타려면 지느러미가 방해되기 때문이다. 수컷은 정자를 위한 좁은 관을 가지고 있는데, 암컷은 장에 평행하게 양쪽으로 갈라진 포막 모양의 자궁을 가지고 있어 그 내부에 알이 생성된다.

15

제15장

연체동물은 수컷과 암컷이 서로 밀고 당기고 촉수를 벌리면서 입으로 얽히는데, 이 방식으로 얽히는 것은 필연에 의한 것이다. 즉, 자연은[125] 잉여물을 배설하기 위한 관의 끝을 구부려 입 옆에 연결시켰기 때문인데, 이 점에 대해서는 앞서 『동물의 부분들에 대하여』라는 논고에서 말한 바와 같다.[126] 이들 각 동물에서 암컷은 자궁에 해당하는 부분을 분명

20

---

124 『동물 탐구』 제5권 제7장 541b19 아래 참조.

125 이 구절처럼 동물의 몸과 각 부분의 성립이나 작용, 발생의 구조 등에 대해 설명을 하는 경우에 '자연'(phusis)을 주어로서 내세운 다음, 이것을 주어진 동작이나 행위의 주체인 것처럼 말하는 것은 아리스토텔레스가 즐겨 사용하는 표현 중 하나이다. 『동물의 부분들에 대하여』 제2권 제7장 652a31-33, 제4권 제12장 694b13-14, 제13장 695b19, 이 책의 제2권 제1장 733a32-33, 제2권 제6장 744a36-37, b16-17 등을 참조. 이와 같은 표현은 동식물을 비롯한 자연적 사물의 합목적성이 그것에 내재하는 운동과 정지의 '시원'(archē)으로서의 '자연'(『자연학』 제2권 제1장 192b13-15, 20-23 참조)에서 유래한다고 하는 생각을 밝히는 것이다.

126 대본에는 "『동물의 부분들에 대하여』라는 논고 속에서"라는 구절을 삭제할 것을 제안하고 있으나, 사본대로 읽는다. 관련 논의는 『동물의 부분들에 대하여』 제4권 제9장 684b34-685a11 참조.

히 가지고 있다. 즉 암컷은 알[127]을 가지고 있어 처음에는 분간할 수 없지만, 분할됨에 따라 수가 증가하는 것이다. 그리고 어류 가운데 알을 낳는 것이 그렇듯 이것들 알 하나하나를 미완성 상태로 낳는 것이다.

연각동물의 경우도 연체동물의 경우도, 잉여물을 배설하기 위한 관은 자궁에 해당하는 부분으로 통하는 관과 동일하다.[128] 그곳은 연체동물이 관을 뚫고 먹물[129]을 방출하는 곳에 해당한다. 이것들은 몸의 배 쪽에 있으며 칼집[130]이 몸에서 분리되어 있어 바닷물이 들어오는 곳이다. 이 때문에 수컷이 그 장소에서 암컷과 짝짓기를 한다. 왜냐하면 정액이든 몸의 일부든, 아니면 다른 어떤 능력(힘)이든 수컷이 뭔가를 방출한다면, 자궁으로 통하는 관이 있는 곳에서 암컷을 접촉(결합)하는 것이 필연적이기 때문이다. 문어류에서는 수컷이 촉수를 암컷 깔때기에 삽입한다. 이 방식에 따라 '문어류는 촉수로 짝짓기한다'라고 어부들은 주장하지만, 이 동작은 수컷이 암컷과 얽히기 위한 것이지 촉수를 생식을 위한 기관으로 사용하고 있는 것은 아니다.[131] 촉수는 생식을 위한 관에서 벗어나, 다시 말해 몸의 바깥쪽에 있기 때문이다.

---

127 제1권 제3장 717a3-7 참조. 여기서 '알'이란 문어의 난소를 말하며, 그것을 싸고 있는 포막을 아리스토텔레스는 '자궁'으로 간주하고 있다.

128 『동물 탐구』 제4권 제2장 527a10-13 참조.

129 『동물의 부분들에 대하여』 제4권 제5장 679a1 아래 참조.

130 '칼집'(keluphos)은 일반적으로 식물 종자를 담는 '꼬투리'를 말하는데, 여기에서는 연체동물의 몸통을 쓰고 있는 '외투막'을 의미한다. 『동물의 부분들에 대하여』 제4권 제9장 685a4-5("실제로 연체동물에서는 내부가 그렇게 되어 있어서 몸통 주머니[외투막]가 그것을 둘러싸고 있으며, 그것은 문어의 경우에만 '머리'라고 불린다") 참조.

131 수컷이 '짝짓기 팔'을 암컷의 몸속에 삽입하여 수정시킨다는 문어나 오징어 종류에 특유한 생식 방식을 말하는 것이다. 그러나 아리스토텔레스는 이런 방식이 두족류의 생식 발생의 방식이라는 것에 부정적이다. 『동물 탐구』 제4권 제1장 524a5-9, 제5권 제6장 541b8-12, 제5권 제12장 544a11-15 참조.

연체동물은 수컷이 암컷의 등을 타는 형태로 짝짓기하기도 한다. 그
러나 이 동작이 생식을 위한 것인지 혹은 다른 원인에 의한 것인지에 대
해서는 아직까지 관찰에 의해 확인되지 않고 있다.

제16장

절지동물(마디가 있는 동물, 곤충) 중에 어떤 것은 짝짓기하고, 그것들은
유혈동물의 경우와 마찬가지로 공통의 이름을 가진 것[132]으로부터 발생
하는 것이며, 예를 들면 메뚜기, 매미, 독거미, 말벌, 개미가 그렇다 ── 5
이에 대하여 어떤 것은 짝짓기하여 새끼를 낳지만, 그들 자신과 동류의
것을 낳는 것은 아니고, 구더기(애벌레)[133]를 낳을 뿐이며, 더구나 그들
자신은 동물로부터가 아니라 부패한 상태의 액상물로부터 발생하지만,
어떤 것은 부패한 상태의 고체물로부터 발생한다.[134] 예를 들어 벼룩, 파
리, 딱정벌레(kantharides) 등이 그렇다 ── 이에 반해 다른 어떤 것은 동
물로부터 생겨나지도 않고, 짝짓기도 하지 않는 것으로, 각다귀, 모기, 10
또 그러한 종류의 다수가 그에 해당한다. 수컷과 암컷이 짝짓기하는 마
디가 있는 동물 중 대다수는 암컷이 수컷보다 크다. 수컷은 생식액을 위

---

132 '공통의 이름을 가진 것'(synōnyma)으로부터의 발생이라 힘은, 태어나는 것이 그것들
    자신과 같은 '이름'(onoma)으로 불리는 부모들로부터, 부모와 자식의 '동류성에 근거
    해' 발생한다는 것을 말한다. 『동물 탐구』 제5권 제19장 550b30~32 참조.
133 제1권 제1장 각주 20 참조.
134 이른바 '자연 발생하는 것'의 경우 '저절로 발생한' 구더기에서 동물이 발생하고, 이것
    들이 부모로서 짝짓기함으로써 구더기가 생성되지만, 그렇게 생성된 구더기에서는 새
    로 부모가 되어야 할 동물이 발생하지는 않는다.

한 관을 가지고 있는 것처럼 보이지 않는다. 대개의 경우에[135] 말할 수 있는 것으로 수컷은 암컷에게 몸의 어떤 부분도 삽입하지 않고, 암컷 쪽이 수컷에 대해 아래쪽에서 위로 몸의 일부를 삽입한다.[136] 이 사실은 이미 많은 절지동물에서 확인되었으며,[137] 그 반대의 방식을 취하는 것은 극소수의 경우뿐이다. 그러나 이를 종류에 따라 구별할 수 있는 정도까지는 충분히 관찰되지 않고 있다. 하지만 이는 알을 낳는 어류 중 대다수의 경우에도, 또 네 발 달린 동물로 알을 낳는 경우에도 대체로 그대로 들어맞는다. 왜냐하면 암컷이 수컷보다 더 큰데, 이는 알을 낳았을 때 알에 의해 몸이 크게 부풀어 오르는 데 그것이 더 유용하기 때문이다. 절지동물에서 자궁과 유비적인 부분은 다른 동물과 마찬가지로 장(腸)에 평행하게 나뉘어 있고, 거기에 배아가 생긴다. 이것은 메뚜기를 비롯해서 짝짓기하는 것을 그 자연 본성으로 하는 것들 중에서, 큰 것을 갖춘 것들의 경우에 확실히 알 수 있는 것이다. 왜냐하면 대다수의 절지동물들은 아주 작기 때문이다.

그런데 앞의 논의에서 이야기하지 않았던[138] 동물의 발생에 관한 여러

---

135 '대개의 경우'(hōs epi to polu) —— 여기서 'to polu' 대신에 그 최상급에 해당하는 'to pleiston'이라는 표현이 사용되고 있지만, 의미상 큰 차이는 없다. 이 표현은 '어떤 사건이나 속성이 극히 적은 예외를 제외하고 규칙적으로 생긴다'라는 것을 의미하는 용어로 사용된다. 『자연학』 제2권 제5장 196b10-17, 제8장 198b34-199a8, 『형이상학』 제6권 제2장 1026b35, 1027a19-27, 『동물 탐구』 제1권 제7장 491b4, 이 책의 제1권 제19장 727b29-30, 『동물의 부분들에 대하여』 제3권 제2장 663b28-30("왜냐하면 '자연 본성에 근거하고 있다'라는 것은, '모든 경우에 그렇게 되어 있다' 혹은 '대개의 경우에 성립되어 있다'라는 것이기 때문이다") 참조.

136 이러한 짝짓기 방식에 대해서는 제1권 제18장 723b20-24, 제21장 729b22-25 참조.

137 721a15-16: 대본의 제안에 따라 "수컷이 암컷 위에 올라탄다는 것에 관해서도 마찬가지로"(kai peri tou anabainein hōsautōs)를 삭제한다(Loeb).

138 『동물의 부분들에 대하여』를 말할 것이다.

기관에 대해서는 이상과 같은 것이다. 동질 부분 중에서 생식액과 젖에 대해서는 논하지 않고 그대로 남겨 왔으므로, 이것들에 대해 말하기에 적절한 때이다.[139] 먼저 생식액에 대해 이야기하고, 이어지는 논의에서 젖에 대해 이야기하기로 하자.

제17장

그런데 동물 중 어떤 것은 정액을 방출한다는 것은 분명하고, 예를 들면 동물 중에서 그 자연 본성에서 피가 있는 것은 그렇지만, 절지동물과 연체동물은 어느 쪽인지 판명되지 않는다. 그래서 다음의 것을 확인해야 한다. 즉, (1) 모든 수컷이 정액을 방출하는가, 혹은 그렇지 않은가. 또, (2) 만일 모든 수컷이 정액을 방출하는 것이 아니라면, 어떤 것은 정액을 방출하는 데 반해, 어떤 것은 정액을 방출하지 않는 것은 어떤 원인에 의한 것인가. 그런데 (3) 암컷도 어떤 정액을 제공하는 것인가, 아니면 암컷은 정액을 제공하지 않는 것인가. 또, (4) 만일 암컷이 정액을 제공하지 않는다고 하면, 다른 무엇도 제공하지 않는 것인가, 아니면 (5) 암컷은 어떤 것을 제공하지만, 그것은 정액이 아니라는 것인가. 게다가 (6) 정액을 방출하는 것이 정액을 통해 발생에 어떻게 기여하는지도 고찰해야 하며, 일반적으로 (7) 정액의 자연 본성이 무엇인가 하는 것, 또 (8) 일경휠이라고 불리는 것에 관해서도 동물 중에서 이 액체를 방출하는

---

139 『동물의 부분들에 대하여』 제2권 제7장 653b16-18, 제9장 655b24-28 참조. 아리스토텔레스는 정액(생식액)과 젖에 대한 고찰은 "발생에 관한 논의에서 이루어지는 것이 적절하다"(『동물의 부분들에 대하여』 제2권 제9장 655b25-26)라고 말하고 있다.

것들의 경우에 그 자연 본성이 무엇인가 하는 것을 고찰해야 한다.

　모든 동물은 정액으로부터 생성되고, 정액은 그 친부모들로부터 생긴다고 생각된다.[140] 그러므로 암컷과 수컷 모두가 정액을 방출하는가, 아니면 그 한쪽만이 정액을 방출하는가 하는 것과, 정액은 온몸으로부터 나오는 것인가 혹은 온몸으로부터 나오지 않는 것인가 하는 것은[141] 동일한 논의를 구성한다. 즉 정액이 온몸으로부터 나오는 것이 아니라면, 양쪽의 친부모들로부터 나오는 일도 없다는 것이 이치에 맞다.[142] 따라서 어떤 사람들은 '정액은 온몸으로부터 나온다'라고 주장하고[143] 있기 때문에, 이 점에 관한 사실이 어떤지부터 살펴보아야 한다.

140　이 부분의 '정액'이라는 단어는 수컷만이 제공한다고 하는 '생식액'에 엄밀하게 대응하는 것이 아니라, 오히려 '생식 물질'이라는 넓은 의미로 사용되고 있다.

141　'정액은 온몸에서 나온다'(721b9)라는 고대의 견해는, 후대 영국의 생물학자 찰스 다윈(Charles Darwin, 1809~1882년)이 제창한 '판게네시스'(pangenesis)의 모델에 상응하는 면이 있다. 범생설은 성체의 모든 곳에서 그곳의 정보를 담은 작은 입자(일명 '제뮬' gemmule)들이 만들어져서 수정란에 모였다가 배아로 발생한다는 학설이다. 이와 유사한 개념은 힙포크라테스의 정액에 대한 견해에서 이미 나타난다. 다윈의 유전이론도 이러한 범생설의 계열에 속한다. 한편, 이른바 전성설(preformationism)은 자식대의 형상이 그 기관이며 특질을 다 갖춘 채 생식 세포 안에 들어가 있다고 보는 학설이다. 이에 반해, 생식질설(germ-plasma theory)은 '제뮬'과 같은 입자가 온몸에서 형성되는 것이 아니라, 유전 및 발생에 관련된 부분인 '생식질'이 별도로 존재한다고 주장하며, 범생설을 부정한다.

142　다시 말해, 아리스토텔레스의 생각으로는 이러한 설명이 배척됨으로써, '수컷과 암컷 모두 정액을 제공하는 일은 없다'라는 사실이 증명되었다는 것이다(제1권 제18장 724a7-11 참조). 이 이론은 부모와 자식 간의 닮음을 부모 몸의 각 부분으로부터 나온 '정액'의 양과 인과적으로 관련지어 설명하려고 의도한 것이기 때문이다.

143　힙포크라테스, 『신성한 병에 대하여』 제2(5)절, 『공기, 물, 장소에 대하여』 제14절, 『생식에 대하여』, 『어린이의 자연 본성에 대하여』, 『질병에 대하여』 제4권으로 구성된 일련의 논고의 제3절, 제8절, 제32절 참조. 데모크리토스(기원전 460년경~380/70년경, 헬라스 북구 압데라 출신의 철학자)도 이 설을 내세웠다. 데모크리토스, 「단편」 DK68B32, DK68B124 참조.

이 설을 주장하는 것의 증거[144]로 사람이 사용할 수 있는 것은 대략 다음의 네 가지이다.[145] 첫째, 쾌락의 격렬함[146]이라는 점이다. 즉, 동일한 상태[겪음, pathos]도 광범위하게 생길수록 쾌감도 더욱 더해지는데, 상태는 몸의 모든 부분에 생기는 것이 몸의 한 부분 또는 소수의 부분에 생기는 것보다 더 광범위하다는 것이다. 더욱이[둘째] 몸에 결손이 있는 것[부모]으로부터는 결손이 있는 것이 생겨난다는 점이다.[147] 즉 그 부분이 빠져 있기 때문에 정액은 그 부분으로부터 나오지 않으며, 정액이 나오지 않는 그 부분은 생성하지도 않는다는 것이 그들의 주장이다. 이러한 두 가지 점에 더하여, [셋째] 태어난 아이가 친부모들과 닮았다 (homoiotēs)는 점이다.[148]

태어날 아이는 온몸에서 부모들을 닮았을 뿐 아니라 몸의 각 부분에

144 '증거'(tekmērion)는 아리스토텔레스의 논리학에서 중요한 개념 중 하나이다. 많은 '징표'(sēmeion)를 바탕으로 '추론'(sullogismos)이 성립한다는 점에서 반론의 여지가 없는 것이다.『분석론 전서』제2권 제27장 70a6-b6("징표란 필연적이거나, 혹은 일반적으로 그렇다고 받아들이는 것과 같은 논증의 전제를 의미한다"), '있을 법한 일과 징표로 구성된 추론'에 대해서는『수사학』제1권 제2장 1357b1-25 참조. 가령 '여성의 가슴에서 젖이 나온다'라는 것은 '임신했다는 것'의 징표가 된다.

145 "정액이 몸의 각각의 모든 부분으로부터 생긴다는 것"(hōs aph' hekastou tōn moriōn apiontos tou spermatos)이 들어 있는 사본도 있으나(721b13-14), 불필요한 것으로 보고 대본에 따라 삭제하고 읽는다.

146 이 점에 대해서는 힙포크라테스,『생식에 대하여』,『어린이의 자연 본성에 대하여』,『질병에 대하여』제4권으로 구성된 일련의 논고의 제1절 첫머리 참조.

147 『동물 탐구』제9권(7권) 제6장 585b28-30 참조.

148 태어날 아이가 부모의 특징을 이어 간다는 사실은 '정액이 온몸으로부터 나온다'라고 주장하는 이론의 중요한 논거 중 하나로 꼽혀 왔다. 이 설이 태어날 아이가 자신과 성별이 다른 부모의 신체적 특징을 이어받고 있는 것에 대한 설명을 용이하게 할 수 있기 때문이다. 힙포크라테스,『신성한 병에 대하여』제2(5)절,『공기, 물, 장소에 대하여』제14절,『생식에 대하여』,『어린이의 자연 본성에 대하여』,『질병에 대하여』제4권으로 구성된 일련의 논고의 제8절 참조.

서도 닮았다. 따라서 온몸에서 정액이 나온다는 것이 온몸에서도 자녀가 부모들과 비슷한 것의 원인이라고 한다면, 몸의 각 부분에서 무엇인가가 나온다는 것이 부분에서도 아이가 부모들과 닮았다는 것의 원인이

25 될 것이다. 게다가[넷째] 다음의 일도 이치에 맞는 것처럼 생각될 것이다. 즉 그것으로부터 온몸이 생성하는 무엇인가 최초의 것이 존재하는 것과 같이, 몸의 각 부분에 대해서도 그렇다면, 그 결과로 온몸의 정액이 있다면 몸의 각 부분에도 무언가 고유한 정액이 존재하게 될 것이다.

　다음과 같은 증언[149]도 이러한 견해에 대해 설득력을 부여한다. 즉 타

30 고난 성질뿐만 아니라 획득된 성질에서도 부모들을 닮은 아이가 태어나는 점이다. 예를 들어 친부모가 상처를 입었을 때 태어난 아이 몇 명에게서 부모와 같은 장소에 상처의 흔적이 보였다는 것, 또 칼케돈[150]에서는 팔에 문신을 새긴 아버지에게서 태어난 아이에게 흐릿해져서 또렷하지는 않으나 그 무늬가 나타난 적이 있다.[151]

35 　이렇게 해서 어떤 사람들은 정액이 온몸으로부터 나온다고 믿고 있

722a 는데, 그들이 특히 의지하는 논점에 대해서는 대략적으로 이상과 같다.

---

149 증언(marturion)은 문자적으로 '법정에 소환되는 증인의 증언'을 의미한다. 여기서는 '정액이 온몸으로부터 나온다'라는 설의 올바름을 증거하는 사례를 말한다.

150 흑해로 통하는 보스포로스 해협을 사이에 두고, 소아시아 쪽 뷔잔티온 맞은편에 위치한 도시이다.

151 부모가 획득한 성질이나 특징이 자녀에게 받아들여지는 사례에 해당한다. 『동물 탐구』 제9권(7권) 제6장 585b28-34 참조. 단, 같은 장에서 팔의 문신은 아버지로부터 아들에게 전해진 것이 아니라, 그 손자에게 전해진 것으로 말해진다. "기형 부모에게서 기형아가 태어나고, 절름발이는 절름발이에게서, 맹인은 맹인에게서 태어나고, 일반적으로 말해서 아이들은 종종 부모의 자연 본성을 어긋난 특징을 닮았으며, 여드름이나 흉터와 같은 닮은 징표를 가지고 태어난다. 이러한 것들은 3대에 걸쳐 전해지는 것으로 알려져 있다. 예를 들어 어떤 남자는 팔에 아들이 갖지 않은 문신이 있었지만, 그의 손자는 그것을 같은 자리에 갖고 있었지만 그다지 뚜렷하지는 않았다."

제18장

하지만 이 설을 검토해 보면 오히려 반대임이 분명해진다. 왜냐하면 앞서 언급된 논의에 대해 반론하는 것은 어려운 일이 아니며, 이러한 것에 더해서 그 이외에도, [그 설을 내세우면] 불가능한 것을 주장하게 되어 버리기 때문이다.

첫째, 자식이 친부모들을 닮았다는 것은 정액이 온몸에서 나온다는 것의 아무런 징표가 되지 않는다. 태어날 아이는 목소리나 손톱이나 모발이나 동작에 있어서도 부모들을 닮았는데, 이것들로부터는 아무것도 나오지 않기 때문이다.

이에 반해, 어떤 성질은 아이를 낳았을 때 부모들이 아직 갖지 못한 것이 있는데, 예를 들어 흰머리 혹은 수염이 그렇다.[152] 심지어 거기로부터는 아무것도 나오지 않을 윗세대 부모들을 닮았다는 것이 있다. 왜냐하면 이러한 유사성은 여러 세대를 통해 전해지기 때문이다.[153] 예를 들어 엘리스에서 에티오피아 남자와 성관계를 가진 여자의 경우도 이에 해당한다.[154] 그 딸이 아니라 그 딸에게서 태어난 남자아이가 에티오피아인이었기 때문이다.[155] 또 식물의 경우에도 동일한 논의가 성립한다.

---

152 즉 아이를 낳을 때 부모들이 아직 갖지 못했던 성질이, 나중에 아이에게 나타나는 것을 설명할 수 없다.

153 '격세 유전'(atavism)이라고 불리는 것에 해당하는 사례

154 『동물 탐구』 제9권(7권) 제6장 586a2-4 참조. 단, 『동물 탐구』에서는 지명이 엘리스(펠로폰네소스 반도 북서부의 도시)가 아닌 시켈리아로 되어 있다.

155 에티오피아인처럼 검은 피부를 가졌다는 뜻이다. 즉 (간통에 의한) 백인 여성 + 흑인 남성 = 백인 딸(1). 백인 딸(1) + 백인 남성(헬라스 남성으로 추정됨) = 흑인 아들. 아리스토텔레스는 이런 실례를 통해 조상을 닮은 격세 유전(reversion, atavism)을 설명하고 있다.

즉 식물에서도 정액은 모든 부분에서 생길 것이 명백하기 때문이다. 하지만 많은 식물은 어떤 부분을 아예 가지고 있지 않거나, 어떤 부분은 사람이 제거하기도 하고, 어떤 부분은 부가적으로 생기기도 한다. 게다가 열매 껍데기에서도 정액이 나오지 않는다. 그럼에도 이것도 [부모 식물과] 동일한 형태를 갖고 생성한다는 것이다.

게다가 정액은 동질 부분에서만, 예를 들면 살이나 뼈나 힘줄 같은 각 부분에서만 나오는 것인가, 아니면 비동질 부분, 예를 들면 얼굴이나 손 같은 것에서도 나오는 것인가?[156] (1) 거기서 우선 정액이 나오는 것은 단지 동질 부분에서만이라고 하자. 그러나 아이는 오히려 비동질 부분에서 친부모들과 닮은 것이다.[157] 따라서 비동질 부분에서 아이가 낳은 부모들과 유사한 것이 온몸에서 정액이 나오는 것에 의한 것이 아니라면, 동질 부분에서 유사한 것에 대해서도 온몸에서 정액이 나오는 것에 의한 것이 아니라 어떤 다른 원인에 의한 것임에 무슨 방해가 있겠는가? (2) 이에 반해 정액이 비동질 부분에서만 나온다면, 모든 부분에서 나온 것은 아닌 셈이다. 그러나 오히려 동질 부분에서 나온다고 하는 편이 적절하다. 왜냐하면 동질 부분이 더 먼저[158]이고, 비동질 부분은 동질 부분으로부터 합성된 것이기 때문에, 태어나는 아이는 얼굴이나 손에서 부모를 닮았듯이 살이나 손톱에서도 비슷하다는 것이다. (3) 그렇다면 동질 부분과 비동질 부분 모두에서 정액이 나온다면, 동물의 발생은 어떤

---

156 동질 부분 및 비동질 부분에 대해서는 제1권 제1장 및 『동물의 부분들에 대하여』 제2권 제1장 참조.

157 722a20-21: 대본의 제안에 따라 "비동질 부분, 예를 들어 얼굴이나 팔다리와 같은 것"(ta anomoiomerē hoion prosōpon kai cheiras kai podas)을 삭제하고 읽는다.

158 살이나 뼈 등의 동질 부분은 얼굴이나 팔다리와 같은 비동질 부분을 구성하는 소재에 해당한다는 의미에서 '먼저'(proteron)이다. 제1권 제1장 715a9-11 참조.

방식으로 일어나는 것일까? 왜냐하면 비동질 부분은 동질 부분으로 구성되어 있으므로, 그래서 비동질 부분으로부터 정액이 나온다는 것은 동질 부분과 그 합성에서 나오게 될 것이기 때문이다. 그것은 '쓰인 이름'에서 무엇인가가 나오는 것과 같은 것이며, 그 전체로부터 무엇인가가 나온다고 하면, 각 음절에서도 나오고, 그것들로부터 나온다고 하면, 문자와 그 합성에서도 나올 것이다. 따라서 살과 뼈가 '불'이나 그와 같은 실체들로 구성되어 있다면, 정액은 오히려 물체의 기본 요소들[159]로부터만 나올 것이다. 사실상 정액이 합성으로부터 나온다는 것이 어떻게 가능할 수 있을까?[160] 그런데 이 합성이 없을 경우, 아이가 부모와 닮은 것은 없을 것이다. 나중에 무언가가 이 합성을 만든 것이라면, 자식이 부모와 닮은 것의 원인에 해당하는 것은 '이것'이지 온몸으로부터 정액이 나오는 것은 아니라는 것이 된다.

30

35

722b

게다가 몸의 여러 부분이 정액 속에서 분산되어 있다면, 그것들은 어떻게 살고 있는 것인가? 이것들이 하나로 연결되어 있다면, 그것은 작은 동물[161]이 될 것이다. 또 음부를 구성하는 부분은 어떻게 되어 있을까? 왜냐하면 수컷에서 나오는 것과 암컷에서 나오는 것은 비슷하지 않을 것이기 때문이다.[162]

5

---

159 물체의 기본 요소인 공기, 물, 흙 등은 동식물의 몸과 그 여러 부분뿐만 아니라 모든 물체의 구성 원리에 해당한다. 제1권 제1장 각주 8 참조.

160 '합성'(sunthesis) 그 자체는 질료로서의 성질을 갖지 않기 때문에, 정액의 기원이 될 수 없다.

161 17세기부터 18세기에 걸쳐 등장한 '정자 이론'의 선구가 되는 사고방식이다. 이 이론에서 '정자'에 해당하는 라틴어(animalculum)는 '작은 동물'을 의미한다.

162 동물의 몸의 여러 부분이 정액 속에서 하나로 연결되어 있다면, 암컷은 암컷의 온몸의 형상, 수컷은 수컷의 온몸의 형상을 제공하게 되므로, 자신과 성별이 다른 부모를 닮은 아이가 태어난다는 사실을 설명할 수 없다.

게다가 양쪽 부모 모든 부분에서 똑같이 정액이 나온다면, 두 몸의 동물이 생기게 된다. 왜냐하면 양쪽 부모의 모든 부분을 갖게 되기 때문이다. 그러므로 이러한 설의 입장에서 주장해야 한다면, 엠페도클레스[163]가 이 설에 가장 부합하는 것을 주장하는 것으로 보인다. 적어도 그것은 이 설이 옳다는 것이며, 우리가 뭔가 다른 설의 입장에서 주장해야 한다면, 그는 훌륭하게 주장하는 것이 아니다.[164] 즉 엠페도클레스는 수컷과 암컷의 몸속에는 징표(sumbolon)와 같은 것이 내재되어 있어서, 어느 부모에게서나 몸의 전체가 나오는 것은 아니며,

　　　　사지(四肢)의 자연 본성은 갈래갈래 찢어져 있고, 그 한쪽은 남자의 몸속에 …

라고 설명하고 있다.[165] 왜냐하면 정액이 온몸에서 나오고, 게다가 암컷 쪽은 수용 장소[166]를 가지고 있는데, 암컷이 자신으로부터 새끼를 낳는 일이 없는 것은 왜인가 하는 문제가 생기기 때문이다. 오히려 정액은 온몸으로부터 나오지 않거나, 엠페도클레스가 주장하는 것처럼 양쪽 부

---

163 엠페도클레스(기원전 495년경~435년경)는 시켈리아섬의 도시 아크라가스 출신의 철학자, 의학자, 시인이었다.

164 722b10: 대본에서는 "하기야 그것은 이 입장이 옳다고 하는 것이며 … 그가 훌륭하게 주장하는 것이 아니다"(to ge tosouton, all' eiper hetera pē, ou kalōs)라는 구절을 후대의 삽입으로 보고 삭제할 것을 제안하지만, 그대로 살려서 읽는다.

165 엠페도클레스의 이른바 '징표 할당설'(sumbolon)이다. 동물의 몸을 구성하는 여러 부분은 부모의 몸속에 각각 따로 할당되어 있고, 이들이 암컷의 자궁에 모아져 한 몸뚱이의 동물을 형성한다. 엠페도클레스 「단편」 DK31B63(딜스(Diels)는 이 구절에 "일부는 뿔뿔이 찢어져 여자의 씨 안에 있다"를 보충한다) 참조. 또한 이 책 제4권 제1장 764b18에도 같은 구절이 인용되어 있다.

166 암컷의 자궁.

모로부터 몸의 동일한 부분이 나오는 일이 없거나, 둘 중 하나인 것처럼 보인다. 그렇기에 수컷과 암컷은 서로 교미할 필요가 있다는 것이다.

하지만 엠페도클레스처럼 주장하는 것 또한 불가능하다. 왜냐하면 동물의 몸 부분이 크게 성장하고 있어도 그것들이 [찢어진] 상태로 존속하여 혼을 갖는 일[167]은 있을 수 없는 것과 마찬가지인데, 그것은 엠페도클레스가 '사랑'의 지배하에 다음과 같이 동물의 몸 부분이 생겼다고 설명하고,

    거기에는 많은 머리들이 목을 갖지 않은 채로 나와서 …[168]

그 후에 그러한 것들이 나와서 [동물로] 결합되었다고 설명하기 때문이다. 그러나 그것이 불가능하다는 것은 분명하다. 왜냐하면 혼도 갖지 않고 아무런 생명도 없는데, 동물 몸의 부분이 부분으로 존속하는 것은 있을 수 없고, 이 부분들이 마치 여러 동물인 것처럼 존재하면서 결합하여 다시 하나가 될 수도 없기 때문이다.[169] 그런데 '정액은 온몸으로부터 나온다'라고 주장하는 사람들은 그와 같은 방식을 주장하고 있는 것이 되는 셈이며, 마치 '사랑'의 지배하에서, 일찍이 땅 안에서 동물의 몸 부분의 생성이 일어났다고 엠페도클레스가 주장하고 있는 것과 같이, 이러한 사람들에 의하면 그것은 동물의 몸속에서 일어난다는 것이다. 왜

20

25

---

167 동물의 몸의 각 부분은 온몸에서 분리되면 더 이상 부분으로 존재할 수 없다. 생명 원리로서의 '혼'이 이미 결여되어 있기 때문이다. 제1권 제19장 726b22-24 참조.

168 「단편」 DK31B57 참조.

169 동물의 몸의 각 부분이 분할되어도 존속할 수 있다고 한다면, 각각이 한 몸의 동물로서 존재하는 것이 되므로, 그런 것들끼리 다시 결합해 한 몸의 동물을 형성한다는 것은 불합리하다는 것이다.

냐하면 몸의 부분들이 하나로 연결되어 생기고, 그것들이 한 장소를 향해 함께 나가는 것은 있을 수 없기 때문이다. 다음으로 상체와 하체, 오른쪽과 왼쪽, 앞쪽과 뒤쪽은 어떻게 '찢어져 있다'는 것인가? 이것들 모두는 이치에 맞지 않다.

더욱이 몸의 어떤 부분은 능력에 따라 구별되고, 어떤 부분은 성질(pathos)에 따라 구별된다. 즉 비동질 부분은 '무언가를 이룰 수 있는 능력이 있다'에 의해 구별되는 것이고, 예를 들면 혀나 손이 그런 것인 데 반해서, 동질 부분은 단단함이나 부드러움이나, 그 밖의 다른 그와 같은 성질에 의해서 구별된다.[170] 그러니까 어떤 식으로든 피이거나 살인 것은 아니다. 따라서 부모의 몸 각 부분에서 나온 것이 원래의 부분과 공통의 이름을 갖는 것[171] ── 예를 들어 '피가 피에서 나온다'라든가 '살이 살에서 나온다'라고 하는 식으로 ── 은 있을 수 없다는 것이 명백하다. 하지만 피가 피와는 다른 무엇으로부터 생기는 것이라면, 이러한 방식으로 말하고 있는 사람들이 주장하고 있는 것처럼 '동물 몸의 모든 부분에서 정액이 나오는 것'이 부모와 자식 간의 닮음의 원인이라고 할 수도 없을 것이다. 피가 피에서 생기는 것이 아니라면, '정액은 동물의 몸의 일부에서 나온다'라고 하는 것으로 충분하기 때문이다. 즉, 왜 '전체가 하

───────

170 '능력'(dunamis) 및 '성질'(겪음, pathos)이라는 관점에 기초한 비동질 부분과 동질 부분의 차이에 대해서는 『동물의 부분들에 대하여』 제2권 제1장 646b10-28("동물은 이 것들의 동질 부분과 비동질 부분 양쪽의 결합으로 이루어지는데, 동질 부분은 비동질 부분을 위해서 존재한다. 왜냐하면 예를 들어 눈이나 코나, 얼굴 전체나 손가락, 손이나 팔 전체와 같이 비동질 부분에는 여러 가지 기능과 활동이 있기 때문이다") 참조.

171 '공통의 이름을 가진다'(sunōnumon)라고 하는 것은, '이름'(onoma)이 공통이고, 그 이름에 대응하는 '본질적 실체'(우시아)에 대한 설명 규정(정의)이 같다고 하는 사물 간의 관계를 말한다. 『범주론』 제1장 1a6-7 참조. 부모의 몸속에 있는 혈액이나 살 등의 '동질 부분'에서 '정액'이 나온다면, 양자는 '공통의 이름을 갖는' 것이다. 하지만 정액은 성질에서 혈액이나 살과 분명히 다르므로, 이 관계는 성립되지 않는다.

나에서 생긴다'라고 해서는 안 되는 것인가? 다시 말해, 이러한 이론(설)은 '동질 부분의 어떠한 것도 생성하는 일은 없다'라는 점에서, 아낙사고라스[172]의 설과 같은 것인 것처럼 보인다. 단 아낙사고라스는 만물의 생성에 대해 그렇게 주장하고 있는 반면, 이러한 사람들은 동물의 발생에 대해서만 그렇게 주장하고 있다.

다음으로, 온몸에서 나온 이러한 것들이 어떤 방식으로 증대되어 가는 것일까? 아낙사고라스는 '살이 영양으로부터 나와 살에다 덧붙여진다'라고 설명하고 있는데,[173] 이는 이치에 맞다. 그러나 이러한 것들을 따라 설명하지 않고, 정액은 온몸에서 나온다고 주장하는 사람들의 경우에, 온몸에서 나온 것은 다른 것이 덧붙여진다고 하고 덧붙여진 것이 변하지 않는다면 어떻게 증대한다는 것일까? 한편, 덧붙여진 것이 변화할 수 있다고 하면, 왜 정액이 처음부터 그러한 성질의 것이며, 정액 자체가 피나 살로 있는 것이 아니라 정액으로부터 혈액이나 살이 생성될 수 있다고 해서는 안 되는 것인가? 이것들에 대해서는 나중에 혼합에 의해 증

172 아낙사고라스(기원전 500년경~428년경)는 소아시아 서안의 도시 클라조메나이 출신의 철학자이다.

173 아낙사고라스에 따르면, 머리카락이나 살은 생성도 소멸도 하지 않으며 항상 그 자체로서 존재한다고 되어 있다. 동물 몸의 머리카락이나 살의 성장은 머리카락이나 살이 아닌 무언가가 이들에게 변화하게 하는 것에 의해서가 아니라 영양에 포함되어 있던 머리카락이나 살의 부분(morion)이 덧붙여지는 방식으로 설명된다. 아낙사고라스, 「단편」 DK59B10("그러니까 [그의 주장에 따르면] 같은 씨앗 안에 머리털도 손톱도 정맥도 동맥도 힘줄도 뼈도 있다는 것과 그것들은 작은 부분들로 되어 있어서 눈에 보이지는 않지만 성장하면서 조금씩 분리된다는 것이다. "대체 어떻게 머리털이 아닌 것에서 머리털이 생기고 살이 아닌 것에서 살이 생길 수 있는가?"라고 그는 묻는다. 그는 몸들에 대해서뿐만 아니라 색깔들에 대해서도 이런 주장을 했다. 즉 흰 것 안에 검은 것이, 그리고 검은 것 안에 흰 것이 있다는 것이다. 그는 무게에 대해서 같은 것[설]을 적용했다. 즉 가벼운 것이 무거운 것과 섞여 있고 다시 이[무거운]것이 저[가벼운]것과 [섞여 있다는] 것이다") 참조.

대되는 것으로, 예를 들어 물이 쏟아짐에 따라 포도주의 양이 증가하는 것과 같다고 설명하는 것도 가능하지 않다. 왜냐하면 각각이 그 자신의 성질에 가장 가까운 것은 처음 단계에서의 미혼합 상태에 있어서일 것이기 때문이다. 하지만 현실에서는 살도 뼈도 그 외의 몸의 각 부분에 대해서도 시간이 지나면서 한층 그럴듯해진다. 이에 대해 정액 중 무엇이 힘줄이거나 뼈일 수 있다고 주장하는 것은, 말하자면 우리 인식의 한계를 훨씬 넘어선다.

이 모든 것에 더해서 암컷과 수컷의 차이가 생기는 것은 엠페도클레스가 주장하고 있는 것처럼 임신한 시점이라면 어떨까.

정액은 정결한 곳[자궁]에 쏟아졌다. 어떤 것은 여자들이 되었고,
차가움과 만남으로써 …[174]

그러나 여자도 남자도 몸이 분명하게 변화하는 것이며, 아이를 낳지 않은 자로부터 아이를 낳는 자로 변화하는 것과 마찬가지로, 여자아이만 낳던 자에서 남자아이를 낳는 자로 변화한다.[175] 이는 곧 암컷과 수컷의 차이가 생기는 원인은 정액이 온몸에서 나오느냐 마느냐 하는 점에 있는 것이 아니라, 인간의 여자에게서 나오는 것과 남자에게서 나오는 것의 [상호 간에] 균형이냐 불균형이냐 하는 점에 있다는,[176] 혹은 무엇

---

174 엠페도클레스, 「단편」 DK31B65 참조. 딜스(Diels)는 이 시구에 이어서 "… 어떤 것들은 따뜻한 것과 만나 수컷들로 된다"를 보충한다. 엠페도클레스에 의하면, '정액'이 모체의 태내에서 '월경혈'의 온도에 기인하는 '냉'과 '열'의 작용을 받음으로써, 암컷과 수컷이라는 성(性, sex)의 차이가 생긴다고 한다. 이 책 제4권 제1장 764a1-6 참조.

175 『동물 탐구』 제9권(7권) 제6장 585b8-28, 이 책의 제4권 제2장 767a23-28 참조.

176 이 점에 대해서는 제4권 제2장 767a13 아래 참조.

인가 다른 그러한 원인에 의한 것이라는 점이다. 그런데 이러한 전제에
선다면, 성을 결정하는 부분이 정액 속에 존재하는 것이 아니라, 동일한
정액이 암컷도 수컷도 될 수 있으므로, 암컷이 되는 것은 특정한 부분으
로부터 정액이 나오는 것[177]에 의한 것이 아니며, 따라서 수컷과 암컷이
고유한 부분으로 가지고 있는 부분[178]의 형성도 그렇지 않다는 것은 명
백하다.

35

그렇다면 생식기를 대상으로 논하는 것과 몸의 다른 부분을 대상으
로 논하는 것 사이에 어떤 차이가 있다는 것인가? 자궁에서 정액이 생기
지 않는다면, 몸의 다른 부분에 대해서도 동일한 논의가 성립될 것이기
때문이다.

723b

게다가 동물 중 어떤 것은 동류의 것[179]으로부터 태어나는 것도 아니
고, 유를 달리하는 것으로부터 태어나는 것도 아닌데,[180] 예를 들면 파리
나 '벼룩'이라고 불리고 있는 것의 유가 그렇다. 이것들로부터 동물은
태어나지만, 태어나는 것은 그 자연 본성에서 더 이상 부모와 비슷한 것
이 아니라 구더기와 같은 유이다. 따라서 부모와 다른 유의 것이 태어날
수 있는 동물의 경우, 그것들이 태어나는 것은 부모의 몸의 모든 부분으
로부터 정액이 나오는 것에 의한 것이 아니라는 것은 명백하다. 부모와
자식 간의 닮음이 '온몸에서 정액이 나온다'라는 것의 징표라면, 이것들

5

---

177 데모크리토스는 부모의 생식기에서 오는 정액 중 어느 쪽이 우세하느냐에 따라 태어
　　날 아이의 성별이 결정된다고 생각했다. 제4권 제1장 764a10-11 참조.

178 수컷과 암컷 각각의 생식기관을 말한다.

179 그 자체로 같은 유.

180 절지동물 중에서 자연 발생하며, 게다가 짝짓기하여 '구더기'를 낳는 것. 제1권 제16장
　　721a5-9 참조.

은 부모를 닮았을 것이기 때문이다.[181]

　　게다가 동물 중에는 한 번의 짝짓기에 의해 다수의 새끼를 낳는 것이
있다(식물은 모든 것에 걸쳐 그렇다. 식물이 '한 번의 운동으로' 일 년치의
열매를 맺는 것은 명백하다). 하지만 온몸에서 정액이 분리된다면, 한 번
의 짝짓기에 의해 다수의 새끼를 낳는 것이 어떻게 가능한가? 왜냐하면
한 번의 짝짓기와 한 번의 분비에서 생기는 정액의 분리는 한 번뿐인 것
이 필연적이기 때문이다. 그렇다고 정액이 자궁 내에서 분할된다는 것
은 있을 수 없다. 그 경우에 정액으로부터의 분할이 아니라, 이미 동물로
부터의 분할처럼 되어 버리기 때문이다.[182]

　　또한 어미나무에서 잘라 내서 심은 것은 자신 스스로 종자를 붙인다.
따라서 잘라 내어 심기 전부터 잘라 낸 후와 같은 크기로부터 유래한 열
매를 달고 있었으며, 식물 전체에서 종자가 나온 것이 아니라는 것은 명
백하다.

　　이것들 중 가장 큰 증거는 우리가 절지동물에서 충분히 확인해 왔다
는 것이다. 즉 절지동물의 전부는 아니더라도 그 대다수는 짝짓기를 할
때 암컷이 자신의 몸 일부를 수컷에게 삽입한다는 것이다. 따라서 앞서
말한 것처럼,[183] 짝짓기도 다음과 같이 실행하는 것이다. 즉 위에 올라탄
수컷에 대해, 암컷이 아래쪽에서 몸의 일부를 삽입하는 것은 분명하며,

---

181 절지동물 중에서 자기 자신과 동류의 것을 낳는 것이라도, 제일 먼저 태어나는 것은
'구더기'이다. 그러나 이것이 '알'(즉, '번데기')로 변화하고, 거기서 부모를 닮은 동물
(성충)이 생겨난다. 자연 발생하는 것의 경우 이들이 짝짓기함으로써 생겨나는 구더기
는 구더기로 남아 있기 때문에 부모와 자식 간의 유사성은 성립하지 않는다.

182 몸의 각 부분에서 나오는 '정액'은 태아 일체를 형성하는 데 필요한 것이다. 자궁 내에
서 정액이 분할된다면 그것은 일체의 태아가 분할되는 것과 마찬가지로 불합리하다.
제1권 제20장 729a4-8 참조.

183 제1권 제16장 721a13-14 참조.

확인된 것의 전부는 아니더라도 그 대다수가 그렇다. 그렇다면 수컷 중 **25**
생식액을 방출하는 것의 경우라도 발생의 원인은 온몸에서 정액이 나
오는 것이 아니라 뭔가 다른 방식에 의한 것임은 분명할 것이며, 이 점
에 대해서는 나중에 고찰해야 한다.[184] 즉 그들이 주장하는 바와 같이 '온
몸에서 정액이 나오는' 것으로 귀결된다 하더라도, '몸의 모든 부분에서
정액이 나온다'는 것이 당연하다고 생각해서는 안 되고, 오히려 '제작하
는 부분에서만 나온다'고 생각해야 하며, 예를 들면 '목수로부터 나온 **30**
다'는 것은 있어도 '질료로부터 나온다'는 것은 없다는 것이다. 실제로
이들은 마치 신발에서 정액이 나오는 것처럼 비슷한 주장을 하고 있다.
즉 아버지를 닮은 아들이 신발까지 아버지와 비슷한 것을 신고 있다는
이야기이다.

성행위에서 남녀가 어울릴 때 쾌락이 더 심해진다는 점에 대해서는,
온몸에서 정액이 나온다는 것이 그 원인이 아니라, 오히려 지근지근한 **35**
흥분이 강렬하게 생기는 것이 그 원인이다.[185] 이 교제가 자꾸 반복되면
성교하고 있는 자들의 환희가 감소해 가는 것은 그 때문이다. 더욱이 이 **724a**
기쁨은 성교가 종료 시점에 임박해서 생기는데, '온몸에서 정액이 나온
다'라고 하면 몸의 각 부분에 생길 것이고, 더구나 동시가 아니라 어떤
부분에는 먼저 생기고, 어떤 부분에는 나중에야 생길 것이다.

몸에 결손이 있는 것으로부터는 결손이 있는 것이 태어난다는 점에
대한 그 원인은 부모들과 비슷한 것이 생기는 것은 무엇 때문인가 하는 **5**

---

184 제1권 제21장 729a34 아래 참조.
185 제1권 제17장 721b14-17 참조. '지근지근한 흥분'(knēsmos)이라는 말은 힙포크라테스
『생식에 대하여』, 『어린이의 자연 본성에 대하여』, 『질병에 대하여』 제4권으로 구성된
일련의 논고의 제1절 첫머리의 한 구절에서도 나타난다. 힙포크라테스, 『전통 의학에
대하여』(Peri archaiēs iētrikēs) 제16절 및 『동물 탐구』 제6권 제28장 578b3 참조.

것과 동일하다.[186] 그러면서도 결손이 있는 것에서 결손이 없는 것이 생겨나는 경우도 있고, 그것은 친부모들을 닮지 않은 아이가 생겨나는 경우도 있다는 것과 동일하다. 이 점에 관해서는 나중에 그 원인을 살펴보아야 한다.[187] 이 문제는 앞의 문제와 동일하기 때문이다.

더욱이 암컷이 정액을 방출하지 않는다면, 동일한 논거에 따라 정액은 온몸에서 나오지도 않는다는 이야기가 된다. 또 정액이 온몸에서 나오는 일이 없다면, 암컷에게서 정액이 나오지도 않으며, 암컷은 무언가 다른 방식으로 발생의 원인이라고 하더라도 결코 불합리하지 않다.[188] 따라서 이 점에 대해 계속 고찰해야 한다. 실제로 몸의 모든 부분에서 정액이 분리되는 것이 아니라는 것이 밝혀졌으니 말이다.

이 고찰에 관해서도, 또 거기에 이은 여러 고찰에 관해서도, 그 출발점이 되는 것은 정액에 대해 '그것이 무엇인가'를 먼저 파악하는 것이다. 왜냐하면 이와 같은 방식은 정액의 작용 및 정액에 부대되는 것[189]에 대해 살펴보는 것도 한결 더 쉽게 하기 때문이다.[190]

---

186 제1권 제17장 721b17-20 참조.

187 제4권 제3장 767a36-769b10 참조.

188 제1권 제17장 721b7-11 참조.

189 '부대하는 것'(ta sumbainonta)이란 어떤 사물에 '그 자체로서 속하는 성질'(자체적인 부대성)을 말하는 것으로, '우연에 부대하는 성질'과는 구별된다. 전자는 사물의 '무엇인가', 즉 사물의 '본질적 실체'(ousia)에 대한 설명 규정(정의, logos) 그 자체에는 포함되어 있지 않지만, 설명 규정으로부터 '논증'(apodeixis)을 통해서 따라 나온다. 『분석론 후서』 제1권 제7장 75a42-b2("세 번째는 '기체'로 되어 있는 유인데, 이 유의 속성, 즉 이 유에 그 자체로서 부대되는 사항을 논증은 분명히 하는 것이다"), 즉 논증은 '이런 유에 그 자체로서 부대하는 사항'이 논증될 수 있도록 탐구를 행함으로써, 그러한 사항이 귀속되는 '이런 유'의 '그것은 무엇인가'가 간접적으로 해명될 수 있는 탐구 목적을 가지고 있다. 『형이상학』 제5권 제30장 1025a30-34("[부대하는 것은] 각 사물에 필연적으로 내재하지만, 그 사물의 실체에 대한 정의 안에는 있지 않은 것들을 말한다") 참조.

190 이 부분에 제시되어 있는 탐구의 방법에 대해서는 『혼에 대하여』 제1권 제1장 402a7

그런데 정액은 그 자연 본성적인 경향으로서 아래와 같은 것이다. 즉 자연에 입각해서 형성되는 사물이 그것을 '제1의 것'으로서 그것으로부터 생성하는 것이며, 이것들을 형성하는 무엇인가가 더 앞의 것 ── 예를 들어 인간의 남자 ── 으로부터 나오는 것에 의하지 않는다. 즉 정액이 그것들을 형성하기 때문에 그것들이 정액으로부터 생성된다는 것이다. 그런데 '어떤 것이 다른 것으로부터 생긴다'라고 말하는 것에는 많은 방식이 있다. 즉, (1) 그 한 가지 방식으로 '낮에서 밤이 생긴다'라든가 '아이에게서 어른이 생긴다'라고 우리가 말하고 있는 방식, 다시 말해 '이것'이 '이것' 다음에 생성한다고 말하는 생성의 방식이 있다.[191] 이와 다른 생성의 방식으로, (2) '청동에서 조각상이 생성된다'라든가 '목재로부터 침대가 생성한다'라든가, 이것들 이외에도 '생성하는 사물이 질료로부터 생성한다'라고 우리가 주장하고 있는 것과 같은 생성의 방식, 즉 거기에 내재하고 있는 무언가로부터 특정한 형태로 형성됨으로써, 그것으로부터 전체가 형성된다고 하는 생성의 방식이 있다.[192] 또한 이와 다른 생성 방식으로서 (3) '교양 있는 것으로부터 무교양한 것이 생긴다'라고 하는 생성의 방식이나, '건강한 것으로부터 병든 것이 생긴다'라는 생성의 방식, 일반적으로 반대의 것으로부터 반대의 것이 생긴다고 하는 생성의 방식이 있다.[193] 게다가 이러한 생성의 방식 외에 (4) 에피카

20

25

아래 참조.

191 『형이상학』 제1권 제2장 994a25-b1, 제5권 제24장 1023b5-8 참조.

192 어떤 것이 다른 것을 '질료'(hulē)로 해서 생성한다고 하는 방식. 『형이상학』 제5권 제24장 1023a26-29 참조.

193 동일한 기체에서 어떤 성질의 것에서 그것과 '반대인 성질의 것'으로의 변화를 말한다. 『자연학』 제1권 제7장 189b32 아래 참조.

르모스[194]가 만든 '포개어 쌓기'(epoikodomēsis)라는 생성의 방식이 있
는데, 이것은 '중상으로부터는 모욕이, 모욕으로부터는 싸움이 생긴다'
라는 것이다.[195] 이 모든 경우에 운동의 시원은 무엇인가로부터 유래하
고 있다. 그런데 이러한 사례들 중 어떤 것의 경우 운동의 시원은 그 자
신 안에 존재하고 있으며, 예를 들어 방금 전에 말한 사례가 그렇다('중
상'이라는 것은 전체 소동의 일부이기 때문이다). 하지만 어떤 것의 경우
운동의 시원은 그 자신 밖에 존재하고 있는 것인데, 예를 들어 '여러 기
술은 제작품 밖에 있다'[196]라든가 '램프가 불타고 있는 집 밖에 있다'라는
경우가 그렇다.

이제, 정액이 다음의 두 가지 생성 방식 중 어느 하나에 속한다는 것
은 분명하다. 즉, 생성하는 것이 그것을 질료로서 존재한다고 하는 방식
이거나, 혹은 그것을 첫 번째로 움직이는 것[197]으로서 존재한다고 하는
방식 중 어느 하나이다. 즉, '이것'이 '이것'의 다음에 생성한다고 하는
방식, 예를 들어 '판아테나이아 축제로부터 항해가 행해진다'[198]라고 하
는 방식도 아니고, 또 반대의 것으로부터 반대의 것이 생성한다고 하는
방식도 아니다. 왜냐하면 반대의 것은 반대의 것에서 후자가 소멸함으

---

194 기원전 5세기 전반에 활약한 시켈리아섬 출신의 희극 시인. 플라톤, 『테아이테토스』
152e5, 아리스토텔레스, 『시학』 제3장 1448a33 참조.

195 『형이상학』 제5권 제1장 1013a9-10, 제24장 1023a30-31 참조. '포개어 쌓기'라는 시의
형식에 대해서는 『수사학』 제1권 제7장 1365a16-19 참조.

196 '기술'(technē)에 의해 제작되는 작품 가운데에 '기술' 그 자체는 존재하지 않는다는 주
장에 대해서는 제2권 제1장 735a2-3 참조.

197 '첫 번째로 움직이는 것'은 생성되는 것에 '가장 가깝다'라는 의미.

198 '판아테나이아 축제'란 아테나이의 수호신 아테나 여신을 찬양하는 제전을 말하며, 시
민에 의한 행렬과 희생을 바쳤다. 항해란 아테나이의 영웅 테세우스가 크레타섬의 미
노타우로스를 퇴치했다는 것을 기념해 매년 아폴론 신의 성역이 있던 델로스섬에 사
절을 보내는 종교 행사를 말한다. 플라톤, 『파이돈』 58a6-c5 참조.

로써 생성하는 것이고, 또 양자와 다른 무언가[제3의 것]가 기체로 놓여 있어야 하고, 그것이 첫 번째로 존재하고 있으며, 거기로부터 [새로운] 반대의 것이 생성된다는 것이다.[199] 그래서 정액이 이 두 가지 생성 방식 중 어느 것으로 자리 잡아야 하는지를 파악해야 한다. 즉 질료로 작용을 받는 것인지, 또는 어떠한 형상으로 작용을 미치는 것인지, 또는 둘 다인가 하는 점이다. 이것으로부터 아마도, 정액으로부터 생기는 모든 것에 반대의 것들로부터의 생성이 성립하는 것은 어떻게 해서인가 하는 점도 동시에 명백해진다. 왜냐하면 반대의 것들로부터의 생성도 자연에 적합하기 때문이다. 어떤 것은 반대되는 것들로부터, 즉 수컷과 암컷에서 발생하는[200] 것에 반해, 어떤 것은 단일한 것에서 발생한다. 예를 들어 식물의 경우가 그렇고, 동물 중에서도 수컷과 암컷이 구별되지 않는[201] 것의 경우가 그렇다.

[[그런데 '생식액'이라고 불리는 것은 짝짓기하는 것을 그 자연 본성의 것으로 하는 것에서 낳는 것으로서의 수컷으로부터 나오는 것, 즉 발생의 시원을 가지는 최초의 것인 것에 대해, '씨앗'(sperma)이라고 불리고 있는 것은 짝짓기한 암컷과 수컷 양쪽으로부터 발생의 시원을 아울러 갖추고 있는 것을 말한다[202](예를 들면 식물의 경우가 그렇고, 암컷과 수컷이 나누어지지 않은 어떤 종류의 동물의 경우도 그렇다). 그것은 마치

199 『자연학』 제1권 제7장 189b32–190a31 참조.

200 아리스토텔레스는 수컷과 암컷을 '반대의 것'(ta enantia)으로서 말한다. 이에 대해서는 제4권 제1장 766a16–22 참조.

201 '껍데기동물'의 유를 말한다. 제1권 제1장 715b16–21 참조.

202 724b12–22: 대본에서는 "그런데 '생식액'이라고 불리고 있는 것은 …"으로 시작되는 문장으로부터 "… 다시 논해야 한다"([[ ]])까지 부분을 후대의 누군가가 삽입한 것으로 보고 삭제할 것을 제안하고 있지만, 사본에 주어진 대로 읽는다.

암컷과 수컷에서 생성하는 최초의 혼합물과 같은 것으로, 예를 들어 어떤 종류의 배아 또는 알이 그렇다. 이들도 암컷과 수컷 양쪽에서 발생하는 시원을 아울러 갖추고 있다.

20   씨앗과 열매는 '나중인가, 아니면 먼저인가'라는 점에서 다르다. 열매는 다른 것으로부터 그것이 생성된다는 점과 씨앗은 다른 것이 그것으로부터 생긴다는 점에서 다른데, 실질적으로 양자는 같은 것이다. 그런데 정액이라고 불리는 것의 제1의 자연 본성이 무엇인가 하는 점에 대해서는 다시 논해야 한다.]]

그런데 동물의 몸속에 존재하는 것으로서 우리가 파악하고 있는 모

25   든 것은, (1) 자연에 적합한 것의 일부이며, 그것은 비동질 부분 또는 동질 부분[203]의 어느 하나에 속하거나 (2) 자연에 어긋나는 것의 일부이며, 예를 들어 종양과 같은 것 또는 (3) 잉여물, (4) 융해물(suntēgma)[204], (5) 영양 중 하나일 것이 필연적이다(내가 '잉여물'이라고 말하는 것은 영양의 잔여물을 말하는 것이며, '융해물'이라고 말하는 것은 자연에 어긋나는 분해에 의해서 성장물로부터 분리된 것을 말한다). 그런데 정액이 자연

30   에 맞는 동물의 몸 일부일 리 없다는 것은 분명하다. 정액은 동질적이기는 하지만, 동질 부분에 해당하는 힘줄이나 살에서는 비동질 부분이 합성되는 데 반해, 정액으로부터 뭔가가 합성되는 일은 없기 때문이다. 게다가 정액은 몸의 다른 부분에서 갈라지지 않은 반면, 그 밖의 모든 부분은 각각 갈라진 구조를 하고 있다. 그렇다고 해서 정액은 자연에 반하는

---

203 '비동질 부분'과 '동질 부분'에 대해서는 제1권 제1장 각주 8 참조.

204 융해물(suntēgma)은 몸의 조직이 분해되어 소변에 녹아든 것(체액, humour)을 말한다. 『자연학 소론집』 중 「잠과 깸에 대하여」 제3장 456b35-36 참조. 힙포크라테스, 『예후』 제12절 참조.

것의 일부도 아니고 손상된 것[205]도 아니다. 왜냐하면 정액은 모든 동물에게 내재되어 있으며, 동물의 자연 본성은 정액으로부터 생성되기 때문이다. 이에 대해, 영양은 분명히 몸 밖으로부터 도입되는 것이다[즉 정액과는 다른 것이다]. 따라서 정액은 융해물 또는 잉여물 중 하나일 것이 필연이다. 그런데 옛날 사람들[206]은 정액을 융해물이라고 생각했던 것 같다. 왜냐하면 '성교의 운동에 기인하는 열 때문에 온몸에서 정액이 나온다'[207]라고 주장하는 것은 정액이 융해물이라는 의미를 포함하고 있기 때문이다. 하지만 융해물은 자연에 반하는 것의 일종으로, 자연에 반하는 것으로부터 자연에 맞는 것은 아무것도 생기지 않는다. 그러므로 정액은 잉여물인 것이 필연적이다.

그런데 모든 잉여물은 쓸모없는 영양의 잉여물이거나 쓸모 있는 영양의 잉여물, 둘 중 하나이다.[208] 내가 '쓸모없는 영양'이라고 말하는 것은 그것에 의해서 동물의 자연 본성에 기여하는 것이 더 이상 아무것도 없고, 오히려 그 이상 소비되면 몸이 매우 큰 해악을 입게 되는 것이며, 이에 반하여 내가 '쓸모 있는 영양'이라고 말하는 것은 그와 반대되는 것이다. 그렇지만 정액이 쓸모없는 영양의 잉여물일 리가 없다는 것은

35

725a

5

---

205 '손상된 것'(pērōma)이란 본래 어떤 동물에게 갖추어져 있어야 할 구조나 기능이 손상된 것으로, 종양 등과 같이 '자연'에 반해 생성되는 것과는 구별된다. 제2권 제3장 737a27-28, 『혼에 대하여』 제3권 제9장 432b21-24 참조.

206 '옛날 사람들'은 '정액이 온 몸에서 나온다'라고 주장하는 사람들. 이 장의 725a21 아래에서 논의된 이론 참조.

207 힙포크라테스, 『생식에 대하여』, 『어린이의 자연 본성에 대하여』, 『질병에 대하여』 제4권으로 구성된 일련의 논고의 첫 구절에서 같은 논의가 발견된다.

208 동물이 섭취한 음식물은 동물 몸속의 '열'에 의해 '유용한 영양'에 해당하는 혈액으로 최종 가공되고, '쓸모없는 영양'은 몸 밖으로 배설되어야 할 물질(오줌)로 남겨진다. 제1권 제13장 719b29-34 참조.

명백하다. 왜냐하면 나이와 질병으로 인해 몸이 최악의 상태에 있는 사람들에게는 그런 것이 가장 많이 존재하는 반면, 정액은 조금밖에 존재하지 않기 때문이다. 즉 그들은 정액을 전혀 지니지 않거나 혹은 불필요하며, 병을 일으킬 만한 잉여물이 정액에 섞여 있기 때문에, 정액은 생식력이 부족하다는 것이다.

따라서 정액은 유용한 잉여물의 일부가 되는 것이다. 가장 유용한 것은 마지막에 생기는 것, 즉 동물의 몸의 각 부분이 그것으로부터 직접 생성되는 것이다. 잉여물에도 먼저 생성하는 것과 나중에 가서 생성하는 것이 있기 때문이다. 그런데 가장 먼저 생기는 영양의 잉여물이라고 하는 것은 점액[209]이나, 또는 무언가 다른 그런 것이 있다면 그것도 그런 영양의 잉여물에 해당한다. 점액도 유용한 영양의 잉여물인 셈이다. 그 징표에 해당하는 것은 다음과 같은 점이다. 즉 점액은 순수한 영양과 섞임으로써 몸에 자양분을 주고,[210] 질병으로 고통받는 사람들의 경우에는 이것이 소비된다는 것이다. 이에 반해, 최종적인 잉여물은 가장 많은 양의 영양으로부터 생기며, 그 양은 극히 적다. 여기서 우리가 유의해야 할 것은 동물과 식물은 매일 소량의 것에 의해 성장하고 있다는 점이다. 즉 동일한 것이 극소량 더해졌을 뿐, 크기가 매우 커져 갔다는 것이다.

---

209 힙포크라테스의 '4체액' 이론에서 '점액'(phlegma)은 '혈액', '황담즙', '흑담즙'과 함께 인간의 몸을 원리적으로 구성하는 '체액'(chumios)의 하나로 알려져 있다. 『인간의 자연 본성에 대하여』 제4~7절 참조. 하지만, 이와 달리, '점액'은 '살찌게 하는 것'이라거나 '영양을 주는 것'으로 이해되기도 했다. 힙포크라테스, 『인체의 부위에 대하여』 제34절 첫머리에서는 phlegma에서 파생된 헬라스 동사 phlegmainein가 '자양분을 주다', '살찌게 하다'라는 의미로 사용된다. 힙포크라테스의 4체액론에 대해서는 『아리스토텔레스 관상학』(김재홍 2024), 해제 「아리스토텔레스와 관상학의 역사적 연원 — 관상학과 의학」 pp. 40~55 참조.

210 『정치학』 제3권 제11장 1281b37-38("순수하지 못한 음식이 순수한 음식과 섞이면, 그 음식 전체는 소량의 순수한 음식보다 더 유용하게 되는 것처럼 말이다") 참조.

그래서 옛날 시대의 사람들이 주장해 온 것과 반대되는 것을 주장해야 한다. 그들은 정액을 '온몸으로부터 나오는 것'이라고 주장하고 있었지만, 우리는 이것을 '온몸의 각 부분으로 향해 가는 것을 자연 본성적으로 하고 있는 것'[211]이라고 주장하기로 하자. 또 그들은 정액을 융해물이라고 했지만, 정액은 오히려 잉여물인 것처럼 보인다. 왜냐하면 마지막에 생겨나서 온몸으로 향하는 것과 이와 같은 것들 중 남겨져 있는 것이 비슷하다는 것이 더욱 이치에 맞기 때문이다.[212] 예를 들어 인물 화가들의 수중에는 그들이 사용했던 화료와 비슷한 것이 자주 남겨져 있는 것과 같다. 이것에 대해 모든 것은 융해하는 것에 의해서 파괴되어, 그 자연 본성으로부터 벗어나는 것이다. 정액이 융해물이 아니라 오히려 잉여물이라는 것을 보여 주는 증거는, 동물 중에서도 대형인 것은 소산인 반면, 소형인 것은 다산이라는 점에 있다. 대형 동물의 경우에는 융해물이 더 많고 잉여물은 적은 것이 필연적이다. 즉 덩치가 큰 것에 비례해서 영양의 대부분이 소비되어 감으로써, 그 결과 잉여물이 얼마 되지 않는다는 것이다. 또한 융해물에는 자연 본성에 따르는 고유의 장소가 몸의 어디에도 주어지지 않고, 몸속의 향하기 쉬운 장소로 흘러가는 것에 대해, 잉여물은 그 모든 것이 자연 본성에 근거하고 있으므로, 각각에 고유한 장소가 주어지고 있는 것이다.[213] 예를 들어 고체의 영양 잉여물에서는 하복부가 그 장소에 해당하고, 액상의 영양 잉여물에서는 방광이 그

25

30

35

725b

---

211 정액은 피의 숙성된 잉여물이기 때문에, '궁극적 영양'은 몸의 모든 부분들로 향해 가는 것, 즉 분배되는 것이다.

212 아리스토텔레스는 '정액'이 최종 단계의 영양에 해당하는 혈액의 잉여물로, 부모와 자식이 비슷한 것의 원인이라고 생각한다. 제1권 제19장 726b1-15 참조.

213 유용한 것이든 그렇지 않은 것이든 잉여물의 생성은, 동물의 자연 본성에 근거하는 기능 내지는 작용이기 때문에 각각에 고유의 부분인 기관이 필요하다.

장소에 해당하고, 유용한 영양 잉여물에서는 상복부가 그 장소에 해당하며, 정액적 잉여물에서는 자궁, 생식기와 유방이 그 장소에 해당한다. 즉 이러한 잉여물은 이와 같은 장소에 한데 모아져 흘러간다.

5 　다음의 현상도 앞서 말한 것이 정액에 해당한다는 것을 증언한다. 이러한 현상들이 발생하는 것은 잉여물의 자연 본성이 그러한 것이기 때문이다. 즉 정액이 아주 조금이라도 방출되면 현저한 피로가 생기는데, 이것은 영양에서 생긴 마지막 것을 몸이 빼앗겨 버리기 때문이다(그러나 어떤 소수의 사람들의 경우, 청년기에 대응하는 단기간에 한해서 정액이 과잉되었을 때 이것이 방출되면 상쾌한 기분이 들지만, 그것은 처음에 생기는 영양의 양이 과다해지는 것과 같은 경우이다. 왜냐하면 영양의 과잉분이 방출됨으로써도 몸 상태는 더 좋아지기 때문이다. 심지어 그 밖의 잉여물이 정액과 함께 방출될 때도 그렇다. 방출되는 것은 정액뿐만 아니라, 그 외의 성분도 그것에 섞여[214] 함께 방출되는데, 이것들은 병적인 것이다. 그러므로 적어도 어떤 사람들의 경우 방출되는 것은 정액적인 것을 조금밖에 포함하고 있지 않기 때문에, 경우에 따라서는 생식력이 결여되기도 한다. 그러나 대부분의 경우에 말할 수 있는 것은, 대개의 사람들의 경우에 성행위로부터는 오히려 피로와 탈진이 생기는데, 그것은 앞서 말한 원인[215]에 의한 것이다). 게다가 유소년기나 노년기에도, 아플 때에도, 정액은 몸속에 존재하지 않는다. 앓고 있을 때는 체력이 없기 때문이고, 노년기에는 [인간 아래의] 자연 본성이 더 이상 충분한 양의 정액을 숙성시키지 못하기 때문이며, 젊은 사람들의 경우는 몸이 아직도 성장하는

---

214 725b14: 대본에서는 "그것들에(toutois) 섞여"라고 읽고 있는데, 플라트(Platt)의 제안에 따라 "그것에(toutō[i]) 섞여"로 바꾸어 읽는다.

215 이 장의 725b6-8 참조.

중에 있기 때문이다.[216] 즉 영양은 모두 몸의 성장을 위해 소비됨으로써 소멸되기 때문이다. 사실 인간의 경우 그 몸은 탄생 초기의 거의 5년 동안에 나머지 기간에 이르는 전체 크기의 절반에 이를 것으로 보인다.

25

정액과 관련해 많은 동물이나 식물에서 그러한 차이가 생기는 것인데, 이것은 어떤 유가 다른 유에 대해서 그럴 뿐만 아니라, 예를 들어 특정한 사람이 특정한 사람에 대해서 그렇고, 특정한 포도가 특정한 포도에 대해서 그렇듯 같은 유 중에서 종을 같이 하는 것끼리에서도 그렇다. 즉 어떤 것은 정액이 다량인 데 반해, 어떤 것은 정액을 소량밖에 갖지 않으며, 어떤 것은 정액이 부족한데 이것은 몸이 허약한 데서 비롯된 것이 아니라, 적어도 어떤 것의 경우에는 그와 반대의 원인에 의한 것이다. 30 예를 들면 어떤 사람들의 경우에는 몸의 성장을 위해 영양이 소비된다. 즉 몸이 양호하고 살집이 찌거나 너무 뚱뚱해지면 방출하는 정액의 양은 적어지고 성행위에 대한 욕망도 저하된다. 영양으로 인해 포도가 제 35 멋대로 자라 '숫–염소화'되었기 때문에 겪는 모습도 이와 비슷하다(수 726a 컷 염소라도 뚱뚱한 것은 짝짓기를 덜하기 때문인데, 이런 이유로 사람들은 번식을 위해 숫염소의 살이 빠지게 하는 것이다. 포도가 '숫염소화된다'라고 사람들이 부르는 것도 숫염소가 겪는 이 모습에서 비롯된다[217]). 인간의 여자나 남자나 뚱뚱한 사람이 뚱뚱하지 않은 사람보다 생식력이 부족한 것처럼 보이는데, 이는 영양이 충분한 사람들의 경우 잉여물이 숙 5 성되어 지방이 되기 때문이다. 왜냐하면 지방도 음식을 풍부하게 섭취함으로써 생기는 건전한 잉여붙이기 때문이다.

---

216 노년기에 접어들면 '정액'을 형성하기에 충분한 몸속의 '열'이 부족해진다. 젊은 사람의 경우, 여기서 지적되고 있는 것 외에 몸속의 '열'이 아직 완전하지 않은 그 원인으로서 생각할 수 있다. 제4권 제2장 766b30–31 참조.

217 『동물 탐구』 제5권 제14장 546a1–4 참조.

어떤 것은 정액[종자]을 전혀 산출하지 않는다. 예를 들어 버드나무나 미루나무(포풀라, aigeiros)가 그렇다. 이러한 사태를 보이는 것에 대해서 다음의 각각의[218] 원인이 이에 해당한다. 즉 앞에서 말한 것처럼[219] 체력이 없어 영양을 정액으로 숙성시킬 수 없다는 것과 몸이 강건하기 때문에 영양을 소비하게 된다는 것이다. 정액의 방출량이 많아서 이것을 몸속에 다량으로 가지고 있는 경우도 마찬가지이며, 어떤 것은 몸이 강건하기 때문이고, 어떤 것은 체력이 없기 때문이다. [[즉 불필요한 잉여물이 다량으로 정액에 혼재되어 있고, 그 결과로 그러한 정화 배설이 순조롭게 진행되지 않을 경우 어떤 사람들에게는 병이 생기기도 한다. 그리고 건강을 회복하는 사람들도 있지만, 어떤 사람들은 죽음에 이르기까지 한다. 이것들은 소변으로 융해되기도 하는데, 마찬가지로 정액으로도 융해되기 때문이다. 물론 소변으로 융해되는 경우도 질병이고, 실제로 어떤 사람들은 그것을 앓고 있다.[220]

게다가 잉여물을 배설하기 위한 관과 정액을 방출하기 위한 관은 동일하다. 또 액상의 영양과 고형의 영양 모두에서 잉여물이 생기는 동물에서는 액상의 잉여물이 배설되는 장소로부터 생식액의 방출도 일어난다(왜냐하면 생식액은 액상의 잉여물이지만, 모든 동물에게는 습한 것이 영양이 되는 경우가 많기 때문이다). 이에 반해 액상의 영양 잉여물 배설이 없는 동물의 경우, 정액은 고형의 잉여물이 배설되는 장소를 통해 방출된다.

---

218 726a8: 사본에서는 "그 밖에도"(kai heteron)라고 전하고 있으나, 펙(Peck)과 루이(Louis)의 제안에 따라 "다음 각각"(kai hekateroi)으로 읽는다. "다음 각각의 원인"(hekaterai aitiai; Peck[Loeb]) 참조.

219 이 장의 725b20 아래 및 725b29 아래 참조.

220 이 장의 융해물에 대해서는 제1권 제18장 각주 204 참조.

게다가 용해는 항상 병적인 것이지만, 잉여물이 제거되는 것은 유익하다. 정액은 유용하지 않은 영양의 잉여물을 얼마간 함유하고 있기 때문에, 정액이 방출되는 것에는 양면이 있다.[221] 만일 정액의 방출이 용해였다면, 항상 유해할 것이다. 하지만 현실에는 그것이 유해하게 작용하는 일은 없다.]][222]

25

그런데 모든 동물이 정액을 방출하는지의 여부는 차치하더라도, 정액이 유용한 영양의 잉여물이고, 게다가 최종 단계의 영양의 잉여물이라는 점에 대해서는 앞서 말한 것으로부터 명백하다.

제19장

이러한 점에 이어서 정액이 어떤 종류의 영양의 잉여물인가 하는 점에 대해서 규정해야 하고, 또 월경혈에 대해서도 '그것이 무엇인가'를 규정해야 한다. 태아를 낳는 동물 중 어떤 동물에게는 월경혈이 생기니까 말이다. 즉 이러한 고찰을 통해서, (1) 암컷에 대해서도 수컷과 동일하게 정액을 방출하고, 생성하는 것은 두 종류의 정액으로 구성된 혼합물인지, 아니면 (2) 암컷으로부터는 정액이 전혀 분리되지 않는 것인지, 만일 (3) 암컷에게서 정액이 전혀 분리되지 않는다면, 암컷은 발생에 아무것

30

35

---

221 유용하지 않는 영양의 잉여물이 '정액' 속에 혼재하기 때문에, '정액'이 생식력이 결여된다는 점(이 장 725a8-11, 및 725b15-16 참조)에서는 유해하지만, 그런 잉여물이 정액과 함께 몸 밖으로 배설된다는 점에서는 유익하다는 것.

222 726a11-25: 대본에서 "즉 불필요한 잉여물이 …"로 시작하는 문장으로부터 "… 유해하게 작용하는 일은 없다"라는 부분을 후대의 삽입으로 보고 삭제할 것을 제안한다. 여기서는 주어진 사본대로 읽는다. 펙(Peck)은 17행부터 25행까지 삭제할 것을 제안한다(Loeb).

도 기여하는 바가 없으며 단지 장소를 제공할 뿐인지,[223] 아니면 (4) 암컷
도 어떤 기여를 하는 것인지, 만일 그렇다면 (5) 암컷은 어떻게, 또 어떤
방식으로 발생에 기여하는 것인지가 밝혀질 것이다.

그런데 유혈동물의 경우에는 혈액이 최종 단계의 영양이고, 무혈동
물의 경우에는 그것과 유비적인 것이 그렇다는 점에 대해서는 앞서 말
한 바와 같다.[224] 생식액도 영양의 잉여물이고, 게다가 마지막 단계의 영
양의 잉여물이라면, 그것은 혈액이거나, 이와 유비적인 것이거나, 또는
그것들로부터 나온 무언가일 수밖에 없다. 한편, 몸의 각 부분은 혈액이
숙성시켜 그것이 어떠한 방식으로 나누어짐으로써 생성되는 것으로, 정
액은 잘 숙성되면 혈액과 다른 성질의 것이 되어 분비되지만, 그러나 그
것이 채 숙성되지 않았다든지, 몇 번이나 성행위를 반복함으로써 정액
을 무리하게 방출하는 경우에, 방출된 것이 혈액 상태였던 사람들이 있
었던 점으로 미루어, 정액이 몸의 여러 부분에 최종적으로 분배되는, 혈
액화된 영양의 잉여물인 것은 분명하다. 그리고 정액이 큰 능력을 가지
는 것은 그 때문이며, 깨끗하고 건전한 혈액의 상실도 [정액이 방출될 때
와 마찬가지로] 체질의 약화(피로함)를 일으키기 때문이며,[225] 친부모들
을 닮은 아이가 태어난다는 것도 이치에 맞다. 왜냐하면 몸의 각 부분으

223 아낙사고라스는 정액을 방출하는 것은 수컷뿐이며 암컷은 장소를 제공할 뿐이라 주장
한 것으로 알려졌다. 제4권 제1장 763b31-33(아낙사고라스, 「단편」 DK59A107) 참조.

224 지금까지의 논의에서는 찾을 수 없지만, 이와 비슷한 논의는 『동물의 부분들에 대하
여』 제2권 제3장 650a34-35("혈관은 말하자면 피를 담는 용기이기 때문에, 유혈동물의
경우에는 피가, 무혈동물의 경우에는 그 유비적인 것이 최종 단계의 영양인 것은 분명하
다") 참조. 무혈동물에서는 '혈액과 유비적인 것'이 유혈동물의 피가 지닌 것과 동일한
힘(dunamis)을 갖는다(『동물의 부분들에 대하여』 제1권 제5장 645b9-10 참조).

225 '정액'의 방출에 의해 피로가 생기는 것에 대해서는 제1권 제18장 725b6-8 참조.

로 향하는 것은 남겨진 것과 비슷하기 때문이다.[226] 따라서 손이나 얼굴, 15

혹은 동물의 온 몸뚱이에 해당하는 정액이라고 하는 것은, 그렇게 한정

되지 않은 상태에서의 손이나 얼굴, 혹은 동물의 온 몸뚱이라고 하는 것

이 된다. 그리고 그것들의 각 부분이 활동상태에 있는 것처럼, 정액은 가

능상태에서 그러한 것으로서,[227] 그것은 정액 그 자체의 용량에 의한 것

인가, 또는 정액이 그 자체 속에 어떠한 능력을 가지는 것에 의한 것인가

중 어느 하나이다(왜냐하면 이것이 물체로서의 정액이 생성의 원인인가, 20

아니면 정액은 어떤 성향 및 생성을 위한 운동의 시원을 가지는 것인가 하

는 점에 대해서는 지금까지 규정된 여러 점으로부터 우리들에게 아직 명

확하지 않기 때문이다[228]). 즉, 손이든, 몸의 다른 부분이든, 혼의 능력 또

는 그 밖의 어떤 능력 없이는 손도 아니고, 몸의 다른 부분도 아니고, 그

것은 동명이의적으로 그러한 것에 지나지 않는 것이다.[229]

　　[[정액 형태의 융해가 생기는 동물의 경우, 이것 또한 잉여물이라는 것 25

도 분명하다. 그것이 생기는 것은, 잉여물이 이전의 것으로 분해되어 가는

---

226 제1권 제18장 725a24-27 참조.

227 손이나 얼굴, 혹은 동물의 온몸이 '활동상태'(energeia)에서 그러한 것으로 존재하고
　　있는 것에 비해, '정액'은 앞으로 손이나 얼굴, 동물의 온몸을 형성하게 된다는 의미로
　　'가능상태'(dunamis)에서, 손이나 얼굴 혹은 동물의 온몸에 해당한다는 것이다. '가능
　　상태'와 '활동상태'라는 두 개념에 대해서는 『형이상학』 제9권 제6장 1048a25-b9 참
　　조. 또 '정액이 가능상태에서 사람이다'라는 견해에 대해서는 제7장 1049a1-3 참조.

228 이 점에 대해서는 제1권 제21·-22장 참조.

229 '동명이의적'(homōnumon)은 '이름만이 공통이며, 그 명칭에 대응한 사태의 본질을 나
　　타내는 설명 규정은 서로 다른 것'(『범주론』 제1장 1a1-2)을 말한다. 동물의 몸의 각 부
　　분이 '혼'의 능력이 부족한 경우, 그것에 고유한 기능과 작용을 할 수 없기 때문에, 그러
　　한 것을 동물의 몸의 '부분'이라고 부르는 경우는 있지만, 그것은 '동명이의적으로' 그
　　렇게 부르는 것에 지나지 않는다. 『혼에 대하여』 제2권 제1장 412b21, 『동물의 부분들
　　에 대하여』 제1권 제1장 640b30 아래 참조.

경우로, 마치 회반죽 겉면의 칠 부분이 즉시 벗겨져 떨어져 나가는 것과 같다.[230] 즉 벗겨진 부분은 처음에 칠해진 것과 같다는 것이다. 그와 동일한 방식으로, 마지막 잉여물도 최초의 융해물과 동일한 것이다.]][231]

그래서 이러한 점에 대해서는 이런 정도로 해서 규정된 것으로 하자.

30 이것에 대해 약한 쪽의 것에도 잉여물이 생기지만, 그 양은 많고 별로 숙성되지 않은 것이 필연적이며 그러한 성질의 것이라면, 그것은 다량의 혈액 상태의 액체인 것이 필연적이며, 약한 쪽의 것이라고 하는 것은 자연 본성적으로 더 적은 열에 가해지고 있는 것을 말하는 것이며, 암컷

35 이 그러한 성질의 것이라는 것은 앞에서 말한 바와 같으므로,[232] 암컷에

727a 게 생기는 혈액 상태의 유출도 잉여물이라는 것이 필연적이다. 그러한 성질의 것으로서 생기는 것이 '월경혈'이라고 불리는 유출이다.

그런데 그러한 이유로 월경혈이 잉여물이라는 것, 수컷에게는 생식액이 존재하듯이, 암컷에게는 그것과 유비적으로 월경혈이 존재하는 것

5 은 분명하지만, 이상에서 말해 온 것이 옳다는 것의 징표는 월경혈에 부대되는 현상[233]이다. 즉 수컷에게 생식액이 생성되어 그것이 몸 밖으로 방출되기 시작하는 것과 같은 연령기가 되면, 암컷에게는 초조(初潮)가

---

230 미카엘(Michael, 47, 2-13)에 따르면, 'gonorroia'라는 질병(살이 혈액 상태의 영양을 완전히 동화시키지 못하고, 다시 원래의 혈액으로 분해되어 그것이 정액 형태로 변질되어 배설된다는 것)을 말한다.

231 726b24-29: 대본은 "정액 상태의 융해가 …"로 시작되는 문장부터 "… 동일한 것이다"까지의 원문을 삭제하거나, 또는 이 책의 제18장 726a25 아래로 옮길 것을 제안하고 있지만, 사본대로 읽는다.

232 암컷이 수컷보다 적은 '열'(thermotēs)이 주어진다는 설명은, 지금까지의 논의 가운데 찾을 수 없다. 수컷이 암컷보다 더 많은 '열'을 가진다는 점, 암컷은 자궁에 '월경혈'을 가지므로 피가 많다는 점에 대해서는 제4권 제1장 765b15-18 참조.

233 '부대하는 것'에 대해서는 제1권 제18장 각주 189 참조.

보이고, 목소리가 변화함과 동시에 유방의 주변이 눈에 띄게 된다. 그리고 이 연령기를 지나면 수컷의 경우에는 생식 능력이 없어져 버리는 반면, 암컷의 경우에는 폐경이 일어난다. 게다가 다음으로 들고 있는 점도 암컷에서 월경혈의 유출이 잉여물인 것의 징표이다. 즉 대부분의 경우 인간의 여자에서 월경혈이 멈추지 않을 때에는 치질 출혈도 코피도 그 이외의 출혈도 생기지 않는다는 것이다. 또한 이것들 중 하나라도 발생할 경우, 월경혈의 정화는 약화되는데, 이는 혈액의 분리가 그것들로 방향을 바꾸어 가기 때문이다. 게다가 여자는 남자와 마찬가지로 혈관이 튀어나오지 않고, 암컷은 수컷보다 머리숱이 적고 피부도 매끈매끈한데, 이는 그것들로 가야 할 잉여물이 월경혈 속으로 들어가 월경혈과 함께 배설되기 때문이다. 태아를 낳는 동물의 경우, 암컷이 수컷보다 몸의 용량이 작다는 것도 이와 동일한 원인에 의한 것으로 보아야 한다.[234] 왜냐하면 월경혈의 유출이 몸 밖을 향해 생기는 것은 태아를 낳는 동물뿐이고, 그중에서도 인간 여자의 경우에 가장 두드러지기 때문이다. 사실 인간 여자가 방출하는 월경혈 분비량은 동물 중 가장 많다. 그러므로 인간 여자는 피부색이 항상 두드러지고 창백하며, 혈관이 튀어나와 보이지 않으며, 몸매도 남자에 비해 확연히 뒤떨어진다.

　월경혈은 수컷에게 생식액이 생기는 것처럼 암컷에게 생기는 것으로서, 두 종류의 정액적인 방출이 동시에 생기는 일은 있을 수 없는 것이므로, 암컷이 발생을 위해서 정액을 제공하지 않는다는 것은 분명하다. 만일 암컷에게 성액이 존재한다고 하면, 월경혈은 존재하지 않을 테니까. 하지만 실제로 월경혈이 생기는 것이므로, 암컷에게는 정액은 존재하지

234　피가 '마지막 단계의 영양물'로서 온몸을 향해 가는 대신 월경혈로 몸 밖으로 배출되기 때문이다.

않는다.

그런데 정액이 잉여물인 것처럼, 월경혈도 잉여물인 것은 왜인가 하는 점에 대해서는 이미 말한 대로이다. 동물에 부대되는 몇 가지 현상(사실)을 이 점을 뒷받침하는 증언으로 들 수 있을 것이다. 즉 뚱뚱한 것이 지방질이 없는 것보다 정액의 양을 적게 만들어 내는데, 이에 대해서

35 는 앞서 말한 대로이다[235](그 원인은 지방도 정액과 마찬가지로 잉여물로, 혈액과 동일한 방식은 아니지만 숙성된 혈액이라는 점에 있다. 따라서 잉

727b 여물이 소비되어 지방이 되면 생식액에 관련된 것들이 부족하다는 것은 이치에 맞다[236]). 예를 들면, 무혈동물 중에서도 연체류나 연각류는 알을 품고 있을 무렵이 최상질이라는 것이다.[237] 즉 이들 동물은 무혈이기 때

5 문에 몸속에 지방이 생기지 않으므로, 지방과 유비적인 것이 분리되어 정액적 잉여물로 변화해 간다.

수컷이 방출하는 것과 같은 정액을 암컷이 방출하는 일은 없으며, 어떤 사람들이 주장하는 것처럼[238] 발생이 양쪽[씨앗]의 혼합에 의해 일어나는 것이 아님을 보여 주는 징표는, 암컷이 수컷과 짝짓기할 때 쾌락이 생기지 않는다고 하더라도 임신하는 일이 빈번하게 일어난다는 사실이

---

235 제1권 제18장 725b34-726a6 참조.

236 혈액이 '지방'(pimelē)의 형성에 사용되기 위해서 '생식액'의 양이 적어지는 것에 대해서는 『동물의 부분들에 대하여』 제2권 제5장 651b13-17("그리고 같은 원인으로 인해, 지방질의 동물은 다른 동물에 비해 생식 능력이 떨어진다. 그것은 피에서 생식액이나 정액이 되는 데 필요한 것이, 연지방이나 경지방을 위해서 사용되기 때문이다. 실제로 피가 [가열되어] 숙성되어 생식액이나 정액이 되는 것이므로 그 동물들에게는 잉여물이 전혀 생기지 않거나 생겨도 얼마 되지 않는다") 참조.

237 『동물 탐구』 제7권(8권) 제3장 607b2-8 참조.

238 힙포크라테스, 『생식에 대하여』, 『어린이의 자연 본성에 대하여』, 『질병에 대하여』 제4권으로 구성된 일련의 논고의 제12절 참조.

다.[239] 한편, 수컷에 결코 뒤지지 않을 정도의 쾌락이 발생하고 있고, 게
다가 수컷과 암컷이 같은 속도로 그것에 도달했다고 해도, '월경혈'이라
고 불리고 있는 것으로부터 구성되는 액체가 적당량 존재하지 않으면
아무것도 태어나지 않는다. 그러므로 (1) 월경혈이 전혀 생기지 않으면,
암컷은 낳지 않으며 (2) 월경혈이 생겨도 그것이 몸 밖으로 배설되고 있
는 동안에는 대개 낳지 않으며, 오히려 (3) 정화 이후에 낳는 것이다. 즉
(1)′ 전자의 경우, 암컷은 영양도 질료도 가지고 있지 않으므로 수컷[의
정액]으로부터 와서 생식액 속에 내재하고 있는 능력은 그것을 기초로
동물을 형성할 수 없는 것인 데 비해, (2)′ 후자의 경우에는 월경혈이 다
량이기 때문에 생식액이 월경혈과 함께 씻겨 내려가 버리는 것이다. 오
히려 (3)′ 월경혈이 생기고 그 배출이 일어나고 나서, 거기에 남겨진 것
이 동물[배아]로 형성되어 간다. 월경혈이 생기지 않았는데도 임신하는
여자의 경우, 혹은 월경혈이 생기는 중에 임신을 하지만 그 후에는 임신
을 하지 않는 여자의 경우, 그 원인은 전자의 경우에 생기는 액체의 양은
생식력이 있는 여자에게서 정화 후에 남겨지는 것으로서는 충분한 양이
지만, 생기는 잉여물은 몸 밖으로 배출될 정도의 양이 아니라는 점에 있
다. 이에 반해, 후자의 경우에 정화 후에 자궁구가 닫혀 버린다는 점에
있다. 그런 이유로 배출되는 것이 다량이고 여전히 정화가 발생하고 있
지만, 그것이 정액을 몸 밖으로 함께 흘려 버릴 정도의 양은 아니라고 할
경우에, 여자는 남자에게 가까이 접근하게 되면 다시 임신을 하는 것이
다. 임신 후 월경혈이 생긴다는 것은 결코 이상한 일이 아니다. 임신 후
에도 월경혈은 어느 시점까지는 생기지만, 그 양은 미미하며 지속되지

---

239 암컷의 성적 쾌감과 임신의 관계를 논의하고 있다. 이어지는 제20장 728a31, 제2권 제
   4장 739a29 아래 참조.

는 않는다. 그러나 이것은 병적인 성질의 것이며, 따라서 극소수의 여자에게서 드물게 일어난다.[240] 이에 비해 대개의 경우에 생기는 것이 가장 자연스러운 일이다.[241]

이렇게 해서 암컷이 발생을 위해 제공하는 것은 질료이며, 그것은 월경혈이라는 형성물 속에 존재하고 있다는 점, 또 월경혈이 잉여물이라는 점은 명백하다.

제20장

어떤 사람들은 여자에게도 남자의 것에 가까운 환희가 가끔 생길 수 있고, 동시에 액상 분리가 일어난다는 것을 근거로 여자가 성교 중 정액을 제공하는 것[242]으로 생각하는데, 이 액상물은 정액의 형태가 아니라 어떤 특정한 여자의 국부에 고유한 것이다.[243] 즉 이것은 자궁에서 분비되는 것으로 어떤 여자들에게는 생기지만 다른 여자들에게는 생기지 않는다. 대부분의 경우를 말하면, 이것을 볼 수 있는 것은 희고, 자못 여성스러운 체형의 여자들의 경우이며, 검고, 남자다운 체형의 여자들에게서

---

240 임신 후에 '월경혈'이 생기는 원인에 대해서는 힙포크라테스 『부인병』 제1권·제2권, 『불임증에 대하여』로 구성된 일련의 논고의 제25절 참조.

241 '대개의 경우'(hōs epi to polu)에 대해서는, 제1권 제16장 해당 각주 참조. 또 이 구절과 비슷한 논의에 대해서는 『자연학』 제2권 제8장 198b35-199a1, 199b13-26, 『동물의 부분들에 대하여』 제3권 제2장 663b28-30, 이 책의 제4권 제8장 777a19-21 참조.

242 힙포크라테스, 『생식에 대하여』, 『어린이의 자연 본성에 대하여』, 『질병에 대하여』 제4권으로 구성되는 일련의 논고의 제4절에서는 성교 시에 남자와 마찬가지로 여자에게도 '쾌락'(hēdonē)이 생기고, 여자도 온몸으로부터 '정액'을 방출한다고 되어 있다.

243 '질 분비물'을 말하는 것일까?

는 볼 수 없다.[244] 이 분비물이 생기는 여자들의 경우, 때로는 그 양은 정 5
액 방출량과 비교가 안 될 정도로 그것을 훨씬 뛰어넘기도 한다. 게다가
섭취하는 음식물이 여자들 사이에 여러 가지로 다르다는 것도 이상과
같은 분비물이 다량으로 생기거나 적거나 하는 큰 차이를 가져오는 것
으로, 예를 들어 톡 쏘는 맛이 나는 음식물 중에는 이 액상물의 분비량이
눈에 띄게 증가하도록 작용하는 것도 있다.[245]

성교 중에 쾌락이 생기는 것은 정액이 방출되는 데서 비롯될 뿐만 아 10
니라 숨결[프네우마][246]이 방출되는 데에서도 비롯된다. 숨결이 모이면
그로부터 사정이 일어나는 것이다. 이와 같은 것은 정액을 아직 방출할
수는 없지만 그 연령에 가까워지고 있는 아이들이나, 생식력이 없는 성
인 남자들의 경우에 명백하다. 즉 이 모든 자들에게는 [스스로 생식기
를] 문지르고 있을 때 쾌락이 생긴다는 것이다. 또 생식을 위한 기관이 15
손상되어 있는 사람들의 경우 잉여물은 숙성시켜 정액으로 변할 수 없
으므로 그것이 분리되어 아랫배로 향함에 따라 장이 이완되기도 한다.

아이는 몸매 면에서도 여자를 닮았지만, 여자는 생식력이 없는 남자
와 같다. 즉 암컷은 자연 본성이 차갑기 때문에, 최종의 영양(이것은 혈
액이거나 또는 무혈동물에서 혈액과 유비적인 것이다)으로부터 정액을 20
숙성시킬 수 없다는 점에서 모종의 무능력 상태에[247] 있는 것이니까. 그

---

244 『동물 탐구』 제9권(제7권) 제2장 583a10-12 참조

245 『동물 탐구』 제9권(제7권) 제2장 583a12-13 참조.

246 '숨결'(pneuma)은 '혼'(psuchē)의 '열'을 포함하고 있는 물체를 말하며, 수컷의 정액 속
이나 물속에도 존재하고 있다고 생각했다. 제2권 제3장 736b29-737a18, 제3권 제11장
762a18-27 참조. '숨결'이 '정액관'을 통해 모아질 때 관 내벽을 자극함으로써 쾌락이
생긴다는 것이다.

247 제4권 제1장 765b8-35 참조.

래서 음식물을 숙성시키지 못하기 때문에 장내에서 설사가 생기듯이 혈관 내에서는 다른 출혈과 함께 월경혈의 유출이 일어난다. 월경혈도 출혈의 일종이지만, 그 밖의 출혈이 질병을 원인으로 하는 것에 비해, 월경혈은 자연에 적합한 것이다.

따라서 월경혈로부터 발생이 일어나는 것이 이치에 맞는 것임은 분명하다. 왜냐하면 월경혈은 순수하지 않으며 가공을 필요로 하는 정액인 것으로, 그것은 열매의 생산에서 불순물이 아직 제거되지 않았다고 해도 영양은 이미 그 속에 존재하고 있어서 순화를 위한 가공을 필요로 하는 것과 같기 때문이다. 그러므로 월경혈은 수컷의 생식액과 혼합함으로써, 또 순수하지 않은 영양은 순수한 영양과 혼합됨으로써, 한쪽은 새끼를 낳는 반면, 다른 한쪽은 몸에 자양분을 주는[248] 것이다.

암컷이 수컷과 짝짓기할 때 접촉으로 인해 수컷과 동일한 장소에서 쾌락이 생기는데, 암컷이 그 액체를 방출하는 것[249]은 거기서 나온 것이 아니라는 점도 암컷이 정액을 방출하지 않는다는 것의 징표이다.

게다가 월경혈의 분비가 생기는 것은 모든 동물의 암컷에서가 아니고, 혈액을 풍부하게 가지는 것에서일 뿐이지, 더욱이 이 모든 동물에서 생기는 것은 아니고, 자궁이 격막에 가까운 장소에 배치되어 있지 않고 알을 낳지도 않는[250] 것뿐이며, 더욱이 혈액이 아니고 혈액과 유비적인 것에서도 생기지 않는다. 즉 유혈동물에서는 혈액에 해당하는 것이 무혈동물에서는 다른 합성물로 존재하고 있다는 것이다. 그런데 무혈동물에서는 월경혈의 정화가 생기지 않으며, 혈액을 가진 동물 중에서도 앞

---

248 제1권 제18장 725a16-17 참조.

249 이 장 첫머리에 언급된 것으로 727b33 아래 참조.

250 포유류를 말한다. 포유류 암컷 자궁의 배치(tropos)에 대해서는 『동물 탐구』 제3권 제1장 510b15-18 및 이 책의 제8장 718a38 참조.

에서 말한 것을 제외하고는 어떤 종의 것[251]에도 월경혈의 정화는 일어
나지 않는다. 그 원인은 몸이 건조하기 때문에 발생에 충분한 얼마 안 되 **5**
는 양의 잉여물만 남기고 몸 밖으로 방출되지 않는다는 점에 있다. 이에
반해 알을 낳지 않고 태아를 낳는 것(사람이나 네 발 달린 동물 중 뒷다리
가 안으로 휘어지는 것이 이에 해당한다. 즉 이러한 동물 모두가 알을 낳지 **10**
않고 태아를 낳는다는 것이다)의 경우, 이러한 동물에서는, 예를 들면 노
새[252]가 그렇듯 발생 단계에서 어떠한 해를 입은 경우를 제외하고 월경
혈의 정화는 그 모든 것에서 생기지만, 사람의 경우처럼 정화가 넘칠 정
도로 다량으로 볼 수 있는 것은 없다. 월경혈이 동물의 각각의 유에 관련
해서 어떻게 일어나는가 하는 점에 대해서는 『동물 탐구』에서 엄밀하게
기술해 놓은 바와 같다.[253] 동물 중 월경혈의 정화가 가장 다량으로 발생 **15**
하는 것은 인간의 여자에게서인데,[254] 정액의 방출은 몸 크기의 비율에
비해 인간 남자에게 가장 많이 생긴다. 그 원인은 몸의 구성이 축축하고
뜨겁다는 점에 있다. 왜냐하면 그러한 성질의 것에는 가장 많은 양의 잉
여물이 생기는 것이 필연적이기 때문이다. 게다가 사람은 사람 이외의
동물이 그렇듯, 잉여물이 거기로 향해 가는 특정한 부분을 몸속에 가지 **20**

---

251 728b4: 대본의 제안에 따라 "몸 아래쪽에 자궁을 가지고 있고 알을 낳는 일이 없는
    것"(tois katō echousi kai mē ō[i]otokousin; Z사본)이라는 문구를 삭제함과 동시에 발메
    (Balme)의 제안에 따라 "앞서 말한 것"(tois eirēmenois) 직전에 "일부를 제외하고"(tisi
    plēn)를 보충해 읽는다.

252 노새(orcus)의 암컷에게 '월경혈'이 생기지 않는 것에 대해서는 『동물 탐구』 제6권 제
    18장 573a15-16 참조. 이 책의 제2권 제8장 748b19-31에서는, 영양이 몸의 성장을 위
    해 소비되는 것이, '반(半)-당나귀'(hēmionos)에 '월경혈'이 생기지 않는 것의 원인이
    라고 되어 있다.

253 동물 암컷의 월경혈에 관해서는 『동물 탐구』 제6권 제18장 572b26-573a16, 제6권 제
    20장 574a31-32 참조.

254 『동물 탐구』 제3권 제19장 521a25-27, 제9권(7권) 제2장 582b28-30 참조.

고 있지 않다. 즉 온몸에 다량의 털을 기르고 있는 것도 아니고, 뼈나 뿔이나 이빨이 튀어나와 있는 것도 없다는 것이다.[255]

월경혈 속에 정액[256]이 있음에 대한 징표에 해당하는 것은 다음과 같은 점이다. 즉 앞서 언급한 바와 같이,[257] 이 잉여물이 수컷에게 생기는 것과 동일한 연령기에 암컷에서는 월경혈의 징조가 보이는데, 이는 곧 이 잉여물들을 각각 수용하는 장소도 수컷과 암컷에서 동시에 나누어 갈라진다는 것이다. 또한 그곳에 인접한 각각의 장소 구조가 거칠어짐에 따라 거웃(陰毛)이 생겨난다. 이들 장소가 나뉘어 갈라지는 시기가 되면, 그곳은 숨결에 의해 들뜨게 된다. 수컷에서는 고환 주변이 두드러지지만 유방 주변도 눈에 띄는 반면, 암컷에서는 유방 주변이 이전보다 더 눈에 띄는 것이다. 그 장소가 손가락 두 개만큼의 높이까지 솟아올랐을 때, 대다수의 여자에게 월경혈이 생기는 것이다.[258]

그런데 생명을 가진 것 중에서 암컷과 수컷이 나뉘어 있지 않은[259] 것의 경우, 이러한 것들에게는 씨앗이 배아와 같은 존재이다. 내가 '배아'라고 말하는 것은, 암컷과 수컷으로부터 생성하는 최초의 혼합물을 말한다.[260] 그러므로 한 개의 씨앗에서 생기는 몸은 하나이며, 예를 들어 한 알의 밀알에서 한 개의 줄기가 나오는 것은 딱 한 알에서 한 마리의 동물이 태어나는 것과 같다(즉 쌍생란이라는 것은 두 알에 해당하는 것이니

---

255 『동물 탐구』 제9권(7권) 제2장 582b30-583a4 참조.

256 이 부분의 '정액'은 '생식 물질'이라고 하는 넓은 의미로 사용되고 있다. 제1권 제2장 해당 각주 참조.

257 제1권 제19장 727a5-8 참조.

258 『동물 탐구』 제9권(7권) 제1장 581b4-6 참조.

259 식물을 말한다.

260 제1권 제18장 724b12-19 참조.

까). 이에 반해, 여러 생물의 유 중에서 암컷과 수컷이 나뉘어 있는 것의 경우, 1회의 정액의 분리로부터 다수의 새끼가 태어날 수 있는데, 이는 곧 식물에서의 씨앗과 동물에서의 정액은 자연 본성에 있어서 다르다는 것이다. 그 징표에 해당하는 것은 다음과 같은 점이다. 즉 한 몸에서 더 많은 아이를 낳을 수 있는 동물에서는 한 번의 짝짓기에 의해 여러 명의 새끼가 태어난다는 사실이다. 생식액이 온몸에서 나오는 것이 아니라는 것도 이 사실에 의해 명백하다.[261] 왜냐하면 생식액은 분할된 상태에서 부모의 몸의 동일한 부분에서 직접 분리되는 일도 없을 것이며, 자궁에 동시에 들어와 거기서 분할되는 일도 없을 테니까. 그러나 수컷이 형상과 운동의 시원을 제공하는 데 반해, 암컷은 태어나는 것에 몸, 즉 질료를 제공한다고 한다면,[262] 다태(多胎)[263]라고 하는 현상은 이치에 맞는 것으로서 일어나는 것인데, 예를 들면 젖을 응고시킬 경우에 몸에 해당하는 것이 젖으로, 무화과의 즙 또는 응유소[264]가 이것을 응고시키는 원리

---

261 이 점에 대해서는 제1권 제18장 723b9-16 참조.

262 이 전형적인 '생식적 질료형상설'(hylomorphism)은 제1권 제20장 729a9-12, 제1권 제21장 729b18-19, 제2권 제1장 732a45, 제2권 제4장 738b26-28에서도 언급된다. 이 입장은 그의 '기계론적 설명'과 상충되는 것처럼 보인다. 다른 곳에서는 "수컷을 운동과 발생의 시원(archē)을 가진 것으로, 암컷을 질료의 시원을 가진 것으로 놓는다"라고 말하기도 한다(제1권 제2장 716a4-7; 제1권 제21장 730a24-30; 제2권 제4장 740b25-26 참조)는 것이다. 이 문제에 대해서는 Henry(2006b) 참조.

263 포유류에서 한 개의 난자(卵子)가 수정된 뒤에 두 개 이상으로 분리되어 별도의 개체로 되기나 두 개 이상의 난자가 동시에 수정되는 일.

264 '무화과즙'(opos) 및 '응유소'(puetia)의 응고 작용에 대해서는 『동물의 부분들에 대하여』 제3권 제15장 676a6-18, 이 책 제2권 제3장 737a12-16, 제4장 739b20-26, 제4권 제4장 771b18-27 참조. puetia는 응고 효소(rennet)를 가리키는데, 젖을 빠는 되새김하는 위를 가진 염소, 송아지 따위의 제4위(胃)의 내막(內膜)을 가리키기도 한다. 이 위 속에서 응유(凝乳, curdled milk)를 추출하여 치즈 제조에 사용한다. 응유 효소(rennin)에 대해서는 『동물 탐구』 제3권 제20~21장 522b2-12 참조.

를 가지는 것인데, 수컷으로부터 오는 것도 암컷의 자궁 내에서 나누어

져 이것들과 동일하게 작용하는 것이다. 어떤 경우에는 정액은 다수로

나누어지는 데 반해 어떤 경우에는 적은 수로만 나누어질 수 있으며, 어

떤 때에는 한 개에 머무르는 것은 어떤 원인에 의한 것인가 하는 점에 대

해서는 따로 논하기로 한다.[265] 하지만 정액은 분할되었다고 해도 형상

이라는 점에서는 결코 다른 것이 아니며, 오히려 분할된 정액의 양이 질

료와 균형을 이루고 있어서 그것을 숙성시키거나 응축시킬 수 없을 정

도로 소량도 아니며, 건조시켜 버릴 정도로 다량도 아닐 경우, 그러한 경

우에만 여러 아이가 태어나는 것이다. 한편, 태어나는 것의 몸을 최초로

형성하는 정액이 하나의 상태라면, 그것으로부터 태어나는 아이는 한

몸뿐이다.

그런데 암컷이 발생을 위해서 생식액을 제공하는 것은 아니지만 무

언가를 제공하는 것인데, 이것은 월경혈이라고 하는 형성물이며, 무혈

동물의 경우에는 그것과 유비적인 것이라는 점에 대해서는, 이미 말해

온 여러 점으로부터도 명백하고, 이치에 근거해서 보편적인 관점에 서

서 고찰하는 것에 의해서도 명백하다. 왜냐하면 낳는 것과 그로부터 태

어나는 것이 존재하는 것은 필연적이며, 이 두 개가 하나로 결합된다고

해도[266] 적어도 형상이라는 점에서 또 그것들 각각의 설명 규정이 별개

라는 점에서 양자가 다른 것은 필연적이다. 이것에 대해 이러한 능력을

완전히 나누어진 것으로서 갖는 동물의 경우에 양자의 물체적인 측면도

별개이고, 한쪽이 작용을 미치는 것이며 다른 한쪽이 작용을 받는 것[267]

---

265 이 점에 대해서는 제4권 제4장 771b14–772b6에서 주제적으로 논의된다.

266 식물, 또는 암수가 나뉘어 있지 않은 각피동물의 유.

267 모든 생성변화에는 '작용을 미치는 것'(운동의 시원)과 '작용을 받는 것'(질료)이라는
두 종류의 원인이 존재하고 있다는 것이 아리스토텔레스의 기본적인 생각이다. 『생성

이라고 하는 양자의 자연 본성도 별개라는 점은 필연적이다. 그래서 수 컷이 움직이고 작용을 미치는 것으로 존재하는 데 반해, 암컷은[268] 작용 을 받을 수 있는 것으로 존재하고 있다면, 수컷의 생식액에 대해 암컷은 생식액이 아닌 질료를 제공할 것이다. 사실상 이런 것이 일어나고 있음 은 분명하다. 왜냐하면 월경혈의 자연 본성은 제1의 질료[269]에 대응하기 때문이다.

30

제21장

그런데 이러한 점들에 대해서는 이런 정도로 명확하게 규정된 것으로 하자. 이것들에 이어 고찰해야 할 문제에 대해서도 이러한 점들을 바탕 으로 해서 동시에 분명해질 것이다. 이어서 고찰해야 할 문제란, 수컷은 대체 어떻게 해서 발생에 기여하는가, 또 수컷으로부터의 정액은 어떻 게 해서 태어나는 것의 원인이 되는가의 문제, 즉 (1) 정액은 암컷으로 부터 제공되는 질료와 혼합함으로써, 태어나는 동물에게 내재해서 직접 그 몸의 일부를 이루는 것으로서 존재하는가, 아니면 (2) 물체로서의 정 액은 전혀 관여하지 않고, 정액 속에 포함되는 능력과 운동만이 관여하 는가 하는 문제이다.[270] 이 경우에 이 능력과 운동이 작용을 미치는 것으

35

729b

5

과 소멸에 대하여』 제1권 제7장 324a24-b22 참조.

268 729a29: 대본의 제안에 따라 'hē[i] thēlu'(암컷인 한)를 삭제하고 읽는다.

269 '첫 번째 질료'(제1의 질료; prōtē hulē)란 어떤 사물(이 경우는 '태아의 몸')을 직접 형성 하고 있다는 점에서, 그 사물에서 '가장 가까운 질료'라고 말하는 것이다. 『자연학』 제 2권 제1장 193a28-30, 『형이상학』 제5권 제4장 1015a7-10 참조.

270 제1권 제19장 726b19-21에서 제기된 이후 보류되었던 것으로 이 문제에 대한 아리스

로, 응고시켜 몸의 형태를 받는 것은 암컷 속에 존재하는 잉여물의 나머지인 것이다.

그 말이 맞다는 것은 이치에 근거해도 분명하고, 또 관찰된 사실에 비추어 보아도 분명하다. 즉 보편적 관점에서 고찰해 보면, 작용을 받을 수 있는 것과 작용을 미치는 것으로부터 작용을 미치는 것이 생성하는 것에 내재한다고 하는 방식으로 생성하는 것은 하나도 없다는 것이[271] 분명하고, 또 일반적으로 움직이는 것과 움직이게 되는 것으로부터라는 관점인 경우에도 그러한 것은 하나도 없다는 것은 분명하다. 물론 암컷은 암컷인 한 작용을 받을 수 있는 것이며, 수컷은 수컷인 한에서 작용을 미칠 수 있는 것이며, 거기서부터 운동이 시작되는 것이다. 그렇기에 한쪽은 작용을 미칠 수 있는 것이며 움직이는 것이고, 다른 한쪽은 작용을 받을 수 있는 것이며 움직이게 되는 것이라는 방식으로 각각의 양 끝이 파악된다면, 양자로부터 하나의 것이 생성한다는 것은 '목수와 목재로부터 침상이 생성한다'라든가 '밀랍과 구의 형상으로부터 공이 생성한다'라고 하는 생성의 방식 이외에는 있을 수 없다.[272] 그러므로 수컷에게서 무언가가 나올 필요는 없으며, 설령 무언가가 나온다고 해도 그것이

토텔레스의 답변에 대해서는 제2권 제3장 736a24-737a16 참조.

271 '생성하는 것에 내재하는'(enuparchein, 729b10-11)이라는 것은 어떤 것이 '생성하는 것' 안에 질료(hulē)에 해당하는 것으로서 포함되어 있다는 것을 의미한다(『자연학』 제2권 제3장 194b24-26, 『형이상학』 제5권 제2장 1013a24-26 참조). 작용을 미칠 수 있는 것은 '운동의 시원'으로서의 원인이며, '질료'는 '질료'로 있는 한 작용을 받을 수 있는 것이다(『생성과 소멸에 대하여』 제1권 제7장 324b13-18 참조). 따라서 작용을 미치는 쪽이 '생성하는 것' 속에 질료로 내재한다면, 작용을 미치는 쪽이 동시에 작용을 받는 것으로 존재하게 되므로 분명히 불합리하다.

272 이 생성 과정에서는 한쪽이 '형상'(eidos)에 해당하고, 다른 쪽이 '질료'에 해당한다. 이 프로세스는 '가능상태'(dunamis)에서 어떤 것(질료)이 '형상'을 자신 안에 실현시키는 방식에 의해서 설명된다. 『형이상학』 제8권 제6장 1045a27-31, b17-19 참조.

태어나는 것에 내재하는 방식으로 태어나는 것이 그것으로부터 태어나는 것은 아니며, 오히려 태어나는 것은 그것을 움직인 것, 즉 형상으로부터 태어난다는 것은 명백하다. 이것은 치료받은 사람이 '의술로부터 태어났다'라는 것과 마찬가지이다.[273]

관찰된 사실에 비추어 보아도 현실에서 벌어지는 일이 이치에 들어맞는다.[274] 왜냐하면 수컷의 어떤 것이 암컷과 짝짓기할 때, 분명히 수컷은 암컷의 몸속에 어떠한 부분도 삽입하지 않고, 반대로 암컷이 수컷의 몸속에 몸의 일부를 삽입하는 것이기 때문이며, 예를 들어 절지동물의 어떤 것은 실제로 그렇다.[275] 즉 이들 동물에서는 암컷의 몸속에 방출된 정액이 암컷의 몸속에서 하고 있는 일을 그 동물의 수컷 자신의 몸속 열과 능력이 하는 것으로, 이 경우 암컷은 자기 자신의 잉여물을 받아들이는 부분을 수컷의 몸속에 삽입하는 방식을 취한다는 것이다. 그런 이유로 이런 종류의 동물은 얽혀 있는 시간이 길고, 그것을 푼 다음에 신속하게 새끼를 낳는다. 즉 생식액이 암컷의 몸속에서 배아를 형성하는 것과 마찬가지로, 이 동물들은 짝짓기한 상태로 배아를 형성하고, 짝짓기를 푼 뒤 바로 배아를 방출하는 셈이다. 이들이 낳는 것은 미완성 상태의 것이다. 이런 동물 모두는 구더기(애벌레)를 낳기[276] 때문이다.

---

273 의술 등의 '기술'(technē)을 '운동의 시원'(archē)으로 본다는 견해에 대해서는 『형이상학』 제5권 제2장 1013b6-9("청동은 질료로서, 조각술은 '운동의 시원'으로서 원인이다") 참주

274 '이성'(이치, 이론; logos)과 '관찰된 사실'(erga)을 일치시킴으로써 전자에 한층 더 타당성을 부여한다는 아리스토텔레스의 탐구 방법에 대해서는, 제3권 제10장 760b27-33 및 『정치학』 제7권 제4장 1326a25-34('이론의 입증을 통해 그 사실이 명백하다는 확신을 가져온다') 참조.

275 제1권 제16장 721a13-16, 제22장 730b24-32 참조.

276 제1권 제16장 721a6 참조. '구더기'(skōlēx)에 대해서는 제1권 제1장 각주 20 참조.

　　조류와 알을 낳는 어류에 부대되는 현상은, 정액이 몸의 모든 부분에서 나오는 것이 아니고, 수컷은 태어나는 것에 내재하는 어떤 부분을 방출하는 것도 아니며, 암컷 쪽이 수컷의 몸속에 무언가를 삽입한다는 절지동물의 경우에서 말했듯,[277] 생식액 안의 능력에 의해서만 동물을 형

성한다는 것의 최대의 징표에 해당한다. 즉 암탉이 때마침 풍란(무정란)[278]을 품고 있고, 이후 알이 완전한 노란색에서 흰색으로 변하기 전에 수컷과 짝짓기를 하면 무정란이 아니라 번식력이 있는 알이 된다. 또 알이 아직 노란색일 때, 다른 수컷에 의한 교미를 받았다면[279] 태어날 새끼

의 종류는 나중에 교미한 수컷 쪽과 전체적으로 비슷한 것이 된다.[280] 그러므로 훌륭한 품종의 새를 육성하기 위해 열심히 노력하는 사람들 중에는 이 방법으로 첫 번째 교배를 두 번째 교배로 대체하는 사람들이 있는 것이며, 이는 곧 정액은 알 속에 함께 섞여 내재되어 있는 것이 아니며, 또한 온몸에서 나오는 것도 아니라는 것이다. 만일 정액이 온몸에서 온다고 하면 양쪽 수탉에게서 오게 되는데, 그 결과 이 알은 동일한 부분을 이중으로 갖게 되기 때문이다. 오히려 수컷의 정액은 그 능력에 의해

암컷의 몸속에 있는 질료와 영양을 일정한 성질의 것으로 다듬는다. 즉 이것을 할 수 있는 것은 나중에 들어온 정액 쪽이며 질료와 영양을 가열해 숙성시킴으로써 그것을 행한다. 왜냐하면 알은 성장하는 동안 영양

---

277 이 장의 729b22-28 참조.

278 헬라스어 hupēnemion(wind-egg, 풍란)은 '무정란'을 의미한다(『동물 탐구』 제6권 제2장 559b24: '유정란보다 크기가 작고 덜 맛있고 더 액상이다'). 일반적으로 새들은 '바람을 들이마셔서 알을 낳는'고 믿어 왔다. 아리스토텔레스는 이러한 풍란의 형성을 동물의 자연 발생의 일종이라고 생각한다. 제3권 제1장 749a34-b7 참조.

279 730a7: 대본의 제안에 따라 'ōcheumenē' 다음에 'ē[i]'를 보충해 읽는다(Peck).

280 『동물 탐구』 제6권 제2장 560a9-14, 이 책의 제3권 제7장 757b1-3 참조.

을 섭취하기 때문이다.[281]

알로 태어나는 어류의 발생에 관해서도 동일한 일이 부대해서 일
어난다. 즉 어류는 암컷이 알을 낳으면 수컷은 그 위에 생식액(이리,
thoros)을 뿌리는 것이다. 그리고 생식하는 것(정자, gonima)이 알에 닿
으면 이들 알은 비로소 번식력을 갖는 반면에, 그렇지 않은 알은 번식력
을 갖지 못한다.[282] 이는 곧 수컷은 양의 관점에서가 아니라 질의 관점에
서 동물의 발생에 기여한다는 것이다.

그런데 동물 중에서 정액을 방출하는 것의 경우, 정액은 온몸에서 나
오는 것이 아니며, 동물에게 암컷은 형성되는 것에 대해 발생을 위해 수
컷과 똑같이 기여하는 것이 아니라 수컷은 운동의 시원을 제공하는 것
인 데 비해, 암컷은 질료를 제공한다는 것은 이미 말해 온 것으로부터 명
백하다. (1) 이런 이유로 암컷이 암컷만으로 새끼를 낳게 되는 일이 없는
것이다. 왜냐하면 암컷은 운동의 시원, 즉 질료를 움직여서 그것을 일정
한 형태로 규정하게 하는 것을 필요로 하기 때문이다(그러나 적어도 동
물 중 어떤 것은, 예를 들면 암탉이 그러하듯이 그 자연 본성은 어느 단계
까지[283] 낳는 능력을 가진다. 즉 암탉은 암컷만으로 알을 형성하는데, 그렇
게 해서 형성되는 것은 '무정란'이라고 불리는 미완성 상태로 있다).

---

281 아리스토텔레스에 의하면, 노른자에 해당하는 것이 영양이며, 흰자에 해당하는 것은
'배이'(kuēma)의 질료이다. 이 알의 흰자에 해당하는 부분이 알의 노른자로부터 분리
되고 알의 노른자에 해당하는 부분을 완전히 덮어 버리기 전에는, 배아가 형성하는 도
중에 있어도 두 번째 짝짓기에 영향을 받는다는 것이다. 제3권 제7장 757b5-7 참조.

282 제1권 제8장 참조.

283 즉 '동물로 완성되기 전 단계까지'이다. '풍란'은 조류의 암컷이 가진 '혼'의 영양 능력
에 의해 식물의 배아(배자)에 상응하는 것까지 성장하지만, 수컷의 원리가 결여되어
있기 때문에 감각 능력을 갖는 동물 생성에는 부족하다. 제3권 제7장 757b14-30 참조.

제22장

또, (2) 태어나는 것[배아]의 생성은 암컷의 몸속에서 일어나는 것이지만, 수컷에 대해 수컷 자신이 생식액을 방출하지 않으며, 암컷에 대해 암컷 자신이 생식액을 방출하는 것도 아니고, 수컷과 암컷 둘 다가 그것으로부터 생긴 것을 암컷에게 제공하는 것이다. 이는 제작되는 것이 그것으로부터 생성되는 것의 질료에 해당하는 것이 암컷의 몸속에 존재하기 때문이다. 또한, 배아가 최초에 그것으로부터 형성되는 곳의 질료에 해당하는 것이 일정한 양만큼 모아져서 직접적으로 있을 필요가 있으며, 배아가 성장해 나가기 위해서는 거기에 새로운 질료가 끊임없이 덧붙여질 필요가 있다. 그러므로 아이의 출산은 암컷의 몸속에서 일어나는 것이 필연적이다. 즉 목수는 목재에 가깝고, 도공은 점토에 가깝듯이, 일반적으로 모든 가공작업과 최종적 운동[284]은 질료에 가까우며, 예를 들어 가옥을 짓는 작업은 지어진 가옥 안에서 이루어지는 것이다.

수컷이 발생에 어떻게 기여하는가 하는 점에 대해서도, 이와 같은 사례들에 근거해서 파악될 수 있을 것이다. 즉 모든 동물의 수컷이 정액을 방출하는 것은 아니며, 수컷 중에서 정액을 방출하는 것이라도 정액이라고 하는 것은 생성하는 배아의 어떤 부분도 아니라는 것이다. 그것은 마치 목수로부터 목재라는 질료에 대해서는 아무런 것도 오지 않고, 생성하는 것에는 목수의 기술의 어떤 부분도 포함되어 있지 않으며, 목수

---

284 '최종적인', '궁극의'(eschatos)라는 말은 어떤 사물에 있어서 (1) '가장 가까운 것'을 가리키는 경우, (2) '더 먼 것', '궁극적인 것'을 가리키는 경우, 양쪽의 의미로 사용된다 (『형이상학』 제7권 제1장 1035b30-31, 제3장 1014a31-34, 제6장 1016a19-24 참조). 여기서는 '운동'이 질료에 해당하는 것에 직접 작용함으로써 제작 행위가 시작된다는 의미로 제작된다는 것에 '가장 가깝다'라는 의미이다.

에게서는 가옥의 형태와 형상만이 오는 것이며, 이것은 운동을 통해서 질료 안에 생성하는 것과 같은 것이다. 이 경우에 목수의 혼 ── 거기에 가옥의 형상이 존재하고 있다 ── 과 그의 전문 지식(epistēmē)[285]이 양손이나 몸의 어딘가 다른 부분에 일정한 운동을 주는[286] 것이며, ── 이 운동이 다르면 그것들로부터 생성하는 것은 다르고, 운동이 같으면 그것들로부터 생성하는 것도 같은 것이다 ── 더구나 양손은 도구를 움직이고 도구는 목재를 움직이는 것이다. 그와 마찬가지로, 정액을 방출하는 동물의 수컷 속의 자연 본성도 정액을 도구로서, 게다가 활동상태에서 운동을 가지는 도구로서 사용하는데, 그것은 기술에 근거해서 생성하는 것의 경우에 도구가 움직이는 것과 같은 것이다. 왜냐하면 기술의 운동은 어떤 방식으로 도구 속에 존재하고 있는 것이기 때문이다.[287] 그런데 정액을 방출하는 동물은 이러한 방식으로 발생에 기여한다. 한편, 수컷이 정액을 방출하는 일이 없고 암컷이 자기 자신의 몸의 일부를 수컷의 몸속에 삽입하는 것의[288] 경우에는, 마치 사람이 제품의 질료를 제작자에게 공급하는 것처럼, 그와 비슷한 것을 행하고 있는 것처럼 생각된다. 그러한 수컷의 자연 본성은 약하기 때문에, 다른 것을 통해서 아무것

15

20

25

---

285 지식(epistēmē)이란 아리스토텔레스의 지식론에서 좁은 의미로 '논증'(apodeixis)을 수반하는 학문적 인식을 말한다. 『니코마코스 윤리학』 제6권 제3장 1139b18-32, 제6장 1140b31-1141a8 참조. 여기서는 소크라테스와 플라톤의 전통에 따라서, 이른바 '전문 지식'으로서의 '기술'(technē)과 동의어로 사용되고 있다(『형이상학』 제1권 제1장 981a3, 『니코마코스 윤리학』 제1권 제1장 1094a7 참조)

286 엄밀한 의미에서의 '운동의 시원'은 목수 자신이 아니라, 목수의 '혼'(psuchē) 속에 존재하고 있는 가옥의 '형상'(eidos), 즉 '전문 지식'으로서의 '목공술'이다. 이 점에 대해서는 『자연학』 제2권 제3장 195b21-25 참조.

287 '도구'(ta organa)는 그것이 실제로 사용되지 않을 때에도, '정해진 바의 도구로서 움직일 수 있다'라는 방식으로, 가능상태에서도 운동을 포함하고 있다.

288 제1권 제16장 721a13-16, 제21장 729b21-25 참조.

도 할 수 없으며, 수컷의 자연 본성은 스스로 옆에서 바라봄으로써, 그들
의 움직임은 간신히 힘을 갖기 때문인데, [그 결과] 그것은 집을 짓고 있
30 는 자보다 가공하고 있는 자와 비슷하다. 즉 수컷의 자연 본성은 다른 것
[도구]을 통해서 질료를 접촉함으로써 형성되는 것을 제작하는 것이 아
니라, 그 자체가 스스로의 몸의 부분에 의해서 그것을 행한다는 것이다.

제23장

그런데 보행할 수 있는 동물의 경우, 이들 모두는 암컷이 수컷으로부터
35 나누어져 있으며,[289] 암컷은 수컷과 다른 동물이고, [수컷은 암컷과 다른
731a 동물이지만] 종이라는 점에서는 동일한 것인데, 예를 들어 여자와 남자
는 모두 사람이거나, 씨말과 암말은 모두 말이기도 하다. 식물에서는 암
컷과 수컷이라는 능력이 혼합되어 있고, 암컷은 수컷으로부터 나누어져
있지 않다. 그러므로 식물은 스스로 자손을 낳고, 그것이 방출하는 것은
생식액이 아니라 '씨앗'이라고 불리는 배아[290]이다. 이 점에 대해서는 엠
페도클레스가 시의 형태로 잘 말해 주고 있다.

5 키가 큰 나무는 이렇게 알을 낳는다. 우선 올리브의 …[291]

즉 알은 배아에 해당하고, 그중 어떤 부분으로부터는 동물이 생성되

---

289 암수 성별이 구별된다는 말이다.
290 제1권 제18장 724b12-19 참조.
291 엠페도클레스, 「단편」 DK31B79.

고, 남은 것은 영양이 되지만, 식물은 씨앗의 그 일부로부터 생기는 것이고, 남은 것은 싹과 처음 형성되는 뿌리의 영양이 된다는 것이다. 암컷과 수컷이 나뉘어 있는 동물의 경우에 일어나는 일도 어떤 방식에서는 마찬가지이다. 즉 새끼를 낳을 필요가 있을 때에는 마치 식물의 경우와 마찬가지로 암컷과 수컷은 갈라진 상태가 아니게 되며, 양자의 자연 본성은 하나가 되려고 한다. 이것은 암컷과 수컷이 합해져서 짝짓기할 경우에 시각적으로 명료하게 볼 수 있다.[292]

게다가 어떤 동물은 정액을 방출하는 대신 배아를 형성하기까지 오랜 시간에 걸쳐 서로 뒤엉킨 상태로 있는 것을 자연 본성으로 하고 있으며, 예를 들면 절지동물 중에서 짝짓기하는 것이 그렇다.[293] 이에 반해 어떤 동물의 경우 수컷과 암컷이 뒤엉켜 있는 시간은 수컷이 암컷의 몸속에 삽입한 부분에서 어떤 것을 분리할 때까지의 사이로, 그것이 더 오랜 시간에 걸쳐 배아를 형성하는 것으로, 예를 들어 유혈동물의 경우가 그렇다. 즉 전자는 하루 중 어느 시간에 결합한 채로 있는 반면, 생식액은 며칠에 걸쳐 배아를 형성한다. 그러나 수컷이 그런 것을 방출해 버리면 암컷과 수컷은 짝짓기를 풀어 버린다. 그리고 동물이라는 것은 바로 암컷과 수컷이 분할된 식물과 같은 것이라고 생각된다. 식물이 씨앗을 산출하는 시기에 식물을 분해하여 그 속에 존재하고 있는 암컷과 수컷으로 나누었다면 그렇게 될 것이다.

그리고 이 모든 것을 자연이 제작자로서 갖추고 있다는 것은 이치에

---

292 731a14: 대본에 따라, "양자로부터 무언가 하나의 동물이 발생하는 것"(hen ti zō[i]on gignesthai ex amphoin)을 삭제한다(Peck).

293 암컷이 수컷의 몸속에 몸의 일부를 삽입하는 방법으로 교미하는 것. 제1권 제16장 721a13-16, 제21장 729b21-25, 제22장 730b24-32 참조.

25 맞다.[294] 즉 식물의 본질(ousia)에 속하는 것으로는 씨앗의 생성 이외에는 어떠한 기능도 어떠한 활동도 존재하지[295] 않는 것으로, 이것은 암컷과 수컷이 짝짓기함으로써 이루어지는 것이므로, 자연은 암컷과 수컷을 혼합하여 함께 배치한 것이다. 그러므로 식물의 경우에는 암컷과 수컷이

30 나뉘어져 있지 않은 것이다. 그런데 식물에 관해서는, 다른 논고에서 고찰한 대로이지만,[296] 동물의 기능은 새끼를 낳는다는 것만이 아니다(새끼를 낳는 것은 생물 모두에 공통되는 것이니까). 또한 동물은 그 모두가 어떤 인식에 참여하고 있다. 무엇보다 어떤 것은 이에 미치는 정도가 많은 데 반해, 어떤 것은 주는 정도가 적고, 어떤 것은 매우 미미하다. 즉 동물은 감각을 가지는데,[297] 감각이란 인식의 일종이기 때문이다. 그런데

35 인식이 고귀한가 고귀하지 않은가 하는[298] 점에 대해서는 인간의 사려

---

294 제작자(dēmiourgos)로서의 '자연'(phusis) 개념은 아리스토텔레스 자연관의 기본을 이루는 것이다. 동일한 표현은 제2권 제6장 743b22-23, 『동물의 부분들에 대하여』 제1권 제5장 645a9, 제2권 제9장 654b31-32 등에서도 볼 수 있다. 자연에 기초한 사물의 생성은 '목적'(telos)에 해당하는 사물의 완성을 목표로 하여, 어떤 일정한 프로세스에 따라 전개해 나간다. 아리스토텔레스는 여기서 '기술자'가 자신의 작품의 완성을 목표로 해서, 주어진 바의 순서에 따라서 작업을 진행시키는 것과 평행한 구조를 본다. 『자연학』 제2권 제8장 199a8-20 참조.

295 식물의 고유한 기능에 대해서는 『동물 탐구』 제7권(8권) 제1장 588b24-26, 이 책의 제1권 제4장 717a22 참조.

296 제1권 제1장 각주 30 참조.

297 아리스토텔레스는 '감각'(aisthēsis)을 식물과 구별되는 동물에 고유한 기능으로 간주한다. 『혼에 대하여』 제2권 제2장 413b1-4, 제3권 제12장 434a27-b8, 『동물의 부분들에 대하여』 제2권 제8장 653b22-25("우리는 동물을 감각을 갖고 있음에 의해 규정하고, … 첫 번째 감각은 촉각이고, 그 감각기관이 그러한 부분이다"), 이 책의 제2권 제1장 732a11-13 참조.

298 '고귀하다'(timion)는 일반적으로 사물의 가치 매김과 관계되는 중요한 개념 중 하나이다. 『혼에 대하여』 제1권 제1장 402a1, 『동물의 부분들에 대하여』 제1권 제1장 639a1 참조.

(phronēsis)에 주목하느냐, 또는 혼이 결여된 유(apsuchōn genos)에 주목

하느냐에 따라 크게 다르다. 사려에 주목하면, 촉각과 미각만을 공유하는 것은 아무것도 아닌 것처럼 보이지만,[299] 식물과 돌에[300] 주목하면 양쪽 모두를 공유하는 것은 아주 훌륭한 일이다. 왜냐하면 그 정도의 인식이었다고 해도, 그것을 공유하는 것이 죽은 것이나 존재하지 않는 것으로 누워 있는 것보다 더 좋은 것으로 생각되기 때문이다. 감각에 따라 동

물은 그저 살아 있는 것과는 다르다. 그러나 동물이라면 살아 있는 것도 필요하기 때문에, 살아 있는 것으로서의 기능을 다해야 할 경우에는 앞서 말한 것처럼,[301] 암컷과 수컷은 짝짓기하며 섞이면서, 식물처럼 하나가 되어야 한다.

　　동물 중에서 껍데기동물(각피동물)은 동물과 식물의 중간에 위치하며, 동물과 식물 양쪽에 걸쳐 있으므로 이들 중 어떤 유의 고유한 기능도

다하지 않는다. 암컷과 수컷을 갈라진 형태로 갖지 않고, 다른 쪽을 향해 낳는 일이 없다는 점에서는 식물이라는 것이 되지만, 식물처럼 스스로 열매를 맺는 일이 없고 토질의 축축한 어떤 형성물로부터 형성되어 태어난다는 점에서는 동물이라는 것이 된다.[302] 그러나 이러한 것들의 발

---

299 아리스토텔레스는 동물 중 인간에게 고유한 '사려'(phronēsis)를 고귀한 것으로 한쪽에 두고, 맞은편에 '촉각'과 '미각'을 나란히 놓고 있다. 아리스토텔레스에 따르면, '촉각'은 감각 중에서 '최초의 것'에 해당하고, 이것을 갖는 것이 동물이라는 것의 최소한의 조건이 된다. 『혼에 대하여』 제2권 제2장 413b2-5("동물이 동물인 것은 일차적으로 감각이다. … 모든 동물에게 일차적으로 있는 감각은 촉각이다") 참조. 또한 촉각을 미각과 병치시키는 것은 '미각은 촉각의 일종'으로 이해하고 있기 때문이다. 『혼에 대하여』 제3권 제12장 434b18-24 참조.

300 Z 사본에 따른 것이지만, 다른 사본에 따라 'anaisthēsian'(감각의 전적인 결여)으로 읽기도 한다(Loeb, p. 124, 해당 주석 참조).

301 이 장의 731a9-14 참조.

302 각피동물의 유와 식물 사이의 '친근성'에 대해서는 제1권 제1장 715b16-21 참조.

생에 대해서는 나중에 이야기해야 한다.[303]

---

303 제3권 제1장 761a13-763b16 참조.

제2권

제1장

암컷과 수컷이 발생의 시원에 해당한다는 것과 그것들의 능력과 그것들 731b18
의 본질에 대한 설명 규정(logos)이 무엇인가 하는 점에 대해서는 앞에
서 말한 바와 같다.[1] 그런데 어떤 것은 암컷이 되고 또 암컷인 데 반해, 어 20
떤 것은 수컷이 되며 또 수컷인 것은 왜인가 하는 점에 대해서는, 한편으
로 (a) 그것[2]이 필연에 의한 것이라고 하는 점에서 처음에 움직이는 것과
어떤 질료에 의한 것이라는 점을 이 논의가 진행되어 가는 단계에서 보
일 수 있도록 시도해야만 한다.[3] 그러나 다른 한편으로 (b) 그것이 '더 나

---

1 제1권 제2장 716a1 아래 참조. 아리스토텔레스는 수컷과 암컷을 발생의 시원(716a4-
   5)으로 제시한 다음에, 양자는 '그것들의 본질에 대한 설명 규정(logos)에 근거한다면,
   각각이 별개의 능력(dunamis)을 가진다는 점에서 다르다'(716a18-19)라고 설명하고
   있다.

2 암수의 구별.

3 제4권 제1장 766a16 아래 참조. 아리스토텔레스는 암수를 '반대의 것'(enantion)으로
   규정한 다음, '어떤 것이 암컷이 된다'라는 것의 원인에 대해서, "시원이 압도하는 일이

은 것'을 위한 것이며, 즉 '무언가를 위해서'라는 원인에 의한다고 하는 점에서는 그 원리를 상위의 것[4]으로부터 얻고 있는 것이다.

25   즉 존재하는 것들 중 어떤 것은 영원하고 신적인 반면, 어떤 것은 존재할 수도 존재하지 않을 수도 있다.[5] 그러나 '아름다움'이나 '신적인 것'은 그 자체의 자연 본성에 근거해서 존재하는 것도 존재하지 않는 것도 가능할 수 있는 사물에 '더 좋은 것'의 원인으로 항상 있는 것이지만, 영원하지 않은 것은 존재하는 것도 존재하지 않는 것도[6] 가능할 수 있기 때문에 '더 나쁜 일'에도 '더 좋은 일' 모두에도 주어지는 것이 가능하다.

30   혼은 몸보다 낫고, 혼을 가진 것이 혼이 없는 것보다 낫고, '존재하는 것'은 '존재하지 않는 것'보다 낫고,[7] '살아 있는 것'은 '살아 있지 않은 것'보다 낫다는[8] 것이다.

없고, 열이 부족하기 때문에 숙성할 수도 없으며, 그 자신에게 고유한 형상으로 이끌지도 않고, 오히려 그 점에서 패배하게 된다면 반대의 것으로 변화하는 것이 필연인 것이다"(766a18-21)라고 설명하고 있다. 이 관점에 따르면 암컷과 수컷이 존재하는 것은 '필연'(anankē)에 의한 것이 된다. 한편, 암컷과 수컷은 '발생의 시원'에 해당하는 것으로서, 함께 필요하다는 점에서는 '무엇인가를 위해서'라고 하는 원인, 어떤 목적에 근거하는 것이다. 필연성과 목적과의 관계에 대해서는 『자연학』 제2권 제9장 199b34 아래 참조.

4   '상위의 것으로부터'(anōthen; to anō sōma)에서 '상위의 것'이란 여러 천체를 말한다. 여러 천체는 aithēr라고 불리는 '기본 요소'로 구성되어 영원불멸이며 신적이라고 여겨진다(Loeb p. 129, note e 참조). 『천계에 대하여』 제1권 제3장 270b1 아래 참조. 이에 반해, 발메(Balme)는 '상위의 것'을 일련의 여러 원리 중 '더 일반적인 것', 여기에서는 '아름다움'이나 '신적인 것' 같은 '더 일반적인 목적인'을 가리키는 것으로 해석한다.

5   월하세계에서 생성과 소멸을 반복하는 것(동식물을 비롯한 자연적 사물)을 말한다. 『형이상학』 제7권 제7장 1032a15 아래 참조.

6   731b27-28: 대본의 제안에 따라 "존재하지 않을 수도"(kai mē einai)를 보충해 읽는다.

7   『생성과 소멸에 대하여』 제2권 제10장 336b28-29 참조.

8   생명체에게는 '살아 있다'라는 것이 '존재한다'라는 것이다(『혼에 대하여』 제2권 제4장 415b13 참조). 생명체가 살아 있는 것은 생명 원리에 해당하는 '혼'(psuchē)을 갖는 데

동물의 발생은 이러한 원인에 근거하고 있다. 즉 이러한 종류의 자연 본성이 영원한 것은 불가능하기 때문에, 생성하는 것은 그러한 것이 가능한 방식에 있어서만 영원하다는 것이다. 그래서 그것이 수에서[9] 영원하다는 것은 불가능하다. 왜냐하면 존재하는 것의 본질은 개별적인 것 안에 있기 때문이다. 생성하는 것이 만일 그랬다면, 그것은 영원한 것이 되겠지만, 종에 있어서는 가능하다.[10] 사람이나 동물이나 식물의 유가 항상 존재하는 것은 그 때문이다.

35
732a

이러한 것들의 발생의 시원에 해당하는 것이 암컷과 수컷이기 때문에, 암컷과 수컷이 이것들을 가진 개별적인 것들에 존재하는 것은 발생을 위해서일 것이다. 그런데 최초로 운동을 일으키는 원인 ── 거기에 사물의 본질에 대한 설명 규정과 형상이 내재되어 있다 ── 은 자연적 본성에서 질료보다 낮고 신적이기 때문에, 더 우월한 것은 더 열등한 것으로부터 분리되는 것이 더 나은 것이다. 그 때문에 수컷이 암컷으로부터 갈라져 있음이 가능한 것의 경우, 그것이 가능한 한 수컷은 암컷으로부터 갈라져 있는 것이다.[11] 즉 태어나는 것에서 수컷으로서의 운동의 시원에 해당하는 것은 더 나은 것, 또 더 신적인 것으로서 존재하는 것임에 비

5

서 비롯되므로 '혼'이 '몸'(sōma)보다 낮다는 것이다.

9 '개체로서'라는 의미. 천체들은 '수에서' 영원하다.

10 동식물의 경우 여러 천체와 같이 각 개체가 영원히 존재한다는 것은 불가능하지만, 예를 들어 인간의 형상(eidos)은 아버지로부터 자식으로 전해지고, 이것이 몇 세내에 걸쳐 반복됨으로써 인간이라는 종의 존속이 이루어진다. '종의 존속'은 동식물이 자신에게 '더 좋은 것'의 원인에 해당하는 '아름다움'이나 '신적인 것'을 지향하기 위한 방식이다. 『혼에 대하여』 제2권 제4장 415a26–b7 참조.

11 '동물의 경우에는 암컷이 수컷으로부터 갈라져 있다'라는 것(제1권 제23장 730b32 아래)의 이유로서 그것이 동물에게서 '더 좋은 일'이라는 원인(목적인)에 근거하여, 아리스토텔레스가 최종적으로 내놓은 설명이다.

해, 암컷 쪽은 질료에 해당한다. 그렇지만 수컷이 암컷에게 접근하여 교미(교합)하는 것은 발생하는 일을 이루기 위해서이다.[12] 왜냐하면 이 일은 암컷과 수컷에 공통된 것이기 때문이다.

그런데 '살아 있는 것'은 암컷과 수컷에 관여하는 것에 의해서이지만(식물이 생명에 관여하는 것도 그 때문이다), 동물이라는 유가 존재하는 것은 감각에 근거를 두고 있다.[13] 그것 중에서도 보행할 수 있는 것은 거의 모든 것에 걸쳐 암컷과 수컷이 나누어져 있는데, 그것은 이상에서 말한 원인[14]에 의한다. 그것들 중 어떤 것은 앞서 말한 바와 같이 교미(성교)하는 중에 정액을 방출하는 데 대하여 어떤 것은 방출하지 않는다. 그 원인은 고귀할수록[15] 그 자연 본성에서 자족적이라는 점에 있으며, 그 결과 이것들은 몸의 크기에 관여하게 된다. 몸이 크다는 것은 혼의 열[16] 없이는 있을 수 없다. 왜냐하면 몸이 큰 것일수록 더 많은 힘에 의해 움직이는 것이 필연이지만, 움직이는 힘을 갖는 것은 열이기 때문이다. 그러므로 전체에 눈을 돌려서 말한다면, 유혈동물이 무혈동물보다 몸집이 크고, 보행할 수 있는 것이 정착형 동물보다 몸집이 크다. 이들이 정액을 방출하는 것은 혼의 열과 몸의 크기 때문이다.

이렇게 수컷과 암컷에 대해, 각각이 존재하는 것이 어떤 원인에 의한 것인가 하는 점에 대해서는 이상에서 말한 바와 같다.

---

12 제1권 제23장 731b5-8 참조.

13 제1권 제23장 참조.

14 이 장 732a6-9 참조. 그러면서도 '보행하는 능력'은 따로 갈라진 암컷과 수컷이 발생을 목적으로 서로 접근하기 위해 반드시 필요하다.

15 '고귀하다'(timion)라는 개념에 대해서는 제1권 제23장 각주 298 참조. 이러한 맥락에서 timion은 동물 간 우열을 판단하기 위한 기준으로 사용되고 있다. 『혼에 대하여』 제1권 제2장 404b4-5 참조.

16 「젊음과 늙음, 삶과 죽음, 호흡에 대하여」 제19장 477a14-19 참조.

동물 중에 어떤 것은 몸속에서 배아를 완성해서 자신과 비슷한 것을 몸 밖으로 출산하는 것인데, 예를 들어 눈에 보이는 장소에 태아를 낳는 것[17]이 그렇지만, 이에 반해 어떤 것은 미분화된 채로 그 자신의 형태를 아직 획득하지 못한 것을 낳는다. 이런 동물 중에서 유혈인 것은 알을 낳는[18] 반면, 무혈인 것은 구더기[19]를 낳는다. 알과 구더기는 다르다. 알은 태어나는 것이 그 부분으로부터 태어나는 곳에 있는 것(그 나머지는 태어나는 것의 영양이 된다)을 말하는 것이지만, 구더기는 태어나는 것이 전체로서, 그 전체로부터 생성하는 것이다.[20]

자신을 닮은 동물을 몸속에서 완성해서 눈에 보이는 장소에 새끼를 낳는 것 중, 어떤 것은 자신의 몸속에 직접 태아를 낳는 것으로, 예를 들어 사람, 말, 소, 해양 동물에서는 돌고래나 그 밖에 그와 유사한 것[21]이 그러한데, 이에 반해 어떤 것은 자신의 몸속에 먼저 알을 낳은 후에, 그렇게 하고 나서 몸 밖에 태아를 낳는 것으로, 예를 들어 '연골어'라고 불리는 것이 그렇다.[22] 한편, 알을 낳는 동물 중 알을 완성한 상태에서 몸 밖으로 방출한다. 예를 들면 조류가 그렇고, 도마뱀이나 거북이, 또 대다수 뱀류[23]처럼, 네 발 달린 동물로 알을 낳는 것이나 무족(無足)의 동물이 그

---

17 '태아를 낳는 것'은 이 맥락에서 인간, 소, 말, 돌고래 등의 포유류 및 '연골어'라고 불리는 어류를 가리킨다. 이 점에 대해서는 제1권 제3장을 참조. 또 '눈에 보이는 곳으로'(eis touphanes)라는 것은 '몸 밖으로'를 의미한다.

18 제1권 제3장 참조.

19 '구더기'에 대해서는 제1권 제1장 해당 각주 참조.

20 즉 구더기 전체가 태어나는 것의 전체로 발전해 간다. 『동물 탐구』 제1권 제5장 489b6-10, 제5권 제19장 550b28-30, 이 책의 제1권 제23장 731a5-7 참조.

21 고래류.

22 제1권 제9~10장 718b27-33 참조.

23 '독사'(echis)는 먼저 몸속에 알을 낳고 나서 몸 밖에 태아를 낳는 것(현대 생물학

렇다(즉 이 동물들의 알은 몸 밖으로 나온 뒤로는 더 이상 자라는 일이 없다는 것이다). 하지만 어떤 것은 알을 미완성인 상태로 몸 밖으로 방출한다. 예를 들면 어류나 연각동물(갑각류)이나 '연체동물'이라고 불리는 것이 그렇다. 이들 동물의 알은 몸 밖으로 나온 뒤 성장하기 때문이다.[24]

태아를 낳는 동물[25]은 모두 유혈이지만, 유혈인 것은 완전히 생식력을 결여한 것이 아니라면[26] 태아를 낳거나 알을 낳는다. 무혈동물 중에서 마디가 있는 동물의 경우, 교미에 의해서 태어나거나 혹은 [교미에 의해서 태어나지 않는데] 그 자신과 교미하는 것은 구더기를 낳는다. 즉 절지동물 중에는 이러한 것과 같은 것들[곤충]이 존재하는데, 이것들은 저절로 발생하는 것이지만, 거기에 암컷과 수컷이 존재하고 있으며, 또 이것들이 교미함으로써 무엇인가가 생기는데, 태어나는 것은 불완전하다는 것이다. 그 원인에 대해서는 앞서 다른 곳에서 말한 대로이다.[27]

동물의 유들 사이에는 발생 방식에서 크게 교차하는 것이 받아들여지고 있다. 즉 두 발 달린 동물이면 모두가 태아를 낳는 것도 아니고(조류는 알을 낳기 때문이다), 또 모두가 알을 낳는 것도 아니다(사람은 태아를 낳기 때문이다). 또 네 발 달린 동물이면 그 모두가 알을 낳는 것도 아니고(말, 소, 그 밖의 엄청난 수의 것이 태아를 낳기 때문이다), 또한 모두가 태아를 낳는 것도 아니다(도마뱀, 악어, 그 밖의 다수의 것이 알을 낳기

에서의 '난태생동물'에 해당한다) 때문에 여기에서는 제외되어 있다. 제1권 제10장 718b32-33 참조.

24 제1권 제8장 718b6-8 참조.

25 732b8: 대본에 나오는 "또는 알을 낳는 것"(ō[i]otokountai)은 삭제한다. Susemihl, Platt, Peck 참조.

26 노새는 생식력이 부족하다(agonos). 제1권 제7장 746b14 아래 참조.

27 제1권 제16장 721a2 아래 논의 참조.

때문이다). 또 태아를 낳느냐 알을 낳느냐의 차이 특성은 다리를 갖고 있느냐 다리를 갖고 있지 않느냐에 따른 것도 아니다. 즉 무족(無足)의 동물이라도 태아를 낳는 것도 있고, 예를 들면 독사나 연골어가 그렇지만, 알을 낳는 것도 있고, 예를 들어 어류나 독사 이외의 뱀류가 그렇다. 또 다리를 가진 것 중에도 알을 낳는 것이 많이 있는 반면, 태아를 낳는 것도 많으며, 예를 들어 앞서 말한 네 발 달린 동물[28]이 그렇다. 또 자신의 **25** 몸속에 태아를 낳는 동물 중에는 두 발을 가진 것도 있고, 예를 들면 사람이 그렇지만, 무족의 것도 있고, 예를 들면 고래나 돌고래가 그렇다.

따라서 이 방식으로 동물의 유를 분할해 나가는 것[29]은 불가능하며, 보행을 위한 기관 중 어느 것도 태아를 낳느냐 알을 낳느냐 하는 차이 특성의 원인에 해당하지 않는다. 오히려 자신의 몸속에 태아를 낳는 것은 동물 중에서 자연 본성에서 더 완성되고, 더 순수한 원리에 관여하는[30] 것이다. 즉 어떤 것도 숨을 받아들이거나 내뱉지 않고 자신의 몸속에 태 **30** 아를 낳는 일은 결코 없다는 것이다. 하지만 완성된 것만큼 자연 본성에서 몸이 뜨겁고 습하며 토질이 아니다. 폐가 혈액을 포함하고 있는 동물의 경우, 이 자연 본성의 열을 한정하고 있는 것은 폐이다. 왜냐하면 일반적으로 폐를 가진 것은 폐를 가지지 않은 것보다 몸이 뜨겁고, 폐를 가 **35** 진 것들 그 자체 중에서도 폐가 스폰지 모양도 아니고 촘촘하지도 않으며, 혈액을 소량이 아니라 다량 함유하고 있으며, 게다가 부드러운 것이 **733a**

---

28 말, 소를 비롯한 네 발의 포유류를 말한다. 이 장의 732b18-19 참조.

29 플라톤의 후기 대화편 『소피스테스』나 『정치가』 등에서 전개되는 '2분할법'(diairesis)을 염두에 두고 있다. 이 방법에 대한 아리스토텔레스의 비판적 언급에 대해서는 『분석론 전서』 제1권 제31장 46a31 아래, 『형이상학』 제7권 제12장 1037b27 아래, 『동물의 부분들에 대하여』 제1권 제2~3장 참조.

30 '자연 본성의 열'(732b32)에 더 많이 관여하고 있다고 알려진 동물.

더 뜨겁기 때문이다.[31]

 부모를 닮은 동물[32]이 완성된 상태인 반면, 구더기나 알은 불완전한 상태인 것처럼, 그와 마찬가지로 완전한 것으로부터는 완성된 상태의 것이 태어나는 것이 자연 본성에 맞는 것이다. 폐를 갖추고 있기에 몸이 더 많은 열을 지니지만, 자연 본성에서 몸이 더 건조한 것 또는 몸이 더 차갑지만 더 습한 것일 경우 — 한쪽은 완성된 상태의 알을 낳는 반면, 다른 한쪽은 자신의 몸속에 알을 낳고 나서 자신의 몸속에 태아를 낳는다. 예를 들어 조류나 뿔비늘(角鱗)로 덮여 있는 것[33]은 몸이 열을 띠기 때문에 완성된 상태의 것을 낳는데, 몸이 건조하기 때문에 알을 낳는다. 이에 비해, 연골어는 이들에 비해 열은 적지만 몸이 더 습하기 때문에 양쪽의 발생 방식에 관여한다. 즉 자신의 몸속에 알을 낳음과 동시에 자신의 몸속에 태아를 낳는다. 연골어가 자신의 몸속에 알을 낳는 것은 몸이 차가워지기 때문이고, 자신의 몸속에 태아를 낳는 것은 몸이 습하기 때문이다. 축축한 것은 생명을 부양할 힘이 있는 반면, 건조한 것은 혼을 가진 것에서 가장 멀다는 것이다.[34] 연골어는 깃털이나 뿔비늘이나 물고기 비늘 — 이것들에 씌워져 있다는 것들은 자연 본성이 오히려 메말라 있고 토질이라는 것의 징표이다 — 에 씌워지지 않았기 때문에, 부드러

31　『동물의 부분들에 대하여』 제3권 제6장 669a24 아래("폐는 동물에 따라 차이가 크다. 즉 어떤 동물은 유혈로 큰 폐를 가진 것이 있는가 하면, 비교적 작고 스폰지 모양의 폐를 가진 것도 있으며, 또 태생동물은 그 자연 본성의 뜨거움 때문에 폐가 크고 피를 많이 포함하며, 난생동물은 폐가 말라 작지만 호흡할 때는 크게 펼칠 수 있다. 후자는 육생동물 중 난생의 네발동물에게서 볼 수 있는 것으로, 예를 들어 도마뱀, 거북이 및 그와 비슷한 유(類) 모두가 이에 해당하며, 나아가 비행하는 '새'라고 불리는 것도 그렇다") 참조.

32　태생동물의 '태아'를 말한다.

33　파충류를 말한다, 제1권 제3장 해당 각주 참조.

34　이와 유사한 주장을 펼치는 제3권 제11장 761a27-28 참조.

운 알을 낳는다. 토질은 부모 자신의 몸 표면에 나오지 않는 것과 마찬가지로 알 표면에 나오지도 않기 때문이다. 또 자신의 몸속에 알을 낳는 것은 그 때문이다. 그 알에는 보호물이 없기 때문에, 그 상태 그대로 몸 밖으로 나가면 사멸해 버리기 때문이다.

이에 반해 몸이 오히려 차갑고 건조한 것은 알을 낳는다. 이 알은 미완성 상태이지만, 딱딱한 표피에 씌워져 있는 것[35]은 이 동물들이 토질이며, 게다가 알을 미완성 상태로 방출하기 때문이며, 이것은 껍데기 모양의 것을 보호물로서 가져감으로써 구원받는 것을 목적으로 하고 있다. 따라서 어류는 물고기 비늘로 씌워져 있기 때문에, 또 연각동물은 토질이기 때문에 딱딱한 표피에 씌워진 알을 산출한다. 연체동물은 부모 자신이 몸의 자연 본성이 끈끈함으로써 자신의 몸을 보호하는 것과 같이 해서 미완성 상태로 방출하여 알을 구하는 것이다. 즉 이들은 배아 주위에 다량의 끈적거리는 것을 방출한다.

모든 절지동물(곤충류)은 구더기를 낳는다.[36] 절지동물은 모두 무혈이며, 이런 이유로 몸 밖에 구더기를 낳는 것이다. 물론 무혈동물이 모두 무조건적으로 구더기를 낳는 것은 아니다. 구더기를 낳는 절지동물과 미완성 상태의 알을 낳는 것, 예를 들면 물고기 비늘로 씌워진 어류나 연각동물이나 연체동물은 발생 방식에서 서로 교차하고 있다. 후자의 경우 그 알은 구더기 모양인 반면, 전자의 경우 구더기는 시간이 경과함에

---

35 어류나 연각동물의 알껍데기는 연하기 때문에, 이들 동물의 알껍데기의 형태를 설명하는 것으로, '딱딱한 표피에 씌워져 있다'(sklērodermos)라는 표현은 적합하지 않다. 제1권 제8장 718b17, 제3권 제1장 749a18에서는 같은 표현이 조류의 알껍데기 형태를 설명하는 것으로 사용되고 있다.

36 제1권 제16장 721a2 아래 참조. '구더기'에 대해서는 제1권 제1장 해당 각주 참조.

따라 알과 같은 형태[37]를 띠게 되기 때문이다. 그것이 어떤 방식으로 일어나는지에 대해서는 나중의 논의에서 명확히 규정하기로 하자.[38]

32

733b 자연이 동물의 발생을 얼마나 적절하게 순서를 세워서 부여하고 있는지를 인식해야 한다.[39] 즉 (1) 동물 중에서 더 완전하고, 몸이 더 뜨거운 것은 성질이라는 점에서 완성된 상태의 새끼를 산출하고(하지만 양이라는 점에서는 어떤 동물도 그런 일은 결코 없다. 모든 동물은 태어난 후에 성장을 하기 때문이다), 게다가 자신을 닮은 동물을 자신의 몸속에 직접 낳는 것이다. (2) 두 번째 것은 완성된 상태의 아이를 자신의 몸속에 직접 낳지는 않지만(즉 자신의 몸속에 먼저 알을 낳고 나서, 자신의 몸속에 태아를 낳는다는 것이다), 완성된 상태의 아이를 몸 밖으로 낳는다. 이에 반해, (3) 어떤 것은 완성된 상태의 동물을 낳는 것이 아니고, 낳는 것은 알이지만, 그 알은 완성된 상태의 것이다. 게다가 (4) 어떤 동물의 경우 이들보다 더 차가운 자연 본성을 지니기 때문에, 알을 낳지만 그 알은

10 완성된 상태의 것이 아니라, 몸 밖으로 나와야만 완성되는 것이다. 물고기 비늘로 씌워진 어류나, 연각동물 및 연체동물이 이에 해당한다. (5) 다섯 번째 유는 그 자연 본성이 가장 차갑기 때문에 그 자체로 알을 낳지도 않고, 이미 말한 것처럼[40] 부모의 몸 밖으로 나온 뒤부터 그런 상태를 띠게 된다. 즉 절지동물은 우선 구더기를 낳지만, 시간이 경과함에 따라 그 구더기가 알과 같은 형태로 되어 가고(왜냐하면 '번데기'라고 불리는

---

37 '번데기'(chrusallis)를 말한다.

38 제3권 제9장 758a29 아래 논의를 참조.

39 이러한 맥락 속에서 '자연'의 개념이 함의하는 것에 대해서는 제1권 제15장 해당 각주 참조.

40 이 장의 733a31 참조.

것은[41] 알의 능력을 가지기 때문이다), 이어서, 제3번째의 변화에서 발생 **15**
의 완성에 도달해 거기로부터 동물[42]이 생겨나는 것이다.

그런데 동물 중 어떤 것이 정액에서 생겨나지 않는다는 것은 앞에서
말한 대로이다.[43] 이에 대해 유혈동물은 모두 정액으로부터 생기는 것으
로, 교미에 의해 발생하는 것의 경우 수컷이 암컷에 대해 생식액을 방출 **20**
하고 생식액이 암컷의 몸속으로 들어감으로써 동물이 형성되어 그 동물
에 고유한 형태를 획득해 간다. 태아를 낳는 동물에서는 이것이 부모에
해당하는 동물 그 자신의 몸속에서 일어나는 것인 데 비해, 다른 동물의
경우에는 알 속에서 … [또 씨앗이나 그 밖의 그것과 유사한 분리물 속에
서 일어난다.][44]

아래의 주제를 둘러싸고 더 큰 난제[45]가 존재한다. 즉 식물 혹은 동물
중 어떤 것이 정액[46][씨앗]으로부터 생기는 것은 도대체 어떻게 된 것인
가 하는 난제이다. 즉 생성하는 것은 '무엇으로부터, 무엇에 의해서, 무 **25**
엇인가로 생성한다'라는 것이 필연적이기 때문이다. 그런데 '무엇으로

---

41 번데기에 대해서는 『동물 탐구』 제5권 제19장 551a18-20, 제5권 제32장 557b22-
   25 참조. 또한, 이 책의 제3권 제9장에서 아리스토텔레스는 '번데기'를 '알과 같은
   것'(758b16)이라고 설명한다.

42 번데기에서 성충으로 변한 것.

43 자연 발생하는 것으로 여겨지는 동물을 염두에 두고 있다면, 제1권 제1장 715a24-
   25를 가리킨다.

44 733b22: 대본에서는 "알 중에서" 다음에 몇 개의 낱말이 탈락되었다고 상정한다.

45 여기서 이 난제(aporia)는 '동물의 몸의 각 부분은 데이의 내부에 미리 존재하고 있나'
   라는 생각에 대해 '동물의 몸의 각 부분은 그것이 발달해 가는 과정에서 새롭게 형성되
   어 간다'라는 생각에서 동물 몸의 각 부분이 생성되어 있는 프로세스를 설명할 경우에
   직면하는 점이다. '정액은 온몸에서 나온다'라는 설(제1권 제17장 721b9)이 전자를 대
   표하는 데 반해, 아리스토텔레스는 후자의 입장에 서고 있다.

46 식물의 '종자'와 동물의 '정액'에 해당하는 헬라스어는 모두 sperma이다. 이것에 대해
   서는 제1권 제2장 참조.

부터'에 해당하는 것은 질료를 말하는 것이고, 어떤 종류의 동물은 그것을 최초로 암컷의 부모로부터 획득해 자기 자신의 내부에 가지고 있는 것이며, 예를 들면 태아로 태어나는 것이 아니고, 구더기로 태어나거나 알로 태어나는 것[47]이 그렇지만, 어떤 동물은 포유(哺乳)하는 것을 통해서 꽤 앞의 단계까지 암컷의 부모로부터 그것을 획득하는 것이며, 몸 밖뿐만 아니라 몸속에도 태아로 태어나는 것[48]이 그것에 해당한다.

그런데 식물이나 동물이 '무엇으로부터' 생성하는가의 '무엇으로부터'에 해당하는 것은 그러한 질료를 말한다. 그러나 우리가 지금 찾고 있는 것은 몸의 모든 부분이 '무엇으로부터' 생성하는가 하는 것이 아니라, '무엇에 의해서' 생성하는가 하는 것이다.[49] 즉 몸의 부분을 형성하는 것은 (1) 외부에 존재하고 있는 것들 중의 무엇인가, 혹은 (2) 생식액이나 씨앗에 내재하고 있는 무엇인가, 이 둘 중의 하나일 텐데, [후자라고 한다면] 그것은 혼의 어떤 부분 또는 혼 전체이거나 혼을 가진 것일 것이기 때문이다.[50] 그런데 외부에 존재하는 것들 중의 무엇이 내장이든 몸의 다른 부분이든, 그것들의 각 부분을 형성한다고 하는 것은 불합리하게 생각될 것이다. 왜냐하면 접촉하지 않고 무엇인가를 움직인다는 것은

---

47 '알'이나 '구더기'의 성립에 대해서는 이 장의 732a29-32 해당 각주 참조.

48 포유류.

49 사물의 운동 변화의 시원에 해당하는 것, 즉 운동인을 말한다.

50 '혼은 가능한 상태에서 생명을 가진 자연적 물체의 실현상태(entelecheia)이다'(『혼에 대하여』 제2권 제1장 412a19-22)라는 것이 아리스토텔레스의 '혼'(psuchē)에 대한 정의이다. '혼 전체' 또는 '혼이 있는 부분'(이 표현에는 '혼'의 부분에 따라서는 이 정의가 적용되지 않는 경우가 있다는 것이 함의되어 있다)이 이상의 정의를 만족시킨다면, 이것이 운동인에 해당한다는 것이다. 만일 어떤 물체적인 것이 운동인으로 상정된다면, 그 물체는 '혼'을 결여하고 있는 한 운동인이 될 수 없으므로, 결국 그것은 '혼을 가지는 것'이라는 결론에 필연적으로 도달하게 된다는 것이다.

있을 수 없고,[51] 무엇인가가 움직이지 않고 무엇인가가 작용을 받는다는

것도 있을 수 없기 때문이다. 따라서 배아 그 자체 안에는 무엇인가가 이   5

미 내재되어 있으며, 그것은 배아의 일부이거나 또는 배아로부터 분리

되는 또 다른 것이 된다. 그러나 또 다른 무엇인가가 배아로부터 분리된

상태로 거기에 존재하고 있다는 것은 불합리하다. 만일 그렇다면, 그것

은 동물이 생겨났을 때 소멸하는 것인가, 아니면 그 내부에 머무르는 것

인가? 하지만 식물이든 동물이든 그 전체의 일부가 아닌 무엇인가 그런

것이, 거기에 내재하는 것이 없다는 것은 분명하다. 게다가 그 무엇인가   10

가 동물의 몸의 모든 부분이든 그 일부이든, 그것을 형성한 후 소멸한다

는 것도 이상한 일이다. [그것이 동물의 몸의 일부를 만들고 소멸한다면]

몸의 다른 부분에 대해서는 무엇이 그것들을 형성하게 하는가? 왜냐하

면 그것이 심장만 형성하고 나서 소멸하고, 몸의 다른 부분은 심장이 형

성한다고 하면, 동일한 이유에 의해서 몸의 모든 부분이 소멸하거나 또

는 몸의 모든 부분이 소멸하지 않고 머무르거나, 둘 중 하나이기 때문이

다. 따라서 그것은 소멸하지 않고 보존되게 된다. 따라서 그것은 배아의

일부로 정액 속에 직접 내재하고 있는 것이 된다. 그래서 혼 중에 동물의   15

몸 어느 한 부분에 내재하지 않는 것은 아무것도 없다고[52] 한다면, 그것

도 혼에 직접 관여하는 어떤 부분이 될 것이다.

그러면 몸의 그 이외의 부분은 어떻게 생성하는가? 즉 예를 들어 심

장, 폐, 간, 눈, 그리고 그 밖의 각 부분과 같은 몸의 모든 부분이 동시에

---

51 『자연학』 제7권 제2장 244a14-b2 참조.

52 '혼'이 몸으로부터 떨어지지 않는다고 상정한 경우를 말한다. 무엇보다도 아리스토텔
레스는 '혼' 중의 특정한 부분('지성'[nous])에 대해서는 몸으로부터 떨어져 존재한다
고 생각했던 것 같다. 『혼에 대하여』 제2권 제1장 413a3-7, 제3권 제4장 429b21-22, 이
책의 제1권 제3장 736b27-29 참조.

생성되거나, 또는 『오르페우스의 시』라고 불리는 서사시[53]에서처럼, 몸의 각 부분이 일정한 순서에 따라 생성하는가, 이 둘 중의 어느 하나이다. 그 시에서 오르페우스는 '동물은 그물을 엮는 것과 같이 태어난다'라고 말하고 있기 때문이다.

그런데 몸의 모든 부분이 동시에 생성되는 것이 아니라는 것은 감각에 의해서도 분명하다.[54] 왜냐하면 몸의 여러 부분 중에는 이미 배아 속에 존재하고 있다는 것이 명료한 것도 있고, 그렇지 않은 것도 있기 때문이다. 작다는 것이 명료하지 않은 것의 원인에 해당하지 않는다는 것은 명백하다. 예를 들어 폐는 크기 면에서는 심장보다 큰데 발생 초기 단계에서 심장보다 나중에야 명료해지기 때문이다.[55]

그런데 몸의 어떤 부분은 먼저 생성하는 데 반해 어떤 부분은 나중에 생성된다면, 한쪽이 다른 쪽을 형성하고, 전자는 뒤에 이어지는 것을 위해 존재하고 있는 것인가, 아니면 오히려 '이 부분 뒤에 이 부분이 생성된다'라는 것인가? 내가 말하고 싶은 바는, 예를 들면 '심장이 생성한 후에 심장이 간을 형성하고, 간이 무엇인가 다른 것을 형성한다'라는 것이 아니라, '아이 다음에 어른이 생성한다'라는 것처럼, '이것이 이것 뒤에

20

25

---

53 오르페우스(Orpheus)는 헬라스 신화에 등장하는 전설적인 가수로, 아폴론과 시가(詩歌)의 여신 칼리오페를 부모로 둔 인물이다. 뤼라(lura)의 고수로 알려져 있으며, 그의 곡조는 인간뿐만 아니라 동물까지도 사로잡았다고 전해진다. 오르페우스, 「단편」 DK1B10a [26] 참조.

54 『동물 탐구』 제6권 제3장 561a6 아래 참조. 아리스토텔레스는 닭의 알 내부 상황을 날마다 관찰해 새끼의 몸의 각 부분이 어떻게 형성되어 가는지를 매우 분명하게 보고하고 있다. 이 책의 제3권 제2장 753b14 아래 참조.

55 동물의 몸이 형성되어 가는 과정에서 심장이 최초로 출현하는 것에 대해서는 관찰 사실을 바탕으로 아리스토텔레스가 종종 강조하고 있는 것이다. 『동물 탐구』 제6권 제3장 561a11-15, 『동물의 발생에 대하여』 제2권 제4장 740a3-5, 제3권 제2장 753b18-19 참조.

생성한다'라는 것이지, '그것에 의해 생성한다'라는 것이 아니라는 것이다. 이 점에 대한 설명은 다음과 같다. 즉 자연 또는 기술에 의해 생성하는 것의 경우, 가능상태에 있는 것은 실현상태에 있는 것에 의해 실현상태에 있는 것으로 생성하는 것이므로, 그 형상과 형태는 실현상태에 있는 것 속에 존재하고 있을 것인데, 예를 들어 심장 속에 간의 형상이 존재하고 있을 것이라는 이야기가 된다. 하지만 이상의 설명은 다른 점에서도 기묘하고, 잘못 지어낸 것이다.

30

그렇지만 식물이나 동물의 몸의 모든 부분이 씨앗이나 생식액으로부터 생성된다고 한다면, 몸의 어떤 부분 —— 그 부분에 다른 부분을 형성하는 능력이 있는지는 몰라도 —— 이 이미 생성한 상태로 정액 속에 직접 내재되어 있는 것도 있을 수 없다. 이상과 같은 부분이 정액 속에 직접 내재되어 있다면, 그것이 정액을 만든 것[56]에 의해 발생했다는 것은 명백하다. 그렇지만 정액은 그 부분보다 먼저 생성하고 있을 것이며, 게다가 그것은 낳는 것[부모]의 기능[57]이다. 따라서 몸의 어떤 부분도 정액 속에 내재되어 있다는 것은 있을 수 없다. 따라서 정액은 몸의 여러 부분을 이루는 것을 그 자신 안에 포함하고 있지 않다. 그러나 정액이 그것을 외부에 가지는 것도 아니다.[58] 하지만 이것들 중 어느 하나인 것은 필연이다.

35

734b

그래서 이 문제들을 해결하도록 시도해야만 한다. 그런데 이상에서 말해 온 사항 중 어떤 것에 대해서는 무조건적인 의미에서 '가능하지 않다'라고 말할 수 있는 것은 아니다. 예를 들어 '몸의 여러 부분이 외부의 것에 의해 생성된다'라고 하는 것이 '가능하지 않다'라고 하는 것은 도

5

56 '정액'의 제공자로서의 아버지.

57 '정액'을 만들고, 그것을 제공하는 것은 '낳는 것'으로서의 아버지에게 고유한 작용이다.

58 이 장의 734a2-4 참조.

대체 어떤 의미에 있어서인가. 왜냐하면 이것은 어떤 의미에서는 가능하지만, 어떤 의미에서는 가능하지 않기 때문이다. 따라서 '정액'이라고 말해도 혹은 '정액이 그것으로부터 오는 것'이라고 말해도, 정액을 만든 것이 일으킨 운동을 정액이 그 자신 안에 가지고 있는 한, 아무런 차이가 없는 것이다. 이것(A)이 이것(B)을 움직이고, 또 이것(C)이 이것(D)을 움직이고, 그 움직임이 자동으로 움직이는 인형[59]처럼 전해지는 것은 가능하다. 자동으로 움직이는 그 부분이 정지하고 있다고 해도 어떠한 방식으로 그것들 안에 운동의 능력을 갖고 있기 때문이며, 외부에 있는 것들 중 무엇인가가 처음 부분을 움직이면, 여기에 이어지는 부분은 즉시 운동의 활동상태가 되어 가는 것이다. 자동으로 움직이는 인형의 경우, 외부에 있는 것은 현시점에서는 어느 부분과도 접촉하고 있지 않지만, 일찍이 접촉한 것에 의해서 일련의 부분을 움직여 가는 것이다.[60] 그와 마찬가지로 '정액이 그것으로부터 [애초에] 오는 바의 것' 혹은 '정액을 만든 것'도 무언가와 접촉한 것이지만, 현시점에서는 더 이상 접촉하는 일 없이 몸의 부분을 만들어 가는 것이다. 하지만 어떤 의미에서는 정액

---

59 '자동으로 움직이는 구경거리'(ta automata tōn thamatōn)란 외부로부터 움직임을 주면 자동적으로 계속 운동하는 기계장치의 인형을 말한다. 『동물의 운동에 대하여』 제7장 701b2-10("꼬아져 있는 끈이 풀리거나 나무토막이 서로 부딪쳐서 작은 운동이 생기면서 자동인형이 움직이고, 또 장난감 자동차가 움직인다(실제로 타고 있는 사람이 그 차를 똑바로 움직이면, [좌우의 크기가] 동일하지 않은 바퀴를 가짐으로써, 이번에는 그 차는 원을 그리며 움직이게 되는데, 그것은 바로 퀴린드로스[실린더]의 경우와 마찬가지로 작은 쪽의 바퀴가 [회전의] 중심처럼 되기 때문이다. 그런 방식으로 동물도 움직인다. 왜냐하면 동물도 힘줄의 원질(原質)이나 뼈의 원질과 같은 그런 [일을 하는] 도구를 가지고 있으므로, 한편의 도구[뼈]는 자동인형의 나무토막이나 쇠와 같고, 다른 한편 힘줄은 꼬아진 끈과 같아서 이것들이 풀리고 돌아오면 자동인형이 움직이기 때문이다"), 이 책의 제2권 제5장 741b8-9 참조. 이 밖에도 『기계론』 848a에서도 이것이 작동하는 기계 장치의 기술이 나온다.

60 『자연학』 제7권 제2장 244a14-b2 참조.

에 내재하고 있는 운동[61]이 그것을 행하는 것이며, 그것은 마치 '집의 건축이 집을 만든다'라고 하는 것과 마찬가지이다.

그런데 몸의 여러 부분을 형성하는 무언가가 존재하지만, 그것은 어떤 '이것'[62]으로서 존재하고 있는 것도 아니고, 처음부터 완성된 것으로서 정액 속에 내재하고 있는 것도 아니라는 것은 명백하다.

몸의 각 부분이 도대체 어떻게 생성하는가 하는 점에 대해서는, 이 전제 위에서 다음의 것을 우선 원리로서 정한 후에 이해해야 한다. 즉 자연 또는 기술에 의해 발생하는 것은 활동상태에서 존재하는 것들에 의해 가능상태에서 그렇게 있는 것으로부터 생성하는 것이다. 그런데 정액과 그것이 가진 운동과 시원이라는 것은 그 운동이 정지하면 몸의 각각의 부분이 생겨 혼을 갖게 되는 그런 성질의 것이다. 그 이유는 혼을 갖지 않은 상태에서 얼굴이나 살이 되는 것은 아니며, 그것들이 사멸하여 혼이 결여된다면 돌이나 목재로 된 얼굴이나 살이 그렇듯, 어떤 것이 '얼굴'이라든가 어떤 것이 '살'이라든가라고 말해지는 것은 혼을 가진 부분과 동명이의적으로 말해지는 것[63]에 불과하기 때문이다.

20

25

---

61 제1권 제22장 730b7-8 참조.

62 '어떤 이것'(tode ti)은 아리스토텔레스가 '본질 존재'(ousia)를 나타내는 데 사용하거나, 혹은 카테고리로서의 '개별자'를 가리키는 데 사용하는 기술적 표현이다. 『범주론』제5장 3b10 아래 참조. 즉, tode ti는 아리스토텔레스의 철학적이며 기술적인 용어에서 '이것이라는 것'(이것)을 의미하는 구체적 '개별사'를 시시하거나, 문제가 되는 명사들에 내포하는 핵심적 의미, 즉 명사들의 그 본질적 의미인 '형상'(eidos)을 나타낸다. 이 표현은 대상이 특정한 '무언가'로 확정되어 있다는 것을 의미한다. 여기서 동물 몸의 여러 몸(부분들)을 구성한다고 여겨지는 것은 그러한 확정성을 갖지 못한다는 것을 의미한다.

63 '동명이의적으로'(homōnumōs)라는 개념에 대해서는 제1권 제19장 726b22-24 및 '동명이의적'(homōnumon)에 대해서는 『범주론』 제1장 1a1-5 참조.

동질 부분과 도구적 부분[64]은 동시에 생성한다. 도끼든, 다른 도구든 단지 불로만 만들어진다고 우리가 주장하지는 않는데, 마찬가지로 손발에 대해서도 그렇게 주장하지 않는다. 살에 대해서도 마찬가지이다. 살에도 일정하게 부여된 어떤 기능이 있기 때문이다.[65] 확실히 '딱딱하다'라든가 '연하다'라든가 '점성이다'라든가 '부서지기 쉽다'라든가, 그 외에도 혼을 가지는 것에 갖추어지는 무언가 그런 상태를 열이나 냉이 만든다고 해도, 어떤 것이 그것에 의해서 살이거나 뼈이거나 하는 바의 설명 규정[66]을 만드는 것은 더 이상 열이나 냉이 아니라, 오히려 '낳은 것'(부모)에서 유래하는 운동이다. '낳은 것'이라고 하는 것은, 그로부터 동물이 발생하는 바의 것이 가능상태에서 존재하고 있는 것에 대해 그것이 실현상태에서 존재하고 있는[67] 것으로, 마치 기술에 의해 생성하는 사물의 경우와 마찬가지이다. 예를 들면 철을 딱딱하게 하거나 부드럽게 하는 것은 열이나 냉의 작용이지만, 그것을 칼의 형태로 완성하는 것은 기술의 설명 규정을 갖춘 도구로서의 운동이다. 기술은 생성하는 것의 시원 및 형상에 해당하지만, 그것은 생성하는 것과는 다른 것 속에 존재하고 있다.[68] 이에 반해, 자연의 운동은 생성하는 것 그 자체 속에 존재

---

64 '도구적 부분'(ta organika)은 눈, 귀, 얼굴, 손가락, 손발 등 복수의 동질 부분을 질료로 해서 복합적으로 구성된 비동질 부분으로서, 동물의 몸 안에서 일정한 '기능'(ergon)을 담당한다고 여겨지는 부분을 말한다. 제1권 제1장 참조.

65 살은 '동질 부분'의 하나이지만, 동물에게서 '첫 번째 감각'에 해당하는 촉각을 담당하는 기관으로서의 기능을 가진다. 살에 대한 논의에 대해서는 『동물의 부분들에 대하여』 제2권 제8장 653b20 아래 참조.

66 사물의 정의를 말한다. 제1권 제1장 참조.

67 『동물의 부분들에 대하여』 제1권 제1장 640a23~26 참조.

68 집을 짓는 '기술'(technē)에 해당하는 것은 건축가의 '혼' 안에 있는 집의 형상(eidos)으로, 이는 '지어져 있는 집'과는 별개의 것 안에 존재하고 있다. 『형이상학』 제12권 제3장 1070a7, 이 책의 제2권 제4장 740b27~29 참조.

하고 있지만, 그 운동은 형상을 활동상태에서 갖는 다른 자연에서 유래한다.[69]

정액은 혼을 가질 것인가, 갖지 않을 것인가? 동일한 논의는 몸의 여러 부분에 대해서도 성립한다. 즉 어떤 혼도 혼이 그 혼으로서 존재하는 곳 이외의 다른 것 속에 존재하는 것은 없으며,[70] 몸의 어떤 부분도 혼에 참여하지 않으면 존재하는 것도 없으므로, 마치 죽은 자의 '눈'이 그러하듯이, 동명이의적으로 그와 같이 불리는 것 이외에 '부분'으로서 존재하는 것은 없다.[71] 따라서 정액도 혼을 가지고 있으며, 더구나 그것이 가능한 상태로 존재하고 있음은 명백하다. 다만 '가능한 상태로 존재하고 있다'[72]라고 해도 그것이 그 자신에게 가깝거나 멀 수도 있는 것이며, 그것은 마치 잠자는 기하학자가 깨어 있는 기하학자보다 더 멀리 떨어져 있으며, 깨어 있는 기하학자가 연구 활동 중인 기하학자보다 더 멀리 있는 것과 마찬가지이다.

그런데 정액의 어떤 부분도 발생의 원인이 아니며, 맨 처음에 밖에서

---

69 자연은 자연적 사물 그 자체에 내재하는 운동의 원리이다(『형이상학』 제12권 제3장 1070a7-8 참조). 한편으로, 자연적 사물은 스스로의 운동의 시원에 해당하는 것을 다른 것으로부터 얻고 있다고 여겨진다. 제7권 제7장 1032a24-25("이 자연은 다른 것 안에 들어 있다, 사람이 사람을 낳으니까") 참조.

70 '혼은 가능한 상태에서 생명을 가진 자연적 물체(즉 살아 있는 몸)의 실현상태(entelecheia)이다'라는 '혼'의 정의를 전제하고 있다. 이 정의에 근거한다면, 어떠한 '혼'도 몸으로부터 벗어나 존재하는 것은 없다.

71 제1권 제19장 726b22-24 및 이 장의 734b24-27 참조.

72 '정액'이 '가능상태에서 존재하고 있다'라는 것은, 예를 들면 '인간의 태아가 가능상태에서 인간으로서 존재하고 있다'라는 것과 다르다. 아리스토텔레스는 이것들의 관계를 (1) '잠자는 기하학자'와 (2) '깨어난 상태에 있지만, 연구 활동 중이 아닌 기하학자' 및 (3) '연구 활동 중인 기하학자'라는 세 가지 관계와 대비시키면서 설명하고 있다.

움직인 것⁷³이 그것에 해당한다. 왜냐하면 어떤 것도 그 자체로 스스로를 낳지는 않을 것이기 때문이다. 그러나 일단 생성되면, 스스로를 성장시켜 나간다. 그렇기 때문에 몸의 어떤 특정 부분이 먼저 생성되는 것이며, 모든 부분이 동시에 생성되는 것은 아니다. 그런데 성장의 시원⁷⁴을 가지는 것이 최초로 생성한다는 것은 필연적이다. 즉 식물이든 동물이든 모든 것에는 마찬가지로 이 영양 섭취를 위한 것이 존재하고 있다. 이것은 자기 자신과 비슷한 다른 것을 낳는 능력을 가진다.⁷⁵ 왜냐하면 자신과 비슷한 다른 것을 낳는 것은 동물이든 식물이든 그 자연 본성에서 완성된 모든 것의 작용이기 때문이다. 성장의 시원을 가진 것이 최초로 생성하는 것이 필연적인 것은 다음과 같은 것을 원인으로 하고 있다. 즉 무언가가 생성되면, 그것은 성장해 가는 것이 필연이라는 것이다. 그렇기에, 예를 들어 '사람이 사람을 낳는다'라고 하는 것처럼, 낳은 것이 태어난 것과 공통의 이름을 가지는 것⁷⁶이라고 해도, 성장해 가는 것은 자기 자신의 힘에 의한다. 그러므로 동물을 성장시키는 것은 그 자신에게 '무언가'로 존재하는 것이 된다. 그래서 그것이 하나의 '무언가'이고, 또 그것이 최초의 것이라면, 그것이 최초로 생성한다는 것은 필연이다. 따라서

---

73 운동인으로서의 아버지를 말한다. 이것이 자신이 제공하는 '정액'에 운동의 시원을 부여한다.

74 '영양 섭취를 위한 것'(to threptikon)으로서 설명되는 혼의 부분 내지는 능력을 가리키고 있다.

75 아리스토텔레스에 따르면, '혼'의 능력 중 '영양 섭취를 위한 능력'과 '생식을 위한 능력'은 동일하다. 『혼에 대하여』 제2권 제4장 416a19, b23-25 참조.

76 '공통의 이름을 가진 것'(to sunōnumon)으로부터의 발생이라고 하는 것은 '사람이 사람을 낳는다'라는 예가 보여 주듯, 태어나는 것이 자신과 공통의 '이름'(onoma)으로 불리는 부모로부터 생긴다는 것이다. 이와 같이, 부모와 자식이 '공통의 이름을 가진다'라고 하는 것을 근거로 삼고 있는 것은, 양자가 '동일한 형상(eidos)을 공유한다'(homoeidēs)라는 것이다. 『형이상학』 제7권 제7장 1032a24-25 참조.

어떤 종류의 동물에게는 심장이 최초로 생성되고, 심장이 없는 것에는 심장과 유비적인 것이 최초로 생성된다면, 발생의 시원은 심장을 가진 것에서는 심장으로부터 유래하고, 심장이 없는 것에서는 심장과 유비적인 것으로부터 유래할 것이다.

그런데 각 동물에 관련해서 발생의 시원으로서의 원인에 해당하는 것, 즉 최초로 움직여서 제작하는 것은 무엇인가 하는 점에 대해서는, 앞에서 제시한 몇 개의 어려운 문제에 대한 대답으로서 이상에서 말한 대로이다.

제2장

그런데 정액의 자연 본성을 놓고 난제[77]를 제기하는 사람도 있을 것이다. 왜냐하면 정액은 동물의 몸에서 방출될 때에는 진하고 흰색을 띠는데, 식으면 물처럼 액상화되어 물과 같은 색이 되기 때문이다. 이것은 정말 기묘하게 생각될 것이다. 왜냐하면 물은 열에 의해서 농후화되는 일은 없는데, 정액은 따뜻한 동물의 몸속으로부터 방출될 때에는 농후한 데 반해, 식으면 액상이 되기 때문이다. 더욱이 액체의 것은 식으면 응고가 된다.[78] 이에 반해 정액은 야외에서 서리에 노출되어도 응고되는 일이 없

25

30

35

---

77 '정액'의 물질로서의 성실에 관한 어려운 문제.

78 『동물의 부분들에 대하여』 제2권 제2장 649a30-34("한편, 열은 사물을 응고시킬 수도 있고, 용해시킬 수도 있다고 생각된다. 물로만 이루어진 것을 응고시키는 것은 냉이지만, 흙으로 된 것은 불이 응고시킨다. 뜨거운 것 중에서도 흙을 더 많이 함유하고 있는 것은 냉에 의해 빠르게 응고되어 분해되기 어렵지만, 물을 더 많이 함유하고 있는 것은 분해되기 쉽다. 그러나 이런 것들에 대해 응고되기 쉬운 것은 어떤 것인지, 어떤 원인으로 응고되는지는 다른 곳에서 더 명확하게 설명했다") 참조. 그 밖에도 『기상학』 제4권 제6장

으며, 오히려 반대의 것[79]에 의해 농후해진 것처럼 액상이 된다. 그러나 정액이 농후해지는 것은 열의 작용에 의한 것이라고 하는 것도 이치에 맞지 않는다. 흙을 더 많이 포함하는 것은 끓으면 응축되어 농후해져 가는데, 예를 들면 젖도 그렇다. 따라서 [정액이 그러한 성질을 갖는다면] 식히면 고체화되어 갈 것이다.[80] 현실에서는 정액은 결코 고형화되지 않고, 오히려 전체가 물처럼 된다.

735b

그런데 이러한 것이 정액을 둘러싼 난제이다. 즉 이것이 물로부터 구성되어 있다면, 물이 열에 의해 농후화되지 않는 것은 분명한데, 정액은 동물의 몸에서 방출될 때에는 농후하고 뜨겁고, 게다가 따뜻한 동물의 몸에서 방출되는 것이다. 이것에 대해, 정액이 흙으로부터 구성되어 있거나 또는 흙과 물이 혼합한 것이라면, 식었을 때 전체에 걸쳐 액상화해서 물과 같은 것[81]으로 되는 일은 없을 것이다.

5

아니면, 우리는 현상을 모든 경우에서 구별하지 못하고 있는 것일까? 왜냐하면 열에 의해 농후화되어 가는 것은 물과 토질의 것으로부터 형성되어 있는 유동물(流動物)뿐만 아니라, 물과 프네우마('뜨거운 공기',[82] '숨결')로부터 형성되어 있는 것도 그렇기 때문이다. 예를 들어 거품도 농후해져서 하얗게 되고, 그 물거품(泡沫)이 작아져 뚜렷하게 눈에 보이지 않을수록 그 거품 덩어리는 한층 흰색을 띠며 한층 단단하게 조여 보

10

383a26-b17, 제7장 384b2-23 참조.

79 열.

80 '정액'이 흙을 더 많이 포함하는 것과 같은 성질을 가진 경우. 『동물의 부분들에 대하여』 제2권 제2장 649a30-34 참조.

81 735b7: 대본에서는 "물처럼 되다"(kai hudōr)를 삭제하지만, 주어진 사본대로 읽는다.

82 736a1("따라서 정액이란 프네우마와 물에 함께 들어 있는 것이며, 프네우마란 '뜨거운 공기'를 말한다") 참조.

이게 된다. 올리브기름도 같은 변화를 겪는다. 즉 프네우마가 섞이면 농후해져 간다. 하얗게 된 올리브기름이 농후해지는 것도 그 때문이며, 거기에 포함된 물 같은 것이 열에 의해 분리되어 프네우마로 변화해 가기 때문이다. 황화납(molubdaina, 방연석[方鉛石])[83]도 물과 올리브유에 섞어 문지르면, 소량에서 큰 용량의 것이 형성되어 액상의 것에서 단단하게 조여진 것으로 변화하고, 검은색에서 흰색으로 변화한다. 그 원인은 프네우마가 섞여 들어감에 따라 용량이 증가하고 흰색이 비쳐 보였기 때문이며, 이는 거품이나 눈(雪)의 경우와 같다. 왜냐하면 눈도 거품의 일종이기 때문이다. 물 자체도 올리브기름과 섞이면 농후해지고 하얗게 된다. 왜냐하면 올리브기름과 혼합할 때 마찰로 인해 물속으로 프네우마가 밀려 들어가기 때문인데, 올리브기름 자체도 많은 프네우마를 함유하고 있기 때문이다. 왜냐하면 올리브기름의 광택은 흙에 속하는 것도 아니며, 또 물에 속하는 것도 아니고, 프네우마에 속하는 것이기 때문이다. 올리브기름이 수면에 떠오르는 것도 그 때문이다. 올리브기름을 마치 용기 안에 있는 것처럼, 그 안에 들어 있던 공기가 상승함으로써 올리브기름이 수면에 떠오르는 것이며, 올리브기름이 가벼운 성질을 갖는 것은 이러한 것이 원인이다. 또, 올리브기름은 냉기나 서리에 노출되면 농후해져 가지만 응고하는 일은 없다. 응고되지 않는 것은 열이 원인이지만(공기는 뜨겁고, 굳지 않는 성질을 가지니까), 농후해지는 것은 공기가 냉기에 의해서 응축되고 치밀해지기 때문이다. 이들 원인에 의해 정

15

20

25

30

---

[83] 등축정계(等軸晶系)에 속하는 광택 나는 연회색(鉛灰色)의 금속 광석인 방연석(galena)에 대해서는 Loeb, pp. 160~161의 해당 주석 참조. 황화납을 포함하는 광물의 일종으로, 아테나이 근처 아티카 지방의 라우레이온 광산은 은의 산출지로 유명한데, 방연광도 산출했다. 방연광의 분말과 물, 올리브기름의 혼합 물건에 대해서는, 힙포크라테스, 『부인병』 제1권·제2권, 『불임증에 대하여』로 구성된 일련 논고의 제188절 참조.

액도 동물의 체내 열작용에 의해 뜨거운 프네우마를 많이 함유하고 있기 때문에 몸속에서 방출될 때에는 단단하게 조여져 있고 하얀색을 띠지만, 몸 밖으로 방출되고 나서는 열을 내뿜음으로써, 그 안의 공기가 차게 되므로 정액[84]은 액상화되어 거무스름해진다. 즉 마치 점액의 경우와 마찬가지로, 정액도 건조해져 가면 물과 아주 적은 토질의 것이 거기에 남는 것이다.

따라서 정액이란 프네우마와 물에 함께 들어 있는 것[85]이며, 프네우마란 '뜨거운 공기'를 말한다. 정액이 자연 본성에서 축축한 것은 그 때문이며, 그것은 물로 구성되어 있다. 즉 크니도스 출신의 크테시아스[86]가 코끼리의 정액에 대해 말하고 있는 것은 분명 거짓이다. 그는 코끼리의

정액은 건조하면 딱딱해져 호박과 비슷해진다고 주장한다. 그러나 그런 일은 일어나지 않는다. 즉 어떤 동물의 정액은 다른 동물의 정액보다도 필연적으로 토질이며, 몸의 용량을 위해서 토질의 것이 많이 존재하는 것에서 그러한 성질이 가장 현저하지만, 프네우마가 섞여 있기 때문에,

정액은 농후하고 하얀 것이다. 사실 정액은 두 동물 모두에서 흰색이다. 즉 헤로도토스[87]는 에티오피아인들의 이빨의 색깔이 하얀 것을 보고 있

---

84 '점액'(phlegma)에 대해서는 제1권 제18장 725a14-17 참조.

85 '정액' 중에 '숨결'(pneuma)이 포함되어 있는 원인에 대해서는 제2권 제3장 736b33-737a1 참조.

86 크테시아스는 소아시아 서안의 도시 크니도스 출신으로, 기원전 5세기 후반부터 기원전 4세기 초기에 활약한 의사이자 역사가이다. 페르시아 궁정의사로서의 견문 등을 바탕으로 『페르시아 역사』, 『인도지』 등을 저술했다. 코끼리의 '정액'에 관한 크테시아스의 주장에 대한 아리스토텔레스의 비판적 언급으로는 『동물 탐구』 제3권 제22장 523a26-27 참조.

87 헤로도토스(기원전 485~424년)는 소아시아 서안의 도시 할리카르나소스 출신의 역사가이다. "에티오피아인들의 생식액은 검다"라는 주장에 대해서는 헤로도토스, 『역사』 제3권 제101장을 참조. 헤로도토스의 주장에 대한 아리스토텔레스의 비판적 언급으로

었음에도 피부색이 검은 사람들에게 속하는 것은 모두 검다는 것이 필연적인 것처럼, '에티오피아인들의 생식액은 검다'라고 주장하지만, 그는 진실을 말하지 않고 있다. 정액이 하얀 것의 원인은 생식액이 거품이고,[88] 거품은 하얗기 때문인데, 가장 흰 거품은 아주 작고 하나하나의 물거품이 눈에 보이지 않을 정도의 작은 부분들로 이루어진 것이다. 이러한 거품의 발생이 물과 올리브기름을 섞어 반죽함으로써도 일어난다는 것은 앞서 말한 바와 같다.[89]

옛날 사람들도 정액의 자연 본성이 거품이라는 것을 간과하지 않았던 것 같다.[90] 어쨌든 그들이 남녀의 성교를 관장하는 여신에게 붙인 이름[91]은 이러한 능력에서 따온 것이다.

그런데 앞에서 말한 어려운 문제의 원인에 대해서는 이상에서 말한 대로이다. 정액이 응고되지 않는 것도 분명 그 점에 원인이 있다. 즉 공기는 응고하는 일이 없기 때문이다.

15

20

는 『동물 탐구』 제3권 제22장 523a17-18 참조.

88 아프로디테(Aphroditē)의 동음이의어인 '거품(aphros, pompholux, aphrōdēs)을 닮은 정액'을 말하고 있다.

89 이 장의 735b21-22 참조.

90 기원전 5세기 후반의 자연철학자 아폴로니아의 디오게네스(기원전 423년경)는 '정액'을 혈액의 '거품'(aphros)이라고 생각했다. 아폴로니아의 디오게네스 「단편」 DK64A24, DK64B6 참조.

91 'aphros(거품) 다음'에 오는 여신 아프로디테(Aphrodite)가 그렇다는 것이다. aphrodisia 는 남녀 간의 '성교'를 의미한다.

25 이것들에 이어서 다른 난제[92]를 제기하여 다음과 같이 말해야 한다. 즉 암컷의 몸속에 생식액을 방출하는 동물의 경우, 거기에 들어간 것이 생성하는 배아의 어떤 부분도 아니라면, [우리가 말한 바와 같이] 이것이 그 안에 내재하는 능력에 의해[93] 작용하는 것이므로, 그것의 물체적인 부분은 어디로 향하는가 하는 난제이다.

그래서 다음 사항을 명확히 해야 한다. 즉 (1) 암컷의 몸속에서 형성되는 것은, 거기에 들어간 것으로부터 무엇을 도입하는 것인가, 아니면

30 아무것도 도입하는 것이 없는 것인가. 또 (2) [동물을] '동물이다'라고 말하는 것은 그것은 어떤 종류의 혼에 근거하고 있다(동물로서 존재하는 것은 혼 속의 감각적 부분에 근거하고 있다[94]). 하지만 그 혼은 정액이나 배아 속에 내재하고 있는가 혹은 그렇지 않은가.[95] 또한 (3) [내재되어 있지 않다고 하면] 그것은 어디에서 오는 것인가. 왜냐하면 배아가 '모든 방식으로 생명이 결여되고 있다'라는 의미에서 '혼이 결여되어 있다'라고 상정하는 사람은 없을 것이기 때문이다. 즉 정액도 동물의 배아도 '살

35 아 있다'라는 점에서는 식물에 조금도 뒤지지 않으며, 어느 단계까지 번

---

92 수컷의 '정액'은 물체(sōma)로서 암컷의 몸속으로 들어간다. 정액이 배아의 어떤 부분도 아니라면, 그 물체적인 부분은 어디로 향하는가 하는 어려운 문제. 이 난제에 대한 아리스토텔레스의 대답에 대해서는 이 장의 737a11-12 참조.

93 제1권 제23장 731a33 참조.

94 조류의 암컷이 잉태하는 것으로 알려진 '풍란'(hupēnemion)은 '혼'의 영양 능력은 갖추고 있어 식물의 배아에 상당하는 단계까지 성장할 수 있다. 그러나 미수정이기 때문에 수컷의 원리가 부족해, 감각 능력을 갖춘 동물에 이르기까지 성장하지 않는다. 제1권 제21장 730a30-32, 제3권 제7장 757b14-30 참조.

95 '정액은 가능적으로 동물이다'(제1권 제19장 726b15) 참조.

식력도 있다는 것이다.⁹⁶

그런데 이것들이 영양 섭취를 위한 혼을 가지는 것은 명백하다(왜 영양 섭취를 위한 혼을 최초로 획득하는 것이 필연적인가 하는 점에 대해서는, 다른 논고 중에서 혼에 대해 명확하게 규정해 온 것으로부터⁹⁷ 명백하다). 하지만 시간이 더 경과하면 감각적 혼도 갖게 되지만, 동물인 것은 이 혼에 의한 것이다 ….⁹⁸ 왜냐하면 동물이 됨과 동시에 사람이 되는 것도 아니고, 동물이 됨과 동시에 말이 되는 것도 아니며, 그 밖의 동물에서도 마찬가지이기 때문이다. 즉 목적에 해당하는 것은 마지막에 가서 생기는 것으로, 각 동물에 고유한 성질이 발생의 목적에 해당한다는 것이다. 그래서 지성(nous)에 관해서도, 이 원리에 관여하는 사람들이 언제, 어떻게, 어디서 그것에 관여할 것인가 하는 것은 가장 큰 어려운 난제⁹⁹를 포함하고 있지만, 우리는 가능한 한 온 힘을 다해서 그것을 파악하도록 노력해야 한다.

그런데 정액이나 [부모로부터] 아직 갈라지지 않은 상태의 배아가 영양 섭취를 위한 혼을 갖는 것은, 가능상태에 있어서이며 활동상태에 있어서는 아니라고¹⁰⁰ 상정해야 하는 것은 분명하다. 적어도 배아 중에서

736b

5

10

---

96 풍란의 경우.

97 『혼에 대하여』 제2권 제4장 415a23 아래 참조. 이 책의 제2권 제1장 735a16 아래 참조.

98 736b1: 대본에서는 "또 이성적 혼도 갖게 되지만, 인간인 것은 이 혼에 의한다"(kai tēn logikēn kath' hēn anthrōpos)와 같은 구절이 탈락된 것으로 상정된다.

99 이 난제에 대한 아리스토텔레스의 대답에 대해서는 이 장의 736b27-29 참조.

100 '배아'라는 것은 수컷의 '정액'이 암컷의 '월경혈'에 작용을 줌으로써 형성되어 가는 단계에서, 영양 섭취를 위한 '혼'을 가능상태(dunamis)로 가지는 것에 지나지 않는다. 이것이 모태 내에서 형성되면, 모태에 연결되는 탯줄을 통해 스스로 영양을 흡수하게 되므로, 이 단계에서 '배아'는 영양 섭취를 위한 '혼'을 활동상태(energeia)로 가지는 것이 된다.

부모에게서 갈라진 것이 그렇듯, 이들이 스스로 영양을 흡수해 그런 혼의 작용을 하게 되기 전까지는 그렇다. 이런 상태의 것은 모두 처음에는 식물의 삶을 살고 있는 것으로 보이기 때문이다. 감각적 혼에 대해서도 또 지성적 혼에 대해서도 동일한 순서에 따라 설명해야 함은 분명하다. 왜냐하면 어느 혼에 대해서도 활동상태에서보다 먼저 가능상태에서 그것들을 가지는 것이 필연적이기 때문이다. 그런데 이러한 혼은 (1) 이전부터 존재하고 있지 않으며, 모든 것이 [배아] 안에서 생기거나, 또는 (2) 혼은 모두 미리 존재하고 있는 상태에서 배아 안에 생기거나, 아니면 (3) 어떤 것은 미리 존재하고 있는 상태에서 새끼 안에 생기는 반면 어떤 것은 그렇지 않은가 하는 이 둘 중의 하나인 것이며, 더욱이 (1) 혼은 수컷의 정액 안에 들어가지 않고 [암컷에게서 주어진] 질료 안에서 직접 생기든가, 아니면 (2) 수컷의 정액으로부터 거기에 들어가거나 이 둘 중 하나로, 또 수컷 안에 혼이 생기는 것이라면, (a) 모든 혼이 밖으로부터 오며 거기에서 생기거나, 또는 (b) 어떤 것도 밖에서 오는 일이 없거나, (c) 어떤 것은 밖에서 오는 것인 데 반해 어떤 것은 그렇지 않거나, 어느 하나인 것은 필연적이다.

그런데 모든 혼이 미리 존재하고 있는 것일 수 없음은 아래와 같은 점으로부터 명백하다. 즉 시원에서 그 활동이 신체적인 것에[101] 대해서 그것들이 몸 없이 존재할 수 없다는 것은 분명하며, 예를 들어 발 없이는 걸을 수 없는 것과 마찬가지이다. 따라서 그것들이 밖으로부터 올 수도 없는 노릇이다. 즉 그것들은 [신체로부터] 분리될 수 없으므로 신체를 동반하지 않고 그 자체로서 밖에서 온다는 것은 불가능하며, 또 몸에

---

101 영양 섭취를 위한 혼과 감각적 혼에 대해서 아리스토텔레스의 '혼'에 대한 정의가 엄격하게 적용된다. 제2권 제1장 735a6 아래 참조.

머무른 상태로 밖에서 오는 것도 불가능하다. 왜냐하면 정액은 몸의 각 부분에서 변화하고 있는 영양의 잉여물이기 때문이다. 거기에 남아 있는 것은 지성만이 밖에서 온다는 것이고, 또 지성만이 신적이라는 것이다.[102] 왜냐하면 신체적인 활동은 지성의 활동에 전혀 관여하지 않기 때문이다.[103]

그런데 모든 영혼의 능력은 [물체의] 기본 요소라고 불리는 것[104]과는 다른 더 신적인 것에 주어진 것처럼 생각된다. 즉 고귀한가, 아니면 고귀하지 않은가 하는 점에서[105] 혼끼리 서로 다른 것과 마찬가지로 그러한 물체의 자연 본성도 다르다는 것이다. 모든 동물의 정액 중에는 그들의 정액에 생식력을 주는 것, 즉 '열'이라고 불리는 것[106]이 내재되어 있다. 하지만 이것은 불도 아니며, 불과 같은 성질을 가지는 능력도 아니고, 정액 가운데나 거품과 같은 것[107]의 내부에 감싸져 있는 프네우마와 그 프네우마 안에 내재하고 있는 '자연 본성'(phusis)으로서, 여러 천체의 기본 요소[108]와 유비적인 것이다. 불은 어떤 동물도 낳을 수 없으며, 유동물

30

35

737a

---

102 '지성만이 신적(theion)이다'라는 주장과 '지성만이 밖으로부터(thurathen) 온다'라고 주장하는 대목은 아리스토텔레스 철학에서 '지성'(nous)을 이해하는 가장 강력한 논거 중 하나이다.

103 이 점에 대해서는 『혼에 대하여』 제2권 제1장 413a3-7('혼의 어떤 부분은 어느 신체의 현실 상태가 아님으로 해서 분리될 수 있다'), 제3권 제4장 429b21-22('대상들이 질료에서 분리될 수 있는 것처럼, 지성을 둘러싼 것도 분리될 수 있다') 참조.

104 stoicheiōn. 제1권 제1장 참조.

105 '고귀하다'(timion)라는 개념에 대해서는 제1권 제23장 각주 298 참조.

106 제3권 제11장 762a20에서는 '혼의 열'(thermotēs phuchikē)이라는 말을 사용한다.

107 '숨'(pneuma)을 포함한 거품 모양의 물체를 말한다. 제3권 제11장 763a27-28 참조.

108 천상계(하늘)에 존재한다고 여겨지는 '아이테르'(aithēr)를 말한다. 제2권 제1장 해당 각주 참조. 월하세계 영역에서 발견되는 4가지 요소 너머에 있는 '제5요소'라고 불리는 것이다. 아리스토텔레스 말로는 '요소 물체들 중 첫 번째인 것'(to prōton tōn

(流動物)이든 고체물이든 불로 드러난 것들 중에서는 분명히 아무것도 형성되지 않는다는 것[109]은 바로 그 때문이다. 한편, 태양의 열이나 동물의 열은 생명의 시원을 가지고 있어서 동물의 경우 정액을 통한 열뿐만 아니라, 그것과는 다른 것이라도 어떠한 잉여물[110]이 그 자연 본성을 우연히 획득하면, 그것 또한 생명의 시원을 가진다. 그런데 동물에 내재되어 있는 열은 불이 아니며, 그 시원을 불로부터 갖는 것도 아니라는 것에 대해서는 이와 같은 점에서 분명하다.

물체로서의 생식액 중에는 혼의 시원에 속하는 것이[111] 존재하고 있어서, 이것이 생식액과 동반해서 나오는데, 무언가 신적인 것('지성'이라고 불리고 있는 것[112]은 그러한 존재에 해당한다)이 거기에 포함되어 있는 동물의 경우, 어떤 것은 몸에서 분리될 수 있는 반면에, 어떤 것은 몸에서 분리될 수 없다. 이 물체로서 생식액은 그 자연 본성이 습하고, 물인 것이기 때문에 분해되어 기화되어 가는 것이다. 그러므로 이것이 항상 암

---

stoicheiōn, 『천계에 대하여』 298b6; to prōton sōma 270b21)이다. 『천계에 대하여』 제1권에서는 '그것은 생성되지도 않고, 파괴되지도 않고, 신적인 것이다'(269a31 아래, 270a12 아래, 270b10 아래 참조)라고 말한다. 270b16 아래에서는 이것을 aithēr로 가장 높은 장소에 위치시킨다.

109 '불 속에 동물은 존재하지 않는다'라는 것으로 『기상학』 제4권 제4장 382a6-8("동물은 흙과 물 속에만 있고 공기와 불 속에는 없는데, 그것은 흙과 물이 신체의 질료이기 때문이다") 및 이 책의 제3권 제11장 761b15 아래 참조. 『동물 탐구』 제5권 제19장 552b10 아래에는 불 속에 자연 발생한다고 여겨지는 동물이나 불에 내성을 갖는 동물에 대한 보고를 찾아볼 수 있다.

110 영양 흡수 후에 몸 밖으로 배설되는 것으로 남겨지는 물질을 말한다. 아리스토텔레스에 따르면, 어떤 종류의 동물은 이러한 잉여물로부터 자연 발생한다고 되어 있다. 『동물 탐구』 제5권 제19장 551a6 아래, 이 책의 제1권 제1장 715a25 참조.

111 737a8: 여러 사본은 정액(to sperma)을 보존하고 있으나 여기서는 삭제한다. Aubert & Wimmer, Peck 참조.

112 이 장의 736b27-28 참조.

컷의 몸 밖으로 나간다든가, 또 암컷의 몸속에서 일정한 형태로 형성된 것의 일부에 해당한다고 생각하고 탐구해서는 안 된다. 그것은 젖을 응 고시키는 무화과즙[113]을 그런 것으로 탐구해서는 안 되는 것과 마찬가지 이다. 무화과즙도 변화를 이끌기는 하지만, 응고된 '젖 덩어리'의 일부 가 아니기 때문이다.

그런데 혼에 관련해서 배아나 생식액이 어떤 방식으로 그것을 갖는 것인지, 또 어떤 방식으로 갖는 것이 아닌지 하는 점에 대해서는 이미 명 확히 규정한 바와 같다. 즉 그것들은 가능상태에서는 혼을 갖지만, 활동 상태에서는 가질 수 없다는 것이다.

정액은 잉여물로서 그것은 최종 단계의 영양[114]이 몸의 각 부분에 배 분될 때, 그것에 의해 몸이 성장해 가는 것과 동일한 운동으로 움직이고 있다. 그렇기에 정액이 자궁에 들어가면, 정액 자체가 움직이고 있는 것 과 동일한 운동에 의해 암컷의 잉여물[115]을 움직여 이를 일정한 형태로 형성해 간다. 암컷의 잉여물도 잉여물로 몸의 모든 부분을 가능상태에 서 가지고 있지만, 활동상태에서 가지고 있는 것이 아니다. 즉 거기에서 암컷이 수컷과 다르다는 그런 부분[116]도 가능상태에서는 가지고 있다는 것이다.

훼손된 상태의 것[117]에서는 훼손된 상태의 것이 생기는 경우도 있고

---

113 '무화과즙'(opos)의 응고 작용에 대해서는 제1권 제20장 729a11-13 참조. '정액이 월 경액에 작용하는 방식'을 비유해서 설명하고 있다.

114 유혈동물에서는 '혈액', 무혈동물에서는 '혈액과 유비적인 것'이 그에 해당한다. 제1권 제19장 726b1-2 참조.

115 월경액.

116 생식기관.

117 제1권 제18장 각주 205 참조.

그렇지 않은 경우도 있는 것처럼, 암컷에서 암컷이 태어나는 경우도 있고, 암컷이 아닌 수컷이 태어나는 경우도 있다. 암컷은 훼손된 상태에 있는 수컷과 같고,[118] 월경혈도 정액이지만 순수하지 않은 것이다.[119] 왜냐하면 월경혈은 단 하나의 것, 즉 혼의 시원[120]을 가지고 있지 않기 때문이다. 또, 그 때문에 동물 중에서 풍란이 생기는 것의 경우, 형성되는 알은 암컷과 수컷의 양쪽 몸의 여러 부분을 포함하고는 있지만 시원에 해당하는 것을 갖지 않으므로, 혼을 가지는 것으로 생성하지 않는다.[121] 이 시원을 제공하는 것은 수컷의 정액이니까. 암컷의 잉여물이 그러한 시원에 주어졌을 때 비로소 그것은 배아가 된다.

[[유동적이지만 물체적인 성질을 가진 것이 가열되면, 마치 삶은 음식이 식었을 때처럼 바깥쪽이 마른 층으로 감싸진다. 모든 동물의 몸은 끈끈함이 그것을 하나로 결합시키고 있다. 시간이 지나며 몸이 커져 가면서, 힘줄[122]의 자연 본성이 이런 성질을 띠게 되면 동물의 몸 부분을 하나로 결합하는데, 어떤 동물의 경우에는 그것은 힘줄이고 어떤 동물의 경우에는 힘줄과 유비적인 것(analogon)이다. 피부도 혈관도 피막도, 그런 유의 것은 모두 같은 형태에 속해 있다. 그것들이 다른 것은 '더 많다와 더 적다'라는

---

118 이 점에 대해서는 제4권 제6장 775a15-16 참조.

119 제1권 제20장 728a26-27 참조.

120 감각적 혼.

121 제3권 제1장 749a34 아래 참조.

122 '힘줄'로 번역한 neuron은 일반적으로 '신경'을 뜻하는 영어 nerve의 어원에 해당한다. '신경의 발견'은 칼케돈의 헤로필로스(기원전 335~280년)와 사람의 시신을 체계적으로 해부하고 9편의 기록(현재 상실됨)을 남겼다는 에라시스트라토스(기원전 304~250년)로 대표되는 알렉산드리아의 초기 해부 의학자들에게 돌려지는 것이 일반적이다. 아리스토텔레스의 동물학에서 neuron은 '힘줄', '근육', '섬유질' 등을 가리킨다. '힘줄'의 구조 및 기능에 대해서는 『동물 탐구』 제3권 제5장 515a27 아래 참조. 또, '힘줄의 자연 본성'이라는 표현에 관련해서는 이 책의 제1권 제5장 참조.

점과 일반적으로는 초과와 부족이라는 점에 있어서이다.]]¹²³

제4장

동물 중에서 그 자연 본성이 더 불완전한 것은 배아가 완성되면 동물로서 아직 완성되지 않았더라도, 그것을 몸 밖으로 방출한다.[124] 그것이 어떤 원인에 의한 것인가 하는 점에 대해서는 앞에서 말한 바와 같다.[125] 배아 중 어떤 것이 수컷이 되고 어떤 것이 암컷이 되었을 때, 그때에서야 배아는 비로소 완성에 이른다. 그것은 태어날 때 암컷과 수컷의 구별이 존재하는 동물의 경우이다. 왜냐하면 어떤 종류의 동물이 낳는 것은 암컷도 수컷도 아니기 때문이다.[126] 이것들은 그 자체가 암컷과 수컷에게서 태어나는 것도 아니고, 동물끼리 짝짓기함으로써 생겨나는 것도 아니다. 이러한 발생에 대해서는 나중에 말하기로 한다.[127]

이에 반해, 자신의 몸속에 태아를 낳는 것은[128] 동물 중 완전한 것으로 동물을 몸속에서 발생시켜 그것을 몸 밖으로 출산하는 시기가 올 때까지는, 생성하고 있는 동물을 한데 결부된 상태로 자신의 몸속에 머무르게 하고 있다.

한편, 몸 밖에 태아를 낳지만 우선 자신의 몸속에 알을 낳는 것들은

---

123 내본은 이 내복(‖‖)을 삭제한다.

124 조류나 파충류.

125 제2권 제1장 733a3 아래 참조.

126 절지동물의 일부가 이에 해당한다고 여겨진다. 제1권 제1장 715b4-7 참조.

127 제3권 제9장 758a29 아래 참조.

128 사람, 소, 말 등의 포유류.

완성된 상태의 알을 몸속에 낳으면, 그 동물의 어떤 것은 몸 밖에 알을 낳는 것이 그렇듯 그 알은 자궁으로부터 분리되어 암컷의 몸속에서 그 알로부터 동물이 태어나는 것인 데 반해, 다른 어떤 것은 알에 포함된 영양이 다 소비되면 자궁으로부터의 영양에 의해서 완성에 이르므로, 그 때문에 알은 자궁으로부터 분리되는 일은 없는 것이다.[129] 이 차이 특성

은 연골어류에서 볼 수 있다. 연골어류에 대해서는 그 자체로 나중에 말해야 한다.[130]

우선, '첫 번째 것'으로부터 논의를 시작해야 한다. '첫 번째 것'이란 완전한 동물이지만, 태아를 낳는 것이 그러한 것이며, 그 동물 중에서도 첫 번째 것에 해당하는 것은 사람이다.[131]

그런데 정액 분리가 그 이외의 잉여물의 경우와 마찬가지로 생겨나는 것은 모든 동물에게 공통적이다. 잉여물의 각각은 그것에 고유한 장

소로 옮겨지지만, 그것은 어떤 사람들이 주장하는 것처럼 프네우마가 힘으로 강요하는 것에 의해서도 아니고, 다른 무엇인가 그런 원인이 강제하는 것에 의해서도 아니다. 그들은 '음부(陰部)가 부항단지(sikua)[132]

---

129 'galeos leios'(dog-fish, small shark; 돔발상어류의 일종)의 경우. 『동물 탐구』제6권 제10장 565b1 아래. 이 책의 제3권 제3장 754b28-33 참조.

130 제3권 제3장 754a23 아래 참조.

131 동물 탐구의 출발이자 지침은 늘 '인간'이다. 『동물 탐구』제1권 제6장 491a19 아래, 『동물의 부분들에 대하여』제2권 제10장 656a8 아래("우리가 아는 동물들 중에서 인간은 신적인 것에 참여하는 유일한 동물이거나 모든 것들보다 가장 나은 것이기 때문이다. 따라서 이 때문에, 더욱이 특히 사람의 바깥 부분의 형태는 잘 알려진 것이므로, 사람에 대해 먼저 이야기해야만 한다. 인간만이 그 자연 본성에 맞는 부분이 바로 [전 우주의] 자연 본성에 입각한 모습을 하고 있으며, 사람의 상체는 우주 전체의 위쪽을 향하고 있다. 동물 중에서 사람만이 직립하고 있으니까") 참조.

132 '부항단지'는 의사가 환자에게 사혈(瀉血) 치료를 시술하는 경우에 사용하는 의료기구로, 모양이 '박'(sikua)과 비슷해서 그런 명칭으로 불렸다. 힙포크라테스, 『예전의 의술

처럼 정액을 끌어당긴다'라는 것이며, 또 '프네우마에 의해서 힘으로 그렇게 강요하기 때문이다'라고 주장하고 있다. 즉 정액에 해당하는 잉여물이거나 액상 또는 고체형의 영양 잉여물이더라도, 그것들이 몸 밖으로 배출되는 것은 프네우마가 모아짐으로써[133] 일어나는 것이므로, 만일 힘으로 강요하는 일이 없었다고 하면 그것들에게 고유한 장소와 다른 장소로 이동할 수 있는 것이다.

35

이것은 움직일 필요가 있는 것 모든 것에 공통되고 있다. 틀림없이 숨을 멈추는 것을 통해서 강한 힘이 생기는 데 그 힘을 무리하게 쓰지 않아도 그 자리가 이완되어 있고, 게다가 잉여물로 채워지면 잠든 상태라 하더라도 잉여물은 몸 밖으로 분리된다.[134] 만일 어떤 사람이 '식물의 씨앗은 프네우마(바람)에 의해 그때그때 열매를 맺기에 적합한 장소로 분리되어 간다'[135]라고 주장한다면 이들의 주장도 이와 비슷하다. 하지만 그 [사실상의] 원인은 앞에서 말한 것처럼,[136] 모든 잉여물에는 그것들을 수용하기 위한 부분이 존재하고 있다는 것인데, 불필요한 잉여물 — [예를 들어 고체형이나 액상의 영양에서의 것[137] — 에도 몸에 그것들을 수용하기 위한 부분이 있으며, 혈액에는 '혈관'이라고 불리는 것이 존재한다.]

738a

5

그런데 암컷의 자궁이 있는 곳 주변에는 대혈관과 '아오르테'라는 두

10

에 대하여』 제22절 참조.

133 즉 숨(pneuma)의 멈춤.

134 몽정(夢精)을 말한다.

135 여기서 '바람' 역시 '숨결'을 의미하는 pneuma이다. 동물의 몸속 잉여물의 분리를 pneuma의 강제력으로 돌리는 사람들의 주장은, '식물의 씨앗이 바람에 실려 간다'고 설명하는 것과 아무런 차이가 없다는 것이다.

136 제1권 제18장 725a33 아래 참조.

137 738a8: 대본은 "예를 들어 고체형이나 액상의 영양에서의 것"(hoion tē[i] te xēra[i] kai tē[i] hugra[i])을 후대의 삽입으로 추정한다. 삭제하고 있는 [ ]는 Loeb판 참조.

개의 혈관[138]이 위쪽에서 갈라져 나와, 다수의 가는 혈관이 되어 자궁에 도달해서 끝나고 있다. 이 혈관들이 영양에 의해 지나치게 충만하게 되면, 암컷의 자연 본성은 차가움 때문에 그것을 숙성시킬 수 없기 때문에 그것은 가장 가는 혈관을 통해 자궁으로 분비되는데, 이 혈관들은 장소가 좁기 때문에 과도한 양을 받아들일 수 없다. 그래서 항문 출혈과 같은 증상[139]이 생기는 것이다.

인간 여자의 경우 그 주기가 엄밀하게 일정하지는 않지만, 이 증상은 달이 끝날 무렵에 일어나는 경향이 있다는 것은 이치에 맞다.[140] 동물의 몸이 차가워지는 것은 주위의 공기도 그처럼 차가워져 가는 시기에 해당하는데, 달끼리의 만남[141]은 천체의 달이 이지러지기 때문에 차가운 것이며, 달끼리의 만남이 달의 중간 무렵보다 더 거친 날씨가 되는 것도 그 때문이다.

---

138 '대혈관'(megalē phleps)과 '아오르테'(aortē)는 현대 해부학에서는 대정맥과 대동맥에 각각 대응하고 있으나, 아리스토텔레스의 시대에는 정맥과 동맥은 명확하게 구분되어 있지 않으며, 둘 다 심장에서 혈액을 배출하기 위한 관으로 여겨졌다. 대혈관과 '아오르테'를 비롯한 혈관계의 구조와 기능에 대해서는 『동물 탐구』 제3권 제3장 513a16, 제4장 전체, 『동물의 부분들에 대하여』 제3권 제5장 668b1-19 참조. 아리스토텔레스는 이 혈관의 구조에 대해서 "대혈관과 아오르테는 위쪽에서 나뉘고, 아래쪽에서 교차하면서 함께 몸을 묶는다. 즉 그것들은 앞서감에 따라 다리가 쌍으로 갈리는 곳에 따라서 나뉘고, 한쪽은 앞쪽에서 뒤쪽으로 가고, 다른 쪽은 뒤쪽에서 앞쪽으로 나아가 몸을 하나로 묶고 있다. 즉 짜인(꼬인) 것들에서는 연속성이 한층 증가하고 있는 것과 마찬가지로, 혈관 교차를 통해 몸의 앞쪽과 뒤쪽이 연결되는 것이다. 또한 심장으로부터 시작되는 혈관도 위쪽 영역에서 마찬가지 방식으로 일어나게 되어 있다. 그러나 여러 혈관이 서로 정확히 어떤 관계에 있는지에 대해서는 해부와 동물에 대한 탐구를 바탕으로 고찰되어야 한다."(『동물의 부분들에 대하여』 제3권 제5장 668b25-31)

139 '월경혈'이 자궁에서 몸 밖으로 방출된 것.

140 『동물 탐구』 제9권(7권) 제2장 582a34 아래, 이 책의 제4권 제2장 767a1-8 참조.

141 달이 지나 새로운 달이 오게 되는 때. 초하루(朔)의 시기를 말한다.

그런데 잉여물이 혈액으로 변화해 버리면 월경혈은 앞에서 말한 주기[142]에 따라 일어나는 경향이 있는데, 잉여물이 완전히 숙성되지 않는 동안에는 어떤 분리가 소량씩 끊임없이 생긴다. 그래서 여자가 아직 어리거나 어린아이일 때는 '흰색의 것'[143]이 생긴다. 이들 잉여물의 분리가 모두 적당량이면 몸을 건강한 상태로 유지하는데, 이는 몸에 질병의 원인이 되는 잉여물의 정화가 이루어지기 때문이다. 이에 반해, 이것들의 분리가 생기지 않거나 양이 너무 많으면 몸을 해치게 된다. 즉 질병을 일으키거나 몸을 쇠약하게 만들기 때문이다. 이 '흰색의 것'이 지속적으로 생기고 있고, 게다가 그 양이 과잉되거나 한다면, 여자아이의 성장이 방해받는 것도 그 때문이다.

그런데 월경혈의 잉여가 암컷에게 생기는 것은 필연적이지만, 그 원인에 대해서는 앞에서 말한 대로이다.[144] 즉 암컷의 자연 본성은 그것을 숙성시킬 수 없기 때문에, 잉여물은 불필요한 영양으로부터 뿐만 아니라 혈관 내의 혈액으로부터도[145] 생기며, 이것이 가장 가는 혈관에 충만함으로써 과잉이 되는 것이 필연이기 때문이다. 그러면서도 자연은 '더 좋은 것', 즉 어떤 목적을 위해 그것을 그러한 장소로 옮겨 이용한다.[146] 그것은 발생을 위해서이며, 부모와 같아져야 할 다른 것이 생겨나는 것을 목적으로 하고 있다. 즉 적어도 가능상태에서는 그 분리가 거기서 생

25

30

35

738b

---

142 이 장의 738a16-18 참조.

143 희뿌연 색으로 여성 생식기에서 나오는 점액(帶下). 『동물 탐구』 제9권(7권) 제1장 581b2-4, 제10권 제1장 634a30-b1 참조.

144 이 장의 738a9 아래 참조.

145 738a36: 대본의 제안에 따라 "혈액으로부터"(tou aimatos)를 보충하여 읽는다.

146 이러한 맥락 속에서 '자연'(phusis)의 개념이 내포한 것에 대해서는 제1권 제15장 각주 125 참조.

기는 곳의 부모의 몸과 같은 것으로서 이미 존재하고 있다는 것이다.

그런데 모든 암컷에게 잉여물이 생기는 것이 필연적이지만, 그 양은 혈액을 포함한 것이 그렇지 않은 것보다 많고, 그중에서도 사람이 가장 많다. 그러나 혈액을 포함한 것 이외의 것에도 어떤 형성물이 자궁에 상당하는 장소에 모아지는 것은 필연적이다. 잉여물은 혈액을 포함한 것에 의해 다량으로 생긴다는 것, 그중에서도 사람이 가장 다량이라는 것의 원인에 대해서는 앞서 말한 바와 같다.[147]

모든 암컷에게 그러한 잉여물이 존재하는 반면, 수컷의 경우에 모두가 그렇다는 것은 아니다 ─ 즉 어떤 종류의 동물은 생식액을 방출하지 않으며, 이것을 방출하는 동물이 생식액 속의 운동에 의해 암컷의 체내 질료로부터 형성되는 것을 제작하는 것처럼, 이러한 동물은 자신의 내부 운동에 의해 생식액을 방출하는 동물의 정액이 거기로부터 분리되어 나오는 부분에서 동일한 것을 이루어서 배아를 형성한다는 것이다.[148] 그 부분에 해당하는 것은 격막(膈膜)을 가진 모든 동물에서는 격막[149] 근처의 장소이다. 즉 심장이나 이것과 유비적인 것이 자연의 시원에 해당하는 데 반해, 거기서 아랫부분은 그 부가물이며 그것을 위해서 존재하는 것이다.

따라서 수컷의 경우에 그 모든 것에 생성력이 있는 잉여물이 존재하는 것은 아니지만, 암컷의 경우에는 모든 것에 존재하는 것이며, 그 원인은 '동물이 혼을 지닌[살아 있는] 몸이다'라는 점에 있다. 그리고 암컷은 늘 태어날 것의 질료를 제공하고, 수컷은 제작할 것을 제공한다. 우리가

---

147 제1권 제19장 727a20 아래 및 제20장 728b7 아래 참조.

148 제1권 제21장 729b22-33 및 제22장 730b24-32 참조.

149 횡격막. '격막'(hupozōma)에 대해서는 제1권 제3장 각주 54 참조.

주장하는 바로는, 양자[암컷과 수컷] 각각이 이러한 능력을 갖고 있으며, 이러한 것이 한쪽에서는 '암컷일 것'이며, 다른 한쪽에서는 '수컷일 것'이다. 따라서 암컷은 태어날 때의 몸에 해당하는 일정한 양의 질료를 제공하는 것이 필연적인 데 반해, 수컷에게는 그럴 필요가 없다. 도구로 하든 만드는 것으로 하든, 생성하는 사물 속에 반드시 내재되어 있을 필요가 없기 때문이다.[150]

태어날 때의 몸에 해당하는 것은 암컷에게서 오는 반면, 혼에 해당하는 것은 수컷에게서 온다. 왜냐하면 혼은 '어떤 특정한 물체의 본질 존재'[151]이기 때문이다. 또, 같은 유에 속하지 않는 동물의 암컷과 수컷이 짝짓기하는 경우(짝짓기하는 것은 임신 기간이 같고, 수태의 시기도 가까우며, 몸의 크기에도 별 차이가 없다[152]), 처음에는 수컷과 암컷의 양자에 공통으로 비슷한 것이 생겨나는 것으로서, 예를 들면 여우와 [라코니아의] 개, 자고새(꿩과의 조류), 가금(家禽)으로부터 태어나는 것이 그렇지만, 시간이 경과하여 한 세대에서 다른 세대로 옮겨 감에 따라 최종적으로 그 [몸의] 형태가 암컷 쪽을 닮아 가는 것은 그 때문이다. 그것은 외래종의 씨앗이 다른 토지에 적응해 가는 것과 같다. 즉 토지는 씨앗에게 질료, 즉 식물의 몸에 해당하는 것을 제공한다는 것이다. 또한 암컷이 수컷의 생식액을 수용하기 위한 부분은 관이 아니라, 자궁이 일정한 퍼짐을 갖는 것은 그 때문이다. 이에 반해 정액을 방출하는 수컷에게는 관이 존

25

30

35

739a

---

150 제작자 자신도 제작자가 사용하는 도구도, 제작되는 작품의 어떤 부분도 아니라는 것이다. 제1권 제22장 730b19 아래 참조.

151 '어떤 특정 물체'는 '살아 있는 신체'라는 뜻. 아리스토텔레스에 따르면, '혼'은 "혼을 가진 몸의 그 본질 존재(ousia)로서의 원인이다"라고 되어 있다. 『혼에 대하여』 제2권 제4장 415b11-14 참조.

152 제2권 제7장 746a29 아래 참조.

재하지만, 그 관은 혈액을 포함하고 있지 않다.[153]

각각의 잉여물은 그것에 고유한 장소에 도달하는 동시에 어떤 특정한 잉여물이 되는 것이며, 큰 힘에 의해 강제되어 무엇인가가 자연에 반하여 일어나는 것이 아닌 한, 그 이전에는 결코 그렇게 될 수 없다. 그런데 동물에서 생성력을 갖는 잉여물이 분리되는 것은 어떤 원인에 의한 것인가 하는 점에 대해서는 앞에서 말한 바와 같다.

정액을 방출하는 동물 수컷으로부터의 정액이 자궁 내에 들어가면, 암컷 잉여물의 가장 순수한 부분을 배아로 형성해 가는 것은 월경혈이라고 해도, 그 대부분은 유동 상태이므로, 배아를 형성하는 데에는 소용이 되지 않기 때문이다. 그것은 수컷의 생식액이라 하더라도 한꺼번에 방출된 것 중 가장 유동적인 부분이 배아를 형성하는 데 소용이 되지 않는 것과 같다. 게다가 대다수 동물의 경우, 먼저 방출된 것은 나중에 방출된 것보다 생식력이 약하다. 먼저 방출된 것은 미숙성이기 때문에, 그것이 가지는 혼의 열[154]이 적은 것에 비해 숙성된 것은 농후하고 더 물체적 본질을 가지고 있기 때문이다.

인간 여자든 사람 이외의 동물이든, 이러한 잉여물의 분리가 생길 때 불필요한 잉여물이 그다지 많이 몸속에 존재하는 것은 아니므로, 몸 밖으로의 방출도 일어나지 않는다고 하는 동물에서는 암컷의 몸속에 생성하는 잉여물의 양은 불필요한 잉여물을 몸 밖으로 방출하는 동물의 몸속에 남겨지는 것의 양에 상당하는 것이다. 정액 속의 수컷의 능력이 이 잉여물을 배아로 형성하게 하거나, 암컷이 자궁과 유비적인 부분을 수

---

153 이 관의 구조에 대해서는 『동물 탐구』 제3권 제1장 510a12-35 및 이 책의 제1권 제6장 718a11-14 참조.

154 제2권 제3장 736b33 아래 참조.

컷에게 삽입해 이를 수행하는 것이다. 이러한 일은 절지동물(곤충)의 어떤 것에서 명백하다.[155]

암컷에게 쾌감과 함께 생기는 액상물이 배아의 형성에 아무것도 기여하지 않는다는 점에 대해서는 앞서 말한 바 있다.[156] 그러나 사람들이 '몽정한다'라고 부르고 있는 것이 남자와 같이 여자에게도 밤에 일어나는 것이 가장 강한 근거가 되어, 암컷도 정액을 방출함으로써 배아의 형성에 기여하는 것처럼 생각되고 있는 것 같다.[157] 그러나 이것은 암컷도 그렇다는 것에 아무런 징표가 되지 않는다. 왜냐하면 몽정은 남자들 중에서도 젊고, 이윽고 정액을 방출할 나이에 이르렀지만 아무것도 방출하지 않는 자들이나, 또는 아직 생식력이 없는 정액을 방출하는 자들에게서도 볼 수 있기 때문이다.

그런데 성교 중에 수컷으로부터 정액의 방출이 없으면, 암컷이 임신하는 일은 있을 수 없으며, 인간 여자의 [고유한] 특유의 잉여물[월경혈]이 태내에서 넘쳐 몸 밖으로 나온다거나 태내에 충분히 존재하는 것이 없는 경우에도 임신하는 일은 있을 수 없다. 그렇지만 암컷에게 그러한 성교에서 통상적으로 일어날 쾌감이 생기지 않는다고 해도, 그 장소가 성적 흥분 상태에 있어 자궁이 아래쪽으로 내려가 있는 경우에 쾌감을 함께하지 않는 성교에 의해서도 임신한다. 대개의 경우 쾌감을 동반해 임신이 일어나는데 그 원인은 다음과 같다. 잉여물이 분비될 때는 그에

---

155 제1권 제16장 721a13-14, 제2장 729b22-33, 제22장 730b24-32, 이 권의 738b11-15 참조.

156 제1권 제20장 727b33 아래 참조.

157 『동물 탐구』 제10권 제2장 634b29 아래에서, 취침 중 인간 여자가 남자와 마찬가지로 '몽정한다'(exoneirōttein)라는 것이, 여자(암컷)도 '정액'을 방출한다는 주장을 뒷받침하는 근거로 삼고 있다. 이러한 주장에 대해서는 『동물 탐구』 제3장 635a33-35, 제6장 637b24-32 참조.

따라 남자에게나 여자에게나 쾌감이 생기는 것이 보통인데, 그때는 자궁구가 닫혀 있지 않기 때문이다. 이러한 상태에서 수컷의 정액도 그곳을 통과하기 쉽다는 것이다.

　정액은 어떤 사람들이 생각하는 것처럼 자궁 속으로 직접 방출되는 것이 아니라(자궁구는 좁으니까), 그 앞쪽으로[158] 방출된다. 그곳은 특정 체질의 여자들에게 생기는 액체[159]를 암컷이 방출하는[160] 장소로, 거기로 수컷도 정액을 방출한다는 것이다. 그런데 방출된 정액은 그 자리를 차지하고 그곳에 머물러 있기도 하지만, 월경의 정화작용에 의해 자궁이

적당한 상태가 되어 뜨거워지는 경우에는, 자궁이 정액을 그 안으로 흡인한다.[161] 그 징표에 해당하는 것은 다음과 같은 점이다. 즉 좌약을 적셔 음부에 삽입한 후 빼내면 말라 있다는 점이다.[162] 게다가 조류나 어류 중 태아를 낳는 것이 그렇듯이, 동물 중에서 격막에 접하는 것에 자궁을 가진 것[163]의 경우, 정액이 자궁에 흡수되지 않고 사정된 것만으로 직접 그곳에 들어가는 것은 있을 수 없다.[164] 그 장소가 생식액을 흡수하는 것은

거기에 내재하는 열의 작용에 의한 것이다. 월경혈이 분비되어 자궁으로 모아짐으로써도 그 부분이 뜨거워지는 것이고, 그것은 원추형의 용

---

158 '질'의 장소를 가리킨다. 『동물 탐구』 제10권 제2장 634b32-33, 제3장 636a5-6 참조.

159 이 점에 대해서는 제1권 제20장 727b33-728a9 참조.

160 739b2: 대본의 제안에 따라 "만일 그러한 액체를 분비하는 자가 있다면"(ean tis exikmasē[i])을 삭제한다.

161 『동물 탐구』 제10권 제2장 634b33-35, 제3장 636a4-5 참조.

162 '좌약'(ta prostheta)은 치료약뿐만 아니라 시험약으로서도 널리 사용되었다. 제2권 제7장 747a7-9 참조.

163 제1권 제3장 717a1-3 참조.

164 '격막'(hupozōma)에 접하는 곳에 자궁을 가진 동물의 경우, '정액'이 사정되는 곳은 자궁에서 떨어져 있기 때문에 정액이 직접 자궁으로 들어가는 일은 있을 수 없다.

기를 뜨거운 물에 헹궈 용기의 입을 거꾸로 해서 물에 담그면 거기서 용기가 물을 흡수하는 것과 같다. 자궁에 의한 정액의 흡입도 그렇게 해서 생기는 것이지, 어떤 사람들이 주장하는 것처럼 '성교하기 위한 기관에 해당하는 몸의 부분에 의해 생긴다'라는 것은 단연코 아니다. '인간인 여자도 정액을 방출한다'라고 주장하는 사람[165]들에게도 현실에서 일어나는 일은 그와 정반대이다. 수컷의 생식액과 섞이려면 자궁은 일단 밖으로 방출한 것을 다시 내부로 흡인(吸引)하게 되기 때문이다.[166] 하지만 그런 일이 생기는 것은 쓸데없는 일이고, 자연은 무엇 하나 쓸데없는 일을 하지 않는다.

암컷에서 분리된 것이 자궁 내에서 수컷의 생식액에 의해 배아로 형성되어 갈 때, 생식액은 응유소[167]가 젖에 대해 작용하는 것과 비슷하게 작용한다 ── 즉 응유소도 젖의 일종이며, 생명의 열을 가지고 있어서 이 열이 동질의 것을 하나로 모아 굳히는 것인데, 생식액도 월경혈의 자연 본성에 대해서, 응유소가 젖에 대해 갖는 자연 본성상 동일한 관계에 있다는 것이다. 왜냐하면 젖과 월경혈의 자연 본성은 동일하기 때문이다[168] ── 그래서 물체적인 것이 모여 감에 따라 액상물이 분리되어 가고, 또한 토질의 것이 건조해짐에 따라 그 주위를 빙 둘러 막이 형성된다. 이는 필연의 결과이자 '무엇을 위해서'이기도 하다. 즉 무엇이 뜨거워지는

---

165 제1권 제20장 727b33 아래 참조. 『동물 탐구』 제10권은 '동물이 암컷도 정액을 제공한다'라는 입장을 일관되게 유지한다.

166 『동물 탐구』 제10권 제5장 637a15-18에서도 여기와 같이 비판받고 있는 주장이 나타난다. "여성도 남성이 성교할 때 방출하는 곳인 자궁의 입구 앞으로 방출한다." 즉, 이 경우 수컷의 정액과 섞이게 된다는 것이다.

167 '응유소'(puetia)의 응고 작용에 대해서는 제1권 제20장 729a11-13 참조.

168 생식액(정액) : 월경혈 = 응유소 : 젖

경우에도 또 차갑게 되는 경우에도, 그 가장 바깥 부분은 건조해지는 것이 필연적이지만, 게다가 [수태된] 동물은 액상물 속에 존재하는 것이 아니라, 그것으로부터 떨어져 존재하고 있는 것이 필요하기 때문이다. 이것들 중 어떤 것은 단지 '막'이라고 불리고, 어떤 것은 '장막'(漿膜)[169]이라고 불리고 있지만, 이것들은 '보다 많이, 보다 적게'라는 점에서 다르다. 이것들은 알을 낳는 동물의 몸속에도 또 태아를 낳는 동물의 몸속에도 마찬가지로 존재한다.

배아가 일단 형성되면, 그것은 땅에 뿌려진 씨앗과 비슷하게 작용한다. 식물의 씨앗 자체에도, 그 내부에 [성장의] 제1의 시원이 존재하는 셈이다. 이 시원은 가능상태로 씨앗 속에 미리 내재되어 있었는데, 이것이 분리되면 거기서 새싹과 뿌리가 나온다. 뿌리는 그것에 따라서 식물

이 영양을 섭취하기 위한 것이다. 왜냐하면 식물은 성장을 필요로 하기 때문이다. 그와 마찬가지로, 동물의 배아 속에는 어떤 방법으로든 몸의 모든 부분이 가능상태로 존재하고 있지만, 시원에 해당하는 것은 무엇보다도 앞서 배아 속에 내재하고 있다. 그러므로 가장 먼저 분리되어 활동상태에 이르는 것은 심장이다.[170] 게다가 이것은 감각에 비추어 볼 때에도 분명할(실제로 그대로이기 때문에) 뿐만 아니라, 이치에 근거해서도 명백하다.[171] 태어난 것은 양자[부모]로부터 떨어진 시점에서 자신의 힘으로 자기 자신을 관리해야 하는 것이며, 그것은 아버지의 곁을 떠난

---

169 choria; 『동물 탐구』 제6권 제32장 참조. '장막'이란 동물의 '배아'를 감싸고 있는 '요막(尿膜)'[혹은 성장이 더 진행된 단계의 '장뇨막'(漿尿膜)이나 '양막'(羊膜)]을 가리키는 것으로 보인다. '장막'을 포함한 '막'의 구조 및 기능에 대해서는 『동물 탐구』 제6권 제3장 561b1 아래, 이 책의 제3권 제2장 753b14 아래 참조.

170 제2권 제1장 735a23–26 참조.

171 제2권 제1장 각주 54 참조.

자가 집을 세우는 것과 같은 것이다. 따라서 이미 모태(母胎) 안에 있을 때 이 시원을 갖고 있는 것이 필요하며, 동물의 경우에는 나중에 가서도 거기로부터 몸의 질서 지음이 진행되는 것이다. 그렇지 않고, 만일 이 시원이 어느 때에 밖으로부터 들어오고 그 후에 몸속에 존재하게 된다면, '그것은 언제인가' 하는 난제를 제기하는 사람이 있을 것이며, 또한 몸의 각 부분이 분화되어 가는 시점에서, 그 다른 부분에서 성장과 운동이 함께 거기에 기인하는 부분의 것이 최초로 존재하는 것은 필연적이다. 그러므로 데모크리토스[172]가 그랬듯, 먼저 동물의 몸 바깥 부분이 분화해 가고, 안쪽 부분이 분화해 가는 것은 그 이후라고 주장하는 사람들은 옳은 주장을 하는 것이 아니다. 그러면 목재나 석재로 만들어진 동물의 몸 부분과 아무런 차이가 없는 것이 되고 만다. 그러한 것은 시원에 해당하는 것을 전혀 갖지 않는 반면, 진짜 동물은 모두 그것을 갖고 있으며, 게다가 그것을 내부에 갖고 있기 때문이다.

그러므로 모든 유혈동물에서 가장 먼저 명료하게 분화된 형태를 취하고 나타나는 것은 심장이다. 왜냐하면 심장은 동질 부분의 시원인 동시에 비동질 부분의 시원이기도[173] 하기 때문이다. 즉 심장이 동물과 그 몸의 성립의 시원이라고 불릴 만한 것은 동물이 영양을 필요로 하게 된 시점이다.[174] 동물로서 존재하는 것은 성장해 나가는 것이니까. 동물에게서 최종 단계의 영양에 해당하는 것은 혈액이나 혹은 그것과 유비적

---

172 아래의 인용에 대해서는 데모크리토스, 「단편」 DK68A145 참조.
173 '동질 부분' 및 '비동질 부분'에 대해서는 제1권 제1장 각주 8 참조. 심장이 동물 몸의 기초 조직에 해당하는 '동질 부분'의 시원이라면, 심장은 동물 몸의 모든 부분에 앞서 최초로 형성되어야 한다는 것이다.
174 제2권 제1장 735a13-16 참조.

인 것[175]이지만, 그러한 용기에 해당하는 것은 혈관이다. 심장이 혈관의 시원이기도 한 것은 그 때문이다. 이러한 점에 대해서는 『동물 탐구』 및 『해부집』에 명확히 나와 있다.[176]

동물의 배아는 가능상태에서는 이미 동물이지만 불완전하기 때문에, 다른 곳에서 영양을 획득할 필요가 있다. 그러므로 배아는 자궁과 '자궁을 갖춘 것'[어머니][177]을 이용하는데, 그것은 식물이 땅을 이용하는 것과 마찬가지로 가능상태에서는 이미 보행할 수 있는 동물인[178] 단계로 배아가 완성될 때까지 다른 곳에서 영양을 획득하는 것이 목적이다. 자연이 심장에서 나오는 두 개의 혈관을 최초로 동물의 몸에 밑그림으로 그리는 것은[179] 그 때문이다. 이들 두 개의 혈관으로부터 여러 개의 소혈관이 갈라져 자궁으로 이어지고 있어서, '탯줄'(omphalos)[180]이라고 부르는 것을 형성하고 있다. 탯줄은 혈관의 일종으로, 동물에 따라 이를 하나만 가진 것도 있고 여러 개 가진 것도 있다.[181] 그것들을 피부 모양 칼집[182]

---

175 제1권 제19장 726b1 아래 참조.

176 『동물 탐구』 제3권 제3장 513a15 아래의 논의 참조. 『해부집』에 대해서는 이 책 제1권 제11장 각주 97 참조.

177 자궁에 '배아'를 품고 있는 어머니.

178 '보행할 수 있다'(poreutikon)는 동물에게 고유한 능력이다. 제1권 제22장 730b32 아래 참조.

179 모태 내 동물의 몸과 각 부분의 형성에 관계되는 '자연'의 기능을 동물 화가들의 작업에 빗댄 논의에 대해서는 제2권 제6장 743b20-25 참조.

180 탯줄(omphalos)의 구조와 기능에 대해서는 『동물 탐구』 제6권 제3장, 제9권(7권) 제7~8장, 이 책의 제3권 제2장 753b14 아래 참조.

181 『동물 탐구』 제9권(7권) 제8장 586b12-18, 이 책의 제2권 제7장 745b26-28 참조.

182 keluphos(탯줄집). 『동물 탐구』 제9권(7권) 제8장 586b13, 이 책의 제2권 제7장 745b26 참조.

이 싸고 있는[183] 것은 그것들이 튼튼하지 않기 때문에 안전과 보호를 필요로 하기 때문이다. 이들 혈관은 식물의 뿌리처럼 자궁과 연결되어 있어서, 이들을 통해 배아는 모체로부터 영양을 받는 것이다. 이를 위해 배아는 자궁 내에 머물러 있으며, 데모크리토스가 주장하는 것처럼 '[자궁을 갖추었지만] 몸의 여러 부분이 [어머니의] 몸의 여러 부분을 본으로 해서 그에 맞추어서 형성되어 가기'[184] 때문은 아니다. 이 점은 알을 낳는 동물의 경우에서 분명하다. 왜냐하면 난생하는 동물은 모태에서 이미 갈라져 나왔음에도 불구하고, 알 내부에서 몸의 각 부분이 분화되어 가기 때문이다.

35

740b

그런데 혈액이 영양이라면, 심장이 처음에 생성될 때 이미 혈액을 포함하고 있어야 하며,[185] 더구나 영양이라는 것은 몸 밖에서 제공되는 것이라면 최초의 영양은 어디에서 왔느냐는 난제를 제기하는 사람이 있을지도 모른다. 오히려 모든 영양이 몸 밖에서 제공된다는 것은 사실이 아니며, 식물의 씨앗 속에도 그런 것이 포함되어 있어서 처음에는 젖처럼 보이지만, 마찬가지로 동물의 몸의 질료 속에도 몸의 형성에 이용되는 잉여물이 영양으로 존재하는 것이다.

5

그런데 배아는 탯줄을 통해서 성장하는 것으로, 그것은 식물이 뿌리를 통해서 성장하고, 또 동물 그 자체가 모체로부터 벗어났을 때 자신의 몸속 영양을 기초로 해서 성장해 가는 것과 같은 방식에 의한다. 이

10

---

183 740a32: 대본의 제안에 따라 "탯줄로 불리고 있는 것"(ho kaloumenos omphalos)을 삭제한다.

184 데모크리토스, 「단편」 DK68A144 참조.

185 740b4: 대본의 제안에 따라 "혈액은 영양이다"(to d' haima trophē)를 삭제한다.

러한 점들에 대해서는 그 논의에 적절한 기회를 포착해서 나중에 말해야 한다.[186] 이에 대해, 모태 내에서 몸의 여러 부분의 분화는 어떤 사람들이 생각하는 것처럼, '자연 본성상 비슷한 것은 비슷한 것을 향해 운반되어 간다'[187]라는 것을 원인으로 하여 일어나는 것이 아니다(이 설명은 그 밖에도 많은 난점을 포함하고 있는데, 이 설명을 [모태 내에서 몸의 여러 부분이 분화해 가는 것의 원인으로] 받아들이는 사람이 있다면, 그러한 난점에 더하여 동질 부분은 각각 별도로 나뉘어 생성하며, 예를 들어 뼈는 그 자체로 뼈로서, 힘줄은 힘줄로서, 살은 살로서만 존재하게[188] 되기 때문이다). 오히려 암컷의 잉여물은 가능상태로, 그 자연 본성에서 동물의 몸 전체인 것과 같은 것으로서, 몸의 각 부분이 활동상태에서는 [그 잉여물에] 결코 존재하지 않는다고 하더라도 가능상태로는 암컷의 잉여물 속에 존재하고 있는 것이므로, 이것을 원인으로 하여 몸의 각 부분은 생성해 가는 것이며, 게다가 작용을 줄 수 있는 것과 작용을 받을 수 있는 것이, 한쪽이 작용을 줄 수 있고 다른 한쪽이 작용을 받을 수 있다는 방식으로 접촉했을 경우(내가 '방식으로'라고 말하는 것은 '어떻게', '어디서', '언제'라는 의미이다)에, 한쪽은 즉시 작용을 주는 반면, 다른 한쪽은 작용을 받는다는 것이다.[189]

---

186 제2권 제6장 741b25 아래 참조.

187 힙포크라테스 『생식에 대하여』, 『어린이의 자연 본성에 대하여』, 『질병에 대하여』 제4권으로 구성된 일련의 논고에서, 이 전제에서 모태 내에서 태아의 몸의 여러 부분이 분화되어 가는 과정이 원리적으로 설명되어 있다. 동일한 논고 제17절 참조.

188 이 설명에서는 뼈, 근육(힘줄), 살 등의 동질 부분은 각각 한곳에 모여 존재하게 되므로, '동질 부분'이 동물의 몸의 적절한 장소에 배치되어 눈, 귀, 얼굴, 손발 등의 '비동질 부분'을 구성하는 것은 있을 수 없다.

189 이어지는 단락에서 동물의 암컷이 제공하는 질료는 이러한 원인 설명에서의 '작용을 받을 수 있는 것'(pathētikon)에 해당하고, 수컷이 제공하는 '운동의 시원'은 '작용을 줄

그런데 질료를 제공하는 것은 암컷인 데 반해, 운동의 시원을 제공하는 것은 수컷이다. 마치 기술에 의해 생성되는 것이 도구를 통해 생성되는 것처럼 ── 오히려 '도구의 운동을 통해'라고 말하는 편이 보다 참일 수 있을 것이다. 이 운동은 기술의 활동이지만, 기술은 생성되는 것의 형태에 해당하는 것으로서 생성되는 것과는 별개의 것 속에 존재한다[190] ── 영양 섭취를 위한 혼의 능력도 마찬가지로 작용하는 것으로, 이 혼의 능력은 나중에 동물과 식물 그 자체의 내부에서 영양으로부터 성장을 가져오고, 이를 위해 열과 냉을 도구처럼 사용하는 것이다(즉 영양 섭취를 위한 혼의 운동은 열과 냉 속에 존재하고 있으며, 이것 각각은 일정한 비율에 기초해서 생성하는 것이다). 그와 같은 방식으로 이 혼의 능력은 자연에 의해 생성되는 것을 그 초기 단계부터 형성해 가는 것이다. 즉 식물이나 동물이 성장하기 위해 이용되는 질료는, 그것들이 발생의 최초로 형성되는 데 이용되는 것과 동일하기 때문에, 식물이나 동물의 성장에 작용하는 혼의 능력도 발생 초기부터 작용하는 것과 동일하다는 것이다. 다만, 후자 쪽이 능력으로서 더 크다. 그런데 이것이 영양 섭취를 위한 혼이라면, 그것은 생성을 가져오는 혼이기도 하다.[191] 또한 그것은 각각의 자연 본성에 해당하는 것으로서 식물에도 동물에도 모두 내재되어 있다. 이에 반해 혼의 다른 부분은 살아 있는 것들 가운데 어떤 것에는 존재하지만 어떤 것에는 존재하지 않는다.[192]

30

35

741a

수 있는 것'(poiētikon)에 해당한다.

190 기술에 의한 제작품의 '형상'으로서의 '기술'(technē)은 그 작품 자체가 아니라 그것을 만드는 다른 것 속에 존재한다는 점에 대해서는 제2권 제1장 735a2-3 참조.

191 제2권 제1장 735a15-20 참조.

192 영양 섭취를 위한 혼이 식물과 동물, 즉 '살아 있는 것' 모두에 공통으로 갖추어져 있다 (제2권 제1장 735a15-17 참조). 그러나 '감각적 혼'은 동물에게 고유한 것이며, '지성적

5 　　그런데 식물의 경우에 암컷은 수컷으로부터 나누어져 있지 않다. 이에 반해 동물 가운데 암컷이 수컷으로부터 나누어져 있는 것의 경우에 암컷은 수컷을 필요로 한다.

제5장

　　그러나 그것은 어떤 원인에 의한 것인가라는 어려운 문제를 제기하는 사람도 있을 것이다. 암컷이 [수컷과] 동일한 영혼을 가지고 있고, 암컷의 잉여물이 [배아를 형성하기 위한] 질료에 해당한다면, 왜 암컷은 수컷이 필요하며, 암컷은 자신 혼자서 또 자신으로부터 새끼를 낳지 않는가?

10 그 원인은 동물이 감각을 가진다는 점에서 식물과 다르다[193]는 점에 있다. 왜냐하면 얼굴이든 손이든 살이든, 또는 다른 신체의 부분이든, 감각적 혼이 — 활동상태에서든, 가능상태에서든, 한정된 방식에서든, 무조건적인 방식에서든 — 거기에 내재되어 있지 않다면, 그런 부분으로 존재하는 것은 불가능하기 때문이다. 그렇지 않으면 그것들은 시체나 시체의 일부처럼 되어 버릴 것이다.[194] 거기서 감각적 혼을 만들어 낼 수 있

15 는 것이 수컷이라고 한다면, 암컷과 수컷이 나누어져 있는 경우 암컷은 자신 혼자서 또 자신으로부터 새끼를 낳는 것은 있을 수 없다. 왜냐하면

혼'을 갖추고 있는 것은 동물 중 오직 사람뿐이다.

193 제1권 제23장 731a30-34 참조.

194 '시체'(nekros) 혹은 그 일부는 이미 '혼'의 능력(dunamis)이 부족하기 때문에, 시체의 얼굴이나 손이 '얼굴'이나 '손'이라고 불린다고 하더라도, 그것은 '동명이의적으로' 그렇게 불릴 뿐이다. 『동물의 부분들에 대하여』 제1권 제1장 640b29 아래, 이 책의 제1권 제19장 726b22-24 참조.

이렇게 말한 것[195]은 '수컷'이기 때문이다. 다만 앞서 이야기한 난제에도 일리가 있다는 것은 풍란을 낳는 조류의 경우, 암컷이 어느 단계까지는 낳는 능력을 갖고[196] 있다는 점에서 분명하다.

그러나 이것 역시 어떤 의미에서 그들 조류의 알이 살아 있다고 할 수 있느냐 하는 난제를 가지고 있다. 즉 풍란이 수정란과 같은 의미로 '살아 있다'라는 것은 있을 수 없으며(그렇다면 풍란에도 활동상태에서 혼을 가진 것이 태어날 테니까), 목재나 석재로 된 것이 알이라 불리는 것과 같은 의미[197]에서도 그렇지 않다. 왜냐하면 풍란에도 그들이 이전에 어떤 방식으로든 생명에 관여했던 것처럼 어떤 종류의 사멸이라는 것이 있기 때문이다.

따라서 풍란이 가능상태에서 어떤 혼을 갖는다는 것은 분명하다. 그럼, 그것은 어떤 종류의 혼을 말하는 것인가? 그것이 가장 낮은 혼이라는 것은 필연적이다. 즉 영양 섭취를 위한 혼이다. 왜냐하면 영양 섭취를 위한 혼은 동물에게도 또 식물에게도 마찬가지로 존재하고 있기 때문이다. 그렇다면 이 혼이 몸의 여러 부분을 동물로 완성시키지 못하는 이유는 무엇일까? 동물의 신체 부분은 감각적 혼을 가지고 있어야만 하니까. 왜냐하면 동물의 신체 부분들은 식물의 신체 부분들과 같은 것이 아니기 때문이다. 따라서 풍란을 낳는 조류의 암컷은 수컷과 공통하는 것이 필요하다. 이들 조류의 경우 수컷은 암컷에서 갈라져서 존재하기 때문이다. 사실 그대로이다. 즉 풍란은 그에 적합한 시기에 수컷이 암컷과 교미함으로써 수정란이 된다. 그럼에도 풍란이 생기는 원인에 대해서는

20

25

30

---

195 감각적 혼의 만들어짐.

196 제1권 제21장 730a30-32 참조.

197 생명의 원리로서의 '혼'(psuchē)이 결여되어 있다는 의미.

나중에 명확히 규정하기로 하자.[198]

이에 반해, 암컷은 있지만 수컷을 암컷으로부터 갈라진 것으로서 갖지 않는 동물의 유가 무엇인가 존재하고 있다면, 암컷이 자기 자신으로부터 동물을 낳을 수 있을 것이다. 이 점에 대해서는 적어도 현재까지는
35 신뢰할 만한 방식으로 관찰되지 않고 있지만, 어류에는 그것을 의심케 하는 것이 있다. 예를 들어 비단돔(*Pagellus erythrinus*)[199]으로 불리는 수컷은 지금까지 한 마리도 확인되지 않았지만, 암컷은 배아로 가득 채워진 것도 발견되었다. 그러나 우리는 이 물고기에 대해 신뢰할 만한 경험을
741b 가지고 있지 않다. 한편, 암컷도 수컷도 아닌 것 같은 것이 어류 중에도 존재한다. 예를 들어 뱀장어나 늪지 강에 살고 있는 숭어류가 그렇다.[200]

이에 반해 암컷과 수컷이 나뉘어 있는 것의 경우, 암컷이 자기 혼자만으로 새끼를 낳아 그것을 완성한 채로 있게 한다는 것은 있을 수 없다. 만일 그렇다면, 수컷이 존재하는 것은 쓸모없는 것이 되어 버리겠지만,
5 자연은 아무것도 쓸모없게 만들지 않기 때문이다. 그러므로 이런 동물의 경우 생성을 완성하는 것은 항상 수컷 쪽이다. 즉 수컷은 그 자신에 의해서거나[201] 또는 생식액으로 감각적 혼을 배아 속에 만들어 넣는 것이다.

암컷으로부터 제공되는 질료 속에는 태어날 새끼의 몸의 여러 부분

---

198 제3권 제1장 750b3 아래 논의와 제7장 757b1 아래 논의 참조.

199 『동물 탐구』 제4권 제11장 538a18-21 참조.

200 『동물 탐구』 제4권 제11장 538a1 아래, 제6권 제16장 570a3 아래, 이 책의 제3권 제11장 762b26-28 참조.

201 절지동물 중에는 수컷이 암컷의 몸속에 '정액'을 방출하는 일이 없고, 암컷 쪽이 몸의 일부를 수컷의 몸속에 삽입함으로써 '배아'를 형성하는 것이 존재하고 있음을 염두에 둔 것이다. 제1권 제21장 729b18 아래, 제22장 730b24 아래 참조.

이 가능상태로 내재되어 있기 때문에, 운동의 시원이 생기면 마치 자동적으로 움직이는 인형처럼, 운동이 끊이지 않고 연속되어 간다.[202] 또, 자연학자들 중 어떤 사람들이 주장하려고 의도하고 있는 것, 즉 '비슷한 것을 향해 비슷한 것이 운반되어 간다'라는 것[203]은 몸의 여러 부분이 장소를 바꾸는 것에 의해서 움직인다는 것이 아니라, 그것들이 같은 장소에 머무른 채 부드러움이나 딱딱함이나 색깔이나, 동질 부분에 속하는 그 밖의 차이 특성에서 변화해 가는 것에 의해서, 즉 앞에서 가능상태에서 존재하고 있던 것이 활동상태에서 생겨남으로써 움직이는 것이라고 주장해야만 한다.

최초로 생성하는 것은 시원이다. 유혈동물에서는 심장이 그것에 해당하고, 그 이외의 동물에서는 심장과 유비적인 것이 그것에 해당한다는 점에 대해서는 반복해서 말해 온 대로이다.[204] 이것, 즉 심장이 최초로 생성된다는 것은 감각에 비추어 볼 때도 분명하고 동물이 죽음을 맞이하는 경우에도 분명해진다. '살아 있는 것'이 마지막으로 상실되는 것은 그것으로부터이기 때문에, 모든 동물에서 몸의 여러 부분 중 마지막으로 생성된 것은 처음으로 잃어버리는 반면, 처음에 생성된 것은 마지막으로 잃어버리는 것이다. 그것은 자연이 경기 주자(走者)처럼 반환점에서 되돌아가 출발 지점으로 되돌아가는 것과 같다. 즉 생성은 '있지 않음'에서 '있음'으로 향하는 반면, 소멸은 '있음'에서 다시 '있지 않음'으로 향하는 것이다.

---

202 제2권 제1장 734b9 아래 참조.
203 제2권 제4장 740b12 아래, 각주 187 참조.
204 제2권 제1장 735a23-26, 제4장 740a17-23 참조.

제6장

²⁵ 시원이 생성된 후에는, 이미 말한 것처럼²⁰⁵ 몸의 안쪽 부분이 바깥 부분보다 먼저 생성해 간다. 크기를 갖춘 부분이 더 작은 부분보다 먼저 가시화되는데, 이러한 부분 중에는 더 작은 부분보다 먼저 생성하지 않는 것도 있다. 가장 먼저 분절화하는 것은 격막(횡격막)²⁰⁶보다 윗부분이며, 크기도 달라진다. 아랫부분은 더 작고 윤곽도 더 불분명하다. 그리고 이 ³⁰ 것은 상부와 하부가 나뉘어 있는 모든 동물에게 일어나는 일인데, 단 절지동물은 예외이다. 절지동물 중 구더기로 태어나는 것의 경우, 몸은 아래쪽에서 위쪽을 향해 성장해 간다.²⁰⁷ 즉 이것들은 발생의 첫 단계부터 몸의 윗부분이 더 작다는 것이다. 몸의 상부와 하부가 불분명한 것은 보행할 수 있는 동물 중 연체동물뿐이다. 이상에서 말한 것은 식물에도 해 ³⁵ 당하는 것으로 윗부분이 아랫부분에 앞서 발생한다. 왜냐하면 식물의 씨앗은 뿌리 쪽을 새싹보다 먼저 내기 때문이다.²⁰⁸

---

205 740a12 아래 참조. 지금까지의 논의에서 이 사실을 명시적으로 언급한 곳은 찾을 수 없다. 제2권 제4장 740a12 아래에서는 동물의 몸 바깥 부분이 먼저 분화해 가고, 안쪽 부분이 분화해 가는 것은 그 이후라는 데모크리토스로 대표되는 사람들의 이론이 잘못되었다고 비판받고 있다.

206 '격막'(diazōma)에 대해서는 제1권 제3장 참조.

207 '구더기'에 대해서는 제1권 제1장 참조. '구더기'가 하부에서 상부(즉 시원이 있는 곳)를 향해 성장해 나간다는 점에 대해서는 제3권 제11장 763a10-12 참조.

208 아리스토텔레스는 동식물의 몸의 상부와 하부의 구별을 공간적 위치 관계로 보지 않는다. 그는 영양이 분배되고 몸이 성장하기 시작하는 기점을 상부, 그 분배와 성장이 완결되는 부분을 하부로 규정한다. 식물의 경우, 영양은 뿌리에서 몸의 각 부분으로 분배되므로, 뿌리가 있는 장소가 상부(머리)에 해당한다. 『동물의 진행에 대하여』 제4장 705a26 아래("동물이 그것에 의해 자연 본성적으로 한정되는 차원(확장, diastasis)의 방향은 수에서 여섯 개, 즉 위와 아래, 앞과 뒤, 또 오른쪽과 왼쪽인데, 모든 생물은 윗부분과 아랫부분을 가지고 있다. 왜냐하면 위와 아래는 동물에만 있는 것이 아니라 식물

동물의 몸의 여러 부분은 숨결(pneuma)에 의해서 나누어지는데, 이 프네우마는 자연학자들 중의 어떤 사람들이 주장하듯이,[209] 암컷 부모로부터 제공받은 것도 아니고, 또한 배아 그 자체의 것도 아니다. 이 점은 조류나 어류, 절지동물에서 분명하다. 즉 어떤 것은 어미로부터 떨어져 나간 후에, 알로부터 태어나고, 알의 내부에서 몸의 여러 부분이 분절화되어[210] 가는 반면, 동물 중 어떤 것은 호흡하는 일이 전혀 없고 구더기로 태어나거나 알로 태어난다는[211] 것이다. 한편, 호흡하며 게다가 모태 안에서 몸의 여러 부분이 분절화되어 가는 것이라고 해도, 폐가 완성에 이르기 전까지는 호흡하는 일은 없다. 하지만 폐로 한다고 해도, 폐에 선행하는 몸의 여러 부분으로 한다고 해도 동물이 호흡하게 되기 전에 분절화해 가는 것이다.[212] 게다가 네 발 달린 동물 중에서 발끝이 여러 갈래로 나누어져 있는 것은, 예를 들면 개, 사자, 늑대, 여우, 자칼[213] 등은 잘 보지 못하는 상태의 새끼를 낳으며,[214] 게다가 눈꺼풀이 열리는 것은 생후

에도 있기 때문이다. 이것들은 [각 부분의] 작용에 의해 구별되는 것이지, 땅이나 하늘과의 관계에 의한 [외적] 위치만으로 구별되는 것은 아니다. 각각의 생물에게 있어서 거기서부터 영양의 분배와 성장이 시작되는 부분이야말로 위이고, 그 과정이 최종적으로 거기에 이르러 끝나는 부분이 아래인 것이니까. 사실 한쪽은 어떤 [과정의] 시원이고, 다른 쪽은 그 한계이지만 시원 쪽이 위다. 하지만 식물에서는 [위치에서의] 아래쪽이 보다 고유한[시원적인] 것처럼 생각될 것이다") 참조.

209 예를 들면 힙포크라테스 『생식에 대하여』, 『어린이의 본성에 대하여』, 『질병에 대하여』 제4권으로 구성된 일련의 논고의 제17절 참조.

210 조류의 경우

211 절지동물(곤충)과 어류의 경우. 아리스토텔레스는 어류나 절지동물은 호흡하지 않는다고 생각했다.

212 태생동물의 경우.

213 Jackal(thōs)에 대해서는 『동물 탐구』 제2권 제17장 507b17 참조.

214 『동물 탐구』 제6권 제35장 580a23 아래. 이 책의 제4권 제4장 770a36-b2, 제6장 774b15-16 참조.

에 잠시 시간이 지나고 나서이다. 따라서 그 밖의 신체의 다른 모든 부분에 대해서도 동일한 방식이 들어맞는 것이 명백하며, 어떤 양(量)이 생기는 것도, 어떤 성질이 생기는 것과 마찬가지로 가능상태에서 미리 존재하고 있던 것이 나중에 비로소 활동상태에서 존재하게 되는 것이며, 그것은 어떤 성질이 명확해지는 것과 동일한 원인에 의한 것이다. 이렇게 해서 '하나'로부터 '두 개의 것'이 생기는 것이다.[215] 이에 반해 프네우마[216]가 동물의 몸속에 존재하는 것은 필연적이며, 습한 것과 뜨거운 것이 존재하고 있기에 한쪽은 작용을 하는 데 반해 다른 한쪽은 작용을 받는 것에 의한다.

옛 자연철학자들 가운데 동물의 신체 부분들 중 어떤 것이 어떤 것 다음에 생성되는가 하는 점을 설명하려고 시도한 사람들이 있었지만, 현실에서 일어나는 일에 대해서는 그다지 경험이 없었다. 왜냐하면 몸의 여러 부분에 대해서도 다른 사물의 경우와 마찬가지로, 어느 부분은 다른 부분보다 앞선다는 것이 자연 본성적이기 때문이다. 그러나 '더 앞선다'라는 것에도 많은 의미가 있다. 즉, (a) 목적으로서의 '그것을 위해서'의 '그것'에 해당하는 것과 (b) 그것을 위해서 존재하는 것은 다르고, (b) 그것들 중의 한쪽은 생성이라는 점에서 더 먼저인 것에 비해, (a) 다른 한쪽은 실재(ousia)라는 점에서 더 먼저이다.[217] 또한 그것을 위해 존재하

---

215 눈꺼풀이 상하로 열린다는 것.

216 이 부분의 '프네우마'는 호흡을 통해서 밖으로부터 동물의 몸속에 흡수되는 것이 아니라, 동물의 몸속에 선천적으로 존재하고 있다고 생각되는 '타고난 숨결'(sumphuton pneuma)을 말한다.

217 이 점에 대해서는 『동물의 부분들에 대하여』 제2권 제1장 646a24 아래("사물은 그 생성과 그 본질적 실체 사이에서는 상반되는 상태에 있다. 왜냐하면 생성 측면에서는 더 나중의 것이 자연 본성에서는 더 앞서고, 생성 측면에서는 첫 번째 것이 자연 본성에서는 가장 마지막이기 때문이다. 즉, 집이 벽돌이나 돌을 위해서 있는 것이 아니라, 벽돌이나

는 것도 둘로 구분된다. 즉, (1) 한쪽은 거기서부터 운동이 시작되는 것이고, (2) 다른 한쪽은 '그것을 위해서'의 '그것'에 해당하는 것이 사용되는 것이다. 내가 말하고 싶은 바는, 예를 들어 '낳을 수 있는 것'과 '낳게 되는 것을 위한 도구가 되는 것'이다. 이것들 중 하나, 즉 만들어 낼 수 있는 것은 더 먼저 존재해야 하며, 예를 들어 피리를 연주하는 것을 가르치는 사람은 그것을 배우는 사람보다 앞서지만, 피리는 피리를 연주하는 것을 배우는 사람보다 나중에 있어야 한다. 왜냐하면 피리 연주를 습득하지 못한 사람에게 피리가 있음은 불필요하기 때문이다. 요컨대 세 종류의 것이 존재하는 것이 되는데, 그 하나는 목적이며 이것은 우리가 '그것을 위해서'의 '그것'이라고 주장하고 있는 것이며, 두 번째는 그것을 위해서 존재하는 것 중에서 운동과 생성의 시원에 해당하는 것이며(즉 만들어 내는 것이나 낳을 수 있는 것이 '두 번째'라고 여겨지는 것은 그러한 성질의 것으로서 만들어지는 것이나 낳게 되는 것에 대해 관계를 맺을 수 있기 때문이다), 세 번째는 '유용한 것'으로 목적에 해당하는 것이 사용하는 것이다. 그래서 운동의 시원이 거기에 존재하는 것의 어떤 부분이 최초로 존재한다는 것이 필연적이며(이 부분은 직접적으로 목적의 일부를 이루고 있는 동시에 가장 지배적인 부분이기도 하니까[218]), 그다음에 이 부분에 이어서 목적에 해당하는 동물의 온몸이 존재하고, 세 번째이자 마지막에는 어떤 특정한 용도에 적합한 몸의 부분들이 그것들을 위한 도구로서 존재한다는 것이 필연적이다.

따라서 동물의 몸속에 필연적으로 존재하는 무언가 이와 같은 것이

25

30

35

742b

돌이 집을 위해서 있으며, 이는 그 외의 질료에 대해서도 마찬가지이다") 참조.

218 아리스토텔레스의 동물학에서는 심장(무혈동물의 경우에는 심장과 '유비적인 것')이 그에 해당한다.

있고, 그것이 동물의 자연 본성 전체의 원리와 목적을 포함하는 것이라면, 최초로 움직일 수 있는 것으로서는 이것이 최초로 생성되는 것은 필연적이지만, 목적의 일부로서는 동물의 온몸과 더불어 생성되는[219] 것이 필연적이다. 그러므로 도구로 작용하는 몸의 여러 부분 중에서 몸의 다른 부분을 만들어 내는 힘을 그 자연 본성에서 갖고 있는 것은 항상 그것들보다 먼저 존재하고 있어야 한다(이들 부분은 다른 부분을 위해 시원으로 존재해야 하니까). 반면에 다른 부분을 위해 존재하는 몸의 부분 중에서 다른 부분을 만들어 내는 힘을 갖지 못한 부분은 나중에야 존재하게 될 것이다.

그러므로 몸의 여러 부분 가운데, [그 부분들이] 몸의 다른 부분을 위해 존재하는 것과 그것을 위해서 그 부분이 존재하는 것들 중 어느 쪽이 먼저인지를 구별하는 것은 쉽지 않다. 즉 몸의 여러 부분 중에서 다른 부분을 움직일 수 있는 부분은 생성이라는 점에서는 목적보다 앞서기 때문에 그 과정에 포함되어 있는 것인데, 이 움직일 수 있는 부분을 도구로서 일하는 부분과 구별하는 것은 쉽지 않다는 것이다. 그럼에도 몸의 여러 부분 중 어떤 것이 어떤 것 다음에 생성되는가 하는 것을 탐구하려면 이 방법에 의한 것일 수밖에 없다. 즉 목적에 해당하는 것은 어떤 특정 부분보다 나중인 데 반해, 어떤 특정 부분보다 먼저인 것이다. 그래서 이 때문에 시원을 가진 부분[220]이 최초로 생성되고, 이것에 이어서 상체가 생성된다. 태아의 경우, 머리와 두 눈이 발생 초기에 가장 크게 나타나는 반면, 배꼽에서 아랫부분 —— 예를 들어 뒷다리가 그렇듯 작은 것은 그

---

219 이 점에 대해서는 『형이상학』 제7권 제10장 1035b25-27("몸의 어떤 부분들은, 즉 '지배적인 것들'(kuria), '설명 규정'(logos)과 '본질 규정'(ousia)이 들어 있는 첫 번째 것들은 전체와 동시에 있다. 심장과 뇌가 그런 예들이다") 참조.

220 심장(또는 심장과 '유비적인 것').

때문이다. 왜냐하면 배꼽의 아랫부분은 상체를 위해 존재하는 것이며, 목적의 일부에 해당하는 것도 아니고, 그것을 만들어 내는 힘을 가진 것도 아니기 때문이다.[221]

'동물의 몸 부분은 항상 그런 식으로 생긴다'라고 주장하며, 그 일을 사물의 시원이라고 생각하는 사람들은 훌륭하게 주장하는 것이 아니며, 무엇 때문에 그러한 것인가 하는 것의 필연성에 대해서도 훌륭하게 주장하는 것이 아니다. 압데라 출신의 데모크리토스[222]가 그러한데, 그는 "항상적이고 무한정적인 것에 시원이라는 것은 존재하지 않지만, '무엇 때문에 그러한가'라는 것은 시원에 해당한다. 항상적인 것은 무한정적인 것이다. 따라서 그와 같은 것(항상적인 것)들 중 무엇에 관해 무엇 때문에 그러한 것인가를 묻는 것은 무한정적인 것의 시원을 탐구하는 것과 같다"라고 말한다. 그럼에도 이 주장에 근거하여 무엇 때문에 그러한 것인가를 탐구해서는 안 된다고 그들이 생각한다면, 영원한 것들 중 어떤 것에 대해서도 논증은 존재하지 않는 것이 되고 만다. 그러나 항상 생성하는 것이든, 항상 존재하는 것이든, 많은 이런 것들에 논증이 존재하는 것은 분명하며, 실제로 '삼각형은 두 직각과 같은 내각을 가진다'라는 것은 항상 그렇고, 또 '정사각형의 대각선은 한 변의 길이와 통약 불가능이다'라고 하는 것도 영원히 그렇지만, 이것들에도 어떤 원인이 존재하며, 또 논증이 존재하는 것이다.

그런데 '모든 사물에 대해 시원을 탐구하려고 생각해서는 안 된다'라는 것이 훌륭한 주장이라고 해도, '항상 존재하는 것이나 항상 생성하는

20

25

30

---

221 동물의 신체 상부와 하부의 구별에 대해서는 이 장의 741b27 아래 참조.
222 『자연학』 제8권 제1장 252a32-b5에는 데모크리토스의 주장에 대한 언급(이 장의 742b20-23)을 포함하여 여기서의 논의와 같은 내용이 나온다. 『자연학』의 해당 부분에서의 데모크리토스의 주장에 대해서는 데모크리토스, 「단편」 DK68A65 참조.

것 모두에 대해 시원을 탐구하려고 생각해서는 안 된다'라는 것은 훌륭한 주장이 아니며, 그렇게 주장해야 하는 것은 영원한 것의 시원에 해당하는 것[223]에 관한 것이다. 왜냐하면 시원[원리]에 대해서는 논증과 다른 인식[224]이 존재하며, 논증은 성립하지 않기 때문이다. 이에 반해 움직이지 않는 대상[225]에 관해서는 '그것이 무엇인가'가[226] 시원에 해당하지만, 생성하는 것에는 복수의 시원[227]이 존재하고 있기는 하지만, 그것들은 다른 방식에 의한 것이며, 모두가 동일한 방식에 의한 것은 아니다. 그중 하나로 간주되는 것은 거기서부터 운동이 시작되는 것[228]이다. 그러므로 모든 유혈동물이 최초로 심장을 갖게 된다는 점에 대해서는 논의 시작

35

---

223 시원(원리)은 '논증'(apodeixis)의 성립 근거이므로, 시원 자체는 '논증'의 대상이 아니다. 『분석론 후서』 제2권 제3장 90b24 아래("게다가 논증의 원리는 정의이며, 원리에 대해서는 앞서 증명된 것이지만 논증이 없을 것이다. 그 이유는 논증의 원리가 논증된다면 원리의 원리가 있게 되고, 이러한 것이 무한히 계속되거나, 아니면 첫 번째 원리는 논증되지 않는 정의가 되는 것이다. [후자이다.] …"), 『형이상학』 제4권 제6장 1011a13 등을 참조.

224 원리에 해당하는 것은 '지성'(nous)에 의해 직관적으로 파악된다. 『분석론 후서』 제2권 제19장 100b11-13("게다가 모든 [논증적] 지식은 이유(logos)를 동반하고 있다. 그래서 이러한 것이라면, 원리에 대한 [논증적] 지식은 없는 것이 될 것이다. 그리고 이 이성을 제외하면 [논증적] 지식보다 더 뛰어나고 참된 성향은 없으므로, 이성[직관, nous]이 원리에 대한 성향인 것이 될 것이다"), 『니코마코스 윤리학』 제6권 제6장 1141a7-8, 제11장 1143b1 참조.

225 '움직이지 않는 대상'(ta akinēta)은 일반적으로 '수학적 대상'(ta mathematika)에 대해 사용되는 표현이다.

226 '그것이 무엇인가'라고 하는 것은, 대상의 '본질적 존재'(ousia), 즉 '형상'(eidos)으로서의 원인('형상인')을 말한다.

227 형상인을 포함한 4원인(형상인, 질료인, 작용인, 목적인). 제1권 제1장 715a1 아래의 논의 참조.

228 운동을 일으키는 '작용인'.

에서 말한 바와 같다.[229] 이에 반해, 유혈동물 이외의 동물에서는 심장과 유비적인 것이 최초로 생성된다.

심장으로부터 혈관이 [온몸으로] 퍼져 나가고 있는데, 마치 화가가 벽면에 해부도를 그리듯[230] 온몸으로 나누어져 갈라지고 있다. 즉 몸의 여러 부분은 혈관으로부터 생성되기 때문에, 그것들은 혈관의 주변에 존재하고 있다. 동질 부분의 생성은 냉과 열의 작용에 의한다. 왜냐하면 어떤 것은 차가운 것에 의해, 어떤 것은 뜨거운 것에 의해 응축되며 응고되기 때문이다. 이러한 차이에 대해 어떤 성질의 것이 액체나 불에 의해 분해되는지, 어떠한 성질의 것이 액체에 의해 분해되지 않으며, 불에 의해서 융해되지 않는 것인지 하는 점에 대해서는 앞서 다른 논고에서 말한 바 있다.[231]

그런데 영양은 혈관과 몸의 각 부분의 관을 통해 흘러나오는데, 그것은 마치 질그릇 속 물이 거기서 스며 나오는 것과 같아서, 거기서 살 혹은 살과 유비적인 것이 생성된다. 이것들은 차가운 것에 의해 응축되는 것이기에, 불에 의해 분해되는 것은 그 때문이다. 이에 비해 몸의 표면에 부풀어 오르는 것 중에서 지나치게 흙의 성질을 가진 것은 습과 열을 조금밖에 포함하지 않기 때문에 습한 것이 뜨거운 것과 함께 증발하여 식게 되면, 이것들은 그 형태에서 단단하고 흙의 성질을 띠게 되는데, 예를 들어 손톱이나 뿔, 발굽과 부리가 그렇다. 그러므로 불에 의해 부드럽게 되긴 하지만 녹는 일은 결코 없다. 그러나 어떤 종류의 것은 액상물[232]에

---

229 제2권 제1장 735a23-26 참조.

230 『동물 탐구』 제3권 제5장 515a34-b3 참조.

231 『기상학』 제4권 제7~10장 참조.

232 예를 들면, 생체 내에서 당, 아미노산, 지방 따위의 대사를 통해 생성되는 아세트산.

의해 녹는 것으로, 예를 들어 알껍질이 그렇다.

힘줄과 뼈는 몸속의 열[233] 작용에 의해 액상물이 건조됨으로써 생성된다. 뼈가 도자기와 마찬가지로 불에 의해 분해되지 않는 것도 그 때문이다. 마치 오븐 안에 담긴 것처럼 발생하는 열에 의해 굳어져서 생긴 것이 뼈이기 때문이다. 이 열이 살 또는 뼈로 만들어 내는 것은, 우연히 거기에 있던 질료로부터도 아니고, 우연히 그것이 있던 장소에서도 아니고, 우연히 그것이 있던 시기에서도 아니다. 오히려 그것은 본래 그래야만 하는 질료를, 본래 그래야만 하는 장소와 본래 그래야만 하는 시기에, 살이나 뼈로 만들어 내는 것이다. 즉 가능상태에 있는 것은 그것을 움직일 수 있어도 활동상태를 갖지 않는 것에 의해 존재하게 되어서는 안 되며, 또한 활동상태를 가지는 것[234]이라고 해도 우연히 거기에 있는 질료를 무언가로 만들어 내는 일도 없는 것이다. 또 목수가 목재가 아닌 것으로부터 나무상자를 만든다는 것은 있을 수 없으며, 또한 목수가 없는데 목재로부터 나무상자가 있게 되는 일도 없는 것과 마찬가지이다.

이 열은 정액적 잉여물[235] 속에 내재되어 있으며, 생성하는 동물의 몸 각 부분에 대해 양과 질에서 균형 잡힌 운동과 활동상태를 가지고 있다. 이 열이 어느 정도 부족한지 또는 과잉인지에 따라 태어나는 것은 열등하거나 손상된 상태[236]에 놓이게 되는데, 그것은 모태 밖에서 음식의 맛

---

233 이 '몸속의 열'의 자연 본성에 대해서는 제2권 제3장 736b33 아래 참조.

234 '활동상태(energeia)를 가진 것'은 사물의 '형상'(eidos)의 담당자이다. 예를 들어 목수는 자신의 '혼' 속에 지닌 나무상자의 형상에 따라 나무상자를 제작한다. 이 '형상'은 '질료'에 해당하는 것과 서로 관계가 있으며, 전자가 능동 원리로서 작용을 주려면, 수동 원리로서 그 작용을 받을 수 있는 고유의 '질료'가 필요하다.

235 수컷으로부터 제공되는 '생식액'을 말한다.

236 '열등한 상태'란 다른 개체와 비교해 몸이 작거나 허약한 것을 말한다. '손상된 상태'(anapēron)는 본래 어떤 동물이 갖추고 있어야 할 구조나 기능이 손상된 상태를 뜻

을 좋게 한다든지 또는 어떤 다른 효과를 위해서 삶음으로써 형성되는 것과 많이 비슷하다. 무엇보다도 조리하는 장소에서 그 운동에 적합한 열의 균형을 갖추는 것은 우리 자신이지만, 모태라고 하는 장소에서 그 것을 주는 것은 낳는 것의 자연 본성이다. 하지만 저절로 생기는 동물[237] 의 경우에는 계절의 운동과 열[238]이 그 원인이다.

35

냉각이라는 것은 열의 결여[239]이다. 자연은 열과 냉 양쪽을 동물의 몸 의 부분을 형성하는 데 이용하며, 이것들이 능력을 가지는 것은 필연에 의한 것인데, 그 결과로 어떤 것을 '이것'으로 만들며, 다른 것을 '이것' 으로 만들어 간다.[240] 그렇지만 발생하는 것의 경우,[241] 이 중 어느 한쪽이 식히는 데 반해, 다른 한쪽은 뜨겁게 만드는 것에 의해 몸의 각 부분이 생성하는 것은 '무언가를 위해서' 일어나는 것이다. 살이 부드러운 것

743b

한다.

237 이른바 '자연 발생적 동물'을 말한다.

238 계절은 태양이 황도의 경사를 따라 이동하여 지구(땅)에 가까워지거나 지구에서 멀어 짐에 따라 생긴다. 『생성과 소멸에 대하여』 제2권 제10장 336b15 아래, 『기상학』 제1권 제9장 346b16-b32("그런데 여러 시원 중에서도 사물을 움직이는 주요한 제1의 시원이 란, 거기서 태양의 운행이 이루어지는 바로 그 둥근 고리이며, 즉 분명히 거기서 태양의 이 운행이, 더 접근한 곳에서 이루어지는지 혹은 더 멀리 떨어진 곳에서 이루어지는지에 따라 분리와 응집을 일으키고 있으며, 이것이 생성과 소멸의 원인이 되는 것이다. 땅(지 구)은 정지해 있기 때문에, 그것을 빙 둘러싼 수분은 태양광선에 의해, 또 위쪽으로부 터의 다른 열에 의해 증발해 위로 운반되어 간다. 그러나 수분을 위로 운반하던 열이 부족해지면 — 그 원인은 열이 하나로는 위쪽 영역으로 흩뿌려지는 것에 의한 것이고, 또 하나로는 지상의 훨씬 높은 공중으로 상승시켜 소실되는 것에 의한 — 수증기는 열 의 부족과 그 장소 때문에 식음으로써 다시 응축되고, 그렇게 해서 물이 공기로부터 생 성되는 것이다. 그리고 이렇게 생성된 물은 다시 땅으로 운반된다. 물에서 기원하는 증 발기는 수증기이며, 공기에서 물로 응집한 것이 구름이다") 참조.

239 '결여'(결성, sterēsis)의 개념에 대해서는 『형이상학』 제5권 제22장 참조.

240 이런 맥락에서 '자연'의 개념이 함의하는 것에 대해서는 제1권 제15장 각주 125 참조.

241 즉 태아의 발생의 경우.

은 한편으로 필연에 의해 살을 그러한 성질의 것으로 만들어 내기 때문이지만, 다른 한편으로 '무언가를 위해서' 그러한 성질의 것으로 만들어 내기 때문이며, 힘줄이 단단하고 신축성이 있는 것도, 또 뼈가 건조해서 부서지기 쉬운 것도 그렇다.

피부는 살이 건조해지면서 생기는데, 이는 끓는 액체의 표면에 이른바 '늙은 여인'(거품, graus)이라는 것[242]이 생기는 것과 마찬가지이다. 이것이 생기는 것은 액체의 가장 바깥쪽에 있기 때문만이 아니라, 점착성 성질을 가진 것은 증발할 수 없기 때문에 그 표면에 떠오른 채로 남아 있기 때문이다. 그런데 유혈동물 이외의 동물에서는 점착성을 가진 것은 건조하다(무혈동물의 가장 바깥 부분이 껍데기 모양이나 연각(軟殼; 피각질[皮殼質]의)[243] 모양을 하고 있는 것[244]은 그 때문이다). 그러나 유혈동물에서는 점착성을 가진 것은 기름 성분을 더 많이 포함하고 있다. 또 유혈동물 중에서 그 자연 본성이 그다지 토질이 아닌 것[245]의 경우, 피부라고 하는 보호물 아래에 지방질(기름 성분)인 것[246]이 모아져 있기 때문에, 피부가 그러한 점착물(glischrotētos; stickum)로부터 생긴다는 것을 알 수 있다. 왜냐하면 기름 성분은 어느 정도의 점착성을 포함하고 있기 때문이다. 이 부분들 모두 앞서 언급한 바와 같이,[247] 한편으로는 필연에 의해 생성되는 데 반해, 다른 한편으로는 필연에 의해서가 아니라 '무언가를 위해서' 생성된다고 주장해야만 한다.

---

242 젖과 같은 액체를 가열했을 때, 그 표면에 생기는 얇은 피막 같은 것.

243 예를 들면 갑각류.

244 껍데기동물의 유(조개류)나 연각동물(새우와 게류)의 경우.

245 포유류.

246 피하지방.

247 이 장의 743a36 아래 참조.

그런데 발생 과정에서 먼저 상체가 명료하게 형성되고, 시간이 경과함에 따라 하체가 성장을 이루는 것은 유혈동물의 경우이다. 몸의 모든 부분은 먼저 윤곽에 의해 구별되고, 그다음에 다양한 색과 부드러움과 단단함을 얻게 되는데, 그것들은 바로 자연이 동물 화가로서 제작한 작품인 것과 같은 것이다.[248] 즉 화가들도 윤곽선에 따라 밑그림을 그린 다음, 그렇게 해서 색깔로 동물을 채색하는 것이다.

그런데 여러 감각의 시원은 심장 속에 있기 때문에, 동물의 온몸 가운데 최초로 생성하는 것도 심장이다. 심장은 열을 가지고 있기 때문에, 혈관이 거기에서 위로 뻗어 나가 끝나는 곳에, 차가운 것은 심장 주변의 열에 상대하는 것으로서 뇌[249]를 형성하게 했다. 뇌 주변 부분이 심장 뒤를 이어서 생성하게 되고, 몸의 다른 부분에 비해 크기라는 점에서 두드러지는 것은 그 때문이다. 즉 뇌는 발생 초기부터 용량이 크고 습하다.

동물의 눈의 생성에 관해서는 어려운 문제가 존재한다. 즉 육생동물의 경우도, 헤엄치는 동물의 경우도, 비행하는 동물의 경우도 눈은 발생 초기부터 가장 커 보이는데, 눈이 형성되는 것은 몸의 여러 부분 중에서

---

248 자연(phusis)의 기능을 화가들의 작업에 빗대 논의하는 제2권 제4장 740a27-29 참조

249 아리스토텔레스에 따르면, 뇌(egkephalos)는 동물의 감각이나 인간 지성의 작용에는 관여하지 않고, 심장 내의 '혼의 열'을 조절하기 위한 기관으로 알려져 있다. 뇌에 대해서는 『동물 탐구』 제1권 제16장 494b24 아래, 『동물의 부분들에 대하여』 제2권 제7장 652a24 아래("… 뇌는 몸속의 여러 부분 중 가장 차가운 반면, 골수는 그 본성상 뜨겁기 때문이다. 뇌가 기름지고 지방질인 것으로 보아 그것은 분명하다. 그런 이유로 등골의 골수는 뇌와 인속뇌어 있는 깃이디. 즉 가연은 한쪽이 다른 쪽의 과잉에 대해 균등해지기 위해 항상 반대되는 것을 나란히 놓을 수 있도록 고안하여, 각각의 과잉을 방지하는 수단으로 삼고 있는 것이다. 골수가 뜨거운 것은 여러 가지로 보아 분명하다. 한편, 뇌가 차가운 것은 만져 봐도 분명하고, 더욱이 그것은 몸속의 습한 부분 전체 중 가장 피가 적은 부분이며(확실히 뇌 속에는 전혀 피가 없다), 가장 건조하다. 뇌는 잉여물도 아니고, 그것과 연속되는 부분에 속하는 것도 아니며, 그 자연 본성은 고유하고, 그러한 것임은 이치에 맞는다") 참조.

도 가장 마지막이다. 왜냐하면 눈은 완성될 때까지 도중에 일단 위축되기 때문이다.[250] 그 원인은 다음과 같다. 눈이라는 감각기관은 그 이외의 감각기관이 그러하듯 관과 연결되어 있다.[251] 그러나 촉각과 미각은 동물의 온몸 혹은 몸의 일부가 직접 그 감각기관에 해당하는[252] 데 반해, 후각과 청각은 바깥 공기와 연결된 관이 그에 해당한다. 이 관은 타고난 프네우마(숨결)로 가득 차 있고, 심장으로부터 자라 나와 뇌 주위에 둘러쳐진 소혈관에서 끝난다. 이에 반해, 눈은 감각기관 중 유일하게 고유한 몸 구조를 갖고 있다. 그것은 습하고 차갑고, 게다가 몸의 다른 부분이 가능상태에서 미리 특정 장소에 존재하고, 이어서 나중에 가서 거기에 활동상태에서 생성해 오는 것에 대해 미리 특정 장소에 존재하는 것이 아니라, 오히려 뇌 주변의 액상물로부터 가장 순수한 것이 관을 통해 분리해 옴으로써 생기는 것이다. 이 관이 두 눈에서 나와 뇌를 싸고 있는 막에 도달하고 있는 것을 명료하게 볼 수 있다. 그 증거[253]에 해당하는 것은 다음과 같은 점이다. 즉 습하고 차가운 부분은 머리에 뇌를 제외하고

---

250 『동물 탐구』 제6권 제3장 561a18-21 참조.

251 여기서 이 '관'(poloi)은 '시신경'(視神經)에 해당하는 것으로 생각된다. 『동물 탐구』 제1권 제16장 495a11-18에 따르면 세 개의 '관'이 있고, 그것들은 뇌와 연결되어 있다고 생각된다. 『동물의 부분들에 대하여』 제2권 제10장 656b17-23에서는 다음과 같이 말하고 있다. "관이 눈에서 뇌 주위 혈관까지 통하고 있다. 심지어 귀에서도 마찬가지로 관은 뇌의 뒷부분까지 연결되어 있다. 그러나 무혈인 부분이나 피 자체에는 감각 능력이 없고, 피로 이루어진 어떤 것에 감각 능력이 있는 것이다. 그러므로 유혈동물에서 무혈인 부분은 어느 것도 감각 능력이 없으며, 피 그 자체도 감각 능력이 없다. 피는 동물의 부분이 아니기 때문이다." 인용한 『동물의 부분들에 대하여』에서 '관'은 '신경'에 해당할 것이다.

252 촉각의 경우, 살 또는 그와 유비적인 부분이 감각기관에 해당한다. 『동물 탐구』 제1권 제4장 489a23-26, 『동물의 부분들에 대하여』 제2권 제8장 653b19-30 참조.

253 증거에 대해서는 제1권 제17장 각주 144 참조.

다른 부분에는 없지만, 눈도 차갑고 축축하다는 것이다. 따라서 그 장소
가 처음에는 큰 부분을 차지하고 있지만, 나중에는 위축된다는 것은 필
연적인 일이다. 왜냐하면 뇌에 관해서도 마찬가지로 위축이 일어나기
때문이다. 즉 뇌는 처음에는 습하고 용량이 크지만, 거기에서 공기가 빠
져 숙성해 가면서 물체화가 진행되어 뇌도[254] 눈의 크기도 위축되어 간
다는 것이다. 발생 초기에는 뇌 용량의 크기 때문에 머리가 가장 크며,
눈 속에 포함된 액상물 때문에 눈도 커 보인다. 눈이 가장 마지막에 이르
러 완성에 도달하는 것은 뇌도 좀처럼 형성되지 않기 때문이다. 뇌가 차
가움이나 유동성을 잃는 것은 아주 늦은 단계부터이며, 이는 뇌를 가진
모든 동물의 경우에서 그러하며, 인간의 경우에는 특히 현저하다.

머리 정수리(bregma)[255]가 몸의 뼈 중 가장 마지막에 생성되는 것도 그
때문이다. 사실상 태아가 이미 몸 밖으로 태어난 이후에도 이 뼈는 유아
기에 아직도 연약하다.[256] 이는 인간의 경우에 가장 두드러지는데, 그 원
인은 동물 중에서 사람은 가장 습하고 가장 용량이 큰 뇌를 가지고 있기
때문이며, 이것의 원인은 인간의 심장 내의 열이 가장 순수하다는 점에
있다.[257] [인간의 심장 내의 열과 뇌의 차가움이] 적절한 혼화(混和)에 있

---

254 744a18: 대본의 제안에 따라 "몸도"(kai ta sōmata)를 삭제한다.

255 이른바 [젖먹이의 정수리에 있는] '숨구멍'을 말한다. '머리의 앞 정수리'(bregma)라고
하는 것은 전두골의 일부이다.『동물의 부분들에 대하여』제2권 제7장 653a34-37에서
는, 브레그마는 '두개골 전체'(entire cranium)를 가리킨다. "그리고 많은 열에 대해 많
은 습기와 냉이 대립하며, 그 양이 크기 때문에 머리를 덮는 뼈 — 사람들은 이것을 '브
레그마'(bregma)라고 부른다 — 는 가장 늦게 굳는다. 열이 증발하는 데 오랜 시간이
걸리기 때문이다." 하지만『동물 탐구』제1권 제7장 491a31-b5, 제16장 495a9-10, 제
3권 제7장 516a13-23에서는 '두개골(頭蓋骨)의 앞부분'으로 설명되고 있어 분명 전두
골(前頭骨)을 가리킨다.

256 『동물 탐구』제9권(7권) 제10장 587b12-13 참조.

257 심장 내 '혼의 열'의 온도를 조절하기 위해 인간의 뇌는 동물 중 가장 습하고 가장 큰 용

음을 밝히는 것은 인간에게 사고[258]가 갖추어져 있다는 점이다. 사실상 인간은 동물 중에서 가장 사려 깊다.[259] 어린이라고 해도 시간이 한참 지나도록 머리를 잘 받치고 있지 못하는 것은 뇌 주변이 무겁기 때문이다. 이는 움직일 필요가 있는 신체의 여러 부분에 대해서도 마찬가지이다. 즉 운동의 시원이 상체를 지배하게 되는 것은 아주 늦게부터이며, 운동이 이 시원과 직결되지 않은 몸의 부분에서는 다리가 그렇듯 가장 마지막 단계에 이르러서이다. 양쪽 눈꺼풀도 그런 부분에 해당한다. 하지만 자연은 아무것도 쓸모없이 만들거나 쓸데없이 만드는 일은 없기 때문에, 몸의 각 부분의 생성도 너무 늦거나 너무 빠르거나 하는 일이 없다는 것은 명백하다. 그렇지 않으면, 생성한 것은 쓸데없거나 쓸모없는 것이 되어 버릴 것이다. 따라서 두 눈꺼풀이 위아래로 벌어져 갈라지는 것과 그것들이 움직일 수 있게 되는 것은 동시임이 필연적이다.

그런데 동물의 눈이 완성에 이르는 것은 뇌 주변 부분의 숙성이 광범위하게 도달하기 때문에 늦어지고, 또 몸의 부분 중에서 운동의 시원으로부터 이렇게 멀리 떨어져 있어서 매우 차게 식은 상태의 것을 움직이려면, 이 운동이 강력하게 지배하는 것이 필요하기 때문에 눈이 완성에 이르는 것은 맨 마지막 단계에 이르러서이다. 두 눈꺼풀이 이와 같은 자연 본성을 지니고 있음을 밝혀 주는 것은 다음과 같은 사실이다. 즉 졸음 또는 취기, 혹은 그와 비슷한 다른 무엇인가 때문에, 머리 주변에 아주 조금이라도 무거움이 생기면, 두 눈꺼풀은 그 정도의 약간의 무게밖에

량을 가지고 있어야 한다는 것이다.

258 이 맥락에서 '사고'(dianoia)는 인간에게 고유한 능력으로 여겨지고 있지만, 다른 맥락에서는 인간 이외의 동물에게도 구비되어 있다고 여겨진다. 『동물 탐구』 제8권(9권) 제17장 616b19 아래 참조.

259 phronimōtaton.

가지지 않는데도 불구하고, 우리는 두 눈꺼풀을 열고 있을 수 없게 된다는 것이다.

그런데 눈에 관해서 그것이 어떻게 생성하는가, 왜 그렇게 생성하는가, 무엇이 원인이 되어 가장 마지막에 가서 분절화를 이루는가 하는 점에 대해서는 이상에서 말한 대로이다.

그 이외의 몸의 각 부분은 영양으로부터 생긴다. 이 중 가장 고귀하고, 가장 지배적인 시원에 부여된 것[260]은 숙성을 통해 가장 순수한 첫 번째 영양[261]에서 나온다. 이에 비해 몸에 필요한 부분으로 이러한 부분을 위해 존재하고 있는 것은 질이 떨어지는 영양이나 남은 것, 잉여물로부터 생긴다. 좋은 가정 관리자가 그렇듯, 자연 또한 뭔가 유용한 것을 만들 수 있는 것들 중 어느 것 하나 버리는 일이 없기 때문이다. 그런데 가정 관리에서 생산된 음식 중 가장 좋은 품질은 자유 시민들에게 할당하고, 질이 떨어지는 것이나 가장 좋은 품질의 잉여물은 하인들에게 할당하며, 가장 질이 나쁜 것은 사육되는 동물들에게 주는 것이다. 그래서 이들을 성장시키기 위해서 가정 관리자의 지성이 외부에서 이러한 일을 하는 것처럼, 그렇게 해서 자연은 발생하는 것 그 자체의 내부에서 가장 순수한 질료로부터 살이나 그 밖의 감각기관의 본체를 형성하고, 그 잉여물로부터는 뼈나 힘줄이나 머리카락, 게다가 손톱이나 발굽이나 그런 성질의 모든 것을 형성한다. 자연의 잉여물이 발생했을 때, 비로소 이들 부분이 마지막에 이르러서야 형성이 이루어지는 것은 그 때문이다.[262]

10

15

20

25

---

260 '운동의 시원'이 거기에 존재한다고 여겨지는 부분(심장 또는 심장과 유비적인 것).

261 혈액.

262 배아의 생식적 본성이 가정 관리자(oikonomos)에 비유되고 있다.

그런데 여러 뼈는 그것들의 자연 본성으로부터[263] 몸의 여러 부분이
최초로 형성되는 단계에서는 정액적 잉여물[264]로부터 생기며, 동물이 성
장함에 따라 몸의 지배적 부분[265]이 성장하는 것과 같은 자연적 영양[266]에
의해서 성장을 해 나가지만, 뼈의 영양이 되는 것은 이 자연적 영양 그
자체의 잔여물이나 잉여물인 것이다. 모든 동물에게 생기는 영양에는
첫 번째와 두 번째 종류가 있으며, 한쪽은 '키우는 것'(threptikon)[267]이지
만, 다른 한쪽은 '성장시키는 것'(auxētikon)이다. '키우는 것'이란 몸 전
체와 그 각 부분에 존재하는 것을 제공하는 것이지만, '성장시키는 것'
은 몸의 크기를 증대시키는 것이다. 이에 대해서는 나중에 더 자세히 규
정해야 한다.[268] 힘줄도 뼈와 마찬가지로 동일한 방식으로, 즉 정액적 잉

---

263 '여러 뼈는 그것들의 자연 본성으로부터'는 '몸의 골격을 구성하는 뼈 전체의 통일적
인 성립과 구조'를 가리킨다. 『동물의 부분들에 대하여』 제2권 제9장 654a32-33("여러
뼈로 이루어진 것[골격]과 여러 혈관으로 이루어진 것[혈관계]은 본질이 유사하다. 그것
들은 모두 하나의 것에서 시작되어 연속되며, 개개의 뼈는 그 자체로 존재하지 않고, 오
히려 연속된 것의 일부분이거나 서로 붙어 묶인 부분으로서, 자연이 그것을 하나의 연속
된 것으로 활용할 수도, [관절을] 구부리기 위해 두 개로 나뉜 것으로 활용할 수도 있도
록 되어 있다") 참조. 또 '~의 자연'이라는 표현에 대해서는 이 책의 제1권 제5장 해당
각주 참조.

264 동물의 암컷에서 제공되는 '월경혈'.

265 심장. 『형이상학』 제7권 제10장 1035b25-27('그런 예로 심장이나 뇌를 들 수 있다')
참조.

266 암컷 부모로부터 배아에 영양으로 제공되는 혈액.

267 즉 '영양을 보급하는 것'을 말한다.

268 이 논의에 대응하는 논의는 이 책의 후속 논의에서 찾아볼 수 없다. 이 부분에서 논
하는 내용에 부합하는 논의를 전개하고 있는 것으로는 『혼에 대하여』 제2권 제4장
416b11-15, 『생성과 소멸에 대하여』 제1권 제5장 322a23-28("즉, 이 점에서 영양 보급
과 성장(trophē kai auxēsis)은 정의상(tō logō) 다르다. 이 때문에 비록 [살은] 감소하지
만 보전되고 있는 한 영양이 보충되고 있지만, 항상 성장하는 것은 아니며, 또한 영양
보급은 성장과 동일한 것이지만 그 있음의 방식(to einai)은 다르다. 즉, 부가된 것이 가
능상태로서 어떤 양의 살인 한에서는 살을 성장시키는 것이지만, 단지 가능상태로서

여와 '키우는 것'으로서의 영양의 잉여로부터 형성된다. 이에 반해 손 745a

톱, 머리카락, 발굽, 뿔, 새의 부리나 발톱, 또 그 밖에도 무언가 그런 부분이 몸에 존재한다면, '그것'을 포함해서 획득된 영양과 성장시키는 것으로서의 영양으로부터 형성된다. '그것'을 획득하는 것은 암컷 부모로부터이며, 생후에는 몸 밖으로부터이다. 또한 그 때문에 뼈가 성장을 하 5

는 것은 일정한 시기까지이다. 즉 모든 동물에는 몸의 크기에 일정한 한계라는 것이 있고, 따라서 뼈의 성장에도 일정한 한계가 존재한다. 만일 뼈가 끊임없이 성장한다면, 동물 중 뼈나 뼈와 비슷한 것[269]을 가진 것은 살아 있는 한 계속 성장할 것이다. 왜냐하면 동물에게 있어 뼈는 신체 크기의 한도에 해당하기 때문이다. 그런데 뼈가 끊임없이 성장하지 않는 10

것은 어떤 원인에 의한 것인가 하는 점에 대해서는 뒤에 가서 설명해야 한다.[270]

이에 반해, 머리카락이나 그와 같은 유의 것들은 그것들이 존재하는 동안은 계속 성장하는 것이며, 질병을 앓고 있을 때나 몸이 늙고 쇠약해질 때에는 이 늙음이나 질병 때문에 잉여물이 몸의 지배적 부분에서 덜 소비되게 되므로, 남겨지는 잉여물의 양이 많아지고 그것들은 한층 성장해 나가게 된다. 다만 나이가 들면서 이 잉여물도 부족해지면 머리카 15

락도 줄어든다. 하지만 뼈는 그와 정반대이다. 즉 몸 전체나 몸의 여러 부분과 함께 쇠약해져 간다. 무엇보다 머리카락은 죽은 뒤에도 자라지만, 처음부터 자라지는 않는다.

이빨 생성을 둘러싸고 난제를 제기하는 사람도 있을 것이다. 이빨은 20

살인 한에서는 그것은 영양물인 것이다") 참조.

269 예를 들어 어류의 '극골'(akantha)은 뼈에 대해 유비적이라고 여겨지고 있다. 『동물 탐구』 제1권 제1장 486b19-20 참조.

270 이 언급에 상응하는 논의를 이 책의 후속 논의에서 찾아보기 어렵다.

뼈와 동일한 자연 본성으로 존재하는 것이고 뼈로부터 생기는 데에 비해,[271] 손톱이나 머리카락이나 뿔이나 이것들과 비슷한 것은 피부에서 생성되므로 피부와 함께 색을 변화시킨다. 즉 피부색에 맞게 하얗게 변하거나 검게 변하거나, 온갖 색깔을 나타내지만 이빨은 그런 일이 결코 없다. 동물 가운데 이빨과 뼈를 가진 것의 경우, 이빨은 뼈에서 나오기 때문이다. 그런데 뼈 중에서 이빨만은 평생을 두고 성장한다. 이 사실을 명료하게 보여 주는 것은 비스듬히 자라고 서로 접촉하지 않는 이빨을 갖춘 동물의 경우[272]이다. '무언가를 위해서'라는 의미에서의 이빨의 성장의 원인에 해당하는 것[273]은 그 작용이다. 왜냐하면 어떤 복원이 생기지 않으면, 이빨은 신속하게 마멸해 버릴 것이기 때문이다. 사실 어떤 종류의 동물은 식욕이 왕성한데도 큰 이빨을 갖지 않는데, 늙었을 때에는 이빨은 완전히 마멸되어 버린다. 즉 이빨이 소실되어 가는 비율이 그 성장보다 크다는 것이다. 그래서 이 점에 대해서도 자연은 현실에서 일어나는 일에 대응하도록 교묘하게 궁리하고 있다.[274] 즉 이빨이 부족한 것을 늙음과 죽음의 시기와 일치시키고 있다는 것이다. 동물의 일생이 만 년 또는 천 년의 긴 세월에 걸쳐 있다면, 처음에 나는 이빨은 엄청나게 커야 하고, 게다가 몇 번이고 거듭 자라야 할 것이다. 왜냐하면 이빨이 지속적으로 성장한다고 하더라도, 계속 마모되어서 음식물을 처리하는

---

271 이빨은 뼈와 그 구성도 구조도 다르지만, 아리스토텔레스는 이빨이 뼈에 대해 분배되는 영양으로부터 생성한다는 생각(이 장의 745b7-9 참조)에서 이러한 자연 본성을 동일하다고 보고 있다.

272 토끼, 쥐 등 설치류를 말한다.

273 목적인.

274 이러한 맥락 속에서 자연(phusis)의 개념이 함의하는 것에 대해서는 제1권 제15장 각주 125 참조.

데에는 도움이 되지 않게 되어 버리기 때문이다.

그런데 이빨이 무엇을 목적으로 성장을 해 나가는가 하는 점에 대해서는 말해 온 대로이다. 그 때문에 이빨이 뼈와 같은 생성의 구조를 가지는 것은 아니라는 것도 귀결된다. 즉 뼈는 몸의 여러 부분이 처음 형성되는 단계에서 모두 생성하며, 나중에 생성하는 것은 하나도 없는 데 반해, 이빨은 나중에야 생성한다는 것이다. 그러므로 이빨은 일단 빠져나간 후에 다시 자라는 것도 가능하다. 왜냐하면 이빨은 뼈에 접촉되어 있지만, 뼈에 결합되어 있는 것은 아니기 때문이다. 그렇지만 이빨은 뼈에 대해 분배되는 영양으로부터 생성되므로, 그 때문에 뼈와 같은 자연 본성을 가지고 있으며, 그것이 생성하는 것은 뼈 그 자체의 수가 모두 갖추어졌을 때이다.

그런데 인간 이외의 동물은 무엇인가 자연에 반하는 일이 생기지 않는 한, 이빨과 유비적인 것을 가지고 태어나는데, 그것은 인간보다 완성된 상태로 발생의 과정으로부터 해방되기 때문이다. 이에 반해, 사람은 무언가 자연에 반하는 일이 일어나지 않는 한 이(齒牙)를 갖지 않고 태어난다. 그런데 이빨 중 어떤 것은 생성한 뒤 빠져나가는 반면, 어떤 것은 빠져나가지 않는 것은 어떤 원인에 의한 것인가 하는 점에 대해서는 뒤에서 설명하기로 하자.[275]

몸의 여러 부분 중 이러한 것들[276]은 잉여물로부터 생기므로, 그 때문에 사람은 모든 동물 중에서 온몸의 체모가 극히 드물고, 발톱도 몸의 크기와 비교하여 훨씬 작다. 왜냐하면 토질의 잉여물을 조금밖에 가지지

---

275 제5권 제8장 788b3 아래 참조.

276 손톱, 머리카락, 발굽, 뿔, 조류의 부리나 발톱, 그 밖의 그와 유사한 것들. 이 장의 745a1-3 참조.

않기 때문이다. 잉여물은 미숙성이지만, 토질의 것은 몸속의 모든 것 중에서 가장 미숙성인 것이다.

그런데 몸의 각 부분이 어떻게 형성되어 가는지, 또 그 생성의 원인은 무엇인가 하는 점에 대해서는 이상에서 말한 대로이다.

제7장

태아로 태어나는 동물의 태아는, 앞에서 말한 것처럼,[277] 탯줄을 모체에
부착시킴으로써 성장해 나간다. 동물에게는 혼의 영양 섭취를 위한 능력도 내재되어 있기 때문에, 이 능력이 자궁을 향해 마치 식물의 뿌리처럼 탯줄을 직접 내보내게 하는 것이다. 탯줄이라는 것은 칼집에 들어간 혈관을 말하는 것으로, 이것은 대형의 동물에는 복수로 존재하고 있으며, 예를 들면 소나 그와 비슷한 것이 그렇지만, 중형의 동물에는 두 개, 소형의 동물에는 하나가 존재하고 있다. 자궁은 많은 혈관의 한계에 해당하기 때문에, 태아는 탯줄을 통해 혈액 형태의 영양을 받아들인다.[278]
그런데 위턱에 송곳니(앞니)가 없는 동물 그 모두에서, 또 위턱과 아래턱 모두에 송곳니가 있는 동물에서는 그 자궁이 그곳을 관통하는 하나의 굵은 혈관을 갖지 않고, 하나의 혈관 대신 다수의 혈관이 밀집하여 그곳을 관통하고 있는 것에서 '태반엽'이라고 불리는 것[279]이 자궁 안에 있고, 거기에 탯줄이 접합하여 부착되어 있다. 즉 탯줄을 경유한 혈관은

---

277 제2권 제4장 740a27 아래 참조.

278 제2권 제4장 740a30-35 참조.

279 태반엽(kotulēdōn)은 동물의 임신 중에 자궁의 모체의 측면(즉, 태반)에 형성되는 술잔 모양의 조직을 말한다. 『동물 탐구』 제3권 제1장 511a29 참조.

여기저기로 뻗어 나가 자궁의 모든 방면으로 나누어지고 있다. 태반엽은 이들 혈관이 도달한 곳에서 생성해서[280] 자궁 쪽으로 돌출한 면을 향하고 있는 반면, 태아 쪽으로는 움푹 팬 면을 향하고 있다. 자궁과 태아 사이에는 태막(chorion)과 여러 개의 막[281]이 존재한다. 태반엽은 태아가 성장하고 완성되어 감에 따라 작아져 태아가 완성에 이르렀을 때 최종적으로 소실된다.[282] 즉 자연은 태아를 위해 자궁에서 나오는 혈액상의 영양을 미리 그곳에 모아 두는 것으로 유방에 미리 젖을 모아 두는 것과 마찬가지이다.[283] 태반엽은 다수의 것에서 조금씩 응집되어 가기 때문에, 그 본체는 발진이나 염증과 같은 양상을 띠게 된다. 그런데 태아가 아직 작아서 많은 영양을 섭취할 수 없는 동안에는, 그것은 크고 눈에 띄지만, 태아가 성장하고 나서는 위축되어 간다.

　뿔이 없는[284] 동물로, 게다가 위턱과 아래턱 모두에 앞니가 있는 것[285]

35

746a

5

280　745b33: 대본의 제안에 따라 "거기에 탯줄이 접합되어 부착되어 있다. … 태반엽은 이러한 혈관이 도달한 위치에서 생성되며"(pros has ho omphalos sunaptei kai prospephuken. … hē[i] de perainousi tautē[i] gignontai hai kotulēdones)라는 구절을 보충해서 읽는다(Loeb 참조).

281　제2권 제4장 각주 169 참조.

282　『동물 탐구』제9권(7권) 제8장 586b10-12 참조.

283　이러한 맥락 속에서 '자연' 개념에 대해서는 제1권 제15장 각주 125 참조.

284　문자적으로 '손상된', '성장을 저해 받은'이다. 여기서는 '뿔이 없는'이라는 의미이다.

285　아리스토텔레스는 뿔과 이빨은 모두 뼈를 형성하는 것과 동일한 '잉여물'로부터 형성된다고 생각했다. 뿔이 있는 동물에서는 이 잉여물이 뿔의 형성에 이용되므로, 위턱에 앞니(송곳니)가 없게 되고, 이 대목처럼 '뿔이 없는 동물'의 경우에는 뿔을 형성해야 하는 잉여물이 위턱과 아래턱 양쪽에 앞니를 형성하는 데 이용된다는 것이다. 이 점에 대해서는『동물의 부분들에 대하여』제3권 제2장 663b29 아래("이런 까닭에 뿔이 있는 동물에는 위아래 턱에 가지런히 나는 완전한 이빨[자르는 이빨]이 없는 것이다. 그것들은 위턱에 앞니가 없으니까. 즉 자연은 거기에서 [질료를] 떼어 와서 뿔에 덧붙인 것이며, 그 이빨에 할당되어야 할 영양분을 뿔의 성장을 위해 다 써 버리고 있다") 참조.

의 대부분은 자궁 내에 태반엽을 가지지 않고 탯줄은 하나의 혈관으로 뻗어서, 이 혈관은 굵기가 있어서 자궁을 관통하고 있다. 이러한 동물 중 어떤 것은 하나의 새끼를 낳으며 어떤 것은 여러 새끼를 낳는데, 태아가 여럿의 태아일 경우라도 하나인 경우와 같다. 이러한 점들은 『해부집』에 그려져 있는 본보기(paradeigma)와 『동물 탐구』에 그려져 있는 본보기를 바탕으로 확인해 볼 필요가 있다.[286] 즉 어린 동물은 한 개의 탯줄에서 연결되어 생성되고 있으며, 탯줄은 한 개의 혈관에서 연결되어 생성하고 있는데, 이것들은 마치 수로를 따라 달리듯, 달리고 있는 한 개의 혈관을 따라 서로 나란히 이어져 있다. 각각의 태아 주위를 여러 개의 막과 장막[287]이 둘러싸고 있다.

아이는 자궁 안에서 어떤 살 조각 같은 것을 흡수함으로써 길러진다고 주장하는 사람들[288]이 있지만, 그들의 주장은 옳지 않다. 그렇다고 한다면 사람 이외의 다른 동물에서도 동일한 일이 일어날 것이지만, 현실에서는 그것을 볼 수 없다(이것은 해부를 통해 쉽게 확인할 수 있다). 또 모든 동물의 태아에게 ── 비행하는 동물의 태아든, 헤엄치는 동물의 태아든, 육생동물의 태아든 ── 마찬가지로 얇은 막이 그것들을 감싸고 있으며, 이 막이 자궁에서뿐만 아니라 자궁 내에 생기는 액체에서도 태아를 분리하고 있는데, 그 막 자체 속에도 살 조각 같은 것은 아무것도 존

---

286 '본보기'는 도해(圖解)와 같은 것을 가리키는 것으로 여겨지기 때문에 『동물 탐구』 및 『해부집』(『동물의 발생에 대하여』 제1권 제11장 각주 97 참조)이 동물 신체의 여러 부분, 여러 기관 등에 관한 그림을 포함하고 있었음을 시사한다. 『동물 탐구』 제1권 제17장 497a32("해부학에서의 도해로부터"[ek tēs diagraphēs tēs en tais anatomais])와 제4권 제1장 525a8-9("해부적 도해에서"[en tais anatomais diagraphēs]) 참조.

287 제2권 제4장 각주 169 참조.

288 데모크리토스, 「단편」 DK68A144 참조.

재하지 않으며, 이 막을 통해서 태아가 무언가를 누리는 것[289]도 있을 수 없다. 이에 반해, 알로 태어나는 동물은 모두 모태에서 벗어난 후에 모태 밖에서 성장을 해 나가는 것이 분명하며, 따라서 이와 같이 주장하는 사람들은 데모크리토스가 그렇듯, 올바른 주장을 하는 것이 아니다.[290]

짝짓기는 동일한 유에 속하는 동물 사이에서 이루어지는 것이 자연 적으로 적합하지만, 몸의 크기가 비슷하며 임신 기간도 같으면, 가까운 **30** 자연 본성을 가지면서 종에서 차이가 크지 않은 동물끼리도 일어난다. 그런 교차로 태어나는 것은 다른 동물에서는 드물지만, 개, 여우, 늑대, [또 자칼의][291] 경우에는 그런 것이 태어난다.[292] 개를 닮은 어떤 야생동 **35** 물과 개의 결합으로부터 탄생하는 인도 개[293]도 그에 해당한다. 자주 짝 **746b** 짓기를 하는[294] 조류의 경우에도 그런 일이 일어나는 것이 이미 목격되 고 있으며, 예를 들어 자고새와 암탉의 경우가 그렇다.[295] 갈고리발톱을 가진 것으로는 매(송골매)가 종이 다른 것끼리 서로 짝짓기하는 것으로 생각된다. 그 밖의 몇 종류의 조류의 경우도 동일하다. 바다에 사는 동 **5** 물의 경우에는 특별히 언급할 만한 것은 목격되지 않았지만, 특히 '줄가

---

289 영양을 받아들이는 것.

290 746a28-28: 대본의 제안에 따라 "따라서 이와 같이 주장하는 사람들은 데모크리토 스가 그렇듯, 올바른 주장을 하는 것이 아니다"(hôste legousin ouk orthôs hoi legontes houtôs hôsper Dēmokritos)를 보충해서 읽는다.

291 746a34: 대본의 제안에 따라 "또 자칼"(kai thōōn)을 보충해서 읽는다(Loeb 참조).

292 늑대와 개의 잡종, 또 여우와 개의 잡종('라코니아 개')에 관한 보고로는 『동물 탐구』 제7권(8권) 제28장 607a1-3 참조.

293 『동물 탐구』 제7권(8권) 제28장 607a3-8 참조.

294 문자적으로는 '외설스러운'(ocheutikos) 것들.

295 제2권 제4장 738b32 참조. 새들은 흔히 '짝짓기'(aphrodisia)를 좋아하는 경향이 있다 (『동물 탐구』 488b4-7). 대개 수북하게 덮인 '털'은 '호색적 인간'의 징표이다(『관상학』 808b5-6).

오리'[296]라고 불리는 물고기는 가오리(rhinē)와 납작한 물고기(batos)[297]가 짝짓기해서 태어난다고 여겨진다. 리뷔에에 관련해서, 속담 중에 '리뷔에는 끊임없이 무언가 새로운 것을 키운다'[298]라고 말해지는 것도 같은 유가 아닌 것끼리라도 서로 짝짓기하기 때문이다. 그 땅에서는 물이 부족하기 때문에, 모든 동물은 작은 못과 늪이 있는 얼마 안 되는 장소를 목표로 해서, 거기서 만남으로써 같은 유가 아닌 것끼리라도 짝짓기 하는 것이다.[299]

그런데 다른 종끼리의 짝짓기에 의해서 태어나는 것들 중, 노새를 제외한 동물은 그 동물끼리 서로 짝짓기하거나, 또 다른 종류의 동물과 짝짓기하거나 함으로써 암컷과 수컷을 낳을 수 있음이 분명한 반면, 이와 같은 동물 중에서 노새[300]만은 유일하게 생식력이 결여되어 있다. 즉 노새끼리 짝짓기를 해도, 또 다른 종류의 동물과 짝짓기를 해도 새끼를 낳

---

296 rhinobatos(rhinobatēs). '리노바테스'(rhinobatēs)에 대해서는『동물 탐구』제6권 제11장 566a26-30("전자리상어와 가오리를 제외한 자신의 종 밖에서 짝을 갖는 관찰된 물고기는 없다. 리노바테스라고 불리는 머리와 앞부분을 가진 물고기가 있으니까") 참조. rhinobatēs를 '전자리상어'(angelfish)라고 말하기도 하는데(Platt), 이에 대해서는『동물 탐구』540b11 참조.

297 batos('납작한 물고기')는 넙치, [노랑]가오리, 홍어(skate)류를 가리킨다. 톰슨(Thompson)은 이것을 상어(shark, Platt)와 다른 '홍어'(skate)로 본다.『동물의 부분들에 대하여』제4권 제13장 695b27, 696a26 참조.

298 『동물 탐구』606b19 아래 참조.

299 리뷔에(아프리카 아이귑토스 서쪽의 지중해 연안 지역인 리비아)의 동물 특성 등에 관한 동일한 보고에 대해서는『동물 탐구』제7권(8권) 제28장 606b17 아래 참조.『동물의 부분들에 대하여』에서는 타조(리뷔에의 참새)의 특징이 자주 언급되고 있다.

300 '노새'(oreis)는 수컷 당나귀와 암컷의 말 사이에서 태어난 것을 일컫는다. 한편, 수말과 암탕나귀 사이에서 태어나는 새끼는 버새(hinny)라고 불린다. 아리스토텔레스는 양자를 함께 '반(¥)-당나귀'(hemionos, 이 장의 746b20)라는 유에 포함시키며, 양자를 구별하고 있지 않다. 제2권 제8장 747b11-12 참조.

는 일이 없다는 것이다.[301] 무엇보다도 수컷 또는 암컷이 생식력이 부족한 것은 어떤 원인에 의한 것인가 하는 것이 일반적인 문제이다. 사실 인간의 여자에게도 남자에게도 생식력이 결여된 자가 있으며, 인간 이외의 다른 동물이라도 각각의 유에서 생식력이 결여된 것이 있는데, 예를 들면 말이나 양의 경우가 그렇다. 그러나 이것, 즉 반-당나귀(노새)의 유는 그 전체가 생식력이 결여되어 있다.

그런데 다른 동물의 경우에, 그들이 생식력을 결여하게 되는 데는 복수의 원인이 존재한다. 즉 짝짓기를 하기 위한 장소[302]가 손상된 경우에는 인간의 남자나 여자나 선천적으로 생식력이 부족하게 되며, 그 결과 여자에게는 사춘기 특유의 징후가 나타나지 않으며, 남자에게는 수염이 나지 않고 성적 불능자의 상태가 계속된다. 하지만 나이가 들면서 똑같은 일을 당하는 사람들도 있는데, 어떤 경우에는 몸의 영양 상태가 너무 좋기 때문이고(왜냐하면 여자가 너무 뚱뚱하거나 남자가 건장해지면, 정액적 잉여물이 몸을 위해 소비되므로, 여자에게는 월경혈이 생기지 않고 남자에게는 생식액이 생기지 않기 때문이다[303]), 어떤 경우에는 병 때문에 남자는 액상으로 차가워진 정액을 방출하는 반면, 여자의 경우에는 월경혈의 정화가 소량이고, 게다가 병적인 잉여물로 가득 차게 되기 때문이다. 하지만 대다수의 남녀의 경우, 이러한 상태가 생기는 것은 남녀가 성교를 하기 위한 부분과 장소가 손상되어 있는 것이 그 원인이다. 그러한 자들 중 어떤 자는 치유 가능하고 어떤 자는 치유 불가능하지만, 생식력이 결여된 상태가 더욱더 계속되는 것은 몸의 여러 부분이 처음 형성

---

301 『동물 탐구』 제6권 제24장 577b20-21에는 수컷 노새와 다른 종에 해당하는 암컷의 말 사이에 innos('노새말')가 태어난 예를 보고하고 있다.

302 남자와 여자의 성기.

303 이 점에 대해서는 제1권 제18장 725b31 아래 참조.

되어 가는 단계에서 그렇게 된 자들이다. 즉 여자는 외모가 남자다워지고 남자는 여자다워지고, 또 여자에게는 월경혈이 생기지 않는 반면, 남자에게는 정액이 희박하고 차가워진다.

 그러므로 남자의 정액을 물에 넣고 그것이 생식력이 부족한지 시험을 통해 알아내는 것은 이치에 맞다. 왜냐하면 희박하고 차가운 정액은 수면에서 재빨리 확산되는 반면, 생식력이 있는 것은 바닥으로 가라앉기 때문이다. 즉 숙성된 것은 뜨겁고 응축되어 있으며, 진한 것은 숙성된 상태에 있는 것이다.[304] 여자의 경우에는 좌약을 음부에 삽입함으로써 약 냄새가 하체에서 상체로 넘어오고 숨에 섞여 밖으로 뿜어져 나오는지를 살피거나, 색소를 섞은 바르는 약을 눈에 발라 줌으로써 입안의 타액이 그 색깔로 물드는지를 알아보기도 한다.[305] 그렇게 되지 않으면 잉여물[306]이 분리될 때 통과하기 위한 관이 막혀서 한데 합하여 붙어 있는(合着) 상태의 몸임이 밝혀진다는 것이다. 왜냐하면 눈 주변의 장소는 머리 부분에서 정액에 가장 가까운 성질을 가지고 있기 때문이다. 이 사실을 밝혀 주는 것은 남녀가 성교했을 때 단지 그 장소만 눈에 띄게 변한다는 것이며, 성행위를 여러 번 반복하는 사람들은 두 눈이 움푹하게 패이는 것을 명료하게 볼 수 있다. 그 원인은 생식액의 자연 본성이 뇌의 자연 본성과 비슷하다는 점에 있다.[307] 왜냐하면 생식액의 질료는 원래 수

---

304 숙성된 '정액'은 그렇지 않은 것에 비해 뜨겁다. 그러한 상태에 있는 것은 응축된 '정액'이며, '정액'은 응축할 정도로 생식력도 높다고 생각되고 있다. 제4권 제1장 765b2–4 참조.

305 이러한 검사법에 대해서는 힙포크라테스, 『여성의 자연 본성에 대하여』 제96절 및 『부인병』 제1권·제2권, 『불임증에 대하여』로 구성된 일련의 논고의 제214절 참조.

306 여자가 제공하는 월경피.

307 '정액'을 뇌와 연관시키는 생각은 이탈리아 남부 도시 크로톤 출신의 의학자이자 철학자인 알크마이온(기원전 6세기)으로 거슬러 올라간다. 알크마이온, 「단편」 DK24A13

분적인 것이며, '뜨겁다'라는 성질은 획득한 것이기 때문이다.[308] 또, 정액적인 잉여물[309]의 정화가 일어나는 것은 격막(횡경막)으로부터이다. 왜냐하면 자연의 시원은 거기서 유래하고, 그 결과 생식기로부터의 운동은 그곳을 관통하여 흉부에 이르게 되기 때문이다. [여성의 음부에 삽입한] 좌약의 냄새는 모두 흉부에서 나와 숨을 통해 냄새의 감각을 일으키는 것이다.

그런데 사람이나 사람 이외의 동물류에서는 앞에서 말한 것처럼, 그러한 결손[310]은 그 유의 일부에서 볼 수 있을 뿐이다.

20

제8장

반면, 반(半)-당나귀류는 전체에 걸쳐 생식력이 부족하다. 그 원인에 대해서는 엠페도클레스와 데모크리토스도 주장하고 있는 바인데 ── 엠

25

참조. 플라톤, 『티마이오스』 91a4-d6 참조.

308 '생식액'은 '최종 단계의 영양'에 해당하는 혈액의 잉여물로서, 심장 내의 '혼의 열'의 작용에 의해 형성된 것이므로, 그 안에 포함된 열은 생식액에 고유한 속성이 아니라는 것이다. 아리스토텔레스는 '혈액'에 대해서도 같은 견해를 제시한다. 『동물의 부분들에 대하여』 제2권 제3장 649b21 아래("다시 말해 '피에서 피인 것이 원래 무엇인가 하는 그런 것'을 생각하면 뜨거운데('끓는 물'이 어떤 하나의 이름으로 지시되었다면 그렇게 말하는 것처럼), 다른 한편으로는 피의 기체, 즉 그때 피인 바의 그것은 뜨겁지 않다. 피는 그 자체로는 어떻게 보면 뜨겁지만, 다른 의미에서는 뜨겁지 않다. 왜냐하면 '흰 사람'의 정의(logos)에 '흼'이 속하는 것처럼, 피의 정의에는 '뜨거움'이 속하게 되겠지만, 피가 파토스(겪음의 작용)에 의해 뜨겁다고 하는 한, 피는 그 자체로 뜨거운 것은 아닌 셈이다. 건과 습에 대해서도 마찬가지이다") 참조.

309 여성이 제공하는 월경피.

310 생식력이 불능이라는 것.

페도클레스가 주장하고 있는 것은 정확하지 않고, 데모크리토스가 주장하고 있는 것은 이해하기 더 쉽지만, 양자가 말해 온 것은 모두 훌륭하지 않다. 왜냐하면 그들이 주장하고 있는 바는 [반-당나귀를 낳는 것뿐만 아니라] 동류성(suggeneia)에 어긋나서[311] 짝짓기하는 모든 동물에게 똑같이 들어맞는 논증이기 때문이다.

30   먼저 데모크리토스는 '반-당나귀라는 것은 애당초 같은 동물끼리 태어나지 않았기[312] 때문에, 자궁 내 관이 망가진 것'이라고 주장한다.[313] 이것은 반-당나귀 이외의 다른 동물에게도 해당되지만, 그들이 새끼를 낳는 것은 유를 같이 하는 것끼리 짝짓기하는 동물에 뒤지지 않지만, 만일 이러한 것이 반-당나귀가 생식력이 부족한 것의 원인이라면,[314] 그와 같은 동류성에 어긋나는 방식으로 짝짓기하는 다른 동물도 마찬가지로 생식력이 부족하게 될 것이다.

35   이에 대해서, 엠페도클레스는 '부모가 방출하는 생식액은 모두 연하
747b 지만, 거기에서 생기는 정액의 혼합물은 촘촘한 성질의 것이 된다'라는 것으로 그 원인을 돌리고 있다.[315] 즉 '정액의 움푹 패인 부분이 촘촘한 부분과 서로 조합되어 그러한 조합에 의해 연한 것에서 단단한 것이 생기는 것이고, 그것은 마치 청동이 주석에 섞였을 때와 같다'라고 주장한

---

311 '동류성(同類性)에 어긋나서'(para tēn suggeneian)라는 것은 '낳는 것끼리 같은 유(genos)에 속한다', 즉 '공통의 자연 본성을 가진다는 관계를 벗어난 방식으로'를 의미한다. 『동물 탐구』 제6권 제11장 566a26-27("어떤 물고기도 자신의 동류성에 어긋나서 짝짓기하는 것이 관찰되지 않았다") 참조.

312 즉 상이한 종의 아비와 어미(부모)로부터.

313 데모크리토스, 「단편」 DK68A149, DK68A151 참조.

314 즉 데모크리토스의 설명이 맞다면.

315 엠페도클레스, 「단편」 DK31A82, DK31B92 참조.

다.[316] 그러나 청동과 주석에 관해서 그가 원인으로 주장하는 것은 옳지 않으며(이것들에 관해서는『문제집』에서 말한 바와 같다[317]), 일반적으로 **5** 받아들이자면 애초부터 그는 인식될 수 있는 것[318]에 기초하여 자신의 논증 원리를 내세우지 않았다. 그렇다고 해도, 이 '움푹 패인 부분'과 '딱 딱한 부분'[319]이 서로 조합됨으로써, 포도주와 물의 혼합물과 같은 혼합 물이 어떻게 생긴다는 것인가? 이러한 주장은 우리의 이해력을 넘어서 고 있다. 다시 말해 포도주와 물의 '움푹 패인 부분'이라고 하는 것을 어 **10** 떻게 파악해야 하는가 하는 것은 우리의 감각을 크게 벗어나고 있다.

게다가 말의 부모에서 말이 태어나고, 당나귀의 부모에서 당나귀가 태어나고, 말과 당나귀에서는 어느 쪽이 수컷이든 암컷이든 어느 경우 든 간에 반-당나귀[320]가 태어나게 되므로, 말과 당나귀에서 방출되는 것 은 매우 촘촘한 성질이 되어서 태어난 것[반-당나귀]이 생식력을 결여 하게 되는 데 반해, 암컷 말과 수컷 말 또는 암컷 당나귀에서는 생식력이 **15** 결여된 것이 태어나지 않는 것은 무엇 때문일까? 그렇지만 수컷 말의 정 액도 암컷 말의 정액도 연하며, 또 암컷 말도 수컷 말도 당나귀와, 즉 암

---

316 기존의 번역본(아카넷, 정암학당)은 「단편」 DK31B92를 "엠페도클레스는 [노새가 불 임하는 이유가] 둘[암말과 숫나귀]의 생식기관(gonē)이 말랑말랑한데도 그것에서 나 온 씨들의 혼합물이 단단해지는 탓이라고 말한다. 우묵한 것이 단단한 것과 서로 꼭 들 어맞으면, 그런 일에 의해 그와 같은 말랑말랑한 것들로부터 단단한 것이 나온다고 그 는 말한다. 마치 주석과 섞인 청동처럼"으로 번역되어 있다. 번역의 수정이 필요하다.

317 여기에 대응하는 부분은 적어도『문제집』(Problēmata)이라는 제목의 현존하는 저작에 서는 찾아볼 수 없다.

318 『분석론 후서』제2권 제19장 100b9-10("논증의 원리는 [논증되는 것보다] 더 잘 인식 되는 것이다") 참조.

319 성질의 속성을 표시하는 말은 헬라스어로 puknos(촘촘한), malakos(연한, 부드러운), sklēros(단단한), stereos(딱딱한)이다.

320 제2권 제7장 각주 300 참조.

컷 말은 수컷 당나귀와 수컷 말은 암컷 당나귀와 짝짓기한다.[321] 게다가 엠페도클레스가 말하는 바로는, 양자의 어느 쪽으로부터도[322] 생식력이 결여된 것이 태어나는 것은 [앞에서 설명한] 그것이 원인이며, 그 정액은 연한데 양쪽이 하나가 되어 뭔가 '촘촘한 것'[323]이 생기기 때문이라는 것이다. 만일 그렇다면, 수말과 암말에서 생기는 것도 그럴 것이다. 만일 암말만이 짝짓기한다면, 그것이 당나귀의 생식액과 동질이 아니라는 것이 반-당나귀가 새끼를 낳지 않는 것의 원인에 해당한다고 주장할 수도 있었을 것이다. 하지만 현실에서 암말이 당나귀와 짝짓기할 때의 당나귀의 생식액은 암말과 유를 같게 하는 것[수말]의 생식액과 같은 성질을 띠는 것이다.

더욱이 [엠페도클레스는] 이상의 논증을 반-당나귀의 암컷과 수컷 모두에 대해서도 동일하게 적용하고 있다. 하지만 사람들이 말하는 바로는 '수컷은 일곱 살이 되면 새끼를 낳는다'라는 것에 비해, 암컷은 생식력이 완전히 결여되어 있다. 암컷이 그런 것은, 반-당나귀 암컷이 배아를 잉태한 예는 있었지만 그것이 완성에 이르기까지 자라게 할 수 없었기 때문이다.[324]

그러나 아마도 논리에 근거하는 논증 쪽이 지금까지 우리가 말해 온 것보다 한층 설득적인 것처럼 보일지도 모른다. 내가 '논리에 근거한다'(logikē)라고 말하는 것은, 그것이 일반적일수록 대상에 속하는 고유의 원리로부터 멀어져 가기 때문이다. 다음과 같은 논증이 거기에 해당

---

321 즉 말의 암컷과 수컷은 반대로 당나귀의 수컷과 암컷과 짝짓기한다.

322 암말과 수컷 당나귀의 짝 및 수말과 암컷 당나귀의 짝.

323 747b19: 대본의 제안에 따라 "촘촘한"(puknon)을 보충해서 읽는다(Loeb 참조).

324 『동물 탐구』 제6권 제24장 577b19-23 참조.

한다. 즉 종을 같이하는 동물의 수컷과 암컷으로부터는 낳은 부모들과 종을 같이하는 동물의 수컷 또는 암컷이 태어나는 것이 자연 본성에 맞는 것이며, 예를 들어 수컷 개와 암컷 개에서는 수컷 개 또는 암컷 개가 태어나고, 종에서 다른 것끼리는 양자의 모두 종에서 다른 것이 태어난다. 예를 들어 개는 사자와 종에서 다르므로, 수캐와 암사자로부터는 양자의 모두 종에서 다른 것이 태어나고, 수컷 사자와 암컷 개에게서도 양자의 모두 종에서 다른 것이 태어난다. 따라서 반-당나귀의 수컷과 암컷이 태어나는 경우는 이것들이 종에서 서로 차이가 없지만, 반-당나귀는 말과 당나귀로부터 태어나는 것이며, 이것들과 반-당나귀는 종에서 다르므로 반-당나귀로부터 무엇인가가 태어나는 일은 불가능하다. 왜냐하면 반-당나귀의 수컷과 암컷에서 그것들과 다른 동물의 유가 태어나는 일은 있을 수 없다는 것인데, 그 근거가 '종을 같이하는 동물의 수컷과 암컷에서는 낳은 부모들과 종에서 같은 것이 태어난다'라는 점에 있는 것에 비해, 반-당나귀의 수컷과 암컷으로부터 반-당나귀가 태어날 수도 없다는 것인데, 그 근거는 '반-당나귀는 종에서 서로 다른 말과 당나귀로부터 태어난다'라는 것이며, 거기에서는 '종에서 다른 것끼리는 양자의 모두 종에서 다른 동물이 태어난다'라는 것을 전제로 하고 있었기 때문이다.[325]

그런데 이 논의는 너무나 일반적이기 때문에 내용이 공허하다. 즉 대상에 고유한 원리로부터 출발하지 않는 이론은 공허하며,[326] 대상에 관

35

748a

5

---

325 이러한 전제를 받아들일 경우, 반-당나귀는 '말과 당나귀에서 태어나지 않는다'라는 결론이 된다.

326 경험 일반(직관)에 근거하지 않은 이론(개념)은 공허하다(kenos)는 것이다. '개념 없는 직관, 직관 없는 개념'을 언급하는 것으로 해석된다. 이 책에서 아리스토텔레스는 생물학의 방법론으로서 '이론과 경험'의 일치의 중요성을 자주 강조한다. 자연 연구에서

계되는 것처럼 보이지만 실은 그렇지 않다. 예를 들어 기하학에 관한 이
론은 기하학에 [속하는] 고유한 원리에서 출발하는 이론이며, 이는 다른
이론에 관해서도 마찬가지이다. 이에 비해 공허한 것이란 '무언가'인 것
처럼 보이지만 실은 아무것도 아닌 것이다. 그런데 이 논의도 참이 아니
지만, 그 근거는 앞에서 말한 것처럼[327] 종을 같이 하는 것끼리로부터 태
어나지 않은[328] 것이라도 그 대부분이 생식력을 가지고 태어난다는 점에
있다. 그래서 그 밖의 다른 사항에 관해서도 그렇지만, 특히 자연에 관
한 사항에 관해서는 이와 같은 방식으로 탐구해서는 안 된다.[329] 이에 대
해, 반-당나귀가 생식력이 부족하다는 점에 대해 말류와 당나귀류에 내
재된 속성을 고찰한다면, 그 원인을 더 엄밀하게 파악할 수 있을 것이다.
첫째, 이들 동물[말과 당나귀]은 모두 유가 동일한 것끼리 새끼를 한 마
리밖에 낳지 않는다는 것이며, 이어서 [두 번째로] 암컷은 수컷에 의해
언제든지 임신한다는 것은 아니라는 점이고, 그러므로 사람들은 일정한
간격을 두고 수말을 암말과 교미시킨다는 것이다.[330] 확실히 암말에는

의 감각(aisthēsis)과 이론(logos)의 관계 중요성에 대한 언급에 대해서는 제3권 제10장
760b29-33 참조.

327 제2권 제7장 746b12 아래의 논의 참조.

328 748a12: 대본의 제안에 따라 "종을 같이하는 것끼리로부터(ex homoeidōn) 태어나지
않은" 것에서, 전치사 'ex'를 보충해서 읽는다(Loeb 참조).

329 '자연에 관한 사항'(ta phusika)에 적합한 탐구 방법에 대해서는 『동물 탐구』 제1권 제
6장 491a7 아래, 『동물의 부분들에 대하여』 제1권 제1장 639a12로부터 제1장 끝까지에
걸쳐서 논의되는 12가지의 탐구 기준 참조("따라서 분명히 자연에 대한 탐구에도 다음
과 같은 기준이 있어야 한다. 즉 진실은 어떠한가, 이런가 혹은 저런가 하는 것과는 별개
로 증명되는 그 방식을 받아들이기 위해 참조하게 되는 어떤 한정하는 기준이 있어야만
한다. …").

330 748a19-20: 대본의 제안에 따라 "암말은 수말의 체중을 지속적으로 지탱할 수 없기 때
문이다"(dia to mē dunasthai sunechōs pherein)를 삭제한다(Loeb).

월경혈이 현저하게 보이지 않고, 그것이 방출하는 양은 네 발의 동물 중에서 가장 적다. 이에 반해 암탕나귀는 수컷의 교미를 받지 못하고, 받아들인다고 하더라도 수컷의 생식액을 소변과 함께 흘려 버리고 만다. 사람들이 짝짓기한 다음에 암탕나귀의 뒤를 쫓아 이것을 채찍으로 때리는 것은 그 때문이다.[331]

게다가 당나귀라는 동물은 몸이 차갑기 때문에, 일 년 내내 겨울과 같은 기후 지역에서는 그 자연 본성이 추위를 견디지 못하기 때문에 좀처럼 생산하지 못한다. 예를 들면 스퀴타이인들이 살고 있는 지방[332]이나 그곳과 경계를 접하는 지역이 그렇고, 이베리아 지방을 넘어, 켈트인들이 사는 지방[333]에서도 당나귀는 좀처럼 생산하지 못한다.[334] 이 지역도 춥기 때문이다. 또한 이러한 이유로 사람들이 씨받이 동물을 당나귀와 교미시키는 것도 말의 경우처럼 춘분의 시기가 아니라 하지 무렵인데, 이는 당나귀 새끼가 더운 계절에 태어나게 하기 위함이다. 사실상 당나귀는 교미한 계절과 같은 계절에 태어난다. 왜냐하면 말도 당나귀도 임신 기간은 1년에 이르기 때문이다.

이미 말했듯이,[335] 당나귀는 자연 본성에서 몸이 차갑기 때문에 그런 동물의 생식액도 필연적으로 차가울 수밖에 없다. 그 징표는 다음과 같

331 『동물 탐구』 제6권 제23장 577a22-25 참조("암탕나귀는 1살 때 임신하고 새끼를 키우는 것으로 알려져 있다. 수컷과 교미한 후 방해받지 않는 한 소변과 함께 정자를 배출하며, 이러한 이유로 교미 후 대개는 뒤를 쫓아 때리는 것이다. 열두 번째 달에 그 새끼를 낳는다. 보통 새끼를 한 마리만 낳고, 그것이 자연적인 숫자이다. 그러나 가끔은 쌍둥이를 낳기도 한다.").

332 흑해 북안에서 서북안에 걸친 지역.

333 이베리아 지방(현재의 스페인) 북쪽에 위치한, '갈리아'라 불리던 지역.

334 『동물 탐구』 제7권(8권) 제25장 605a20-22, 제28장 606b2-5 참조.

335 이 장의 748a22-23 참조.

은 점이다. 즉 그 일로 해서, 수탕나귀와 교미한 후의 암말에 말이 올라타더라도 수탕나귀와의 교미에서 암말이 잉태한 것을 망치지는 않지만, 말과 교미한 후의 암말에 수탕나귀가 올라타면 당나귀의 정액은 차갑기 때문에 말과의 교미에서 암말이 잉태한 것을 망치게 된다는 것이다.[336] 그런데 말과 당나귀가 서로 짝짓기할 때, 암컷이 잉태한 것은 한쪽의 열 덕분에 보존된다. 왜냐하면 말로부터 분리되는 것은 열을 띠고 있기 때문이다. 즉 당나귀에 속하는 것은 그 질료도 생식액도 차가운 데 비해,

말에 속하는 것은 더 따뜻하다는 것이다. 수컷 말의 따뜻한 것이 암컷 당나귀의 차가운 것과 섞이거나, 또는 수컷 당나귀에서 오는 차가운 것이 암컷 말의 따뜻한 것에 섞이면, 이로부터 생긴 배아 그 자체는 보존되고, 그것들이 서로 섞일 때에는 생식력을 가지는 반면, 이로부터 생성된 것은 더 이상 생식력을 갖지 못하며, 완전한 새끼를 낳기 위한 생식력을 결여하게 된다.

일반적으로 당나귀와 말은 모두 생식 불능이 되는 경향을 갖고 타고났다. 당나귀에게는 이미 말한 바와 같은 여러 성질을 갖추고 있을 뿐만

아니라, 첫 이빨이 빠진 후에[337] 새끼를 낳기 시작하는 일이 없다면, 당나귀는 더 이상 새끼를 결코 낳지 못한다. 당나귀의 몸은 그만큼 생식 불능에 빠지기 쉽다. 말에 대해서도 마찬가지이다. 말도 생식 불능이 되는 경향을 타고나서 완전히 생식 불능의 상태가 되어 버리는 데 아직도 무언가 여지를 남긴다면, 그것은 말로부터의 방출물이 더욱 차가워진다는 것 정도이다. 이러한 일이 일어나는 것은, 말에서 나온 방출물이 당나귀에서 분리된 것과 섞였을 때이다.

---

336 『동물 탐구』 제6권 제22장 577a13-15, 제23장 577a26-28 참조.

337 생후 30개월이 경과한 단계. 『동물 탐구』 제6권 제23장 577a18-19 참조.

당나귀도 마찬가지여서, 종을 같이 하는 것끼리 고유한 짝짓기에 의
해서도 당나귀가 생식력이 부족한 것을 낳기에 부족한 것은 극히 드물
고, 따라서 거기에 자연에 거슬리는 일이[338] 보태진다면, 종을 같이 하는
것끼리 고유한 짝짓기할 때에 당나귀가 낳을 수 있는 것은 기껏해야 한
마리였으므로, 종이 다른 것들끼리로부터 태어난 것은 한층 더 생식력
이 부족하고, 게다가 그것은 자연에 어긋나고 있는 것이기 때문에, 생식
력을 가지지 않는 것에 부족한 것은 아무것도 없으며 그것이 생식 불능
이 되는 것은 필연적이라고 할 것이다.

또한 반-당나귀의 몸은 대형화되어 가는데, 이는 월경혈을 형성하기
위한 분리가 몸의 성장으로 향하기 때문이다. 이런 종류의 동물의 임신
기간은 1년에 이르기 때문에, 반-당나귀는 새끼를 낳을 뿐만 아니라 새
끼를 모태 내에서 길러야 한다. 이것은 월경혈이 생기지 않으면 불가능
하다. 그러나 반-당나귀의 암컷은 월경혈이 생기지 않으며, 불필요한
것은 방광으로부터의 잉여물과 함께 배설되며(반-당나귀의 수컷이 다
른 단제(單蹄) 동물처럼 암컷의 음부의 냄새를 직접 맡는 것이 아니라 배
설된 잉여물 그 자체의 냄새를 맡는 것도 그 때문이다), 그 이외의 다른
것들은 몸의 성장과 성체의 크기로 향하게 된다. 따라서 암컷이 새끼를
갖는다는 것[임신]은 때로는 있을 수 있으며, 그것이 현실에서 일어나는
것은 분명하지만, 새끼가 완성에 이르기까지 길러서 그것을 분만하는
것은 있을 수 없다.

이에 반해, 반-당나귀 수컷은 때로는 새끼를 낳는 것이 가능한데, 그
것은 수컷이 암컷보다 자연 본성에서 몸이 따뜻하기 때문이며, 더구나
수컷은 짝짓기 중에 물체적인 것을 아무것도 제공하는 일이 없기 때문

---

338 당나귀와 말이라는 다른 종끼리의 교미.

이다. 하지만 완성해서 태어난 것은 긴노스(ginnos)[339]가 된다. 이것은 훼손된 반-당나귀이다. 즉 자궁 내에서 배아가 병에 걸리면 암말과 수컷당나귀로부터도 그런 것이 생겨난다는 것이다. 긴노스라는 것은 돼지의 경우에 메타코이론(metachoiron)[340]이라는 것에 해당한다. 즉 돼지의 경우에도, 암돼지의 자궁 내에서 손상된 것은 메타코이론이라 불리고 있어서 돼지에 해당하는 것들 중에서 그러한 것이 태어날 수 있다. 퓌그마이오이족[341]도 똑같이 태어난다. 이 사람들도 모체의 임신 중 몸의 여러부분과 전체 크기가 손상된 것으로, 메타코이론들(metachoira)이나 긴노스들(ginnoi)과 같은 것이다.

---

339 『동물 탐구』 557b21 참조. 'ginnos'란 수말과 암탕나귀 사이의 새끼로, 암탕나귀가 임신 중에 병에 걸려서 태어나는 것을 말한다(『동물 탐구』 제1권 제6장 491a2, 제6권 제24장 577b25-26 참조). 그러나 이 대목에서는 '수컷 노새와 암컷 말' 사이에서 태어난 것을 가리킨다.

340 'metachoiron'에 대해서는 『동물 탐구』 제6권 제18장 573b3-6 및 이 책의 제4권 제4장 770b7-9 참조.

341 헬라스 신화에는 두루미와 싸운다고 하는 전설상의 부족(호메로스, 『일리아스』 제3권 6행 참조). 이 부족에 대해서는 『동물 탐구』 제7권(8권) 제12장 597a6-9 참조.

제3권

제1장

이렇게 해서 반-당나귀의 불임에 관해, 또 몸 밖에 태아를 낳음과 동시 749a10
에 그 자신의 몸속에 태아를 낳는 동물[1]에 대해서 말했다. 알을 낳는 유
혈동물의 경우에 발생과 관련된 것은 어떤 면에서 그것들과 육생으로
태아를 낳는 동물과는 유사하며, 모든 것에 대해 거의 같다고 생각할 수
있지만, 어떤 면에서는 서로 차이가 있으며 육생으로 태아를 낳는 동물
과 비교해도 차이가 있다. 일반적으로 그것들 모두는 짝짓기의 결과로 15
서, 즉 수컷이 암컷의 몸속에 생식액을 방출함으로써 발생한다.

알을 낳는 동물 중 새는 질병 때문에 훼손되는 일이 없으면 완성된[2]

---

1 모태 내에 알을 낳고, 배아가 영양분을 저장한 노른자로부터 획득해 모태 내에서 부화
   하는 난태생동물과 구별하여 포유류와 같은 진정한 의미에서의 '태생동물임'을 명확
   히 하고 있다.
2 낳은 후에는 커지는 일이 없다.

딱딱한 껍데기의 알을 낳으며, 새의 알은 모두 속이 두 가지 색[3]이다. 한
편, 어류 중에서도 연골어류는 여러 번 이야기해 온 것처럼[4] 자신의 몸
속에 알을 낳은 후 알이 자궁이 있는 곳에서 다른 곳으로 이동하여 태아
를 낳는 것이며, 그 알들은 껍데기가 연하고 또 속은 한 가지 색[5]이다. 그
러나 연골어류 중 단지 한 종류만인 아귀라고 불리는 물고기는 몸속에
서 태아를 낳지 않는다.[6] 그 원인에 대해서는 나중에 설명해야 한다.[7] 다
른 알을 낳는 어류는 낳는 알이 단색이며, 그것은 미완성 상태이다. 왜냐
하면 어미의 몸 밖에서 성장하므로,[8] 그 원인은[9] 몸속에서 완성하는 알의
경우와 같다.

그런데 자궁에 대해 어떤 차이가 있으며, 어떤 원인으로 그런지는 앞
서 말한 바와 같다.[10] 즉 태아를 낳는 동물 중 어떤 것은 자궁이 위쪽의 격
막[횡격막] 근처에 있고, 다른 것은 아래쪽의 음부 근처에 있다. 위쪽에
있는 것이 연골어류이며, 아래쪽에 있는 것은 몸속에도 또 몸 밖에도 태
아를 낳는 동물[포유류], 예를 들면 사람이나 말이나 다른 그와 비슷한

---

3   노른자와 흰자의 구분이 있는 것.

4   제1권 제10장, 제12장 719b22-23 참조.

5   노른자와 흰자의 구분이 없는 것.

6   실제로는 아귀 이외의 연골어류가 모두 난태생인 것은 아니다. 호랑이상어나 쌩이상
    어처럼 난생인 것도 있고, 백상아리처럼 태생인 것도 있다.

7   제3권 제3장 754a25-31.

8   제1권 제8장 718b7-8 참조. 알 밖에서 영양, 산소, 물을 받아들이는 단단한 껍데기나
    막으로 싸여 있지 않은 '비-폐쇄 알'(non-cleidoic egg)의 경우에 상응하는 것으로 생각
    된다.

9   알을 성장시켜 완성하는 원인.

10 제1권 제3장 716b32-717a10, 『동물 탐구』 제3권 제1장 510b5 아래 참조. 아리스토텔
    레스가 말하는 '자궁'(hustera)은 난소나 수정관을 포함한 암컷의 생식기관 전반을 가
    리킨다.

동물의 각각이 그렇다. 알을 낳는 동물 중에는 알을 낳는 어류처럼 아래쪽에 있는 것도 있고, 새처럼 위쪽에 있는 것도 있다.

새에서는 배아가 저절로[11] 구성되기도 하며, 그것을 어떤 사람은 '풍란'이라 하거나 '서풍란'[12]이라 부르고 있다. 새에서 그런 것이 생기는 것은 잘 날지도 못하고 갈고리발톱도 아니지만, 다산의 새이다. 그 이유는 그 새들에서는 잉여물이 많으며(반면에 갈고리발톱의 새에서는 그러한 분비물이 날개와 날개깃 쪽으로 향하며, 몸이 작고 말라서[13] 뜨겁다), 월경 시의 분비물과 [수컷의] 생식액이란 잉여물이라는 것이다. 날개와 정액은 잉여물에서 생기는 자연 본성의 것으로, 자연은 그 양쪽에 많은 것을 쏟아부을 수 없다.[14]

그 같은 원인으로 갈고리발톱의 새는 잘 짝짓기하는 것도 또 다산도 아니며, 한편 몸이 무거운 새나 잘 날 수 있지만 통통한 새, 예를 들면 [집]비둘기나 그와 비슷한 새는 다산이다. 왜냐하면 몸이 무거워서 잘 날지 못하는 새, 예를 들어 닭이나 자고새, 다른 그와 비슷한 새에게는 그런 잉여물이 많이 생기기 때문이다. 그 수컷들이 교미를 잘하고, 암컷

35

749b

5

10

15

---

11 '저절로'(automatos)는 '자연 발생'에 대해 많이 사용되는데, 여기서는 '수탉과 짝짓기 하지 않고'라는 의미로 사용되고 있다.

12 제3권 제2장 753a22 참조. 『동물 탐구』 제6권 제2장 560a6-8("어떤 사람은 풍란을 서풍 란(zephuria)이라고 부른다. 봄철에 암탉들이 그 바람(pneuma)을 들이마시는 것이 관 찰되기 때문이다") 참조. zephuria는 '서풍'을 의미한다.

13 몸이 딴딴히 굳어 있는 것.

14 『동물의 부분들에 대하여』 제4권 제12장 694a8 아래("갈고리발톱의 새는 날개를 제외 하면 몸이 작지만, 이는 영양이 무기와 방어에 도움이 되도록 날개를 위해 소비되기 때문 이다. 반면, 잘 날지 못하는 새는 반대로 그 몸의 부피가 크며, 그래서 무겁다. 몸이 무거 운 새는 날개 대신 다리 부분에 '[며느리]발톱'이라고 불리는 것을 가지고 있고, 그래서 그것이 몸을 보호해 준다. 그러나 같은 새가 동시에 [며느리]발톱과 갈고리발톱을 갖지 는 않는다. 그 이유는 자연은 쓸데없는 짓을 하지 않는다는 점이다. …") 참조.

들이 많은 질료를 방출하는 것은 그 때문이고, 그런 종류의 새들 중 어떤 것은 많은 알을 낳고, 어떤 것은 자주 낳는다. 많은 알을 낳는 것은, 예를 들어 닭이나 자고새, 리뷔에의 타조[15]이며, 한편 비둘기의 무리는 알을 많이 낳지는 않지만 자주 낳는다.[16] 왜냐하면 이것들은 갈고리발톱의 새와 몸이 무거운 새의 중간이기 때문이다. 실제로 그것들은 갈고리발톱을 가진 새처럼 잘 날 수 있고, 몸이 무거운 새처럼 몸집이 크며, 그 결과 그것들은 잘 날 수 있으며, 잉여물이 날개로 돌려지기 때문에 낳는 알은 적지만, 몸집이 크고, 위장이 뜨겁고, 숙성능력이 대체로 높으며, 이것에 더해서 갈고리발톱의 새가 먹이를 얻기 어려운 것과 달리 음식을 쉽게 얻을 수 있으므로, 자주 알을 낳게 된다.

작은 새 또한 작은 식물에서도 가끔 볼 수 있듯이, 자주 교미해서 다산이다. 왜냐하면 [다른 새라면] 몸의 성장으로 연결되는 것이 정액적 잉여물이 되기 때문이다. 닭 중에서도 아드리아해 연안의 것이 가장 많이 알을 낳는 것[17]은 그 때문이다. 즉 몸이 작기 때문에 영양이 새끼를 만들기 위해 소비되는 것이다. 그리고 핏줄이 시원치 않은 것이 핏줄이 좋은 것[18]보다 더 많이 낳는다. 전자는 몸이 더 습하고 통통하지만, 후자는 마르고 메말라 있기 때문이다. 그러한 몸에는 핏줄 좋은 것의 기개가 생기는 것이다.

---

15 '리뷔에의 타조'(직역하면 '리뷔에의 참새')에 대해서는 『동물의 부분들에 대하여』 제 4권 제14장 참조. 『동물 탐구』 제8권(9권) 제15장 616b5-6 참조. '리뷔에'는 아프리카 아이귑토스 서쪽의 지중해 연안 지역으로, 오늘의 리비아.

16 『동물 탐구』 제6권 제1장 558b23-24 참조.

17 『동물 탐구』 제6권 제1장 558b16-18 참조.

18 『동물 탐구』 제1권 제1장 488b18-20에서는 '태생이 좋다'(eugenes)와 구별해서 '핏줄이 좋다'(gennaion)라는 것은 '자기 종족의 본성에서 벗어나지 않는 것'이라고 설명되어 있다.

게다가 그것들의 다리가 가늘고 약한 것은 본성적으로 잘 교미해서
다산인 것으로 이어진다. 이것은 인간에게도 볼 수 있는 것과 마찬가지
이다. 왜냐하면 그러한 것에서는 다리를 위한 영양이 정액적 잉여물로
돌려지기 때문이다. 실제로 자연은 다리에서 떼어 낸 것을 거기에 덧붙
인다.[19] 한편, 갈고리발톱의 새는 그 삶의 방식 때문에 다리가 강하고 다
리가 굵다. 따라서 지금 말한 모든 이유로 해서 그것은 많이 교미하는
것도 또 다산도 아닌 것이다. 그러나 황조롱이[20]는 특히 다산이다. 왜냐
하면 갈고리발톱의 새 중에서 거의 그것만이 물을 마시고, 타고난 것이
든 나중에 획득된 것이든 그 습기가 그에 따른 열과 함께 정액적인 것을
만들어 내기 때문이다. 다만 그것도 그리 많이 낳지 않고 많아야 네 개
이다.

뻐꾸기는 갈고리발톱이 달린 새는 아니지만 비교적 적게 낳는다.[21] 그
것은 그 자연적 본성이 차갑기 때문이고(그 새가 겁쟁이임을 보여 준다
[22]), 반면에 정액을 만드는 능력을 가진 동물은 뜨겁고 습해야 하기 때문
이다. 그리고 겁쟁이임이 분명하다. 뻐꾸기는 온갖 새로부터 쫓기며 다

---

19 이와 같은 자연의 기능에 대한 언급은 『동물의 부분들에 대하여』 제2권 제14장
658a35-658b1("왜냐하면 자연은 어디서나 어떤 부분에서 가져와서 다른 부분에 주
는 것을 하기 때문이다. 그리고 자연이 몸뚱이에 아주 많은 털을 있게 한 동물의 경우
에는 꼬리 부근의 털이 부족하다. 예컨대 곰에서 그런 것을 볼 수 있다"), 제4권 제9장
685a25-28("그 결과 자연은 문어에 대해서는 몸[몸통]에서 [질료를] 제거해서 그만큼
을 발 길이로 덧붙였지만, 갑오징어와 오징어에 대해서는 발에서 취해서 몸[몸통]을 크
게 만들었기 때문이다")에서도 볼 수 있다.

20 매의 일종. 『동물 탐구』 제6권 제1장 558b28-30 참조.

21 『동물 탐구』 제6권 제7장 563b29-564a2 참조.

22 『동물의 부분들에 대하여』 제2권 제4장 650b27-28("[피에] 수분이 매우 많은 동물은
다른 것보다 겁이 많다") 참조.

른 종류의 새 둥지에 알을 낳으니까.[23]

　비둘기의 무리[24]는 대개 알을 두 개 낳는 것이 보통이다. 사실 그것들은 알을 한 개만 낳는 것이 아니며(뻐꾸기를 제외하면 한 개만 낳는 새는 없으며, 뻐꾸기도 두 개를 낳을 때도 있으니까), 알을 많이 낳는 것도 아니고, 대다수는 많게는 두세 개를 낳으며, 대개는 두 개이다. 왜냐하면 2라고 하는 수는 1과 다수의 중간이기 때문이다.

　한편, 알을 많이 낳는 새들에서는 영양이 정액으로 돌려지고 있다는 것은 일어나고 있는 현상으로부터 명백하다. 즉 수목(樹木)의 대부분은 열매가 너무 많이 달리면, 결실을 맺은 후 그 본체를 위한 영양이 남아 있지 않으면 시들고 만다. 일년생 식물도 동일한 작용을 받는 것으로 보인다. 예를 들어 콩과 곡식, 그와 종류가 같은 다른 것들이 그렇다. 영양은 모두 씨앗을 위해 소비되니까. 실상 그렇게 되는 것은 다량의 열매를 맺는 유이다. 닭 중에는 매일 두 개의 알을 낳는 그런 식으로 한 번에 다수의 알을 낳으며, 많이 낳은 후에 죽은 것도 여럿이 있다. 왜냐하면 새든 식물이든, 이것들은 하도 낳아서 지칠 대로 지친 것과 같기 때문이다. 그 상태는 잉여물 배출의 과잉인 셈이다. 그와 같은 상태가 사자일지라도 몇 번인가 출산을 한 후에 생식력이 부족하게 되는 것의 원인이다. 실상 첫 출산에서는 대여섯 마리의 새끼를 낳지만, 그 후 다음 해에는 네 마리, 그다음에는 세 마리, 그리고 두 마리, 한 마리로 이어져 마지막에

---

23 뻐꾸기의 탁란(托卵)에 대해서는 『동물 탐구』 제6권 제7장 563b29-564a3, 제8권(9권) 제29장 참조. 탁란은 난생동물이 다른 개체의 둥지에 알을 낳아 그 둥지의 주인인 해당 개체로 하여금 자신의 새끼를 대신 돌보게 하는 행위로, 현재까지 조류와 어류, 곤충에서 관찰되었으며 대표적으로는 두견이, 뻐꾸기, 매사촌 등 뻐꾸기목 일부 조류의 종에 해당한다.

24 세 개 이상 알을 낳지 않는 산비둘기, 멧비둘기 등. 『동물 탐구』 제6권 제4장 562b3-4 참조.

는 낳지 못하게 된다.[25] 이는 잉여물이 다 소비되어 나이가 들어가면서 ³⁵

정액이 쇠퇴하는 것에 의한 것으로 생각된다.^{750b}

그런데 풍란을 낳는 새는 무엇인지, 또 어떤 새가 다산이고, 어떤 새가 소산인지, 그 원인이 무엇인지는 앞에서 말한 바와 같다.

앞에서도 말했듯이,[26] 풍란이 생기는 것은 암컷의 몸속에 정액의 질료가 있는 것이지만, 새의 경우에는 유혈로 태아를 낳는 동물과 마찬가지 ⁵ 로, 월경혈의 분비[분리]가 일어나지 않기 때문이다. 후자에서는 모든 것에서 분리가 일어나며, 비교적 많은 것도 있고, 비교적 적은 것도 있고, 그 양이 단지 표시 정도[27]인 것도 있다.

물고기는 새와 마찬가지로 분리가 일어나지 않는다. 그러므로 어류 ¹⁰ 에서도 새와 마찬가지로 짝짓기 없이 배아가 형성되는 일이 일어나는데, 어류에서는 새만큼 뚜렷하지는 않다. 왜냐하면 그것들의 자연 본성이 더 차갑기 때문이다. 태아를 낳는 동물에서 생기는 월경혈에 대응하는 것의 분리는 새의 경우에는 잉여물의 형성에 편리한 시기에 일어나서, 격막 부근의 장소가 뜨겁기 때문에 크기라는 점에서는 완성되고 있 ¹⁵ 지만, 새의 것이나 물고기의 것이나 마찬가지로 수컷의 생식액이 없으면 발생하기에는 미완성인 것이다. 이것들의 원인은 앞서 이야기했다.[28]

또한 날 수 있는 새에서는 그 종의 새가 한 번에 다수의 알을 낳는 일이 없는 것과 동일한 원인으로 인해 풍란이 생기지 않는다. 왜냐하면 갈

---

25 『동물 탐구』제6권 제31장 579b8-11 참조.

26 이 장의 749a34 아래 참조.

27 암컷이 생식과 관련된 잉여물을 제공하는 동물임을 나타내는 징후가 되는 정도를 말한다.

28 제2권 제1장 731b20-732a25 참조.

고리발톱의 새[29]는 잉여물이 얼마 되지 않아 잉여물의 분리[분비]를 촉
진하기 위해서는 수컷이 필요하기 때문이다. 생기는 풍란은 번식력이
있는 알보다 수는 많으며 그 크기는 작지만, 그렇게 되는 원인은 동일한
하나의 것이다. 즉 미완성이기 때문에 크기는 더 작으며, 크기가 작기 때
문에 수는 많은 것이다. 그리고 충분히 숙성되지 않았기 때문에 그다지
맛은 없다. 왜냐하면 무엇이든 숙성된 것이 더 달콤하기 때문이다.

그런데 어류도 조류도 수컷이 없으면 알은 발생할 수 있을 때까지 완
성되지 않는다는 것이 충분히 관찰되고 있지만, 어류에서도 조류만큼은
아니지만 수컷 없이 배아[알]가 발생하는 것, 특히 민물고기의 경우에
이것이 일어나는 것이 관찰되고 있다. 몇몇 물고기가 태어난 지 얼마 되
지 않아 알을 가지고 있음은 분명하며, 그것에 대해서는 『동물 탐구』[30]에
서 기술해 놓은 대로이다.

일반적으로 말하자면, 새에서는 교미를 통해 발생한 알이라도 대개
의 경우 암탉이 계속 교미하지 않으면 성장하지 않는 경향이 있다. 이 원
인은, 여자의 경우에 남자와 성교하는 것이 여자의 월경혈의 분리를 이
끌어 내는 것과 같은 일(즉 자궁이 뜨거워져서 액상인 것을 끌어들여 관
의 입이 열리는 것이니까)이 새에서도 일어난다는 것이다. 그것은 월경
혈에 해당하는 잉여물이 조금씩 늘어나기 때문으로, 그 잉여물이 약간
이며 자궁이 위쪽 격막에 가까운 곳에 있기 때문에 밖으로 분리되지 않
고 자궁 그 자체 속으로 흘러 들어가는 것이다. 즉 그것이 알을 성장시키
는 것이고, 마치 태아를 낳는 동물의 태아가 탯줄을 통해 성장하듯이 자

---

29 갈고리발톱을 가진 새(맹금류)는 잘 날 수 있고(『동물 탐구』 제2권 제12장 504b8), 날카
   로운 시력을 가진 새로 분류된다(『동물의 부분들에 대하여』 제2권 제13장 657b26-27).
30 『동물 탐구』 제6권 제13장 567a30-b7 참조.

궁을 통해 흘러드는 것이 [알을] 성장시키는 것이다. 새들이 한번 짝짓기를 하면, 거의 항시 아주 작지만 알을 계속 가지고 있기 때문이다. 풍란에 대해서는 그런 일은 발생하지 않으며, 이전의 교미로부터의 잔재라고 말하곤 하는 사람들이 흔히 있는 것은 그 때문이다. 그러나 이는 잘 못이다.[31] 왜냐하면 닭이나 거위의 새끼에 대해서도 짝짓기 없이 풍란이 생기는 것이 충분히 관찰되고 있기 때문이다.

게다가 사냥에 [미끼로] 데리고 나간 암컷 자고새는 짝짓기한 적이 있든 없든 수컷의 냄새를 맡고 또 그 소리를 들으면, 어떤 것은 잉태하고, 다른 것은 그 자리에서 당장 산란한다.[32] 그러한 상태가 되는 원인은 사람이나 네 발 달린 동물의 경우와 같다. 즉 성교하고 싶다고 우연히 몸이 욕망을 품게 되었다면, 어떤 것은 보는 것으로 또 어떤 것은 사소한 접촉으로 정액을 방출한다. 지금 말한 것과 같은 종류의 새는 본성적으로 호색하고 정액이 많으며, 그 때문에 우연히 발정하고 있을 때는 필요한 움직임은 얼마 되지 않아도 되며, 방출은 곧 일어난다. 그 결과 교미한 적이 없는 새에서도 풍란이 형성되며, 교미한 적이 있는 새에서는 곧 그것이 성장하여 완성되는 것이다.

몸 밖으로 알을 낳는 동물 중 조류는 완성한 알을 방출하는 반면, 어류는 미완성 상태의 것을 방출하지만, 앞서도 말했듯이[33] 알은 몸 밖에서 성장한다. 그 원인은 어류가 다산이라는 점이다. 그래서 많은 알이 몸 안에서 완성되는 것은 불가능하기 때문에, 몸 밖으로 미완성인 채로 낳는 것이나. 그리고 빙출은 신속하다. 왜냐하면 몸 밖에 알을 낳는 물고기의

---

31 『동물 탐구』 제6권 제2장 559b20-24 참조.

32 『동물 탐구』 제5권 제5장 541a26-29, 제6권 제2장 560b11-16 참조. 그러면 미끼새(후림새, decoy-bird)로서의 역할은 소용이 없게 된다.

33 이 장의 749a26 참조.

자궁은 음부 부근에 있기 때문이다.

조류의 알 속은 두 가지 색을 갖고 있지만, 어느 물고기나 알은 한 가지 색[34]이다. 새알이 두 색인 원인은 알의 흰자와 노른자라는 부분 각각의 능력으로부터 볼 수 있다. 즉 알의 분리는 혈액으로부터 생기는 것이며(실상 무혈동물 어느 것도 알을 낳지 않으니까[35]), 혈액이 몸에서의 질료라는 것은 여러 번 말해 왔다. 그래서 알의 어떤 부분, 즉 뜨거운 부분[흰자]은 생기는 동물의 형태[36]에 더 가깝지만, 다른 부분[노른자]은 더 토질적이고 몸의 구성을 준비하고, 형태에서는 더 멀다. 그러므로 두 색인 알에서는, 동물은 발생의 시원을 흰자에서 얻고(혼의 시원은 뜨거운 것 속에 있으니까), 영양을 노른자에서 얻는 것이다.[37]

본성적으로 비교적 뜨거운 동물의 알에서는 거기서 시원이 생기는 부분과 거기서 영양을 얻는 부분이 따로 분리되어 있다. 즉 한쪽은 하얗고 다른 쪽은 노랗다. 하얗고 순수한 것은 항상 노란색이고 토질인 것보다 양이 많다. 열이 비교적 적고 습기가 많은 동물에서는 노른자의 양도 습기도 더 많다. 바로 그것은 호수에 서식하는 새[물새]에 경우에 일어나는 일이다. 즉 그들은 걷는 새보다 본성적으로 더 습하고 더 차가우며,

---

34 노른자와 흰자의 구분이 없는 것.

35 751a34: 'outhen gar anaimon ō[i]otokei zōon'의 삭제를 아우베르트와 비머(Aubert & Wimmer), 플라트(Platt), 펙(Peck, Loeb)은 제안하고 있으나, 여기서는 대본에 따라 그대로 살려 옮긴다. 한편 루이(Louis)는 곤충은 무혈이므로 구더기에서 태어난다고 간주되며 정합적이지 않은 일은 없다고 한다.

36 여기에서의 '형태'(morphē)는 '형상'(eidos)과 거의 동의어로 사용되고 있어 단순한 '외형의 것'이 아니다.

37 『동물 탐구』 제6권 제3장 561a24–26 참조. 실제로 배아는 노른자 표면에 있는 배반(胚盤, 조류·파충류의 알에서 노른자 위에 희게 보이는 원형질)에서 발생한다.

그 결과 그러한 새의 알은 '노른자'[38]라고 불리는 것이 많으며, 흰자가 그 것과 덜 분리되어 있으므로 그것은 그다지 노랗지 않다. 그런데 알을 낳는 동물은 본성적으로 차갑고 게다가 한층 습한 것은(어류가 그런 것이지만) 작기 때문에 또 차갑고 토질인 것이 많기 때문에 흰자가 분리되어 있지 않다. 그러므로 어류의 알은 모두 한 가지 색이 되는 것이며, 노른자로서는 하얗고 흰자로서는 노란 것이 된다. 반면, 새알은 풍란에서도 이러한 두 가지 색을 가진다. 부분들의 각각이 그것으로부터 완성되는 것 — 거기로부터 시원이 발생하는 것과 거기로부터 영양을 얻는 것 — 을 갖추고 있으나, 그것들은 미완성 상태이며 완성을 위해서 수컷을 필요로 한다. 즉 어떤 적절한 시기에 수컷에 의해 교미될 때 풍란은 번식력을 얻기 때문이다.

알의 속이 두 가지 색인 원인은 수컷과 암컷에 있는 것이 아니다. 흰자가 수컷에서 유래하고, 노른자가 암컷에서 유래한다고 생각하여 그렇게 말하는 것이겠지만, 둘 다 암컷에서 유래하여 생기는 것이며,[39] 한쪽은 차갑고 다른 쪽은 뜨겁다는 차이가 있다. 그런데 뜨거운 것을 많이 포함하고 있는 것에서는 뜨거운 것이 차가운 것과 분리되지만, 뜨거운 것을 조금밖에 포함하지 않는 것은 그것을 할 수가 없다. 그러므로 앞에서 설명한 바와 같이, 그러한 것의 배아[알]는 속이 한 가지 색인 것이다. 그리고 생식액은 응축할 뿐이며, 이 때문에 새의 경우에 배아는 처음에는 보기에 하얗고 작지만, 시간이 지남에 따라 항상 혈액질의 것이 더 많이 한데 쉬이 들어 오기 때문에 모든 것이 노랗게 된다. 끝으로 뜨거운 것이

---

38 '노른자'(lekithos)라는 말은 『동물 탐구』 제6권 제3장 562a25, 29에서 노른자가 두 개 있는 쌍생란에 대해 사용되고 있다.

39 둘 다 질료이고, 질료를 제공하는 것은 암컷이기 때문이다.

분리되면, 마치 액체가 끓을 때처럼 흰자가 그것을 빙 둘러서 전체에 골고루 둘러싸인다. 왜냐하면 흰자는 본성적으로 액상이며, 그중에 혼의 열[40]을 포함하고 있기 때문이다. 그래서 흰자는 둘러싸듯이 분리되고, 노

5 른자는 토질로 안쪽으로 분리한다. 누군가가 낭(囊) 속에 많은 알을 쏟아 넣거나 이와 비슷한 일을 해서, 열의 운동이 알 속에서의 분리 작용보다 더 빨리 진행되지 않을 정도의 불에서 조리했다면, 한 개의 알 속에서 일어나는 것처럼 어느 알에서든 응축되는 것은 노른자가 가운데이고 흰자가 그 주위를 둘러싸게 된다.[41]

이렇게 해서, 알 중에는 그 속이 한 가지 색인 것도 있고 두 가지 색인

10 것도 있는 것은, 왜인가에 대해서 우리는 말한 셈이다.

제2장

알 중에는 알이 자궁[난소]에 붙어 있는 곳에서 수컷에서 유래한 시원[42]이 분리되는 것이 있고, 속이 두 색인 알은 불균등해져서 완전한 구형이 아닌 한쪽 끝이 뾰족해지는 것이 있다.[43] 흰자의 시원이 있는 곳은 다른 곳과 구별되어야 하기 때문이다. 아래보다[44] 그 부분이 더 딱딱한 것은

---

40 제2권 제1장 732a18, 제11장 762a20 참조.

41 『동물 탐구』 제6권 제2장 560a30-b3 참조.

42 제4권 제3장 767b17에서는 '수컷의 운동'이라는 표현이 나온다.

43 아리스토텔레스는 알이 난소에 붙어 있던 부분에서 배아가 발생하고, 알의 뾰족한 끝이 그것이라고 생각하지만, 실제로는 어느 부분이 난소에 붙어 있었는지를 확인할 수 없다(Platt 참조).

44 시원의 어느 뾰족한 끝 쪽을 '위'로 간주하고 있다.

그 때문이다. 시원을 덮고 보호해야 하니까. 그리고 이 때문에 알의 뾰족 **15**
한 끝이 뒤에서 나온다.[45] 즉 자궁에 부착되어 있던 곳이 뒤에서 나오는
것이며, 부착되어 있던 곳은 시원이었다. 시원은 뾰족한 끝에 있으니까.
식물의 씨앗에서도 동일한 방식을 하고 있다. 즉 씨앗의 시원은 식물의
본체에 부착되어 있는데, 그것은 잔가지 부분이거나 꼬투리 부분이거나 **20**
열매 껍데기의 부분이다. 이는 콩과에서 분명하다. 즉 콩이나 그와 유사
한 씨앗의 두 떡잎이 붙어 있는 곳에 부착되어 있기 때문이다. 그리고 씨
앗의 시원은 거기에 있다.

알의 성장에 대해 어떻게 자궁에서 성장이 일어날 것인가 하는 어려 **25**
운 문제를 제기하는 사람도 있을 것이다. 즉 동물[태아]은 탯줄을 통해
영양을 얻지만, 알은 무엇을 통해 영양을 얻는가? 구더기처럼[46] 스스로
에 의해 성장의 영양분을 얻는 것이 아니기 때문에 그럴 만한 의문이라
고 할 수 있다. 만일 알이 그것을 통해 자궁에 붙어 있던 무엇인가가 있
다면, 알이 완성됐을 때 그것은 어디로 갔을까? 실상 태아를 낳는 동물
의 탯줄처럼, 함께 나오는 것은 없다. 알이 완성되었을 때 주위의 껍질이 **30**
생겨 있는 것이니까.

그런데 이상에서 말해진 것을 탐구하는 것은 적절하다. 빠뜨리고 있
는 것은, 생겨난 껍질은 처음에 부드러운 피막이지만, 완성되면 단단하
고 깨지기 쉬운 것이 되는 것으로, 그렇게 잘 적합해서 그것이 나올 때에
는 아직 부드러우며(그렇지 않으면 산란 시에 고통을 겪는다), 몸 밖으로 **35**
나가게 되면 금방 식어서 굳게 되는 것이다. 애상의 것은 그 적음 때문 **752b**
에 금방 건조해져서 토질의 것이 남기 때문이다. 이 피막의 일부는 처음

---

45 『동물 탐구』 제6권 제2장 559a27-28 참조.
46 제2권 제1장 732a31-32, 제9장 및 『동물 탐구』 제5권 제19~32장 참조.

에 뾰족한 끝 쪽에서 탯줄처럼 되어 있고, 알이 아직도 작은 동안에 그것은 관처럼 뻗어 있다. 작은 알로 미성숙한 채 태어난 것에서 그것이 분명하다. 즉 암탉이 [차가운 물로] 흠뻑 젖거나 그 이외의 어떤 이유로 얼게 되어 조산한 경우에, 그 배아[알]는 혈액과 같고, 탯줄과 같은 작은 돌기물[47]이 배아 자체를 관통하고 있음을 볼 수 있다. 배아가 커지면, 그것은 뒤틀리고 더 작아진다. 배아가 완성되면 그 끝이 알의 날카로운 끝이 된다. 그 아래에는 안쪽의 피막이 있고, 그 피막이 흰자와 노른자를 그것으로부터 구분하고 있다.[48] 그리고 완성되면 알 전체가 방출되어 탯줄을 볼 수 없는 것은 이치에 맞다. 그것은 알 끝의 끝이기 때문이다.[49]

알의 방출은 태아를 낳는 동물의 경우와 반대가 된다. 즉 후자에서는 머리와 시원[심장]이 있는 곳이 먼저 나오지만, 알에서는 방출은 말하자면, 다리 쪽에서 나오는 것과 같다. 그 원인은 이미 말한 바 있다.[50] 즉 알은 시원이 있는 곳인[51] 자궁에 부착되어 있기 때문이다.

알에서 발생하는 현상은 조류에서는 암컷 조류가 '알 품음'을 통해 숙성을 촉진함으로써 발생하며, 동물[52]이 알의 일부로부터 분리되어 나머지 부분으로부터 성장의 영양을 얻어 완성되는 것이다. 즉 자연은 알 속에, 동물의 질료와 동시에 성장하기에 충분한 영양물을 함께 넣어 주고 있다. 왜냐하면 암탉은 자신의 몸 안에서 완성시킬 수 없으므로 알 속에

---

47 '알끈'(chalazae)에 대한 언급으로 보인다. 이것의 기능과 성장은 불명료하다.

48 피막은 흰자의 바깥쪽에 있으며, 흰자와 노른자의 한 덩어리 부분을 알의 뾰족한 끝부분과 구분하고 있다는 것이다.

49 새알의 성장 과정에 대해서는 『동물 탐구』 제6권 제3장 561a4–562a21 참조.

50 이 장의 752a13–14.

51 알 끝의 끝.

52 동물의 형태를 띠기 시작한 배아.

영양물도 넣어서 낳기 때문이다. 실상 태아를 낳는 동물에서 영양물은 다른 부분에 생기는 것이며, 그것은 '젖'이라고 불리며 유방 안에 있다. 새에 대해 자연은 알 속에 그것을 만들었는데, 다만 사람들이 생각하는 것이나 크로톤의 알크마이온[53]이 말하는 것과는 반대이다. 즉 젖에 해당하는 것은 흰자가 아니라 노른자이다.[54] 새끼에게는 노른자가 영양물이니까. 그런데 사람들은 색깔의 유사성 때문에 흰자가 그것이라고 생각하는 것이다.

그런데 이미 말했듯이 조류에서는 암탉이 '알 품음'으로써 새끼가 탄생한다. 그렇지만 기후가 온난하다든가 우연히 낳는 장소가 따뜻하면, 새의 알도 네 발로 알을 낳는 동물의 알도 [알을 품지 않고도] 숙성한다. 왜냐하면 네 발로 알을 낳는 동물은 모두 알을 땅에 낳고, 땅의 열에 의해 함께 숙성되기 때문이다. 알을 낳는 네 발 달린 동물로 [자신의] 알로 찾아와서 알을 품는 것[55]은 오히려 보호를 위해 그렇게 하는 것이다.

새알도 네 발 달린 동물의 알도 발생하는 방식은 같다. 즉 껍데기가 단단하고 그 속이 두 가지 색이며, 네 발 달린 동물의 알은 새의 알처럼 격막 부근 쪽으로 구성되고, 그 밖의 모든 점에서 그 안쪽이나 바깥쪽이나 새의 알과 같으며, 그 결과 그 원인에 대한 고찰은 모두 동일하다. 그러나 네 발 달린 동물의 알은 그 세기 때문에 기후에 의해 숙성되지만, 새의 알은 비교적 파괴되기 쉬워서 그것을 낳은 어미 새가 필요하다.

그리고 자연은 부모가 아이를 돌보는 감각을 갖도록 하려고 했던 것 같다. 하지만 얼등한 동물에서는 알을 낳는 데까지밖에 그 감각을 지니

25

30

35

753a

5

10

---

53 알크마이온에 대해서는 제2권 제7장 각주 307 참조. 알크마이온, 「단편」 DK24A16.

54 제3권 제1장 751b6-7, 『동물 탐구』 제6권 제3장 561a24-26 참조.

55 『동물 탐구』 제5권 제33장 558a4-21에는 거북이, 큰도마뱀, 악어의 예가 보고돼 있다.

지 않게 하고, 다른 것에는 완성하는[56] 데까지 그 감각을, 또 더 사려 깊은 것들에서는 아이를 키워내는 데까지 그 감각을 지니게 하고 있다. 가장 사려 깊은 것을 가지는 것들에서는 사람과 네 발 달린 동물 중 일부에서처럼, 완성된 새끼에 대한 친밀감과 친애가 생겨나고 있다.[57] 하지만 새들에서는 새끼를 낳고 길러 내기까지의 일이다. 그러므로 암탉이 알을 낳아도 알을 품지 않을 경우, 그것은 대개 상태가 나쁘기 때문으로, 마치 자연적으로 타고난 것을 무엇인가 하나 잃어버린 것과 같은 것이다.

알 속에서 동물[배아]은 따뜻한 날이 계속되면 더 신속하게 완성된다. 기후가 그 도움을 주기 때문이다. 실제로 숙성도 일종의 열의 작용이다. 즉 대지는 열에 의해 숙성시키는 것이며, 알을 품는 암탉도 그와 같은 일을 하고 있다. 몸 안에 있는 열을 쏟아붓는 것이니까. 그리고 알이 손상되거나, '풍란'(ouria)[58]이라고 불리는 것이 생기는 것은 뜨거운 계절에 많다는 것이 이치에 맞다. 포도주도 뜨거운 계절에 침전물이 교란되어(이것이 부패의 원인이다) 시큼해지는데, 알 속에서도 노른자에서 같은 일이 일어나는 것이다. 이는 두 경우 모두가 토질이기 때문이며, 그러므로 포도주는 침전물이 섞이면 혼탁해지고, 손상된 알도 노른자가 섞이면 혼탁해진다.

그런데 많은 알을 낳는 동물에게서 이런 일이 일어난다는 것은 이치에 맞지만(실상 모든 알에 조화로운 열을 주기는 쉽지 않고, 어떤 것은 너무 적으며 다른 것은 너무 많아서 부패한 경우처럼 혼탁하기 때문이다),

56 즉 부화하는 데.
57 『동물 탐구』 제7권(제8권) 제1장 588b30-589a2 참조.
58 '풍란'의 다른 이름. 『동물 탐구』 560a5-6에 따르면, ouria는 주로 여름에 만들어진 '풍란'에게 주어지는 이름이다. 봄에 만들어진 것은 『동물의 발생에 대하여』 3권 1장 749b1에 따르면 zephuria라고 한다.

갈고리발톱의 새는 알을 적게 낳는데도 이에 못지않게 이런 일이 일어난다. 즉 둘 중 하나가 풍란이 되며, 세 번째 것은 늘 그렇다고 말할 수 있을 정도로 그렇게 된다.[59] 갈고리발톱의 새는 본성적으로 뜨거워서, 알 속의 수분을 말하자면 삶아 버리는 것이다. 사실상 본성에서도 노른자 와 흰자는 정반대이다. 즉 노른자는 서리가 내리는 시기에는 뭉치고, 뜨거워지면 액상이 된다.[60] 그렇기에 땅속에서 숙성되거나 품은 알에서 숙성되면 액상이 되고, 그러한 상태로 구성되는 동물의 영양이 된다. 밀랍처럼 토질의 본성이기 때문에, 열을 가하거나 구워도 딱딱해지지 않는다. 이 때문에 알은 달구어지면 오히려 연해지고, 액상의 잉여물[소변] 로부터 습해지면, 이것은 혈장 모양이 되고[61] 풍란이 된다. 한편, 흰자는 서리로 인해 굳지 않으며 오히려 액상이 되며(그 원인은 이미 말했다[62]), 가열되면 딱딱해진다. 그래서 동물의 발생과 관련해 숙성되면 굳어지는 것이다. 왜냐하면 흰자로부터 동물이 구성되므로 노른자는 영양이 되고, 동물의 일부분이 구성될 때에는 항상 그것에 의해 성장하기 때문이다. 그러므로 노른자와 흰자는 그 본성이 다르므로 피막에 따라 따로 구분되어 있다.

35
753b
5
10

---

59 『동물 탐구』 제6권 제6장 563a17-21에는 독수리가 알을 3개를 낳고, 2개만 부화하는 것으로 보고하지만, 이 대목과 비슷한 지적은 찾아볼 수 없다.

60 『동물 탐구』 제6권 제2장 560a20-27 참조.

61 753b5 7: 주어진 사본·대로는 맥락을 이해할 수 없어서, 미카엘 스코투스가 아랍어에서 라틴어로 번역한 텍스트에 근거한 교정인, 'kai dia touto thermainomena mallattetai, hugrainomena dē ex hugrou perittōmatos dioroutai …'에 따라서 옮겼다. 조금 다르게 읽는 Loeb(Peck) 참조.

62 제2권 제2장 735a33-b3에는 정액이 식어도 굳지 않는 원인에 대해 논하고 있다. 『동물 탐구』 제6권 제2장 560a20-27에서도 노른자와 흰자의 비슷한 차이가 지적되고 있으나, 원인에 대해서는 언급하지 않고 있다.

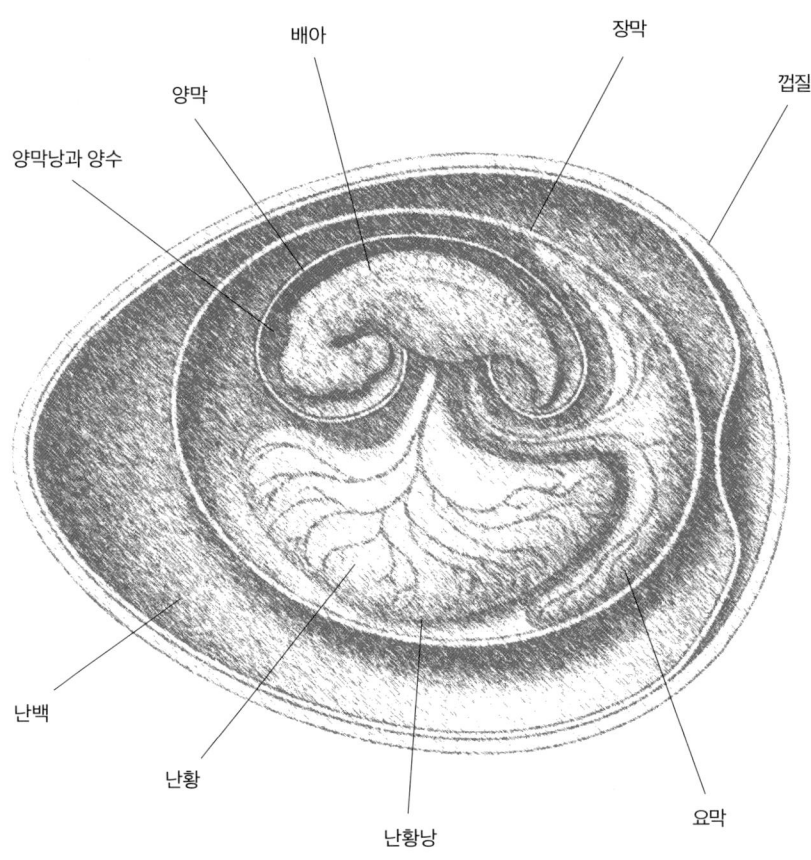

양막   배아   장막   껍질

양막낭과 양수

난백

난황

난황낭

요막

양막류 배아 해부도

그런데 동물의 발생 초기에, 또 동물이 구성되어 오는 과정에서 그것 들이 서로 어떤 상태에 있는지, 그리고 피막에 대한, 또 탯줄에 대한 정확한 설명은 『동물 탐구』[63]에서 기술한 것을 바탕으로 고찰해야 한다. 하지만 우리가 당면하고 있는 탐구에서는 다음과 같은 정도만으로 충분하다는 것은 분명하다.[64] 즉 처음에 심장이 형성되고, 대혈관이 거기서 분화되어 나타나면, 두 개의 탯줄[65]이 혈관으로부터 뻗어 나간다. 한 개는 노른자를 싸고 있는 피막[난황낭[66]] 쪽으로, 다른 한 개는 동물[배아]을 빙 둘러싸고 있는 태막(胎膜) 모양의 피막[요막[67]] 쪽으로 뻗어 있고,[68] 이 피막은 껍질의 피막[장막] 가까이에 있다. 동물은 [노른자를 싸고 있는] 앞엣것을 통해 노른자의 영양을 얻으며, 노른자는 커진다. 왜냐하면 가열되면 더 액상이 되기 때문이다. 사실 영양은 물체적이기 때문에, 식물의 경우처럼 [영양을 흡수하기 위해서는] 액상이어야 하고, 알 속에서 발생하는 것도 또한 동물의 몸 안에서 파생되는 것도 처음에는 식물의 삶을 보낸다. 즉 무엇인가에 부착함으로써 최초의 성장과 영양을 얻는 것이다.

다른 쪽의 탯줄은 둘러싸고 있는 태막[요막]으로 뻗어 있다. 그 이유

---

63 『동물 탐구』 제6권 제3장 561a4-b1 참조.

64 아래의 기술은 6일에서 10일째 정도가 된 알의 관찰에 근거한 것으로 보인다.

65 탯줄(omphalos)은 포유류에서 태아와 태반을 연결하는 '줄'을 말하는데, 아래에서 알 수 있듯이 여기서는 난황낭과 요막의 자루 모양의 부분을 가리키는 데 사용되고 있다.

66 난황낭(卵黃囊)은 배아를 감싸는 얄팍한 주머니로, 수정된 난자에서 관찰할 수 있다. 난황 속 배아에게 혈액을 공급하는 역할을 하며, 인간의 경우 배아가 성장하면서 난황낭 대부분이 초기 내장에 융합된다.

67 요막(尿膜, allantois)은 파충류, 조류 및 포유류에서만 발견되며, 수정 후 발생 과정 중의 배에 만들어지는 배아외막(extraembryonic membrane)의 일종이다. 일반적으로 배아 배설강의 중복부가 부풀어 나옴으로써 형성되며, 이후 방광을 형성한다.

68 『동물 탐구』 제6권 제3장 561b3-10 참조. 옆의 그림 참조.

는 알로 낳게 되는 동물[배아]과 노른자와의 관계는 수태된 태아가 어미의 태내에 있을 때의 어미와의 관계와 같으며(즉, 알로 낳게 되는 것은 적어도 어미의 태내에서 길러지는 일이 없으므로 어미의 일부분을 받고 있는 것이다), 동물[배아]이 알의 가장 바깥쪽 혈액 모양의 피막[장막]에 대해서 갖는 관계는 태아가 자궁에 대해서 갖는 관계에 대응하고 있다고 보아야 한다. 동시에 노른자와 자궁과 유비적인 태막[장막] 주위에 알껍데기가 생겨 있어서, 마치 태아 자체와 어미를 완전히 에워싸게끔 되어 있는 것이다. 그렇게 되어 있는 것은 태아가 자궁 안에 있으며, 어미에 대해서도 그런 관계여야만 하기 때문이다. 확실히, 태아를 낳는 동물에서는 자궁은 모체의 몸 안에 있는 반면, 알을 낳는 동물은 반대로 모체가 자궁 속에 있다고 말해도 좋을 만한 형태로 되어 있다. 왜냐하면 어미에게서 유래한 것, 즉 영양이 노른자이기 때문이다. 그 원인은 영양을 주고 키우는 것이 어미의 몸속에 있지 않기 때문이다.

태아(태자[69])가 성장하면 우선 태막[70]으로 이어지는 탯줄이 위축된다. 그곳에서 동물 본체가 나타나야 하기 때문이다. 반면 노른자의 나머지 부분 및 노른자로 이어지는 탯줄은 나중에 위축된다. 태어난 동물은 곧바로 영양을 섭취해야 하기 때문이다. 사실 어미로부터 젖을 받을 수 없으며, 또한 스스로 바로 영양을 획득할 수도 없는 노릇이다. 그래서 노른자가 탯줄로 연결되어 안쪽으로 파고 들어가, 살이 이를 둘러싸듯이 생겨나는 것이다.

그런데 완성된 알에서 나오는 것은 이런 식으로 밖으로 나온다. 새와

---

69 난자가 수정된 후 난분할을 계속하면서 자궁에 진입, 착상, 발육하면 태자가 됨.

70 요막(allantois, 척추동물의 태아의 발생 가운데서 생기는, 배설물을 채우거나 호흡 기관이 되는 주머니 모양의 기관)이 발달함에 따라 확대되어 장막 밑에서 합해져서 장뇨막(chorioallantois)이 된다.

네 발 달린 동물로 단단한 껍질의 알을 낳는 경우가 그렇다. 상대적으로   **20**
큰 동물에서는 이러한 것들을 상당히 명료하게 볼 수 있다. 왜냐하면 비
교적 작은 동물에서는 덩어리가 작은 까닭에 뚜렷하지 않기 때문이다.

제3장

게다가 어류도 알을 낳는 동물이다. 그중에서도 자궁이 아래에[71] 있는 것
은 앞서 말한 원인에[72] 의해 미완성 상태의 알을 낳지만, 어류 중에서도
'연골어'라고 불리는 것은 몸 안에 완성된 알을 낳아 몸 밖으로 새끼를
낳는다.[73] 단, 사람들이 '아귀'라고 부르는 한 종류는 예외로, 그것만이   **25**
완성된 알을 밖으로 낳는다.[74] 그 원인은 그 몸의 본성[몸됨, phusis]에 있
다. 즉 머리가 몸의 다른 부분보다 훨씬 크고, 거기에 가시가 있어 매우
까칠하기 때문이다. 그래서 그런 이유 때문에 새끼를 낳은 뒤 치어(稚魚)
를 거두지도 않으며,[75] 아예 태아를 낳는 것도 아니다. 머리가 크고 까칠   **30**

---

71 여기서 '아래'는 머리에서 꼬리의 방향을 가리킨다.

72 제1권 제8장 718b21-24.

73 이른바 '난태생'을 말한다. 사실상 연골어류(상어, 가오리류 등)가 모두 난태생인 것은
    아니다.

74 『동물 탐구』 제6권 제10장 564b18, 565b30-31 참조. 또한 오늘날 아귀는 경골어류로
    분류되지만, 아리스토텔레스는 연골어류로 분류하고 있다(『동물 탐구』 제1권 제5장
    489b30-33, 제5권 제5장 540b17-19 참조).

75 『동물 탐구』 제6권 제10장 565b23-27에는 어린 새끼를 몸 안으로 들락거리게 하는 상
    어를 소개하고 있다. 입 속에서의 양육을 말하는 것으로 해석되는데, 아일리아노스
    (Klaudios Ailianos, 170년경~235년경)의 『동물의 본성에 대하여』(동물 기담집) 제1권
    제16(17)장은 '바다의 개'라는 상어(철갑상어목에 속하는 상어의 일종)의 새끼는 공포
    를 느끼면 어미의 음부로 들어가 위험이 떠나가면 나온다는 이야기를 전한다.

해서 치어가 들어가는 것을 방해할 정도라면, 그것은 나오는 것도 방해하기 때문이다. 또한 연골어의 알은 껍질이 연하지만(즉 알 주위를 딱딱하게 만들어 건조시킬 수 없다. 새보다 차갑기 때문에), 아귀알만은 밖에서도 안전할 수 있도록 단단하고 견고하다.[76] 다른 것들의 알은 본성적으로 액상이고 부드럽다. 왜냐하면 알을 품은 어머니의 몸속에서 그 몸에 의해 보호되고 있기 때문이다.

몸 밖에서 완성되는 아귀든 몸 안에서 완성되는 연골어든 알에서 발생하는 것은 같으며, 또 그 어류도 또 그 조류에서도 그 발생은 어느 점에서는 유사하지만, 다른 점에서는 차이가 있다. 즉 첫째, 새에서는 주위를 둘러싸고 있는 껍데기 아래에 태막이 있고, 그것으로 뻗어 있는 또 하나의 탯줄[77]이 있는데, 그 어류에는 그것이 없다. 그 이유는 주위를 둘러싼 껍데기가 없다는 것이다. 실상 그것들에게 껍데기가 있어도 유용하지 않다. 그것들은 어미가 보호해 주기 때문이며, 낳은 알에게서 껍데기는 외부로부터의 위해(危害)에 대한 방어이다. 다음으로 이들에서도 발생은 알의 끝으로부터 생기지만, [새처럼] 알이 자궁에 붙어 있는 곳에서는 아니다. 실제로 새는 뾰족한 끝에서 발생하고, 그곳에서 알은 자궁에 붙어 있다. 그 원인은 새의 알은 자궁에서 분리되는 반면, 그런 종류의 물고기[연골어] 중에는 전부는 아니지만, 대부분의 알은 완성되었을 때는 자궁에 붙어 있다는 것이다. 끝에서 동물[배아]이 발생하면 새나 다른 알이 자궁에서 떨어지는 경우처럼, 알의 양분은 소비된다. 그리고 마지막으로 완성 상태에 이른 것[태아]에서는 탯줄이 자궁에 부착되어

---

76 『동물 탐구』 제6권 제17장 570b31~32에는 아귀가 육지 근처에 알을 한 덩어리 낳는다고 되어 있지만, 이것은 잘못이다. 원래 아귀의 알은 거의 볼 수 있는 것이 아니므로, 아리스토텔레스가 잘못 알고 있는 것으로 생각된다(Thompson, 1947, pp. 28~29 참조).

77 제3권 제2장 753b23 참조.

있다.[78] 알이 자궁에서 떨어지는 것에 대해서도 마찬가지이다. 왜냐하면 [이렇게 덧붙이는 것은] 그들 중에는 알이 완성되었을 때 떨어지는 것이 있기 때문이다.[79]

이와 같은 관점에서 조류와 어류에서 차이가 나는 것은 왜인가 하는 난제를 제시하는 사람이 있을 것이다. 그 원인은 새의 알은 흰자와 노른 자가 분리되어 있는 반면, 어류의 알은 한 가지 색으로 그 내용물은 전 체적으로 혼합되어 있으며, 그 결과 시원이 서로 대립하는 쪽에 있는 것 을 방해하는 것은 아무것도 없게 되어 있다는 것이다. 왜냐하면 부착하 는 곳뿐만 아니라 그와 상대되는 곳에서도 그렇게 혼합되어 있어 영양 을 자궁에서보다 시원에서 나오는 어떤 관으로 흡수하는 것이 더 쉽기 때문이다. 이것은 자궁을 떠나지 않는 알의 경우에서 분명하다. 그렇다 면 연골어의 어떤 것에서는 알은 자궁에서 떨어지지 않지만, 연결되어 아래로 내려가 [태아를 낳는 동물처럼 몸 안에] 새끼를 낳기에 이른다. 그 경우 완성에 이른 그 동물[태아]에서는 알의 양분은 소비되어 버리기 때문에, 자궁으로부터의 탯줄이 있는 것이다. 그래서 그 이전에 아직 동 물이 알을 품고 있을 때에도, 관이 자궁으로 뻗어 있었던 것은 분명하다. 앞서 이야기한 것처럼, 돔발상어[80]에서 이런 일이 벌어진다.

20

25

30

---

78 이 장의 754b29-33 참조.

79 아귀가 그렇다.

80 이 종은 아리스토텔레스가 난태생으로 기록한 상어로 알려져 있다. 레스보스 주변 바 디에서 발견된다고 한다. 이 말은 '매끄러운 껍질을 가진 상어'라는 뜻으로, 오늘날 '까 치상어과 별상어속'의 smoothhound (Mustelus mustelus; dog-fish)에 해당할 것이다. 아 리스토텔레스는 이 상어가 "탯줄을 자궁에 붙인 채 치어가 태어난다"(『동물 탐구』, 565b4-5)라고 설명했으며, 『동물 탐구』(제6권 제10장 565b1-17)에서 이 종의 태반 구 조와 형성 과정을 놀라울 정도로 정확하게 기술했다. 태아의 형태와 기능은 네 발 달린 동물(포유류)의 태반과 유사하다(『동물 탐구』, 565b5-6). 이와 관련하여, 19세기에 '위 대한 관찰 자연 철학자'로 아리스토텔레스를 평가한 요하네스 뮐러(Müller, 1842)가 그

따라서 어류는 조류와 이와 같은 점에서 발생에 차이가 있으며, 그 원인에 대해서는 앞서 설명한 바와 같다. 다른 점에서는 동일한 방식으로 일어난다. 즉 그 한쪽의 탯줄은 새의 경우와 같고, 새에서는 노른자와 연결되어 있는 데에 대응하여, 물고기에서는 알 전체와 연결되어 있으며 (물고기의 알에는 흰자와 노른자의 구별이 없고 모두 하나의 색이니까), 그리고 이것으로부터 영양을 얻고 있다. 그것이 소비되면, 새의 경우와 마찬가지로 살이 붙어서 감싸는 것이다.

제4장

그런데 몸 안에 완성된 알을 낳아 몸 밖에서 태아를 낳는 물고기에 대해서, 그 발생은 이제까지 앞서 말한 바와 같다.[81]

그 밖의 대다수의 물고기는 몸 밖에 알을 낳으며, 아귀를 제외하고 모두 알은 미완성 상태이다. 아귀에 대해 그 원인은 앞에서 말한 바와 같다.[82] 미완성 상태의 알을 낳는 것에 관해서 그 원인도 말했다.[83]

이것들에 대해서도 알에서 발생하는 방식은 몸 안에 알을 낳는 연골어의 경우와 같으며, 다만 성장이 빠르고 작은 것으로부터 시작해서 알

구조를 재발견했다. "이른바 매끈한 상어는 자궁 사이에 알을 낳는다. 이 알은 자궁의 두 뿔로 각각 이동하여 내려오고, 탯줄을 자궁에 붙인 채 치어가 태어나기 때문에, 그 결과 알을 다 소비하면서 배아는 네 발로 걷는 동물의 경우와 마찬가지로 모든 모습을 유지하고 있다"(『동물 탐구』, 565b1-6).

81 베커(Bekker)판에는 이 한 문장을 제3장 끄트머리로 돌리고 있다.

82 제3권 제3장 754a26-b35.

83 제1권 제8장 718b6-9.

의 바깥쪽이 더 단단하다는 차이는 있다. 한편, 그 알의 성장은 구더기의 15

성장과 유사하다. 즉 구더기를 낳는 동물은 처음에 작은 것을 낳고, 그것

은 그 자체로 성장하며 부착에 의해서는[84] 전혀 아니다. 그 원인은 효모

의 경우와 비슷하다. 즉 효모는 그 비교적 단단했던 곳이 습하고, 습한

것이 기화되면[85] 작았던 것이 커진다. 이것을 제작하는 것은 동물의 경우 20

에는 혼의 열의 자연 본성이며, 효모의 경우에는 혼합된 액의 열이다.

그런데 알은 그 원인 때문에 필연에 의해 성장함과 동시에(효모와 같

은 잉여물을 포함하고 있으니까), '더 나은 것'을 위해 성장한다. 즉 그 동

물[어류]은 다산이기 때문에, 자궁 내에서는 온전하게 성장하는 것이 불 25

가능하다. 이 때문에 부모로부터 분리될 때는 매우 작고 빠르게 성장한

다. 그것들이 작은 것은 다량의 알을 유지하기에는 자궁이 좁기 때문이

고, 금방 성장하는 것은 발생 과정에서 성장에 시간이 걸려서, 그 종이

사멸하지 않도록 하기 위해서이다. 실제로 낳아 버린 배아[알]의 대부분 30

은 사멸하기 때문이다. 어류가 다산을 하는 것은 그 때문이다. 즉 자연은

궁리하고, 사멸에 대해서는 수[86]로 대처하는 것이다. 그러나 어류 중에는

베로네(belonē)[87]라고 불리는 물고기처럼, 알이 크기 때문에 배가 터져

---

84 즉 탯줄에 의지해서.

85 '습한 것(액상)이 프네우마로 바뀌면.' 'pneumatoumenou'(pneumatousthai)란 말은 '프
네우마(숨결)로 채워진다'로도 옮길 수 있다. 762a19와 펙(Peck)의 번역 참조(Loeb, p.
304).

86 새끼의 수.

87 belonē(*Syngnathus acus*). 몸체의 길이가 긴 '실고기'(pipe-fishes)의 일종으로 매우 독특
한 체형을 지녔다. 이 물고기는 '미친 듯 빠른' 속도로 먹잇감을 잡는 빠른 동작을 취한
다. *Syngnathus acus*는 암컷이 수컷의 육아낭에 알을 낳아 부화하면 찢어진 육아낭에서
어린 새끼가 나오는데, 아리스토텔레스는 이것을 암컷으로 오인했다. 『동물 탐구』 제
6권 제13장 567b22-26, 제17장 571a2-3 참조.

버리는 것이 있다. 그 물고기의 배아는 많은 수 대신에 큰 것이다. 즉 자연은 수의 많은 수를 빼앗아 그만큼을 크기로 돌린 것이다.

그런데 그런 종류의 물고기의 알이 성장하는 것과 어떤 원인에 의해서 그렇게 되는 것인지는, 이제껏 말한 대로이다.

제5장

이들 물고기[88]도 알을 낳는다는 것을 증명하는 것은, 연골어처럼 어류로 태아를 낳는 것이라도 가장 초기에 자신의 몸속에 알을 낳는 것이다. 실제로 어류 전체는 알을 낳는 것임이 분명하다. 그럼에도 암컷과 수컷이 있고,[89] 교미에 의해 발생하는 이러한 종류의 알 모두는 수컷이 생식액을 그것에 뿌리지 않으면 완성되지 않는다.

'연골어를 제외하고 어류는 모두 암컷'이라고 주장하는 사람이 있지만, 옳은 주장은 아니다. 왜냐하면 그들은 어류의 암컷이 수컷으로 간주되는 것과 다른 점은, 식물과 같은 종인데 열매를 맺는 것과 열매를 맺지 않는 것이 있는 식물이 존재하는 것처럼, 그 차이와 같다고 생각하기 때문이다. 예를 들면 올리브, 야생 올리브,[90] 무화과, 야생 무화과[91]가 그렇

---

88 경골어류. 경골어류가 난생(卵生)이라는 것은 지금까지의 논의에서 전제되어 있었다. 플라트(Platt)는 이 주제에 대한 초기의 논의가 문맥에 어울리지 않게 여기에 그대로 남아 버린 것이 아닐까 하고 추정한다.

89 제2권 제5장 741a32-b2에서 아리스토텔레스는 수컷의 존재를 의심케 하는 어류의 예로 '비단돔'을 들고, 암컷도 수컷도 아닌 어류로 뱀장어나 늪지 강에 서식하고 있는 숭어류를 언급한다.

90 야생 올리브(kotinos)는 올림피아 경기의 승자에게 수여되는 화관에 사용된다.

91 카프리무화과(Ficus carica var. caprificus).

다. 물고기도 연골어 이외에는 마찬가지라는 것이다. 사실상 연골어류에 대해서는 이견이 없다. 하지만 생식액[정액 덩어리][92]에 대해서는, 연골어류의 수컷과 알을 낳는 어류에 속하는 수컷과는 같은 형태를 하고 있어서, 적절한 때가 오면 모두 정액을 짜낸다는 것은 분명하다.

또한 암컷은 자궁[난소]을 가지고 있다. 만일 어류가 모두 암컷인데, 그중 일부[93]가 불임이라고 한다면, 알을 낳는 것뿐만 아니라 그렇지 않은 것에도 자궁, 그것도 알을 낳는 것과는 다른 자궁이 있어야 할 것이다. 그렇지만 생식액[정액 덩어리]을 갖고 있는 것과 자궁을 갖고 있는 것이 있어서, 비단돔(eruthrinos)과 칸네(channē)[94]라는 두 종을 제외한 모든 것에서 그 차이가 인정된다. 즉 어떤 것은 생식액을 가지고 있으며 어떤 것은 자궁을 가지고 있다는 것이다.[95]

그들이 그렇게 생각한 것은 어떤 어려운 문제가 있기 때문인데, 그것은 실제로 일어나고 있는 일[현상, 사실]을 들으면 쉽게 해결될 수 있다. 즉 짝짓기는 '모두 많은 새끼를 낳지 않는다'고 그들은 말하는데, 그 주장은 옳다. 태아든 알이든 완성된 것을 자기 몸속에 낳는 것들은 물고기 중 알을 낳는 것처럼 한꺼번에 많이 낳지 않는다(사실상 어류의 알 수는 헤아릴 수 없다). 그러나 이들은 어류 알에 관한 것이 조류 알의 경우와 같지 않다는 점을 모르고 있다. 즉 조류도 알을 낳는 네 발 달린 동물도,

15

20

25

---

92 헬라스어 thoros는 주로 물고기의 생식액(정액)을 가리킨다. 물고기 수컷의 배 속에 있는 흰 정액 덩어리. 어백(魚白) 혹은 백자(白子)라고도 한다.

93 수컷으로 간주되는 것.

94 『동물 탐구』제4권 제11장 538a18−21 참조. 거기에서는 또한 '광어류'(Psetta)도 언급하고 있다. 비단돔은 도미과의 Pagellus erythrinus이고, 칸네는 도루묵과의 Serranus scriba 내지 Serranus cabrilla로 생각된다.

95 755b21−22: 아우베르트와 비머(Aubert & Wimmer)는 'hoi men gar … d' husteras'(즉 어떤 것은 생식액을 가지고 있고, 어떤 것은 자궁을 가지고 있다는 것이다)를 삭제한다.

게다가 연골어류 중 어떤 것도[96] 포함해도 되지만, 그것들은 완성된 알을 낳고, 알은 밖으로 나온 후 성장하지 않는다. 반면, 어류는 미완성 상태의 알을 낳고 알은 밖으로 나온 뒤 성장한다.[97] 또한 연체동물이나 연각동물에 대해서도 사정은 마찬가지이며,[98] 그들의 짝짓기는 긴 시간 동안 이루어지고 있으므로, 짝짓기하는 곳이 관찰된다. 그러면 한쪽이 수컷이고 다른 쪽에는 자궁이 있다는 것은 분명하다. 태아를 낳는 동물에서 수컷과 암컷이 있듯이, 그[수컷 또는 암컷] 능력이 있다는 것이 어류 전체에서 인정되지 않는다는 것은 이상한 일이다. 앞서 언급한 바와 같은 것을 주장하는 사람들이 무지한 이유는, 동물의 교미와 발생에 대해서는 실로 여러 가지 차이가 있지만 그것들은 명료하지 않은데, 그럼에도 소수의 것을 관찰하고 [그것에 근거해서] 모든 것에 대해 마찬가지임에 틀림없다고 생각한다는 점이다.

그러므로 '어류의 암컷은 정액을 삼켜서 임신한다'라고 주장하는 사람도, 몇 가지를 제대로 이해하지 못하고 그런 말을 하는 것이다.[99] 즉 수컷이 생식액[정액 덩어리]을 가진 것도 암컷이 알을 가진 것도 같은 시기이며, 암컷이 산란하는 때가 가까워지면 가까워질수록 수컷의 생식액이 많아져 더 습해진다. 그리고 수컷에서 생식액이 성장하는 것도, 암컷에서 알[알 덩어리]이 성장하는 것도 같은 시기이며, 양자의 방출도 마찬가지로 일어난다. 왜냐하면 암컷은 한꺼번에 알을 낳는 것이 아니라 조금씩 낳고, 수컷도 한꺼번에 몰아서 생식액을 내는 것은 아니기 때

---

96 아귀. 제3권 제3장 754a25-26 참조.

97 제1권 제8장 718b7-8, 제3권 제1장 749a24-27 참조.

98 알을 많이 낳는다.

99 『동물 탐구』 제5권 제5장 541a12-34 참조.

문이다. 이것들도 모두 이치에 맞는 방식으로 일어나고 있다. 실제로 조 **15**
류 중에서 교미[100]를 하지 않고 알을 낳는 것은 [짝짓기 없이는] 알의 수
도 또 횟수도 적지만, 교미를 하면 알이 많이 생기는데, 어류에서도 그와
같은 일이 적지만 일어난다. 어류와 조류 모두에서 그중 수컷도 존재하
는 종류에서는 저절로 생겨난 알[미수정란]은 수컷이 생식액을 뿌리지 **20**
않으면 번식하지 못한다. 조류의 경우에는 완성된 알을 배출하므로, 그
것이 아직 몸 안에 있는 동안에 이것이 일어나는 것이 필연적이다. 한편,
물고기의 경우에는 미완성 상태의 것을 배출해서 모두 몸 밖에서 성장
하므로, 몸 안에서 교미로부터 번식력을 갖게 되지 않는다고 하더라도,
그래도 몸 밖에서 생식액이 뿌려진 것은 살아남아, 거기에서 수컷의 생 **25**
식액은 소비되는 것이다. 그 때문에 암컷의 몸속에 있는 알이 줄어드는
것에 맞추어, 생식액[정액 덩어리]은 아래로 내려가 작아진다. 즉 수컷
은 항상 낳은 알을 쫓아다니며, 낳은 알에 생식액을 뿌려 대는 것이다.

　그러므로 어류에는 수컷과 암컷이 있으며, 모두가 교미한다(어떤 종
류의 물고기에서는 암컷과 수컷이 구별되지 않는다는 것[101]을 고려하지 않
는다고 한다면). 그리고 그런 종류의 어떤 동물도 수컷의 생식액 없이는 **30**
발생하지 않는다.

　그들을 잘못으로 이끄는 데는 그런 종류의 물고기의 짝짓기가 아주

100　756a16: 내본의 'kueseōs'글 펙(Peck, Loeb)에 따라 'ocheias'로 읽는다.

101　*Pagellus erythrinus*와 *Channa*. 꽃돔류 등에서 볼 수 있는 자성선숙(雌性先熟; 암수동체의
　　생물에서 처음에 암컷 모습이 발달하고 나중에 수컷 모습이 나타나는 현상)을 염두에 두
　　고 있는 것으로 생각된다. 제2권 제5장 741a24-b2, 『동물 탐구』 제4권 제11장 538a18-
　　21 참조. 일반적으로 자성선숙은 암수 한몸의 동물에서 암컷의 생식기관(生殖器官)인
　　알집이 정집보다 먼저 성숙하는 일을 말한다. 대표적으로 놀래기류에 해당하는 물고
　　기가 이 방식을 취한다.

짧기에, 그 결과 어부라고 해도 많은 사람이 이를 간과한다.[102] 왜냐하면 어부 그 누구도 [제대로] 알기 위해서 그러한 것을 주시하는 일은 전혀 하지 않지만, 그럼에도 교미는 관찰되고 있기 때문이다. 돌고래나 꼬리가 교미에 방해되는 물고기에서[103] 교미 방식은 같으며, 서로 붙어서 하지만 돌고래가 교미를 푸는 데는 비교적 시간이 걸리나 그런 종류의 물고기는 곧 교미를 푼다. 그래서 그것을 보지 못하고 [암컷이] 생식액과 알을 삼키는 것을 보고는, 어부들조차 물고기가 잉태하는 것에 대해 '이야기 작가'(ho muthologos)인 헤로도토스가 말하는 것처럼,[104] 어처구니 없는 혼란스러운 이야기를 하면서, '어류는 생식액을 삼킴으로써 잉태한다'라는 식으로 말해서 그것이 불가능하다는 것을 알아차리지 못했다.

실상 입을 통해 몸속으로 들어가는 관이 위에 연결되어 있지만 자궁에는 연결되어 있지 않다. 그리고 위로 들어가는 것은 필연적으로 영양이 된다(숙성[소화]되는 것이니까). 그렇지만 자궁이 알로 채워져 있는 것은 분명한데, [그들의 말이 맞다면] 도대체 어디서부터 그것이 들어온다는 말인가?

---

102 아리스토텔레스는 어부 등 일상적으로 동물과 접하는 사람들의 의견을 활용하고 있는데, 이곳에서 볼 수 있듯이 이들의 관찰 한계도 명확히 의식하고 있었다.

103 『동물 탐구』] 제5권 제5장 540b8-11 참조.

104 떼를 지어 사는(群居) 물고기는 호수에서 살다가 번식 욕구가 찾아오면 떼를 지어 바다로 나간다. "이때 수컷이 앞장서 나아가면서 정액(흰 것)을 퍼뜨리면, 그 뒤를 따르는 암컷이 그것을 삼켜서 수태하게 된다"(헤로도토스, 『역사』 제2권 제93장).

제6장

새의 발생에 대해서도 마찬가지 일이 있다. 즉 '큰까마귀와 따오기는 입
으로 교합하고, 네 발 달린 동물이라도 족제비는 입으로 새끼를 낳는다'
라고 주장하는 사람이 있다.[105] 그렇게 주장하는 것은 아낙사고라스나
다른 자연학자의 일부로, 너무나 단순하고 고찰이 결여된 주장인데, 그
런데 그들이 새에 대해 추론을 통해 잘못된 주장에 이르게 된 것은 큰까
마귀의 교미가 관찰되는 것이 드물며, 새 중에서도 모든 까마귀류가 하
는 것처럼 종종 부리로 서로 교류(koinōnia)하고 있다는 관찰에 의존한
것이다. 이것은 길들여진 갈까마귀[106]에서 분명한 것이다. 집비둘기류도
바로 이와 같은 일을 한다.[107] 그러나 그것들이 짝짓기를 하는 것은 분명
하기 때문에, 그들의 말과 맞지 않는다. 무엇보다 까마귀도 짝짓기를 한
다는 것은 분명히 관찰되고 있지만, 성행위를 좋아하지 않는다(까마귀
는 적게 낳는 동물 중의 하나이니까).

하지만 위는 항상 음식물을 비롯해서 들어온 것을 숙성시키는데, 그

15

20

25

---

105 따오기(ibis)에 대해서는 아일리아노스, 『동물의 본성에 대하여』(동물 기담집) 제10권
　　제29장에도 같은 이야기가 소개되고 있다.
106 『동물 탐구』 제8권(9권) 제24장에 의하면, 갈까마귀에는 세 종류가 있으며, 게다가 뤼
　　디아, 프뤼기아 근처에 있는 어떤 물갈퀴가 있는 물새도 그 이름으로 불리고 있다고 설
　　명되어 있다. 작은 갈까마귀가 반려동물로 사육되고 있던 것에 대해서는 아리스토파
　　네스, 『새』 7행, 18행 및 테오프라스토스, 『성격의 유형들』 제21장 제6절("그는 자신의
　　길들인 길까마귀를 위해 작은 사다리를 사고, 그놈이 사다리로 뛰어오를 때 들고 갈 수
　　있는 작은 청동 방패를 만들기를 사랑하는 사람이다") 참조. 여기서 갈까마귀는 성벽 공
　　격용 사다리를 타는 전사처럼 행동하고 있다. 아티케의 도자기에는 철모, 방패, 창을
　　든 새들이 등장한다. '사다리를 산다'라는 것은 당시 새를 기르는 사람들을 위한 시장
　　이 있었다는 것을 말하고, '방패'를 만든다는 것은 특이한 성벽(性癖)을 가졌다는 것을
　　암시한다.
107 『동물 탐구』 제6권 제2장 560b26-29 참조.

것을 통해 정액이 어떻게 자궁에 이른다는 것인지 추론할 수 없다는 것
은 이상한 일이다. 그 새들도 자궁을 가지고 있어 격막 근처에 알[난소]
을 볼 수 있다. 족제비도 다른 네 발 달린 동물처럼 자궁의 모양은 그것
들과 같다. 태아가 어떻게 자궁에서 입으로 이동한다는 것인가? 그러나

족제비는 낳은 새끼가 매우 작고, 뒤에 가서 말하게 되는[108] 발끝이 갈라
진 다른 동물[109]처럼 입으로 새끼를 옮기는 일이 흔하기 때문에 그런 생
각을 갖게 한 것이다.

　트로코스[110]와 하이에나[111]에 대해 주장하는 자들도 어리석고 완전히
틀렸다. 왜냐하면 많은 사람은 하이에나를, 헤라클레이아 출신의 헤로

도로스[112]는 트로코스를 수컷과 암컷의 2개의 성기를 가진다고 해서, 트

---

108 제4권 제6장 774b10–16.

109 고양이, 개, 곰 등.

110 트로코스(trochos)라는 동물이 언급되는 곳은 이곳뿐이다. 종을 분류학상의 소속을 결
정하기(同定) 어렵다. 루이(Louis)는 불확실하다고 하면서도 '오소리'라고 옮긴다. 유
럽오소리(Meles meles)는 꼬리와 항문 사이에 주머니 모양의 샘의 열려진 부분이 있어,
그것을 암컷의 음부로 잘못 보았을 가능성이 있다(Katz 참조). 사실상 일반적으로 포유
류의 어떤 종도 '암수 한몸'(자웅동체, hermaphrodite)인 것은 없다.

111 하이에나(huaina)에 대해서는『동물 탐구』제6권 제32장 참조. 점박이하이에나(Crocuta
crocuta)의 암컷 클리토리스가 길게 뻗어 있어 페니스처럼 보이는 것으로 알려졌지만,
『동물 탐구』가 기술하고 있는 것은 줄무늬하이에나(Hyaena hyaena)라고 생각되며, 또
수컷에게는 '암컷의 음부처럼 생각되는 부분이 꼬리 아래에 있고, 모양은 암컷의 음부
와 비슷하다'(579b19–20)라고 설명하고 있다. 수컷의 성기는 늑대와 개의 기관을 닮
았다고 말한다. 하이에나가 성별을 바꾼다는 전승은『아이소포스[이솝] 우화집』242,
243 및 아일리아노스,『동물의 본성에 대하여』(동물 기담집) 제1권 제24(25)장 등에서
도 전해진다.

112 헤라클레이아(Hērakleia Pontikē)는 메가라의 식민지로 흑해 남쪽 해안에 보스포로
스 해협에서 동쪽으로 160킬로미터가량 떨어져 있다. 헤로도로스는 헤라클레이아 출
신 이야기 작가로, 헤라클레스 등의 신화 전설, 역사, 지리에 관한 저작을 저술했다고
한다(기원전 5세기 후반~4세기 전반).『동물 탐구』제4권 제5장 563a7, 제8권(9권) 제
11장 615a9에도 언급되어 있다.

로코스는 자기 자신과 교미하고, 하이에나는 1년마다 교미하는 것과 교미되는 것을 번갈아 한다고 주장한다. [그 주장이 어리석은 것은] 하이에나가 성기를 하나밖에 갖지 않는다는 것이 관찰되고 있으며, 몇몇 지역에서는 관찰되는 경우가 드물지 않기 때문이다. 그러나 하이에나는 꼬리 밑에 암컷 성기와 유사한 선(線)이 있다. 수컷과 암컷 모두는 그런 징표를 갖지만 수컷이 더 많이 잡힌다.[113] 그래서 얼핏 보는 것만으로 판단하는 사람들은 이렇게 [잘못] 생각하는 것이다. 하지만 그것들에 대해서는 이상에서 말한 것으로 충분하다.

제7장

어류 발생에 대해 태아를 낳는 것이 아닌 것에서는 암컷이 알을 방출하고 수컷이 생식액을 뿌리는데, 연골어류에서는 암컷이 배아를 방출하는 것도 또 수컷이 생식액을 뿌리는 것도 관찰되지 않는 것은 어떤 원인에 의한 것인가 하는 난제를 제시하는 사람이 있을 것이다. 그 원인은 연골어류가 정액을 다량으로 가진 유가 전혀 아니라는 데 있다. 게다가 암컷은 격막 부근에 자궁이 있는 것도 원인이 있다.[114] 실제로 연골어류와 다른 물고기의 수컷끼리, 암컷끼리 비교하면 비슷한 차이가 있다. 즉 연골어류는 생식액의 양이 다른 물고기보다 적다. 알을 낳는 어류에서는 암컷이 앙이 많기 때문에 알을 낳는 것과 미찬가지로, 수컷이 생식액을 뿌

---

113 『동물 탐구』 제6권 제32장 및 이 책 제3권 제6장 각주 111 참조. 사냥꾼에 따르면, 포획된 하이에나 11마리 중 단지 1마리만이 암컷이라고 보고하고 있다.

114 이것이 다른 어류와 달리 알이 몸 안에서 완성되는 것의 증거라고 생각하고 있는 것이다. 제1권 제3장 716b31-717a3 참조.

린다. 즉 교미하기에 충분한 양 이상의 생식액을 가지고 있다는 것이다. 왜냐하면 자연은 처음에 알을 형성하는 데 필요한 만큼 정액을 준비하기보다는, 오히려 암컷이 알을 낳았을 때 알을 확장시키는 데 생식액을 사용할 수 있도록 하고 있기 때문이다. 사실 앞의 논의에서도,[115] 또 가장 가까운 논의[116]에서도 말했듯이, 새의 알이 부모의 몸 안에서 완성되는

데 반해, 어류의 알은 몸 밖에서 완성된다. 즉 어류는 어떤 의미에서 구더기를 낳는 동물과 비슷하고, 게다가 구더기를 낳는 동물은 한층 미완성 상태의 배아를 방출하는 것이다. 새의 알도 물고기의 알도 모두, 그것을 완성하는 것은 수컷이지만, 새의 경우에는 알은 몸 안에서(알은 몸 안

에서 완성되는 것이니까), 물고기의 경우에는 알이 미완성 상태로 밖으로
로 방출되므로 완성은 몸 밖에서 이루어진다. 그러나 적어도 양쪽 모두에서 일어나고 있는 일은 같다.

그런데 새의 풍란[117]은 [암컷이 자궁 속에 있는 동안 수컷과 교미한다면][118] 번식력을 갖게 되고, 또 다른 종류의 수컷에 의해 먼저 교미를 받아 생긴 것이 나중에 교미한 것으로[119] 그 본성을 바꾸게 된다.[120] 한편, 어떤 수컷 자신의 알(oikeia)[121]은 그 수컷과의 교미가 중단되면 성장하지

---

115 제1권 제8장 718b6-8.

116 제3권 제5장 755b4-6.

117 여기서는 자궁 안에서 수정되지 않은 단계의 알을 말한다.

118 펙의의 '보충적 설명'을 삽입해서 읽는다(Peck, 1942, p. 321, 주석 참조).

119 757b27 아래 참조.

120 제1권 제21장 730a7-9 참조. 거기서는 이 사건이 일어나는 조건이 지적되고 있다.

121 kai ta oikeia de. oikeia의 의미는 알이 수컷 '자신의 것'이라는 의미에서, 다시 말해 다른 수컷이 아니라 자신이 최초에 알을 임신시켰다는 의미이다.

않지만, 교미가 다시 시작되면[122] 바로 성장한다.[123] 그렇지만 모든 기간 **5**
에 걸쳐 그것이 가능한 것은 아니며, 만일 흰자의 분리 단계까지 변화가
진행되기 전에 교미가 이루어졌다면 말이다. 한편, 물고기 알의 경우에
그런 기한은 정해지지 않았지만, 보전을 위해 수컷은 재빨리 생식액을
뿌린다. 그 이유는 어류의 알은 두 가지 색이 아니라는 것이다. 물고기의 **10**
알에서 새의 알로 보일 만한 시기가 정해져 있지 않은 것은 그 때문이다.
그렇게 되어 있는 것은 이치에 맞다. 왜냐하면 흰자와 노른자가 서로 구
분되었을 때, 알은 이미 수컷에서 유래한 시원을 획득했기 때문이다(실
상 그 시원을 제공하고 있는 것은 수컷이니까).

그런데 풍란이 발생의 과정을 진행시키는 것은 그것들에서 가능한 **15**
단계까지이다. 풍란은 완성되어 동물이 되는 것이 불가능하지만(그것에
는 감각이 필요한 것이니까), 혼의 영양 섭취 능력은 가지고 있으며, 이것
은 반복적으로 말하고 있는 것처럼 암컷이든 수컷이든 살아 있는 것 모
두가 가지고 있다. 그렇기에 알 자체는 식물의 배아가 완성된 것일 수도
있고, 동물의 배아가 미완성 상태의 것이라고도 할 수 있다. 그래서 만 **20**
일 조류에 수컷이 존재하지 않는다면, 그 알은 어떤 종류의 물고기의 경
우 ─ 수컷 없이 새끼를 낳을 수 있는 것과 같은 어떤 유가 있다고 하는
것이지만 ─ 에도 보이는 것과 같이 생겨날 것이다. 그들에 대해서는 이
전에도[124] 그런 일이 없다는 것이 충분히 관찰되었다고 말했다.

그렇지만 실제로는 모든 새에서 암컷과 수컷이 있으며, 그 결과 풍란
이 식물이라고 하면 완성되이 있지만(그렇기에 교미 후에 더 이상 변화 **25**

---

122 757b4: 대본은 "교미가 중단되면 성장하지 않지만, 교미가 다시 시작되면"(anauxēta
   onta … ocheusē)이라는 대목이 손상되어 수복하기 어려움을 지적한다(Loeb 참조).

123 『동물 탐구』 제6권 제2장 560a18-20 참조.

124 제2권 제5장 741a32-34.

하지 않는다), 식물이 아니라면[125] 완성되어 있지 않으며, 그로부터 다른 것이 결과로서 생기는 일은 없는 것이다. 즉 식물처럼 단순히[126] 발생하는 것도 아니고, 동물처럼 교미로부터 발생하는 것도 아니다. 교미에서 발생한 알이 흰자와 노른자로 분리되면, 이것은 최초로 교미한 수컷에 따른 것이 되는 것이다. 왜냐하면 그 단계에서 양쪽의 시원[127]을 이미 획득하고 있기 때문이다.

제8장

연체동물,[128] 예를 들면 갑오징어나 그와 유사한 것들과 연각동물(갑각류),[129] 예를 들면 왕새우나 그것과 동족의 것들은 새나 물고기와 같은 방식으로 산란한다. 즉 이들도 교미에 의해 산란하는 것들이며, 수컷이 암컷과 교미하고 있는 것이 반복적으로 관찰되어 왔다. 그러므로 '물고기

---

125 즉 동물로서는.

126 교미 없이도.

127 식물적인 영양 섭취 능력의 시원(혼)과 동물적인 감각 능력 시원(혼). 후자는 '수컷의 기원[원리]'에 의해 주어진다.

128 두족류. 여기서 그 예로 들고 있는 '갑오징어'는 유럽갑오징어(*Sepia officinalis*)이다.『동물 탐구』제4권 제1장 참조.

129 갑각류. 예로 들 수 있는 '왕새우'는 유럽왕새우(*Palinurus elephas*)이다.『동물 탐구』제4권 제2장 참조.『동물의 부분들에 대하여』에서는 다음과 같이 말한다. "연각동물(軟殼動物; crustacea)은 모두 보행 능력도 있으며, 그래서 발이 많다. 그것들의 가장 큰 유(類)는 네 가지이다. 즉 '왕새우'(carabi), '바닷가재'(astaci), '새우'(carides), '게'(carcini)로 불리는 것들이다. 그것들 각각에 많은 종이 있으며, 그 형태만이 아니라 크기 면에서도 큰 차이가 있다. 실제로 그것들 중에는 큰 것도 있고 아주 작은 것도 있다"(제4권 제8장 683b25-30).

는 모두 암컷이며 교미를 통해 새끼를 낳는 것이 아니다'라고 주장하는 사람들[130]은 학문 탐구의 방식[131]에 의하지 않고 그렇게 말하고 있다는 것 758a은 이 점에서도 분명하다. 실은 그들[연체동물과 연각동물]은 교미에 의해서 산란하지만, 물고기는 그렇지 않다고 생각하는 것은 놀라운 일이기 때문이다. 만일 그들의 짝짓기를 깨닫지 못하고 있다면, 그것은 그들이 무지(apeiria)[132]하다는 증거이다. 하지만 그것들이 모두 절지동물[133]처 5럼 교미에 비교적 시간을 들이고 있다는 것은 이치에 맞는다. 그것들은 무혈동물이고, 그 때문에 본성적으로 몸(phusis)이 차갑기 때문이다.

그런데 갑오징어나 화살오징어에서는 자궁[난소]이 나뉘어 두 갈래로 되어 있는 것처럼 보이기 때문에, 알은 두 개인 것처럼 보인다.[134] 한편, 문어의 알은 하나이다.[135] 그 원인은 문어의 체형이 둥글고 공처럼 생겼다는 것이다.[136] 사실 알이 가득 차면 그 갈라짐은 분명치 않다. 왕새우 10의 자궁도 두 갈래이며, 이들도 모두 미완성 상태의 배아[알]를 낳는데, 그 원인은 같다. 또, 왕새우류의 암컷은 자기 자신에게 알을 낳으며(이

---

130 제3권 제5장 755b7 아래 참조.

131 historikōs(과학적으로).

132 '기술의 결여, 무경험, 무지'를 의미한다.

133 갑각류를 제외한 절지동물(예: 곤충, 다족류, 거미류 등) 및 환형동물(Annelida, 예: 지렁이, 거머리 등). 환형동물의 몸은 가늘고 길며 좌우대칭을 이룬다. 머리 부분과 꼬리 부분을 제외하고는 일반적으로 같은 구조의 체절(환절)로 이루어져 있다. 몸 표면은 키틴질의 얇은 막으로 싸여 있고, 섬모는 없다. 이들은 절지동물과 관계가 깊으나 분화 정도가 낮고, 발생과 몸의 구조는 연체동물과 가깝다.

134 제1권 제3장 717a3-5 참조. 여기서 말하는 '알'은 난소의 내용물을 한 덩어리로 가리킨다(Scharfenberg, 2001, p. 83, 주석 10 참조).

135 『동물 탐구』 제4권 제1장 525a2-3 참조.

136 제1권 제3장 717a7 참조.

때문에 알을 지키기 위해서, 그 암컷은 수컷보다 조직판[腹肢][137]이 크다),
연체동물은 몸 밖에 알을 낳는다. 그리고 연체동물의 수컷은 물고기의
수컷이 알에게 하듯이, 암컷에게 생식액을 뿌리고,[138] 알은 함께 뭉쳐서
끈적끈적한 것이 된다.[139] 한편, 왕새우류에서는 그러한 것이 관찰되지
않으며, 그러한 것은 이치에 맞지 않는다. 배아[알]는 암컷의 몸 아래에
있으며 딱딱한 껍질을 하고 있기 때문에, 그 알도 연체동물의 알도 물고
기의 알처럼 부모의 몸 밖에서 성장하는 것이다.

발생할 때 갑오징어는 앞부분에 알을[140] 달고 있다. 가능한 것은 거기
뿐이니까. 실상 이 동물들만이 뒷부분과 앞부분이 같은 방향을 향하고
있다. 발생할 때 몸의 위치 형태가 어떻게 되어 있는지는 『동물 탐구』[141]

---

137 plakas. 복부에 있는 부속지로, 갑각류에서는 원칙적으로 각 체절마다 한 쌍씩 있
고, 유영지(遊泳肢)나 교미기관 등이 해당된다. 원절(protopod), 내지(endopod), 외
지(exopod)로 되어 있다. 갑각류의 '꼬리지느러미'를 가리키기도 한다(『동물 탐구』
526b9).

138 아리스토텔레스는 『동물 탐구』 제5권 제18장 549b29-30에서 "연체동물은 교미한 후
에 흰 알을 낳는다"라고 한 후, 제6권 제13장 567b8-11에서는 "갑오징어의 수컷은 암
컷이 산란하면 알에 [생식액을] 뿌린다. 그 사실은 다른 연체류에서도 당연히 있을 것
이나, 현재로서는 갑오징어에서만 확인되고 있을 뿐이다"라고 말하고 있다(제5권 제
12장 544a3-5; 제18장 550a11 참조). 실제로는 생식액을 뿌리는 일은 없으며, **교미 시에
정포(정협)를 상대에게 전달함으로써 수정(受精)하는 것이며,** 아리스토텔레스가 무엇
을 관찰했는지는 분명하지 않다. 현대의 과학적 지식에 따르면, 정포(spermatophore, 精
包 혹은 精筴)는 '와충류의 일부, 거머리류의 일부, 연체동물의 두족류, 척추동물의 유
미류 등에서 생식소 부속선의 분비물로 둘러싸인 정자 덩어리이다. 암컷 또는 자웅동
체의 **상대 개체에 정포를 넘겨주어 수정을 한다.** 크기나 구조는 종에 따라 다양하다.
두족류의 정포는 구조가 가장 정교하여 예전에는 기생충으로 오인했었다'(『생명과학
대사전』).

139 『동물 탐구』 제5권 제18장 550a13-14 참조.

140 여기서 '알'은 노른자 주머니를 가리킨다(Scharfenberg, 2001, p. 85 참조).

141 『동물 탐구』 제5권 제18장 550a10-26 참조.

에 근거해서 탐구해야 한다.

이렇게 해서 다른[142] 동물의 발생에 관하여, 즉 육생동물, 헤엄치는 동물, 날아다니는 동물에 대해서 이상에서 말했다.

제9장

다음으로 지금까지의 고찰을 이끌어 온 방법에 따라[143] '마디가 있는 동물'(곤충, 절지동물)[144]과 껍데기(각피)동물에 대해 서술해야 한다. 그래서 먼저 절지동물에 대해 말하겠다.

그런 종의 동물 중에는 짝짓기에서 발생하는 것도 있고, 저절로 발생하는 것도 있다는 것은 앞서 말한 바 있다.[145] 거기에 덧붙여 구더기를 낳는 것과 어떤 원인 때문에 구더기를 낳는 것인지도 말했다.[146] 거의 모든 것이 어떻게 보면 처음에는 구더기를 낳는 것처럼 보이기 때문이다. 사실상 가장 미완성 상태의 배아는 그러한 것이므로, 태아를 낳는 동물이든 완전한 알을 낳는 동물이든, 모든 동물에서 배아는 처음부터 미분화되어 그것이 성장해 가는 것이며, 구더기의 자연 본성은 그와 유사한 것이다. 그다음에는 배아를 완성한 알로 낳는 것도 있고, 물고기에 대해 여

30

35

758b

---

142 '태아를 낳는 동물 이외의'.

143 제2권 제1장 733a32-b16에서 동물의 발생 방식('몸 안에도 몸 밖에도 태아를 낳는다', '몸 안에 알을 낳는다', '몸 밖에 태아를 낳는다', '완전한 알을 낳는다', '불완전한 알을 낳는다', '구더기를 낳는다')과 동물의 완전성과의 정도를 대응시켜 순서 짓고 있다.

144 '마디가 있는 동물'로 곤충류(절지동물에 속하는 곤충)에 거의 해당한다.

145 제2권 제1장 732b11-14.

146 제2권 제1장 733a24-26.

러 번 말한 것처럼 미완성의 알을 낳고, 그것이 몸 밖으로 나온 후 완성되는 것도 있다. 자신의 몸속에 태아를 낳는 것은, 어떤 의미에서 최초에 형성된 후의 배아가 알과 같다는 것이다. 즉 액상의 것이 얇은 피막에 싸여 있어서, 마치 알에서 그 껍데기를 떼어 낸 것과 같으며, 그때[단계]에 배아가 사멸하는 것[유산]이 '유출'[147]이라고 불리는 것도 그 때문이다.

절지동물로 새끼를 낳는 것은 구더기를 낳고, 교미를 통하지 않고 저절로 발생하는 것은 최초로 그와 유사한 형성물을 발생시킨다. 즉 애벌레[148]나 거미집과 같은 것[149]도 구더기의 일종으로 보아야 하는 것이다. 그럼에도 그것들 중 일부와 다른 절지동물의 대부분도 둥근 모양 때문에 알과 비슷하다고 생각할지도 모른다. 그러나 형태나 연하고 단단하다는 점에서 말할 것이 아니라(실상 발생하는 배아가 딱딱한 것도 있으니까), 전체가 변화해 동물이 되고, 또 어느 한 부분으로부터 동물이 발생하는 것이 아니라는 점에서 말해야 한다.[150]

구더기와 같은 모양의 모든 것은 시간이 지남에 따라 크기가 최종 단계에 이르면 알[151]과 같은 것이 된다. 즉 그 자신을 둘러싼 칼집이 딱딱해져, 그 기간 동안 움직이지 않게 된다. 꿀벌이나 말벌의 구더기나 애벌레

---

147 『동물 탐구』 제9권(7권) 제3장 583b11-12에서는 임신 후 7일까지 배아[태아]가 죽는 것을 '유출'(ekrusis)이라고 부른다고 되어 있다.

148 플라트(Platt)가 '유충(애벌레)'(kampē)이라고 불리는 것은, 실제로는 애벌레가 태어나는 '알'을 의미하고 있다고 추정하지만, 펙(Peck)은 발생에서 이 단계의 것을 아리스토텔레스가 '구더기'라고는 불러도 '알'이라고 부르지 않는다고 한다. 번데기가 된 단계에서 알에 대응하는 것이 되었다고 해석하는 것이다(Peck, 1942, p. 329).

149 번데기를 의미할 수 있다. 『동물 탐구』 제5권 제19장 552b23-25에는 '구더기에서 태어나는 애벌레의 대다수는 처음에 거미줄에 싸여 있다'라고 되어 있다.

150 제2권 제1장 732a29-32 참조.

151 즉 번데기. 『동물 탐구』 제5권 제19장 551a18-20 참조.

에서 이것은 분명하다. 그 원인은 구더기가 아직 성장 과정에 있는 부드 20
러운 알이라고 생각한다면, 그 자신으로서는 미완성이기 때문에 그 자
연은, 말하자면 때가 오기 전에 알을 낳은 것과 같다는 것이다. 다른 것,
즉 양모[152]나 그 밖에 그와 유사한 것들 중에서나 물에 잠긴 것들 중에서
교미에 의하지 않고 발생하는 것[153] 모두에서 일어나는 것과 같은 방식
이다. 실제로 그것들은 모두 구더기라는 본성의 발달 단계가 끝나면, 칼 25
집이 말라붙어 움직이지 않게 되며, 그 후 그것이 찢어지면 알에서 튀어
나오듯이 제3의 발생으로[154] 완성된 동물이 튀어나오는 것이다(그러한
동물에는 날개가 있는 것이 육상에서 보행하는 것보다 수적으로 많다).

　많은 사람이 놀랄 만한 일이 이치에 맞는 방식으로 일어난다. 즉 애
벌레는 처음에는 먹이를 잡지만, 그 후에는 더 이상 먹이를 잡지 않고, 30
어떤 사람들에 의해 '번데기'(chrusallides)라고 불리는 것이 되면 움
직이지 않게 된다. 또한 말벌이나 꿀벌의 구더기는, …[155] 그 후 '새색
시'(numphē)[156]라고 불리는 것이 되며, 그것에는 그런 것이 없다.[157] 새나

---

152 양모로 된 옷이 더러워질수록, '나방 유충'이 더 많이 발생한다.

153 양모 등에서 '저절로 발생하는' 벌레(나방 유충)에 대해서는 『동물 탐구』 제5권 제32장 557b2 참조.

154 (1) 알에서 구더기, (2) 구더기에서 번데기, (3) 번데기에서 성체라고 하는 발생 단계의 마지막 것을 말한다. 제2권 제1장 733b13-16 참조.

155 758b32: 여기에 무언가 탈문(lacuna)이 있는 것으로 보인다. 루이(Louis)는 『동물 탐구』 제5권 제19장 551a29-b4의 기술을 바탕으로 탈락 부분을 보충하여 "… 구더기는 [먹이를 먹고 똥을 싸는데; 551b1의 보충] 그 후 …"라고 옮긴다. 551b1-2에서는 꿀벌이나 말벌의 구더기는 "구더기에서 [형태가 변화하여 성충과 같은] 완전한 외형을 갖추기에 이르자 '신부'(번데기)라고 불리며"라고 설명되어 있다. 추정컨대, 베일을 쓴 '신부'를 '거미줄로 둘둘 말린 번데기'로 연상하고 있는 듯하다.

156 이 말에는 '어린 신부'라는 의미도 있으며, 번데기 단계의 '어린 말벌이나 꿀벌로의 "번데기"'를 가리키기도 한다(『동물 탐구』 551b2, 555a3).

157 758b33: 펙(Peck)은 758b33의 'kai toiouton ouden echousin'의 삭제를 제안하고 있지만,

35 물고기의 알도 그 자연 본성에서 완성되면 성장하지 않지만, 처음에는 분화하여 완성된 알이 될 때까지 영양을 섭취하고 성장하기 때문이다.

759a 그러나 구더기 중에는 몸 안, 거기에서 영양을 얻어 그러한 잉여물[똥] 이 생기는 것과 같은 것을 가지는 것도 있는데, 예를 들면 꿀벌이나 말벌 의 구더기가 그렇다. 이와 달리 애벌레나 다른 구더기가 있는 것처럼, 몸 밖에서 먹이를 잡는 것도 있다.

그런데 어째서 그러한 동물이 3단계로 발생하는지, 움직이던 것이 다 시 움직이지 않게 되는 것이 어떤 원인에 의한 것인지는, 이상에서 말한

5 대로이다. 이것들 중에는 새나 태아를 낳는 동물이나 물고기의 대부분 이 그렇듯이, 짝짓기를 통해 발생하는 것도 있고, 어떤 식물[158]처럼 저절 로 발생하는 것도 있다.

제10장

꿀벌의 발생은 큰 난제를 포함하고 있다.[159] 즉 어떤 물고기 중에서도 교

10 미 없이 새끼를 낳는 그러한 식의 발생[160]을 하는 것이 있다면, 실제로 일 어나고 있는 사실[현상]로부터 미루어 볼 때 꿀벌에 대해서도 그것이 일 어나고 있을 것 같다. 실제로 필연적으로 다음 중 어느 하나를 생각할

대본에 따른다. 루이(Louis)는 '그런 것'을 '배설물'(똥)로 해석한다.

158 기생하는 겨우살이 같은 것. 제1권 제1장 715b25-30 참조.

159 꿀벌의 발생에 대한 여러 설에 대해서는 『동물 탐구』 제5권 제21장 참조. 꿀벌의 생태 에 대해서는 제8권(9권) 제40장 참조. 또한 '꿀벌'(melitta)이라는 단어는 종으로서의 '꿀벌'을 가리키는 경우 '일벌'을 가리키는 경우가 있다.

160 제3권 제5장 756a15-18.

수 있다. 즉 (1) 어떤 사람들이 말하는 것처럼, 꿀벌은 어딘가에서 새끼의 씨[자손][161]를 데려오는 것인가 —— 그것은 저절로 생긴 것이었거나,[162] 아니면 무언가 다른 동물이 낳은 것일 수도 있으며 —— 혹은 (2) 그것들 자신이 낳은 것이거나, 혹은 (3) 어떤 것은 데려오는 것이고 다른 것은 자신들끼리 낳은 것인가(실상 어떤 사람들은 '데려온 것은 [수벌] 새끼의 씨일 뿐이다'라고 주장하고 있다).

그리고 (2) 자신들이 낳는다고 하면, (a) 교미해 낳을 것인가, 아니면 (b) 교미하지 않고 낳을 것인가. (a) 교미하여 낳는다면, (i) 각각의 종류의 것[163]이 스스로 낳을 것인가, 아니면 (ii) 그것들 중의 한 종류가 다른 것을 낳을 것인가, 아니면 (iii) 서로 다른 종류끼리는 교미하여 낳을 것인가. 이것이 의미하는 바는, (i) 꿀벌[일벌]은 꿀벌[일벌]끼리 교미하여

15

---

161 구더기(유충) 상태의 것.

162 자연 발생.

163 벌에는 (1) 부분적으로 발달한 '꿀벌'(일벌), (2) 수컷인 '수벌', (3) 완전히 발달한 암컷으로서 '왕벌, 지도자'(여왕벌)의 세 종류가 있다. 우리에게 알려진 바는 알은 여왕벌이 낳고, 일반적으로 수정되지 않은 알은 수벌을 낳고(암컷이 수컷과 결합하지 않고 단독으로 개체를 만들어 내는 단위생식[parthenogenesis]), 수정된 알은 로열젤리를 얼마나 먹었는지 등의 요인에 따라 여왕벌 또는 일벌을 낳는다. 벌집이 과밀해지면 '떼를 지어 이동하는 일'(swarming)이 일어나고, 군집이 새로운 집에 정착한 후, 여왕은 '결혼 비행'을 하게 될 때 여러 수컷이 뒤따른다. 공중에서 교미가 일어나고 여왕은 둥지로 돌아간다. 여름이 끝나면 수컷은 일벌에 의해 배출된다. 여왕과 일벌은 비슷한 알에서 생산되지만, 여왕 세포가 더 크다. 하지만 여왕의 유충은 발달 내내 '로열젤리'(일벌이 생산하는 특별한 음식)를 먹는 반면, 일벌은 짧은 기간(3~4일) 동안만 이것을 먹고, 나머지 기간은 꿀과 소화된 꽃가루를 먹는다. 드물지만 일벌이 수정되지 않은 알에서 여왕과 다른 일벌을 생산할 수 있다. 일벌의 발달은 3주 만에, 여왕은 16일 만에 완료되고, 수벌은 24일 만에 끝난다. 아래의 논의에서 볼 수 있듯이, 아리스토텔레스는 벌들의 성별에 대한 단정을 피하고 있다. 다만, 지도자(여왕벌)를 '왕'(basileus)이라고 부르며, 남성명사로 사용한다(크세노폰, 『가정경영론』 제7장 제32절에서처럼 여성명사를 사용하는 예도 찾아볼 수 있다).

태어나고, 수벌은 수벌로부터, 왕벌은 왕벌로부터 태어나는 것인가, 혹은 (ii) 한 종류의 것으로부터 다른 모든 것이 태어나, 예를 들면 '왕벌'이라든가 '지도자'라고 불리고 있는 것으로부터 다른 것도 태어나는 것인가, 혹은 (iii) 수벌과 꿀벌[일벌]로부터 태어나는 것인가(실제로 어떤 사람들은 '수벌이 수컷이고, 꿀벌[일벌]이 암컷이다'라고 주장하고 있으며, 다른 사람들은 '꿀벌[일벌]이 수컷이고, 수벌이 암컷이다'라고 주장하고 있기 때문이다).

한편으로 꿀벌에 대해 일어나는 고유한 현상으로부터 추론해도, 또 다른 동물과 더 공통적인 것으로부터 추론해도 그것들은 모두 불가능하다. 즉[(1)의 경우에] 직접 낳지 않고 다른 곳에서 옮겨 온다고 하자. 꿀벌이 새끼 종을 운반하지 않았다면, 꿀벌이 씨[정액]를 운반해 온 곳에서 꿀벌이 발생했을 것이다. 즉 옮겨지면 꿀벌이 존재하게 되는 한편, 그 장소에서는 존재하게 되지 않는다고 하는 것은 도대체 왜일까? 꽃 속에서 저절로 태어난다고 했든[164] 어떤 동물이 낳는다고 했든, 어쨌든 거기에도 존재하고 있어야 마땅하다. 그리고 다른 어떤 동물의 씨앗이었다면, 그로부터 생기는 것은 그 동물일 것이지 꿀벌이 아니다. 게다가 꿀을 운반하는 것은 이치에 맞지만(먹이이니까[165]), 먹이가 아닌데 다른 종류의 [새끼의] 씨를 운반하는 것은 이치에 맞지 않는다. 무엇 때문에 그런 일을 하는가?[166] 왜냐하면 새끼에게 수고를 기울이는 모든 동물은 그들 자신의 고유한 새끼의 씨라고 생각되는 것[167]에 대해 있는 힘을 다해 고

---

164 『동물 탐구』 제5권 제21장 533a20-23 참조.

165 "먹이이니까"(trophē gar)를 생략한 사본도 있다.

166 이 한 문장은 후세의 누군가의 삽입으로 보이기도 한다.

167 뻐꾸기의 '알 품음'과 같은 것을 염두에 두고 이러한 표현을 사용했을 것이다. 『동물 탐구』 제6권 제7장 563b29-564a3 참조.

생하는 것이다.

그러나 [(iii)의 경우에] 꿀벌[일벌]이 암컷이고 수벌이 수컷이라는 것은 이치에 맞지 않는다. 왜냐하면 자연은 방어를 위한 무기를 어느 암컷에게도 할당하지 않는데, 수벌에게는 침이 없으며, 꿀벌[일벌]에게는 모두 침이 있기 때문이다.[168] 한편, 꿀벌[일벌]이 수컷이고 수벌이 암컷이라는 반대 주장도 이치에 맞지 않는다. 왜냐하면 수컷은 어느 것도 새끼에 매달려 있는 힘을 다해 고생하는 일은 하려고 하지 않지만, 실제로 꿀벌[일벌]은 그것을 하고 있기 때문이다.

일반적으로 수벌 새끼의 씨는 수벌이 없어도 둥지 안에서 발생하는 한편, 꿀벌[일벌] 새끼의 씨는 왕벌이 없으면 발생하지 않는 것이 관찰되고 있기 때문에(수벌 새끼의 씨만이 운반되어 오는 것이라고 주장하는 자가 있는 것은 바로 그 때문이다), (b) 교미에 의해 발생하지 않는다는 것은 분명하며, (i) 각각의 종류의 것이 같은 종류의 것과 교미하여 그로부터 발생하는 것도 (iii.1) 꿀벌[일벌]과 수벌로부터 발생하는 것도 아니다. 수벌만을 운반해 온다는 것도, 앞서 말한 것 때문에 불가능하고, 게다가 그것들 유 전체에 대해 그것과 유사한 상황이 일어나지 않는다는 것도 이치에 맞지 않는다.

또, 꿀벌[일벌] 자신에게 수컷과 암컷이 있다는 것은 가능하지 않다. 어떤 종류의 동물이든 암컷과 수컷은 다르기 때문이다. 게다가 [꿀벌에게 수컷과 암컷이 있다면] 꿀벌[일벌] 스스로가 꿀벌[일벌]을 낳는 것이 된다. 그런데 사실상 그들의 말처럼,[169] 지도자가 둥지에 없으면 꿀벌[일벌] 새끼의 씨가 발생하지 않는다는 것이 관찰되었다. 이 논점은 (i) 꿀

---

168 『동물 탐구』 제5권 제21장 553b4-5 참조.
169 양봉가들을 말할 것이다.

벌[일벌]끼리 발생한다는 설에도, (iii,1) [꿀벌과] 수벌에서 발생한다는 설(즉, (i) 따로 발생한다는 설과 (iii) 서로 함께 발생한다는 설)에도 공통적으로 향하며, 그것들 어떤 것도 지금까지 교미하고 있다는 것이 관찰되지 않았다. 하지만 만일 그것들 중에 암컷과 수컷이 있다면, 그것은 반복적으로 일어날 것이다. 이제 남아 있는 것은, 만일 (a) 교미에 의해 발생한다면 (iii.2) 왕벌이 교미하여 새끼를 낳는다는 설이다.[170]

25   그러나 [(iii.2)의 설의 경우에] 지도자가 둥지에 있지 않아도 수벌이 발생하는 것은 분명하고,[171] [(1)의 설이 생각하는 것처럼] 새끼의 씨를 꿀벌[일벌]이 운반해 온다는 것도, [(i)의 설이 생각하는 것처럼] 꿀벌[일벌]끼리 교미해 낳는 일도 없다는 것은 분명하다. 따라서 남는 것은 어떤 물고기에서 일어나는 것이 관찰되는 것처럼, [(b)와 같이] 꿀벌[일벌]이 짝짓기 없이 수벌을 낳는다는 설이며, 새끼를 낳는다는 점에서 꿀

30   벌[일벌]은 암컷이지만, 식물이 그런 것처럼 자신 안에 암컷임과 수컷임을 다 가지고 있다는 것이다. 방어를 위한 도구도 가지고 있는 것은 그 때문이라고 말하는 것이다. 왜냐하면 수컷이 암컷과는 따로따로 나누어 존재하지 않는 경우에 그것을 '암컷'이라고 부르면 안 되기 때문이다.[172]

        만일 수벌에 대해 이러한 일이 일어나 교미에 의하지 않고 발생하는

35   것을 볼 수 있다고 한다면, 꿀벌[일벌]과 왕벌의 경우에도 같은 이치가

---

170 왕벌과 수벌의 교미, 왕벌과 일벌의 교미 가능성으로 생각되며, 전자의 가능성은 759b8-9에서 이야기된다. 이와 같이, 수벌이 없어도 수벌이 발생함으로써 부정되며, 후자의 가능성이 다음 단락에서 부정된다.

171 『동물 탐구』 제5권 제21장 553a30-32에서는 둥지에 지도자 없이도 수벌 새끼의 씨는 태어나지만, 꿀벌 새끼의 씨는 태어나지 않는다는 보고가 나오고 있다. 또 다른 사람의 주장에 따르면, 이 곤충들은 교미하고, 수벌은 수컷이며 꿀벌은 암컷이라고 한다.

172 암컷이 무기를 갖지 않는다는 원칙에 어긋나지 않는다는 것. 이 장의 759b4 참조. 암컷이면서 수컷이라면, 침을 갖는 것이 암컷과 수컷에게 불규칙하게 될 것이다.

필연적으로 성립되어 교미에 의하지 않고 생겨났을 것이다. 그런데 만일 왕벌이 없어도 꿀벌[일벌] 새끼의 씨가 발생하는 것을 볼 수 있다고 한다면, 필연적으로 [수벌과 마찬가지로] 꿀벌[일벌]도 교미 없이 꿀벌 760a [일벌]로부터 발생하게 될 것이다. 그렇지만 그 동물들을 돌보는 일에 종사하고 있는 사람들[양봉가]은 그것을 부정하고 있으므로, 남는 것은 (ii) 왕벌이 왕벌 자신과 꿀벌[일벌]을 낳는다는 것이다.

꿀벌류는 특이하고 독특하기 때문에 그 발생도 독특한 것으로 보인 5 다. 즉 꿀벌이 교미 없이 새끼를 낳는 일이 다른 동물에게서도 일어나고 있는 일일지 모르지만, 낳는 것이 자신과 같은 유가 아니라는 점은 독특하다(실제로 비단돔은 비단돔을 낳고, 칸네는 칸네를 낳으니까[173]). 그 원인은 꿀벌 자신은 파리나 그와 비슷한 동물과 같은 방식으로는 태어나 10 지 않지만, 종류가 다른 동류의 것으로부터 태어난다는 것에 있다(지도자로부터 발생하는 것이니까). 그러므로 그들의 발생은 어떤 의미에서 유비적이다.[174] 즉 지도자는 크기 면에서는 수벌과 비슷하지만, 침을 가진다는 점에서는 꿀벌[일벌]과 비슷하다. 꿀벌[일벌]은 그런 점에서 지 15 도자와 같지만, 수벌은 크기 면에서 지도자와 같다.[175] 사실상 필연적으

---

173 두 물고기 모두 성전환한다. 『동물 탐구』 제4권 제11장 538a19-21 참조. 이 책 제3권 제5장 756a28-29(자웅동체인 생물에서 맨 처음에 암컷 모습이 발달한 후에 수컷 모습이 나타나는 '자성선숙'[雌性先熟, protogyny]의 예) 참조.

174 그것들 각각의 발생의 차이는 그러한 종류의 차이와 대응한다. 그 상세한 설명은 이 장의 /760a2/ 아래에 나와 있지만, 텍스트에 삽입된 여러 가지 내용 때문에(이어지는 가주 참조) 이 구절의 명확성은 사라졌다. 그 유비(analogia)는 다음과 같다. (1) '왕벌'은 두 가지 유, 즉 자신의 종과 다른 유(즉, 왕과 '꿀벌')를 생성할 수 있다. (2) '꿀벌'은 한 가지 유, 즉 자신의 종과 다른 유(즉, 수벌)를 생성할 수 있다. (3) 수벌은 어떤 유도 생성할 수 없다. 이것이 유비의 한계(끝, peras)이다(760a33 참조).

175 760a12-15: 펙(Peck)은 "즉 지도자는 … 크기 면에서 지도자와 같다"(hoi men gar hēgemones … kata to megethos)를 삭제하고 있으나(Lobe) 대본을 따른다.

로 서로 어떤 차이가 있을 것이다. 만일 각각으로부터 항상 같은 종류의 것이 발생해야 하는 것은 아니라고 한다면(물론 이것[176]은 있을 수 없다. 유 전체가 지도자가 되어 버리고 말 테니까), 그러니까 꿀벌[일벌]은 그

20 능력, 즉 새끼를 낳는다[177]는 점에서 지도자와 같고, 크기 면에서는 수벌 과 같은 것이다.[178]

25 하지만 지도자도 무언가로부터 발생하는 것이 필연적이다. 꿀벌[일 벌]로부터도, 수벌로부터도 아니기 때문에, 필연적으로 그것들은 지도 자 자신이 낳는다는 것이어야 한다. 또한 그들의 방은 마지막에 생겨나 며 수는 많지 않다.[179] 따라서 지도자는 지도자를 스스로 낳음과 동시에

30 다른 유(즉 꿀벌[일벌]의 유)도 낳으며, 그리고 꿀벌[일벌]은 다른 것, 즉 수벌을 낳지만, 꿀벌[일벌] 자신을 낳는 일은 없고, 꿀벌[일벌]은 그 일 을 빼앗기고 있다는 것이 된다. 자연에 어울리는 것은 항상 질서가 있는 것이기에, 그 때문에 필연적으로 다른 유를 낳는 것도 수벌은 빼앗기고 있으며, 그 사실이 그렇다는 것도 관찰되고 있다. 즉 수벌 자체는 발생하

35 지만 다른 것을 아무것도 낳지 않으며, 발생은 제3번째가 한계(peras)이

---

176 항상 같은 종류의 것이 발생한다는 것.

177 760a19: 'kai tō tiktein'을 삭제하자는 제안이 있으나(Peck 참조), 대본에 따른다. 펙 (Peck), 루이(Louis), 산체스(Sánchez)는 그것을 삭제하고, 아우베르트와 비머(Aubert & Wimmer)는 'kai tou tiktein'으로, 플라트(Platt)는 'kai to tiktein'으로 수정하자고 제 안한다.

178 760a20-23: "수벌들도 침을 가지고 있다면, 지도자가 되었을 것이다. 그러나 사실상 이것은 많은 난제를 남겨 준다. 왜냐하면 지도자는 동시에 양 종류와 같아야 하기 때문 이다. 침을 갖는다는 점에서는 꿀벌과, 크기 면에서는 수벌과 같아야 한다"(ei d' eichon … tois kēphēsin)를 아우베르트와 비머, 그리고 펙(Aubert & Wimmer, Peck)의 대본에 따라 삭제하고 읽는다.

179 펙은 이 문장이 현재 위치에 있는 것이 적절하지 않다고 보고, 760b27 아래로 옮길 것 을 제안한다(Peck, 1942, p. 341). 『동물 탐구』 제8권(9권) 제40장 623b32-624a5 참조.

다.[180] 그리고 자연에 의해 훌륭하게 구성되어 있고, 항상 그 세 가지 유 760b
가 계속 존재하며 모두가 새끼를 낳는 것은 아니지만, 어느 것도 끊어지
는 일이 없도록 되어 있다는 것이다.

다음과 같은 일이 일어나는 것도 이치에 맞다. 즉, 좋은 계절에는 꿀
과 수벌이 많아지고, 우기(雨期)에는 일반적으로 새끼의 씨가 많이 생긴
다.[181] 왜냐하면 습기는 지도자의 몸 안에 더 많은 잉여물을 만들어 내며, 5
좋은 계절은 꿀벌[일벌]의 몸 안에 더 많은 잉여물을 만들어 내기 때문
이다. 꿀벌[일벌]은 몸의 크기가 작으므로 좋은 계절이 [왕벌보다] 훨씬
필요하니까.[182] 아주 좋은 상태로 왕벌은 새끼를 만들기 위해 만들어진
것 같고, 둥지 내부에 머물러 사는 데 필요한 일이 면제되어 있으며, 몸 10
집이 커서 새끼 만들기에 적합한 몸의 구조로 되어 있다고 해도 좋다. 수
벌은 먹이를 얻기 위해 싸우는 데 도움이 되는 무기를 가지고 있지 않고,
몸의 움직임도 느리기 때문에 일하지 않는다. 꿀벌[일벌]은 양자의 크기
라는 점에서 중간 정도인데(그것이 그 일에 도움이 되니까), 말하자면 새 15
끼도 아비도 기르고 있다는 점에서 일꾼이다. 꿀벌[일벌]이 왕벌에게서
발생한다는 견해와 정합적인 사실로는, 꿀벌[일벌]이 왕벌을 따른다는
것이나(즉 전혀 그렇게 되어 있지 않다면, 왕벌이 지도자로서 통솔하는 것
과 관련된 사실이 이치에 맞지 않는 것이 되고 말 것이다), 또 꿀벌은 왕벌
에 대해서는 자신을 낳은 자[부모]에 대한 것처럼 아무 일도 하지 않아 20

---

180 왕벌(여왕벌)이 왕벌을 낳고, 왕벌이 꿀벌을 낳고, 꿀벌이 수벌을 낳는 세 단계의 계열
에서 그 끝이라는 것. 이 책 제3권 제10장 각주 163 참조.

181 『동물 탐구』 제5권 제22장 553b19-22 참조.

182 펙(Peck)은 760b2-7의 대목이 문맥에 맞지 않는다고 생각해 삭제를 제안한다. 만일 이
대목이 앞 단락의 주장을 뒷받침하는 것으로 아리스토텔레스가 생각하고 있다면, 좋
은 계절(건기)에 꿀벌이 소수의 수벌을 낳고, 우기에 왕벌(여왕벌)이 다수의 꿀벌을 낳
을 것이라고 추정하는 것으로 해석할 수 있다.

도 되게 하고, 수벌에 대해서는 새끼[자식]에 대한 것처럼 징벌을 내릴 수 있다는 것이다.[183] 실상 자식이나 아무 일도 할 일이 없는 것을 징계하는 것은 꽤나 훌륭한 일이니까.

지도자가 그 자체로는 수가 적은 데도 많은 꿀벌[일벌]을 낳는 것은 사자 발생과 비슷해 보인다. 사자는 처음에 다섯 마리를 낳고, 이후에는 점점 적어지다가, 마지막에는 한 마리가 되고, 마침내는 낳지 않게 된다.[184] 지도자는 처음에는 많이 낳지만, 나중에 왕벌 자체를 낳을 때는 숫자가 줄어 그 새끼의 씨가 적어졌는데, 자연은 그것들로부터 숫자를 빼앗았기 때문에 [그것을 보충하기 위해] 그것들에게 크기를 준 것이다.

그런데 이론에 비추어 보면 꿀벌의 발생에 관한 것은 이와 같은 것으로 보인다. 게다가 꿀벌에 대해 일어나고 있다고 생각되는 현상으로부터도 그와 같은 것이다. 그러나 일어나고 있는 현상이 충분히 파악되고 있다고 할 수 없고, 만일 언젠가 파악되었다면 그때에는 이론 이상으로 감각에 신뢰를 두어야 하고, 만일 이론이 나타나고 있는 사실[현상]과 정합적이라는 것을 보여 준다면 이론에도 신뢰를 두어야 한다.[185]

꿀벌이 교미로부터 발생하는 것이 아니라는 것의 징표로는 새끼의 씨가 벌집의 방에 나타날 때 그것이 작다는 것도 있다. 절지동물로 교미로부터 낳게 되는 것은 (1) 오랜 시간 짝짓기하여, 또 (2) 빠르게 새끼를 낳고, 그 새끼는 큰 구더기의 형태를 하고 있다.[186]

---

183 『동물 탐구』 제8권(9권) 제4장 625a14-16 참조. 625a16-19에서는 일벌이 지도자를 죽인다고 보고한다.

184 제3권 제1장 750a31-b1 참조.

185 과학적 이론의 역할과 한계를 보여 준다. 자연 연구에서의 감각(aisthēsis)과 이론(logos)의 관계의 중요성에 대한 언급이다.

186 760b33-761a2: 펙은 이 대목도 이곳에 잘못 놓인 것으로 본다(Peck, 1942, p. 346).

꿀벌과 동족의 동물로, 예를 들면 앙트레네(말벌류)[187]나 말벌[188]의 발생에 대해서는, 그 전부에서 어떤 의미에서 꿀벌과 유사한 방식을 취하고 있지만, 꿀벌에게 보이는 특이한 것이 없다는 것은 이치에 맞다. 사실 그것들은 꿀벌류와 같은 신적인 데가 전혀 없다. 즉 그것들은 '어미벌'[189]이라고 불리는 것이 낳고, 첫 번째 둥지를 틀고, 서로 짝짓기하여 새끼를 낳는 것이다. 실제로 그 짝짓기가 여러 번 관찰되고 있다. 그러한 유 각각 사이의 여러 차이 및 그것들과 꿀벌과의 차이가 어느 정도인지는 『동물 탐구』[190]에 기록된 사항을 바탕으로 고찰해야 한다.

이렇게 해서 절지동물[곤충]의 모든 발생에 대해 말했다. 다음으로는 껍데기동물[조개류]에 관해 이야기해야 한다.

제11장

껍데기동물의 발생에 대한 것은 어떤 점에서는 다른 동물과 같으나 어떤 점에서는 같지 않다. 그렇게 되는 것이 이치에 맞다. 동물과 비교하면 그것들은 식물을 닮았고, 식물과 비교하면 동물을 닮았는데,[191] 그 결과 분명히 어떤 의미에서는 정액[씨앗]으로부터 발생하고, 다른 의미에서

---

187 anthrēnē. 즉 말벌과의 *Dolichovespula sylvestris*. 앙트레네와 말벌의 둥지에 대해서는 『동물 탐구』 제5권 제23장 참조.

188 『동물 탐구』 627b23 아래, 628b32 아래 참조.

189 『동물 탐구』 제8권(9권) 제41장 672b31-33에는 말벌에는 '어미 벌'(mētra)과 '일벌'이 있다고 설명되어 있다.

190 『동물 탐구』 제8권(9권) 제41~42장 참조.

191 제1권 제23장 731b8-13 참조.

는 그렇지 않은 것이다.[192] 즉 어떤 점에서는 저절로 발생하고,[193] 어떤 점에서는 그 자체로부터 발생하는 것이거나, 혹은 후자와 같은 방법으로 발생하는 것도 있고, 전자와 같은 방법으로 발생하는 것도 있다.

20   식물에 상대하는 본성을 가지고 있기 때문에, 껍데기동물의 어느 것도 땅속에서는 발생하지 않는지, 혹은 그 약간의 종류 — 예를 들어 달팽이나, 드물지만 다른 이와 유사한 것 — 만이 땅속에서 발생하고, 대부분은 바닷속이나 그와 비슷한 물속에서 발생하며, 그 형태도 다양하

25   다. 한편, 식물의 유는 바닷속이나 그와 비슷한 곳에서는 적으며, 말하자면 전혀 없는 것과 같고, 그러한 것은 모두 흙 속에서 발생한다. 즉 양자는 그 본성이 유비적 관계를 갖는데, 액상의 것이 고체의 것보다 또 물이 흙보다 생명을 부양하는 힘이 있는 것에 대응하는 정도만큼 껍데기동물의 자연 본성은 식물의 자연 본성으로부터 떨어져 있다. 즉 식물이 땅으

30   로 이끌려 가는 것처럼 그런 식으로 껍데기동물은 액체로 끌려가며, 식물이 육생의 조개인 것처럼 조개는 수생의 식물인 것과 같기 때문이다.

이러한 원인 때문에, 액체 속의 살아 있는 것이 흙 속의 살아 있는 것보다 형태가 다양하다. 즉 액체는 흙보다 본성이 가소적(可塑的)이지만,

35   그다지 물체적이지 않은 것도 아니기 때문에, 특히 바다 속에 살아 있는

761b 것이 그러한 것이다. 실제로 담수(淡水)는 달고 영양이 풍부하지만 그다지 물체적이지 않고 차갑다. 그러므로 피가 없고 뜨겁지 않은 본성의 것은 호수에서는 발생하지 않으며, 또한 소금기 있는 물 중에서도 담수에

5   가까운 것에서는 발생하지 않으며, 설령 발생해도 극히 적다. 예를 들어 껍데기동물, 연체동물, 연각동물이 그렇다(그것들은 모두 무혈이고 차

---

192 이 장의 761b26~29에서의 식물 발생 참조.

193 이 장의 761b29~762a8 참조.

가운 본성의 것이니까). 그것들은 석호[194]나 하구 부근에서 발생한다. 열
과 영양을 동시에 찾는데, 바닷물은 액상이고, 민물보다 훨씬 물체적이
며, 본성적으로 뜨겁고, 수분, 숨결,[195] 흙이라는 모든 부분[196]을 포함하고
있으며, 그 결과 바닷물은 [그 원소들로부터] 발생하는 개개의 생물[197] 모
두를 포함하게 되기 때문이다. 실제로 식물은 흙인 것, 수생의 것은 물인
것, 육생의 것은 공기인 것이라고 할 수 있을 것이다. 하지만 '더 많다',
'더 적다', '더 가깝다', '더 멀다'라는 정도가 많은 그리고 놀라운 차이를
만들어 낸다.

제4의 유는 지금 말한 영역에서 찾아서는 안 된다.[198] 그럼에도 불의
배치에 대응하는 무언가가 있을 것으로 기대된다. 불은 물체 중 네 번째
것으로 간주되는 것이니까. 그러나 불은 분명히 항상 고유한 형태를 갖
지 않고, 다른 물체 안에 있다. 즉 태워진 것은 공기나 연기, 흙으로 나타
난다. 그러나 그런 유의 것은 달 위에서 요구되어야 한다.[199] 왜냐하면 달
은 [흙에서] 벗어나는 것이 네 번째라는 위치를 차지하는 것처럼 생각되

---

194 단물과 해수가 적당히 혼합된 바닷물과 민물이 혼합된 지역(lagoon). 『동물 탐구』 제
7권(8권) 제13장 참조. 퓌라만(euripos)은 레스보스섬의 만으로, 오늘날의 칼로니만
(Gulf of Kallonē)을 가리킨다. 이곳의 석호(lagoon)에서 아리스토텔레스는 그 섬 출신
인 테오프라스토스와 함께 생물을 관찰했을 것으로 추정된다(Leroi, 2014, pp. 14~17,
376~378 참조). 퓌라만의 물고기에 대한 논의는 『동물 탐구』 제6권 제15장 548a9, 제
8권(9권) 제37장 621b9-15 참조. 퓌라는 만의 동쪽 해안에 위치한 폴리스였는데, 기
원전 231년 지진으로 파괴되어 현재는 바닷속에 잠겨 있다(Harissis, 2017, pp. 113~144
참조).

195 제2권 제2장 736a1에서는 pneuma를 '뜨거운 공기'로 설명한 바 있다.

196 네 원소 중 불을 제외한 세 가지 원소.

197 761b12: 대본의 'en tois topois zō[i]ōn'를 플라트, 펙(Platt, Peck)에 따라 삭제한다.

198 제2권 제3장 737a1-3, 『생성과 소멸에 대하여』 제2권 제3장 330b29-30, 『기상학』 제
4권 제4장 382a6-8 참조.

199 『동물의 운동에 대하여』 제4장 699b19에는 '달에 있는 사람들'에 대한 언급이 나온다.

기 때문이다.[200] 그러나 그것들에 대해서는 다른 논의의 주제로 삼아야 할 것이다.

25 껍데기동물이라는 생물은 어떤 것에서는 저절로 형성되고, 어떤 것에서는 어떤 종류의 능력을 가진 것을 몸 안에서 방출해 형성되지만, 이들조차도 종종 저절로 형성됨으로써 생기기도 한다. 그래서 우리는 식물의 발생을 이해해야 한다. 즉 식물 가운데 어떤 것은 씨앗으로부터 발생하고, 다른 것은 꺾꽂이로 접붙여져 발생한다. 개중에는 예를 들어 양

30 파의 유처럼 [원래의 것] 옆에서 싹트면서 발생하는 것도 있다. 이런 식으로 홍합은 발생한다. 즉 작은 것이 항상 최초의 것인 홍합 옆에서 생긴다.[201] 소라고둥과 뿔고둥, '벌집'을 만드는 것으로[202] 알려져 있는 것[실체]은 정액을 내는 본성의 것으로부터 나온 것 같은, 끈적끈적한[점액질

---

200 아리스토텔레스가 생각하는 우주의 질서에서, 흙은 중심에 있고, 그 위로 물, 공기, 불의 영역이 순서대로 이어진다(월하세계), 천계에서는 달이 불의 영역에 접하는 위치에 있다. 맥파럴레인은 여기서의 '월상'을 단순히 '월면'이 아니라 '(천계에서) 달이 있는 근처의 영역'이라고 해석해서 아이테르로부터 나오고 있는 천계의 별들이 상정되고 있다는 해석을 하고 있다(Macfarlane, 2013). 761b16-24에서 아리스토텔레스는 달에 생명체가 존재한다는 주장을 하는 듯하다. 즉 주석자들은 이것을 '불의 동물'이라고 부른다. 맥파럴레인의 논문은 플라톤과 소크라테스 이전 철학자들을 포함한 아리스토텔레스의 불의 동물 개념에 대한 배경을 제공하고, 그 주제를 고대 후기로 추적한다. 또한 이 논문은 불의 동물 주제를 아리스토텔레스의 자연 철학에 통합하고 있다. 끝으로, 이 논문은 아리스토텔레스의 불의 동물에 대한 발언이 그의 자연 철학, 특히 그의 우주론에 대한 독특한 창을 제공하는 것으로 이해한다.

201 『동물 탐구』 제5권 제15장 546b32-547a1에서도 유사한 언급이 있다. 톰슨에 따르면, 이 구절은 아주 초기의 조개나 젊은 조개가 늙은 조개 주위에 뭉쳐서 족사(足絲; 연체동물이 몸에서 내는 실 모양의 분비물로 다른 물건에 달라붙는 작용을 하며, 섭조개 등에서 볼 수 있다)로 매달려 있는 모습을 말한 것이라고 한다(Thompson, 1947, p. 166).

202 이 '벌집'은 꼬투리 모양의 수많은 난낭(卵囊, 고둥류 등에 있는 두껍고 튼튼한 난막[卵膜])이 밀집해 형성된 것을 가리킨다. 그러나 아리스토텔레스는 조개가 그 안에서 태어나는 일은 없을 것이라고 말한다. 『동물 탐구』 제5권 제15장 546b18-547a4 참조.

의] 액상의 것을 방출한다. 그것들은 모두 정액으로 간주되어서는 안 되
지만, 앞서 말한 방식에 비추어 보면 식물과의 유사성을 나누고 있는 것
으로 보아야 한다.[203] 이 때문에 그런 것들은 한번 생기면 다량으로 생긴
다. 왜냐하면 그것들은 모두 저절로 생기지만, 이미 존재하고 있으면 그
에 비례해서 한층 더 형성되기 때문이다.[204] 사실 각각에서 그 시원의 잉
여물 무언가가 남아 있고, 그 싹인 것처럼 생기는 것이 각각 그 시원으로
부터 싹을 틔운다는 것은 이치에 맞다. 영양과 그 잉여물은 비슷한 능력
을 갖고 있으므로, '벌집'을 만드는 그것이 최초로 형성된 것과 유사하
다는 것은 매우 그럼직하다. 그렇기에 그것으로부터 발생하는 것도 이
치에 맞는다.

[껍데기동물로서] 옆에서 돋아나지도 '벌집'을 만들지도 않는 것은 모
두 저절로 발생한다. 이 방식으로 형성되는 모든 것은 땅속이든 물속이
든 부패하며 빗물이 혼합됨에 따라 발생하는 것은 분명하다. 즉 단물[205]
이 분리되어 형성 중인 시원에 들어가게 되면 잉여의 것은 그러한 형태
[부패]를 취한다. 하지만 부패에 의해 아무것도 발생하지 않으며, 발생

35

762a

5

10

---

203 플라트(Platt)는 식물의 꺾꽂이에 비유한 것으로 설명하고 있지만, 762a4-5를 고려하
면 식물이 옆에서 싹트는 경우에 유비하여 이해한 것으로 보인다.

204 『동물 탐구』 제5권 제15장 546b28-29 참조. 자연 발생이 보다 촉진하는 경우를 설명
한 것으로 볼 수 있다. 켐버(Kember, 1972)는 『동물 탐구』 제5권 제1장 539b7-13에서
자연 발생하는 동물(예를 들면 '이의 알'; 즉 서캐)에서도 수컷과 암컷이 있는 경우에는
교미해 불완전한 것을 낳는다고 설명되고 있는 것을 끌어들여, 자연 발생과는 다른 종
류의 발생이 상정되고 있다고 본다. "그러ᅡ 동물이ᅡ 땅이ᅡ 식물이나 이것들의 일부
에서 저절로 생겨나고 수컷과 암컷의 성을 가진 많은 것들에 관련해서는, 이러한 성이
결합되면 무엇인가가 생겨난다. 그러나 아무것도 없는 것에서 확실한 무엇인가가 아
니라 미완성된 무엇인가가 생겨난다. 예를 들어, 소위 알은 '이'가 교미할 때 생겨나고,
애벌레는 파리에서 생기고, 알 모양의 애벌레는 나비에서 생긴다. 이러한 것들에서 낳
는 부모나 다른 어떤 생명체도 생겨나지 않고 오직 그러한 것들만이 생겨난다."

205 빗물인 담수.

하는 것은 숙성됨으로써이다. 부패 내지 부패물은 숙성된 것의 잉여물이다. 왜냐하면 기술에 의해 제작된 것의 경우와 마찬가지로, 아무것도 [질료] 전체로부터 발생하는 것이 아니기 때문이다.²⁰⁶ 만일 그렇다면, 아무것도 만들 필요가 없다는 것이 될 테니까. 그러나 실제로 기술은 아무런 쓸모가 없는 질료를 제거하며, 자연도 그렇게 하는 것이다.

동물이나 식물이 땅속이나 물속에서 발생하는 것은 땅속에 물이 포함되어 있으며, 물속에 숨결(프네우마)이 포함되어 있으며, 모든 숨결 속에는 '혼의 열'이 포함되어 있어서, 그 결과 어떤 의미에서 만물은 혼으로 가득 차게²⁰⁷ 되기 때문이다. 그래서 그것이 둘러싸게 되면 언제든지 신속하게 형성된다. 물체적인 액체²⁰⁸가 가열되면 둘러싸게 되어, 말하자면 거품이 일고 있는 포말²⁰⁹같은 것이 생긴다.²¹⁰ 그런데 형성되는 것이 유로서 더 고귀한가 더 고귀하지 못한가의 차이는 '혼의 시원'²¹¹을 포함하는가에 달려 있다. 그리고 이것을 결정하는 그 원인은 [그 과정이 일어나는] 장소와 둘러싸여 있는 물체에 있다. 바닷속에는 토질의 것이

---

206 예를 들어 알의 어떤 부분만 동물이 되는 것이지, 알 전체가 그대로 동물이 되는 것은 아니다. 조각의 질료인 대리석은 통째로 조각상이 되는 것이 아니라 깎아 내어 조각상이 된다(Platt).

207 『혼에 대하여』 제1권 제5장 411a7-8에서 아리스토텔레스는, 탈레스가 "만물은 신들에게 가득 차 있다"라고 한 것은, '혼이 우주 전체에 혼합되어 있다'라는 견해에 근거한 것이라고 지적한다. 그러면서 그는 혼이 공기나 불 속에서는 동물을 형성하지 않는 이유를 설명할 수 없다는 난점을 제시한다. 아마 이 대목은 '가능적으로' 혼으로 가득 차 있다는 의미를 말하려고 하는 것일 수 있다. 이어지는 설명은 아리스토텔레스가 이른바 자연 발생(spontaneous generation)의 메커니즘을 논의하는 부분으로서 주목된다.

208 바닷물. 이 장의 761b8-10 참조.

209 제2권 제2장 735b8-14, 제3장 736b35-737a1 참조.

210 제2권 제3장 736b35-737a7 참조.

211 숨결(pneuma)에 둘러싸인 혼의 열(thermotē phuchikē).

많이 포함되어 있다. 그렇기 때문에 토질인 것으로 형성됨으로부터 껍데기동물이라는 생물이 생긴다. 즉 주위를 둘러싼 토질의 것이 딱딱해져, 뼈나 뿔의 경우와 같은 응고가 일어나고(그것들은 불에 의해 용해되지 않으니까), 생명을 가진 물체가 안으로 둘러싸면서 발생하게 되는 것이다. **30**

그런 종의 동물 중 달팽이류만은 교미하는[212] 것이 관찰되고 있다. 이 **35** 것들의 발생이 교미에 의한 것인지는 아직 충분히 관찰되지 않았다.

올바르게 탐구하고자 한다면, 그것들 중에서 질료로서의 시원에 대 **762b** 응하는 의미로 형성되는 것은 무엇인가를 탐구할 것이다. 실제로 암컷에서 이것은 동물의 어떤 종의 잉여물이며, 그것은 가능상태로서는 바로 그것의 유래인 것[부모]과 같은 것으로, 수컷에서 유래한 시원이 움직여서 그것을 동물로서 완성시키는 것이다. 하지만 지금의 경우에,[213] 그런 종의 것[214]을 무엇이라고 불러야 할까? 수컷과 함께 움직이는 시원 **5** 은 어디에서 오는 것인가? 또 그 시원은 무엇인가? 그래서 새끼를 낳는 동물에서도 들어온 영양으로부터 동물 내부의 열이 분리시켜 숙성시킴으로써 잉여물을 만들어 내고, 그것이 배아의 시작이 된다고 생각해야 한다. 식물의 경우도 마찬가지이지만, 단 식물이나 어떤 동물에서는 수 **10** 컷의 시원이 전혀 필요하지 않은데(왜냐하면 이 시원을 암수가 섞인 채로 자기 자신 안에 가지고 있기 때문이다[215]), 대부분의 동물의 잉여물에서는 그것이 필요하다는 점에서 다르다.

---

212 762a33: 'sunduazomenōn'을 'sunduazomenon'으로 읽는다.
213 저절로 발생하는 동물의 경우.
214 질료로서의 시원에 대응하는 의미로 형성되는 것.
215 제1권 제23장 731a21-29 참조.

한편으로 영양은 물과 흙이며, 다른 한편으로는 그것들로부터 생긴 것인데, 따라서 후자의 경우에 동물의 체내의 열이 영양으로부터 만드는 것[216]을, 전자에서는 그것들의 환경에서 [따뜻한] 계절에 의한 열이 해수와 흙으로부터 숙성함으로써, 합성하여 형성하는 것이다.[217]

혼의 시원의 어떤 부분[218]이 숨결(프네우마) 속에 갇히거나 분리되면, 그것이 배아를 만들어 내고 운동을 심어 준다. 그런데 저절로 발생하는 식물[219]의 형성 방식은 언제나 한결같다. 즉 식물은 어떤 부분으로부터 생기고, 그 부분의 어떤 것은 시원이 되고,[220] 어떤 것은 싹트게 되는 식물의 최초 영양이 된다.[221] 한편, 동물 중에는 구더기로서 생겨나는 것이 있으며, 동물에게서 발생한 것이 아닌 무혈동물과, 예를 들어 어떤 종류의 숭어[222]와 다른 민물고기, 게다가 뱀장어류[223]와 같은 유혈동물이 그렇다. 후자는 모두 본성적으로 조금밖에 혈액이 없지만, 그래도 유혈이며 심장이라고 하는 여러 부분에 피를 가져오는 시원을 가지고 있다. 이른바 '땅의 창자'[224][지렁이]는 구더기임를 그 본성으로 갖는데, 그 안에서

---

216 생식에 관련된 잉여물인 월경혈.

217 제2권 제6장 743a35-36 참조.

218 수컷의 정액에 해당하는 것이 상정되어 있다.

219 제1권 제1장 715b26-27에 식물에는 씨앗에서 생기는 것과 자연의 자발적인 작용에서 생기는 것이 있다고 말하고 있다.

220 제2권 제4장 739b34-37 참조.

221 제1권 제23장 731a1-14 참조.

222 제2권 제5장 741a33-b2 참조.

223 제2권 제5장 741b1 참조. 뱀장어는 회유어(migratory fish)이다. 암수 생식샘에는 바다에서 살 때 거의 비어 있다.

224 '땅의 창자'는 둥근 벌레인 고르디우스(Gordius)를 가리키는 것으로 보인다. 이 생물은 철사 모양을 하고 있다고 하여 '철선충'이라고도 불린다. 『동물 탐구』 제6권 제16장 570a15 아래 참조. "진흙과 습한 땅에서 저절로 형성된다. … [이러한 땅속에 사는 벌

뱀장어의 몸이 생긴다.[225]

그러므로 사람이나 네 발 달린 동물의 발생에 대해서도 어떤 사람들이 주장하는 것처럼, 일찍이 땅의 태생으로서 발생했다고 한다면,[226] 두 30 가지 방식 중 어느 한쪽의 방식으로 발생했다고 생각할 수 있을 것이다. 즉 처음에는 구더기로 형성되어 발생했는가, 알에서 발생했는가. 성장을 위해 자신에게 영양을 공급하는가(그런 배아가 구더기다), 그렇지 않으면 외부에서 얻을 것인가. 그 경우에는 암컷 부모로부터 태어났는가,[227] 배아의 어느 부분으로부터 태어났는가.[228] 그러면 그 한편, 즉 [태 35 아를 낳는] 동물[229]의 경우 어미에게서 영양이 솟아나듯이 땅에서 영양이 솟아났다는 것이 불가능하다면, 필연적으로 배아의 어느 부분에서 763a 발생한 것으로 이해해야 한다. 그리고 그러한 발생을 우리는 '알로부터의 발생'이라고 부른다. 그런데 만일 모든 동물에게 발생의 어떤 시원이 있다면, 그 두 가지 방식 중 어느 한쪽이라는 것이 이치에 들어맞는 것임은 분명하다. '알에서'라는 것은 그다지 이치에 맞지 않는다. 어느 동물 5

레, 즉 지렁이는] 많은 부패된 질료가 있는 바다나 강에서 발견된다. … [그곳은] 태양 열이 강해서 부패가 일어나는 물가이기 때문이다.'

225 『동물 탐구』 제6권 제16장 570a15-24에서 아리스토텔레스는, 뱀장어는 '저절로 형성되는 땅의 창자'로부터 발생한다고 주장하며, 이를 뒷받침하는 관찰 사실들을 제시한다.

226 이것은 오래되고 전통적인 믿음이었다. 플라톤의 『정치가』 269b와 헤로도토스의 『역사』 제8권 55절에는 "[아크로폴리스는] 땅에서 태어났다(gēgenēs)고 말해지는 에레크테우스 신전"에 대한 언급이 나온다. 또한 엠페도클레스는 "물과 불의 몫을 가진, 처음으로 전체-실체적 형태(oulophyēs typoi)가 땅에서 솟아올랐다"라고 말한다(「단편」 DK31B62). 『동물의 발생에 대하여』 제1권 제18장 722b20 아래 참조.

227 태아를 낳는 경우.

228 알을 낳는 경우.

229 762b35: 대본 'allois'를 삭제한다(Aubert & Wimmer, Platt, Peck, Louis, Sánchez).

에 대해서도 그러한 발생[230]을 우리가 관찰하지 못하기 때문이지만, 다른 종류의 발생, 즉 앞서 언급한 유혈동물[231]이나 무혈동물의 발생에서 관찰된다. 이 후자에 해당하는 동물로서, 몇 개의 절지동물이나 지금 논의의 대상으로 삼고 있는 껍데기동물이 있다. 왜냐하면 그것들은 알을 낳는 것처럼 어떤 부분으로부터 발생하는 것이 아니라 구더기와 동일한 방식으로 성장하는 것이기 때문이다. 즉 구더기는 [몸의] 상부, 즉 시원의 방향으로 성장한다(상부를 위한 영양이 하부에 있기 때문이다). 적어도 이 점에서는 알에서 발생하는 것과 동일하지만, 단 후자는 [알에 갖추어져 있는 영양] 모든 것을 소비하는 데 반해, 구더기로 태어나는 것에는 하부를 형성하는 것에 의존해서 상부가 다 성장했을 때, 그에 따라서 아래쪽은 나머지 부분으로부터 구분된다. 그 원인은 어느 동물에서나 [초기뿐만 아니라] 나중에도 영양은 격막보다 밑부분으로부터 생긴다는 것이다. 구더기 형태의 동물이 이러한 방식으로 성장하는 것은 꿀벌이나 그와 유사한 것의 경우에 분명하다. 즉 처음에는 아랫부분이 크고, 윗부분은 작다. 껍데기동물의 경우도 성장과 관련된 방식은 동일하다. 고둥류의 경우는 감는 부분(나선부)에서 이 점이 분명하다. 즉 성장할 때는 언제나 전방을 향해서, 다시 말해 '머리'라고 불리는 것 쪽으로[232] 커지는 것이다.

이렇게 해서 이것들[껍데기동물]과 저절로 발생하는 다른 동물의 발생이 어떤 방식으로 일어나는가에 대해서는 거의 다 말한 셈이다.

껍데기동물이 모두 저절로 구성된다는 것은 다음과 같은 점에서 분

---

230 알 자체의 자연 발생.

231 숭어와 장어.

232 껍데기 입구의 방향을 말한다. 고둥의 몸의 체제에 대해서는 『동물 탐구』 제4권 제4장 528b17 아래 참조.

명하다.[233] 즉 배의 측면(側面)에서 거품 모양의 진흙[234]이 부패하면, 그것들은 발생하며 이전에는 그런 것이 없었던 곳으로, 나중에 수분이 적어져서 그 자리가 질척거리면 조개류의 일종인 '석호굴'(limnostrea, lagoon-oysters)[235]이라고 불리는 것이 생겼다. 예를 들면 로도스 부근에 함대가 정박하여 도기가 바다로 던져졌는데, 시간이 흘러 그 근처가 진흙으로 질척거릴 때에 모으면, 그 안에서 굴이 발견되었다.

또, 그런 종의 동물이 생식 능력이 있는 무엇인가를 자기 자신으로부터 방출하지는 않았다는 증거가 있다. 어떤 키오스[236]인들이 레스보스섬에 있는 퓌라[237]만으로부터 살아 있는 굴을 운반해 바다의 좁은 해협에서 조수가 만나는 곳으로 투기하고 시간이 지나자, 조개의 수는 늘어나지 않지만 매우 크게 성장하고 있었다.[238] 이것은 '알'이라고 불리는 것[239]

30

763b

5

---

233 『동물 탐구』 제5권 제15장 547b1-548a6에는 다양한 껍데기동물의 발생에 대한 설명이 나온다.

234 736a13 아래 참조.

235 『동물 탐구』 제5권 제15장 547b11 참조. '유럽피언굴'(*Ostrea edulis*). 헬라스어 limnostreon은 '만'(호수, limnē)과 '굴'(ostreon)의 합성어이다. 그래서 '석호굴'이라고 옮긴다. 다른 사본에서는 'limostreon'으로 나오기도 한다(Balme, *Historia animalium*). 이것은 '배고픔'(limos)과 '굴'의 합성어이다.

236 에게해 동부 레스보스섬의 남쪽에 위치한 섬.

237 이에 대해서는 제3권 제11장의 각주 194 참조.

238 조수가 만나는 곳에서는 진흙이 쌓이는 일이 없기 때문에 자연 발생도 없다고 해석하고 있는 듯 보인다.

239 여기서 말하는 것은 조개의 난소 내지 성소(精巢, 수컷의 생식기관)를 가리키는 것으로 생각된다. 아리스토텔레스는 이것을 '기름'과 유사한 물질로 간주하고 있다. 『동물의 부분들에 대하여』 제4권 제5장 680a12-b3에서는 다음과 같이 설명된다. "그 부분을 알이라 부르기도 하는데 그렇게 부르는 것은 옳지 않다. 그것은 유혈동물이 잘 자랄 때의 **지방과 같기 때문이다.** 그렇기 때문에 연중 그것이 생기는 때는 봄과 가을, 즉 껍데기동물이 잘 자라는 계절인 것이다. 즉 추울 때나 더울 때는 모든 껍데기동물이 지내기 힘들어 하며, 양자(추위와 더위)의 과도함을 견딜 수 없다. 그 징표가 성게에게 일어난

이 발생에 전혀 관여하지 않고, 유혈동물의 지방처럼 잘 자라고 있다는 것의 징표이다. 그래서 이러한 계절[240]에는 감칠맛이 나고 식용으로 적합하게 된다. 그 징표는 그러한 동물 ── 예를 들면 키조개, 소라고둥, 뿔고둥 ── 이 '알'이라고 불리는 것을 항상 가지고 있다는 것이다. 단, 클 때도 또 작을 때도 있기는 하지만, 어떤 것 ── 예를 들면 가리비, 홍합, '석호-굴'이라고 불리고 있는 것 ── 은 항상 있는 것은 아니고, 봄에는 있지만 계절이 진행되면서 감소되어 마지막에는 아예 없어진다. 그 계절[봄]이 그것들의 몸에 유용하기 때문이다. 다른 것들에서는 ── 예를 들어 멍게[241] ── 그런 일이 일어나는 것을 전혀 볼 수 없다. 그것들에 대해서 개별적인 사항이나 어느 장소에서 발생하는지는 『동물 탐구』[242]를 근거로 해서 고찰해야 한다.

다"(강조는 옮긴이).

240 봄과 가을. 『동물 탐구』 제5권 제12장 544a16-21 참조.

241 『동물 탐구』 제4권 제6장에서 아리스토텔레스는 멍게가 껍데기동물 중 가장 특이한 체제를 하고 있음을 설명하고 있다.

242 껍데기동물의 발생에 대해서는 『동물 탐구』 제5권 제15장 547b1-548a6 참조.

제4권

제1장

그런데 동물의 발생에 대해서, 우리는 모든 동물에 관련해서는 공통되 ⟨763b20⟩
는 관점에서 또 유마다 개별적인 관점에서 말해 왔다.[1] 그러나 동물 중
가장 완전한 것[2]은 암컷과 수컷이 분리된 형태로 존재하고 있으며, 그리
고 우리는 암컷과 수컷이라는 능력을 모든 동물과 식물의 시원[원리]이
라고 주장하고 있는데,[3] 어떤 것은 그것들을 미분화된 상태로 가지고 있 ⟨25⟩
는[4] 반면 어떤 것은 분화된 상태로 갖고 있기 때문에, 이것들의 생성에

---

1   제2권 제4장 아래에서 제3권 전체에 걸친 논의를 말하는 것으로 보인다. 제2권 제4장
    737b25 아래에서, 아리스토텔레스는 '태아를 낳는 것'(현대 생물학에서 '태생동물')을
    동물 중 '첫 번째 것'(ta prōta), 즉 '완전한 것'으로 규정한 다음, 인간을 맨 앞에 두고 그
    러한 동물의 발생 구조에 관한 설명을 시작하고 있다.
2   '태아를 낳는 것'을 '완전한 것'으로 보고 있다.
3   제1권 제2장 716a4 아래 및 제2권 제1장 731b18 아래 참조.
4   식물 전반과 껍데기동물류는 암컷과 수컷이 미분화된 것으로 알려져 있다. 제1권 제
    1장 715b16 아래 참조.

대해 먼저 논해야 한다. 왜냐하면 유에서는 아직 미완성 상태에 있더라
도 암컷과 수컷은 구별할 수 있기 때문이다.

하지만 암컷과 수컷이라는 차이가 우리의 감각에 대해 명료해지기에
앞서 모체 안에서 그 차이를 획득함으로써, 어떤 것은 암컷이고 어떤 것

30 은 수컷이 되는가,[5] 아니면 그 이전으로 거슬러 올라가 그런 것인가 하는
점에 대해서는 논쟁의 대상이 되고 있다. 어떤 사람들은 '암컷과 수컷의
대립은 정액 속에 직접 존재하고 있다'라고 주장하는데, 예를 들면 아낙
사고라스나 그 밖의 자연철학자들이 그렇다. 이들은 '정액은 수컷에게
서 생기는 반면, 암컷은 장소를 제공할 뿐이며, 수컷은 오른쪽 고환에서

764a 오며 암컷은 왼쪽 고환에서 오는데, 수컷은 자궁 오른쪽에 있으며 암컷
은 자궁 왼쪽에 있다'[6]라고 주장한다. 그러면서도 엠페도클레스처럼, 암
컷과 수컷의 대립은 모태 안에서 생긴다고 주장하는 사람들도 있다. 즉
그는 '자궁이 뜨거운 상태일 때 그곳에 온 것은 수컷이 되는 데 반해, 차

5 가운 상태일 때 그곳에 온 것은 암컷이 되는 것인데, 이 뜨거움과 차가움
의 원인은 월경혈의 유출이며, 월경혈이 차갑거나 뜨거운 것은 그것이
오래된 것인지 또는 최근의 것인지에 따른 것'이라고 주장하고 있다.[7] 이

---

5 성 분화(sex differentiation)의 첫 번째 미세 징후는 병아리에서 약 5일째에 나타난다. 성
   분화가 비교적 이른 시기에 발생한다는 아리스토텔레스의 견해와 부합한다. 오늘날
   생물학에 따르면, 성은 수정 순간부터 유전적으로 결정된다. 어떤 동물은 두 종류의 정
   자를 가지고 있고 다른 동물은 두 종류의 난자를 가지고 있다. 아리스토텔레스의 견해
   는 766a30-b3 구절에서 찾을 수 있다. 심장은 태아에서 가장 먼저 형성되는데, 심장은
   혼의 영양의 부분인 to threptikon의 자리이기 때문이다. to threptikon은 to genētikon이
   다(735a17 아래 및 744b36 참조). 성은 궁극적으로 심장으로 거슬러 올라갈 수 있는데,
   심장은 또한 생명의 열의 원리(시원)를 포함하고 있기 때문에, 정액을 생성하는 능력
   이 달려 있는 숙성의 원천이다.
6 아낙사고라스, 「단편」 DK59A107 참조.
7 엠페도클레스, 「단편」 DK31A81 참조.

에 대해 압데라 출신의 데모크리토스는 '암컷과 수컷의 차이는 모체 안에서 생기지만, 어떤 것이 암컷이 되고, 어떤 것이 수컷이 되는지는 자궁이 뜨겁거나 차갑기 때문이 아니라, 암컷과 수컷이 서로 다른 부분[8]에서 정액이 올 때 어느 부모로부터의 정액이 상대방의 정액을 압도하느냐에 달려 있다'라고 주장하고 있다.[9]

그런데 엠페도클레스는 생식과 관련된 몸의 부분들의 전체가 음경과 자궁이라는 큰 차이를 가지고 있는 것을 보고 있었음에도 불구하고, 냉과 열에 의해서만 수컷과 암컷이 서로 달라진다고 생각했기 때문에, 데모크리토스보다도 참으로 천박했다고 할 수밖에 없다. 왜냐하면 만일 동물의 몸이 이미 형성되어 있고, 한쪽이 암컷 몸의 모든 부분을 가지며 다른 한쪽이 수컷 몸의 모든 부분을 갖게 된 단계에서, 이것들이 오븐 안에 놓인 것처럼 [부모의] 자궁 내에 놓였을 경우, 자궁을 가진 쪽이 부모의 자궁이 뜨거운 상태일 때 그곳에 놓여지고, 자궁을 갖지 않는 쪽이 부모의 자궁이 차가운 상태일 때 그곳에 놓여졌다면, 자궁을 갖지 않은 쪽은 암컷으로 되고, 자궁을 갖는 쪽은 수컷으로 될 것이기 때문이다. 하지만 이것은 있을 수 없는 일이다. 따라서 적어도 이 점에 대해서는 데모크리토스가 주장하는 바가 더 낫다고 할 수 있다. 왜냐하면 그는 암컷과 수컷의 발생 차이에 대해서 탐구하고 설명하려고 시도하고 있기 때문이다. 하지만 그 설명 방식이 훌륭한가 훌륭하지 않은가 하는 점에 이르게 되면, 이야기는 달라진다.

---

8 생식기.
9 데모크리토스, 「단편」 DK68A143 참조. 예를 들어, 소크라테스의 정액이 크산티페의 월경액을 '압도'했다면 그의 '아들' 메넥세노스는 아버지를 닮아 들창코를 가졌을 것이고, 실패했다면 크산티페의 잠재적인 움직임이 발현되어 그는 매부리코를 가진 '딸'을 낳았을 것이다.

어쨌든 열과 냉이 생식과 관련된 부분들의[10] 차이의 원인이라면, 앞에서 다른 견해를 주장하는 사람들은[11] 이 점[12]을 설명해야 할 것이다. 사실 이것이, 말하자면 수컷과 암컷의 생성에 대해 설명하는 것에 상응하는 것이기 때문이다. 수컷과 암컷이 다른 것은 분명히 이 점에 있어서이니까 말이다. 그러나 이 원리[13]로부터 출발해서 동물의 몸이 차가워지면 사람들이 '자궁'이라고 부르는 부분이 생성되지만, 동물의 몸이 뜨거워지면 자궁은 생성하지 않는 것이 필연적으로 귀결되는 것처럼, 이러한 부분의 생성에 관한 원인을 이끌어 내는 것은 작은 일이 아니다. 수컷과 암컷이 교미하는 것을 목적으로 하는 몸의 부분에 대해서도 마찬가지이다. 앞서 말한 것처럼,[14] 이들 부분도 암컷과 수컷이 다르기 때문이다.

게다가 암컷과 수컷 쌍둥이가 자궁의 같은 부위에서 동시에 생성되는 경우가 종종 있다. 그리고 이 점에 대해서는 육생동물에서도 어류[15]에서도, 또 태아를 낳는 모든 동물에 있어서 해부에 근거해서 충분히 관찰해 온 바와 같다.[16] 이것들에 관해 엠페도클레스가 본 적이 없었다면 그

---

10 즉, 고환과 자궁이며, 성관계에 사용되는 부분은 아니다. 생식기에 대해서는 제1권 제2장 716a25-b3 참조.

11 엠페도클레스의 주장. 아리스토텔레스는 이 논의 전반에 걸쳐, 엠페도클레스 주장에 따라서 수컷과 암컷의 근본적인 차이는 열과 냉이며, 이것은 생식기(性器)의 차이와는 거의 또는 전혀 관련이 없다고 가정하는 것처럼 보인다. 하지만 엠페도클레스가 열과 냉이 기관의 구별되는 차이의 원인을 포함해서, 수컷과 암컷의 차이에 대한 원인이라는 것 이외에 다른 것을 의미했을 가능성은 없어 보인다.

12 생식과 관련된 몸의 부분이 암컷과 수컷으로 크게 다르다는 것.

13 열과 냉.

14 제1권 제2장 716a23 아래 논의.

15 이 문맥의 '어류'는 '연골어'를 가리킨다. 연골어의 생식 발생 구조에 대해서는 제3권 제3장 754a23 아래 참조.

16 이 문맥의 '해부'(anatomē)는 현존하지 않는 동물의 해부학에 관한 저작 『해부집』(이

가 이와 같은 원인을 말하는 잘못을 범한 것도 당연한 일이지만, 만일 보고 있었다면 자궁의 뜨거움이나 차가움이 수컷과 암컷이 태어나는 원인이라고 여전히 생각하는 것은 정말 불합리하다. 그의 주장대로라면, 앞의 쌍둥이는 둘 다 암컷이 되거나 수컷이 되거나 둘 중 하나일 텐데, 현실적으로 우리가 보고 있는 바로는 그럴 수 없을 테니까 말이다.

또, 생성하는 것의 몸의 여러 부분은 '[갈기갈기] 찢어져 있다'[17]라고 설명한다면(엠페도클레스는 '그 한쪽은 수컷 속에 존재하며 다른 쪽은 암컷 속에 존재하고, 그러므로 수컷과 암컷은 서로 성교하는 것을 욕구한다'라고 주장한다[18]), 생식에 관계되는 몸의 부분[19]의 크기[20]도 분할되어 있어서 그것들의 합체가 생기는 것이 필연적이므로, [수컷과 암컷의 차이는] 냉각이나 가열에 의한 것이 아니라는 것이 된다. 그러나 정액에 관해서, 이와 같은 원인을 말한다면, 아마 많은 것을 말해야 될 것이다. 왜냐하면 일반적으로 이 원인의 방식은 너무도 잘 상상으로 만들어진 것[21]처럼 보이기 때문이다. 이에 반해 정액에 관해서는 바로 우리가 말한 대로이며[22] 정액은 온몸에서 나오는 것도 아니며, 수컷에게서 나오는 것이

책의 제1권 제11장 각주 97 참조)을 말하는 것으로 볼 수 있다. 그의 저작으로 목록만 전해지는 것 중에 『해부집』 8권, 『해부집 선집』 1권 등이 있다(디오게네스 라에르티오스, 『유명한 철학자들의 생애와 사상』 제5권 25 참조).

17 제1권 제18장 722b12, 제4권 제2장 764b17 참조.

18 이 장의 764b15-18 및 아래의 각주 20 참조.

19 고환과 자궁.

20 megethos(크기)는 실체, 본체(sōma)를 가리키며, 크기를 가진 것, 즉 물리적 신체 또는 본체를 의미한다. 아리스토텔레스에 따르면, 엠페도클레스는 (a) 여러 부분의 물리적 실체가 처음부터 부모에게서 있는 그대로 주어진다고 하면서도, (b) 성적 부분의 형성은 열과 냉의 작용에 따른 것이라 보았기 때문에 일관성이 없다고 지적된다.

21 plasmatōdēs('fictitious' in LSJ).

22 제1권 제18~22장 참조.

태어나는 것에 대해 어떤 질료를 제공하는 일도 없다면, 엠페도클레스
15 에 대해서도 또 데모크리토스에 대해서도 반대해야 하고, 그 밖에도 그
렇게 주장하는 사람이 있다면 똑같이 반대해야 한다. 왜냐하면 정액의
본체가 '찢어진 채로', 엠페도클레스가 다음과 같이 말함으로써 그렇게
주장하는 것처럼, 한쪽은 암컷 속에 존재하고 다른 한쪽은 수컷 속에 존
재한다는 것은 있을 수 없기 때문이다.

"사지(四肢)의 자연 본성은 찢어져 있고, 그 한쪽은 남자의 몸속에[23] ..."[24]

20 또한 태어나는 것의 온몸이 부모 어느 쪽에서 분리되어 몸의 어떤 특
정 부분이 다른 부분을 압도함으로써 어떤 것은 암컷이 되고 어떤 것은
수컷이 되는 일도[25] 있을 수 없다.

일반적으로 몸의 한쪽 부분이 우세해 다른 쪽 부분을 압도함으로써
암컷으로 만든다고 설명하는 것이 아무 생각 없이 그 원인을 단순히 열
로 돌리는 것보다 낫기는 하다. 그러나 음부(陰部)의 형태도 동시에 다르
다는 것은[26] 이들 부분[27]이 왜 항상 동반하고 있는가 하는 점에 대한 설명
25 을 필요로 한다. 만일 [그 대답이] '그것들이 가깝게 있기 때문에'라는 것
이라면, 몸의 그 밖의 각 부분도 함께 수반하고 있을 것이다. 즉 상대를

---

23 이 신체적 상태(성적 부분)의 기술에 대해서는 이 장의 764a10-11 참조.

24 엠페도클레스, 「단편」 DK31B63 참조. 제1권 제18장 722b12 참조.

25 데모크리토스의 주장. 이 장의 764a6-11 참조. 엠페도클레스는 각 부모가 부분의 절반
만 제공한다고 본 반면, 데모크리토스는 각 부모가 부분의 '전체'를 제공한다고 보았
다. 이에 관련된 전성설(pangenesis)에 대해서는 제1권 제17장 721b9 참조.

26 성관계에 사용되는 부분의 형태와 자궁의 형태. 모든 경우에 둘 다 남성의 해당 부분인
음경과 고환과 각각 다른 모습을 보인다.

27 예를 들어 암컷의 자궁과 외부 생식기.

이겨 내고 있는 부분 중의 어떤 것은 다른 부분에 '가깝게 있다'라는 것
이므로, 암컷인 동시에 어미를 닮거나, 또는 수컷인 동시에 아비를 닮거
나, 그 둘 중 어느 하나인 것이[28] 된다.

　더욱이 온몸이 변화를 겪지 않은 채 생식과 관련된 몸의 부분만 생성
해야 한다고 생각하는 것도 불합리하다. 가장 눈에 띄고, 게다가 가장 먼 　　30
저 생성하는 것은 혈관으로, 혈관을 동물의 몸의 밑그림처럼 만들어 그
주변을 살집의 본체가 둘러싸고 있다.[29] 그래서 자궁이 원인이 되어 혈관
이 일정한 성질의 것으로 생성하는 것이 아니라, 오히려 혈관이 원인이
되어 자궁이 어떤 성질의 것으로 생성하는 것이 더 이치에 맞다. 자궁과
혈관 모두 어떤 혈액 수용기에 해당하지만, 혈관이라는 수용기 쪽이 자
궁보다 먼저이기 때문이다. 움직이는 시원 쪽이 항상 보다 앞서고, 그것 　　35
이 어떤 성질을 갖게 됨으로써 생성의 원인을 이루는 것이 필연적이다.[30]
그래서 생식과 관련된 몸의 부분이 암컷과 수컷으로 서로 다른 것은 시
원에 부대되어 있는 것이며, 이 부분의 차이가 암컷과 수컷의 구별의 시
원이라거나 원인이라고 생각해서는 안 되며, 오히려 다른 것이 그렇게 　　765a
한다고 생각해야 한다. 암컷에서도 또 수컷에서도 정액이 분리되는 일
은 전혀 없으며, 태어나는 것이[31] 어떻게 형성된다고 하더라도 그렇다.

　'수컷은 오른쪽의 고환으로부터 오지만, 암컷은 왼쪽의 고환으로부

28　태어날 아이가 자신과 성별이 다른 부모 쪽을 닮는다는 사실을 설명할 수 없다는 것.
　　부모와 자녀 간의 유사성 등을 둘러싼 문제에 대해서는 제4권 제3장 767a36 아래 참조.

29　제2권 제4장 740a27 아래 및 제6장 743a1 아래 참조.

30　이것은 동물의 발생뿐만 아니라 아리스토텔레스의 생성 이론 전반에 걸쳐 나타나는
　　기본적인 사고방식이다. 『동물의 부분들에 대하여』 제1권 제1장 640a10 아래 참조.

31　765a3: 대본의 제안에 따라 "정액"(to sperma)을 삭제한다(Peck).

5   터 온다'라고 설명하는 사람들에[32] 대해서도, 엠페도클레스에 대해서
도 성립하고, 또 데모크리토스에 대해서도 성립하는 것과 동일한 반론
이 성립한다. 즉 수컷이 태어날 배아의 몸에 어떤 질료도 제공하지 않는
다면, 이러한 견해를 설명하는 사람들은 제대로 된 설명을 아무것도 하
지 않는 셈이 될 것이다.[33] 또 만일 그들이 그렇게 주장하는 것처럼 수컷
이 질료를 제공한다면, 엠페도클레스의 설명에 대해 반박하는 것과 마
10 찬가지로 그들의 설명에 대해서도 반박해야 한다. 엠페도클레스는 자궁
의 뜨거움과 차가움에 따라 암컷과 수컷의 차이를 구별한다. 한편, 이들
은 암컷과 수컷이 발생에 관계되는 몸의 부분 전체에서도 다른 것을 보
고 있었음에도 불구하고, 오른쪽과 왼쪽의 고환에 의해서 암컷과 수컷
을 구별하고 있으므로, 그와 동일한 잘못을 저지르고 있는 것이다 —— 이
러한 부분 중에서 자궁의 '본체'[34]가 왼쪽의 고환으로부터 온 것에 존재
하게 되는 반면, 오른쪽의 고환으로부터 온 것에는 존재하지 않게 되는
15 것은 어떤 원인에 의한 것인가?[35] [왼쪽 고환으로부터] 내려와 자궁이라
는 부분을 갖지 않는다면, 자궁을 갖지 않은 암컷이 태어날 것이고, 어쩌
면 자궁을 가진 수컷이 태어날지도 모르기 때문이다. [[게다가 앞서 말한
것이기도 하지만,[36] 자궁의 오른쪽 부위에 암컷이 보인 적도 있고, 자궁의
왼쪽 부위에 수컷이 보인 적도 있으며, 암컷과 수컷이 모두 자궁의 동일한

---

32 아낙사고라스와 다른 자연철학자들의 주장을 가리킨다. 이 장의 763b30-764a1 참조.

33 수컷의 '정액'은 태어나는 새끼의 몸의 질료가 될 수 없기 때문에, 정액이 좌우 어느 고
환으로부터 나왔다고 해도, 새끼의 성별의 결정에는 아무런 관여를 하지 않는다는 것
이다.

34 Peck 참조.

35 암컷과 수컷의 성별을 수컷의 좌우 고환으로 돌리는 사고방식으로는 암컷이 자궁이라
는 기관을 갖는다는 것을 원리적으로 설명할 수 없다는 것이다.

36 이 장의 764a33-b3 참조.

부위에 보인 적도 있는데, 이 일은 한 번뿐만 아니라 여러 번 관찰되고 있   **20**
다.]][37]

어떤 사람들은 이들의 주장이 [참에] 거의 가깝다는 것을 믿으며, '수
컷이 짝짓기를 할 때 오른쪽 고환을 단단히 묶으면 암컷을 낳지만, 왼쪽
고환을 단단히 묶으면 수컷을 낳게 된다'라고 설명했다. 즉 레오파네스   **25**
[38]도 이런 식으로 설명했다. 또, 어떤 사람들은 '한쪽의 고환을 절단한 것
들에도 동일한 일이 일어난다'라고 주장하고 있지만, 그들이 설명하고
있는 것은 진실이 아니며, 그럴듯한 것으로부터 '일어날 것 같은 일'을
추측해서, '그렇게 일어난다'를 보기 전에 '그렇다'라고 예단하고 있을
뿐, 게다가 동물의 발생에서 수컷을 낳을지 암컷을 낳을지에 대해서 이   **30**
부분들[39]이 아무것도 기여하지 않는다는 것을 모르는 것이다. 그 징표에
해당하는 것은 다음과 같은 점이다. 즉 많은 동물은 고환을 가지지 않는
데, 그 자신이 암컷이나 수컷이라고 해도[40] 어떤 것은 암컷을 낳고 어떤
것은 수컷을 낳는다는 점이다. 두 발을 갖지 않는 것이 그러하며, 예를
들어 어류나 뱀류가 그에 해당한다.

그런데 열과 냉이 수컷과 암컷의 원인이라고 생각하는 것과 정액의   **35**

---

37 [[ ]] 부분은 이 논의와 관련되지 않기 때문에 삭제하기도 한다(Peck). 대본에서는 이
  대목의 마지막 구절인 765a20-21, 즉 "또는 수컷은 자궁의 오른쪽에 생성하는 반면,
  암컷은 왼쪽에 생성한다. 하지만 둘 다가 오른쪽에 생성하는 경우도 적지 않다"(hē to
  arren ouch ··· ginetai en toios dexiois)라는 구절을 삭제한다(Drossaart Lulofs, Platt).

38 테오프라토스(기원전 361년경~287년경)는 『식물의 여러 원인에 대하여』제2권 제4장
  제12절에서 같은 이름의 인물을 언급하고 있지만, 그가 여기서 말하는 인물과 동일인
  인지는 알 수 없다.

39 고환. 아리스토텔레스에 의하면, 수컷의 고환은 동물의 발생에 아무것도 기여하지 않
  는다고 되어 있다. 제1권 제4장 717a12 아래 참조.

40 성별을 가진다고 해도.

분리가 오른쪽 혹은 왼쪽의 고환으로부터 생긴다는 것이 수컷과 암컷의
원인이라고 생각하는 것은 어떤 논거를 포함하고 있다. 즉 동물의 몸은
오른쪽이 왼쪽보다 뜨거우며,[41] 또 숙성된 정액이 그렇지 않은 것보다 뜨
거우며 그러한 성질을 가지는 것은 응축된 정액으로, 응축할수록 생식
력도 높아진다는 것이다.[42] 하지만 이런 방식으로 설명하는 것은[43] 너무
먼 곳에서 원인을 언급하는 것이기 때문에, 오히려 첫 번째 원인에 가능
한 한 가까운 데를 출발점으로 해서, 거기서부터 결론을 이끌어 내야만
한다.[44]

그런데 동물의 온몸과 몸의 여러 부분에 관련해서 '각 부분이 무엇이
고, 또 각 부분이 그러한 것은 어떤 원인에 의해서인가'라고 하는 점에
대해서는 앞서 다른 논고에서 말한 대로이다.[45] 하지만 수컷과 암컷은 어
떤 능력과 무능력에 의해 구분되고 있다.[46] 즉 형상의 시원을 가지는 정
액을 숙성시켜 응축시킴과 동시에, 그것을 분비하는 능력을 갖는 것이
수컷이다(내가 '시원'이라고 말하는 바는, 그것을 질료처럼 해서 거기로부

---

41 그래서 오른쪽에서 나온 '정액'이 더 뜨거울 것이다. 이 점은 동물의 몸에 관련해서 오
른쪽이 왼쪽에 비해 '좋다'라는 생각에 근거한다. 『동물의 부분들에 대하여』 제2권 제
2장 648a10-14("가장 좋은 것은 뜨겁고, 얇고, 순수한 피를 가진 동물이다. 그런 동물들
은 용기나 사려에 있어서 동시에 좋은 상태이기 때문이다. 이런 이유로, 몸의 위쪽 부분
은 아래쪽 부분에 대해서 그러한 차이가 있으며, 더욱이 수컷은 암컷에 대해서 그리고 몸
의 오른쪽은 왼쪽에 대해서 그러한 차이가 있는 것이다") 참조.

42 그래서 수컷을 생산할 수 있다. 제2권 제7장 747a4-7 참조.

43 태어날 동물의 수컷과 암컷의 구별을 열과 냉으로 돌리는 설명의 방법.

44 『자연학』 제1권 제1장 184a10 아래 참조.

45 『동물의 부분들에 대하여』 전체와 『동물의 생성에 대하여』 제1권을 가리키는 것으로
볼 수 있다.

46 이 점은 제1권 제2장 716a18 아래에서 상당 수준으로 논의되었다. 아리스토텔레스는
이 점에 대해 더 상세한 논의를 전개하고 있다.

터 낳은 자들[부모]과 비슷한 것이 생겨난다는 것이[47] 아니라, 첫 번째로 움직이는 것[48]이다 —— 수컷이 자신의 체내에서 [그런 식으로][49] 움직일 수 있는 경우든, 다른 것의 체내에서 그렇게 움직일 수 있는 경우이든).[50] 이에 반해, 수컷으로부터의 정액을 받아들이기는 하지만 그 자신은 정액을 응축시키거나 분비하는 능력을 갖지 않는 것은 암컷이다.

게다가 모든 숙성이 열의 작용에 의해 일어난다면, 동물에서도 수컷 쪽이 암컷보다 더 뜨겁다는 것이 필연적이다. 즉 차가움과 무능력 때문에 암컷이 더 많은 양의 혈액을 어느 특정 장소[51]에 함유하고 있다는 것이며, 이는 바로 어떤 사람들[52]이 암컷이 수컷보다 더 뜨거운 것의 원인으로 생각하는 것과는 반대라는 것의 징표이다. 그 원인은 월경혈의 유출을 말한다. 즉 혈액은 뜨겁기 때문에 피를 더 많이 갖는 것이 더 뜨겁다는 것이다. 이들은 월경혈의 유출이라는 상태가 암컷에게 생기는 것

15

20

---

47 동물의 암컷으로부터 제공되는 '월경혈'(무혈동물에서는 그와 유비적인 것)을 말한다.

48 tēn kinousan prōtēn. 즉 '운동의 원인'으로서 행하는 것.

49 '첫 번째로 움직이는 것으로서'.

50 '다른 것의 체내에서'(765b14)라는 것은 이 '시원'이 수컷으로부터 방출되는 정액을 가지고, 암컷의 자궁 내에서 질료(즉 '월경혈')에 작용하는 경우이다. '그것 자신의 체내에서'(765b13)라는 것은 이 '시원'이 수컷 자신의 체내에서 질료에 작용하는 경우를 말한다. 곤충류의 어떤 것은 수컷이 '정액'을 방출하지 않고, 암컷 쪽이 몸에 있는 부분을 수컷의 몸에 삽입함으로써, 수컷의 체내의 '열'과 능력이 질료에 작용한다고 되어 있다 (제1권 제21장 729b22-28 참조).

51 자궁.

52 파르메니데스(기원전 515년경~기원전 5세기 후반, 님이틸리아의 플리스 엘레이 출신의 철학자)나 그 밖의 사람들이 이러한 견해를 가졌다고 생각된다. 『동물의 부분들에 대하여』 제2권 제2장 648a30-34("예를 들어 파르메니데스나 그 밖의 사람들은 뜨거움 때문에 피가 많은 여자에게 여자의 표시[월경]가 생기는 것이라고 생각하고, 여자가 남자보다 뜨겁다고 주장한다. 엠페도클레스는 반대되는 주장을 편다. 심지어 피와 담즙에 관해, 그중 하나를 뜨겁다고 말하는 사람이 있는가 하면, 차갑다고 말하는 사람도 있다") 참조.

은 혈액과 열이 과다하기 때문인 것으로 판단하고 있다. 그러면 마치 액
상으로 색이 혈액과 같기만 하면 어떤 것이든 한결같이 혈액일 수 있으
며, 영양이 잘 된 동물의 경우에는 양이 적어져서 더 순수한 것으로[53] 변
할 수 없는 것과 같은 것이다. 하지만 그들은 복부에 생기는 잉여물[54]의
경우와 마찬가지로, 양이 많은 것이 소량인 것보다 그 자연 본성이 더 뜨
거운 것의 징표라고 생각한다. 그러나 사실은 그 반대이다. 즉 식물이 열
매를 맺기 위해 영양을 가공하는 경우, 최초의 영양은 다량이지만 그것
으로부터 분리되는 유익한 것은 소량이며, 최종 단계의 것은 최초의 영
양의 양에 비해 극소량에 지나지 않는 것인데, 그와 마찬가지로 동물의
몸에서도 몸의 여러 부분이 영양을 받아들이고 그것을 가공한 후, 영양
전체로부터 생기는 마지막 것은 극소량이다.[55] 어떤 동물에서는 혈액이
그것에 해당하고, 어떤 동물[56]에서는 혈액과 유비적인 것이 그것에 해당
하는 것이다.

그런데 한쪽[의 성]에는 순수한 잉여물을 분비하는 능력이 있고, 다
른 한쪽[의 성]에는 그 능력이 없으므로, 모든 능력에는 어떠한 도구[57]가
존재하고 있는데, 이것은 동일한 것을 완수하는 능력으로서 열등한 것
에서도 또 뛰어난 것에서도 그렇기도 하지만, 또한 '능력이 있다'라든가
'능력이 없다'라는 것[58]은 다의적으로 이야기되는 것으로, 암컷과 수컷

25

30

35

766a

---

53 즉 양적과 질적으로.

54 대변.

55 제1권 제18장 725a12-21 참조.

56 무혈동물. 제1권 제19장 726b1-3 참조.

57 여기서 '도구'(organon)는 앞의 문맥으로부터 분명히 드러나듯, 동물의 발생과 관계되
는 신체의 특정 부분 또는 기관을 말한다. 제1권 제2장 716a23-27 참조.

58 '능력(dunamis)과 능력이 없음(adunamia)에 대해서는 『형이상학』 제5권 제12장
1019a15 아래 참조.

은 이러한 방식으로 대립하고 있기 때문에 그런 까닭에 암컷에게도 또 수컷에게도 도구가 존재하는 것이 필연이다.[59] 그래서 암컷에게는 자궁이 존재하고, 수컷에게는 음경[60]이 존재한다는 것이다.[61] 각각에 대해 자연은 능력과 도구를 동시에 주고 있다. 그편이 더 낫기 때문이다. 그러므로 이들 장소는 각각이 분비물과 능력을 획득함과 동시에 생성하는 것으로, 그것은 마치 두 눈 없이 시각은 완성되지 않으며, 또 시각 능력이 없이 두 눈이 완성되지도 않는 것과 마찬가지이며, 또 복부와 방광도 거기에 잉여물이 생기는 것을 가능하게 하는 능력과 동시에 완성되는 것과 마찬가지이다.

그런데 (1) 그것으로부터 동물이 발생하는 것과 그것을 바탕으로 동물이 성장하는 것은 같은 것 ─ 영양을 말한다 ─ 이므로, 몸의 각 부분은 그것이 받아들일 수 있는 영양적 성질의 질료, 즉 영양적 성질의 잉여물로부터 생성될 것이다. 게다가 우리가 주장하는 것처럼, (2) 생성은 어떤 방식으로는 반대의 것에서 일어난다. 이러한 점에 더해, 세 번째로 파악해야 할 것은 (3) 소멸이 반대의 것을 향해 일어난다고 하면, 제작하는 것에 의해 압도되지 않는 것도 반대의 것으로 변화하는 것은 필연이라는 점이다. 이러한 것을 전제로 세울 경우, 어떤 것이 수컷이 되고 또 어떤 것이 암컷이 되는 것은 어떤 원인에 의한 것인가 하는 점이 아마도 더욱 분명해질 것이다. 즉 시원이 압도하는 일이 없고, 열이 부족하기 때문에 숙성할 수도 없으며, 그 자신에게 고유한 형상으로 이끌지도 않고 오

---

59 제1권 제2장 716a23 아래 참조.

60 제1권 제2장 716a32 참조. 헬라스어 perineos는 일반적으로 '회음부'(會陰部, space between the anus and scrotum, 항문과 음낭 사이의 부위)를 의미한다(『동물 탐구』 제1권 제14장 493b9 참조). 하지만 여기서는 수컷의 생식기에 해당하는 '음경'을 가리킨다.

61 제1권 제2장 716a31-34 참조.

히려 그 점에서 패배하게 된다면, 반대의 것으로 변화하는 것이 필연인 것이다. 수컷의 반대는 암컷이고, 그것은 한쪽이 수컷인 반면 다른 한쪽이 암컷이라는 의미에서이다. 암컷은 능력 면에서 다르기 때문에 도구도 다른 것을 갖는 것이며, 따라서 그러한 것[상태]으로 변화하는 것이다. 몸 중에서 어느 한 가지 중요한 부분이 변화하면 몸의 구조 전체가 외모라는 측면에서 크게 달라진다. 이는 거세당한 사람들에게서 볼 수 있다. 거세된 사람들은 신체의 어떤 특정한 부분이 훼손되어 버림으로써 이전의 체형에서 현저한 변동을 받아서 그 모습도 여자와 아주 조금밖에 차이가 벌어지지 않는다. 그 원인은 신체의 여러 부분 중 어느 부분이 시원에 해당한다는 점에 있는 것이다 — 시원이 움직이면 시원에 부수되는 신체의 여러 부분 중 많은 부분이 변동한다는 것은 필연적이다.

그런데 수컷이 어떤 시원 및 원인이며, 수컷인 것은 '무언가를 이루는 능력이 있는' 한인 한, 암컷인 것은 '능력이 없는' 한인 한, 이 능력과 무능력의 경계는 마지막 영양을 숙성시킬 수 있는가 혹은 없는가 하는 점에 있다. 마지막 영양이라는 것은 유혈동물에서는 '피'라고 불리는 것을 말하는 것이며, 그 이외의 동물에서는 피와 유비적인 것을 말한다. 그리고 그 원인이 시원에 해당하는 것, 즉 자연 본성적인 열의 시원을 가진 몸의 부분에 존재하고 있다면, 유혈동물의 경우에는 심장이 형성되며, 태어나는 것은 수컷이나 암컷 중 하나이고, 그 밖의 동물[무혈동물]의 유로 암컷과 수컷이 존재하고 있는 것의 경우에는 심장과 유비적인 것이 형성되는 것은 필연이다. 그런데 수컷과 암컷의 시원 및 원인에 해당하는 것은 이것이며, 수컷과 암컷의 시원과 원인은 거기에 존재하고 있다. 하지만 완전한 암컷이나 수컷으로 존재하는 것은 암컷이 그것으로 인해 수컷과 다른 부분도 갖게 되었을 때이다. 즉 수컷이나 암컷인 것은

몸의 흔한 부분[62]에 의한 것이 아닌데, 그것은 보고 듣는 것도 그렇지 않은 것과 마찬가지이다.[63]

이상의 것을 요약한 다음,[64] 우리는 다시 다음과 같이 주장하기로 하자. 정액은 영양의 최종 단계의 잉여물이라는 것이 전제로서 세워졌다 (내가 '최종 단계의'라고 말하는 바는 '몸의 각 부분으로 운반되어 가는 것' 이라고 하는 의미이며, 태어나는 것이 낳은 것과 닮은 것도 그 때문이다.[65] 즉 '몸의 각 부분에서 정액이 나온다'[66]라고 해도, 또 '몸의 각 부분으로 향해 간다'라고 해도 아무런 차이가 없다. 그러나 후자 쪽이 옳다[67]). 수컷의 정액은 동물의 암컷 체내에서도 운동을 일으켜서 최종 단계의 영양을

10

---

62 즉 '임의적 부분'.

63 생식기를 성의 구분의 '시원'으로 보아야 하는가? '성의 구분'에 대해서는 제4권 제1장 763b25 참조. 이와 관련된 의미를 보여 주는 논의로는 제1권 제2장 716a27-31("이 부분들은 서로 다르며, 이 점에서 수컷은 암컷과 다르게 될 것이다. 동물의 전체(온몸)에 대해서, 어떤 것에는 '암컷'으로, 어떤 것에는 '수컷'으로 말해지는데, 그 동물이 암컷이나 수컷인 것은 동물의 온몸에 따르는 것이 아니라, 볼 수 있는 것이나 보행할 수 있는 것의 경우와 같이, 어떤 특정한 능력에 의해서인 것과 동시에 특정한 부분에 의한 것이다. 이 부분은 감각에 의해서도 명확하다"), b8-9("동물이 암컷이나 수컷인 것은 어떤 임의적 부분에 의한 것도 아니고, 또 어떤 임의적 능력에 의한 것도 아니라는 것이다") 참조.

64 제2권 제2장 735b8부터 제4권 제1장 766b7까지의 주된 요점을 또한 덧붙이고 있다.

65 제1권 제18장 725a24-27 참조.

66 제1권 제17장 721b7 아래 참조. 영국의 생물학자 찰스 다윈에 의해 제창된 동식물의 생식 발생에 관한 가설인 '판게네시스'(pangenesis, 범생설)의 원형에 해당하는 것이다. 다윈은 『사육 동식물의 변이』라는 제목의 저서(1868년)에서 동식물의 몸 각 부분에는 자기 증식성 입자 '제뮬'(gemmule, 小分體)이 포함되어 있으며, 이것이 혈관 등을 통해 생식 세포에 모아져 자손의 몸 각 부분으로 분산되어 어버이의 형질(특질)을 전달한다는 가설을 제시했다. 자손에서 이 제뮬은 다시 몸의 여러 부분에 분산되어서 어버이의 형질을 나타내게 된다고 주장했다. 또 다윈은 환경의 영향도 제뮬을 통해 자손에 미치는 것이라고 하여 획득형질의 유전을 인정했다.

67 제1권 제17장 721b13, 제18장 725a21 아래 참조.

완전히 숙성시킬 수 있는 시원을 그 자체 안에 갖게 되는 반면, 암컷의
정액은 질료만을 포함하고 있다는 점에서 다르다.[68] 그런데 수컷의 정액
이 압도하는 경우 그 자신 쪽으로 이끌지만, 압도되는 경우에는 반대의
것으로 변화하거나 소멸로 향한다.[69] 암컷은 수컷의 반대이며, 암컷인 것
은 혈액상의 영양이 미숙성이고 차갑다는 데서 비롯된다.[70] 그런데 자연
은 각각의 잉여물에 대해 그것을 수용하는 부분을 부여하고 있다. 정액
은 잉여물에 해당하지만, 유혈동물에서는 더 뜨거운 수컷 쪽에 적당한
양만큼의 것이 생긴다. 그러므로 이 잉여물을 수용하는 부분에 해당하
는 것은 수컷의 경우에는 '관'이다.[71] 이에 반해 암컷의 경우에는 잉여물
이 미숙성이기 때문에, 다량의 혈액상의 것이 생긴다(그것은 정액으로
가공될 수 없으니까). 따라서 이것을 수용하기 위한 어떤 기관 또한 존재
하고 있으며, 그것은 수컷의 기관과 비슷하지 않고, 더구나 큰 것임은 필
연적이다. 자궁의 자연 본성이 그런 것은 그 때문이다. 이 부분에 따라서
암컷은 수컷과 다르다.

이렇게 해서 어떤 것은 암컷에게 태어나는 반면, 어떤 것은 수컷에게
태어나는 것은 어떤 원인에 의한 것인가 하는 점에 대해서는 이미 말한
바와 같다.

---

68 여기서 말하는 '정액'(sperma)은, 동물의 수컷이 방출하는 생식액을 말하는 것이 아니
라, 수컷과 암컷으로부터 함께 제공되는 '생식 물질'이라고 하는 넓은 의미로 사용되고
있다. 제1권 제2장 참조.
69 이 장의 766a18-21 참조.
70 동물의 암컷은 '자연 본성적인 열'이 부족하기 때문에 '혈액상의 영양'을 숙성시킬 수
없다는 것을 말한다.
71 이 '관'(poroi)의 구조에 대해서는 『동물 탐구』 제3권 제1장 510a12-35, 이 책의 제1권
제6장 718a11-14 참조.

이상에서 말해 온 것에 대한 증거[72]는 다음과 같은 사실이다. 즉 젊은 부모가 전성기에 있는 부모보다 암컷을 낳는 경우가 많으며, 나이 든 부모도 그런 경우가 많다는 점이다. 전자의 경우에는 열이 아직 완전하지 않은 데 반해, 후자의 경우에는 열이 부족하기 때문이다. 또 몸이 습하고 여성적인 체질의 부모가 암컷을 낳는 경우가 많으며, 유동적인 정액이 응축된 것보다 더 그럴 때가 많다.[73] 이 일이 생기는 것은 모두 자연 본성적인 열이 부족한 것이 원인이며, 또 북풍의 영향 아래 있는 쪽이 남풍의 영향 아래 있는 것보다 수컷을 낳는 경우가 많다.[74] 즉 남풍의 영향 아래에서 몸은 더 습한 상태가 되어,[75] 그 결과 체내의 잉여물이 더 증가하게 된다는 것이다. 잉여물은 양이 많아질수록 숙성하기 어려워진다. 그래

30
35

---

72 '증거'(tekmēria)에 관해서는 제1권 제17장 각주 144 참조.

73 응축된 정액은 '자연 본성적인 열'에 의해 숙성되고 있기 때문에 뜨겁다(제2권 제7장 747a6-7, 제4권 제1장 765b2-4 참조). 반면, 유동적인 정액은 충분히 숙성되지 않았기 때문에 차다. 이러한 성질의 정액은 압도함으로써 그 자신 쪽으로 이끌지 않기 때문에 수컷이 아닌 암컷이 태어나는 원인이 된다. 제4권 제1장 766b15-16 참조.

74 『동물 탐구』제6권 제19장 573b34-574a2 참조.

75 766b34: "남풍의 영향 아래에서 몸은 더 습한 상태가 되어"(hugrotera gar ta sōmata notiois)를 보충해서 읽는다(라틴어 번역 Σ 사본[quia corpora sunt humida quando ventus movetur meridionalis]에 따라 보충한 Loeb 참조). 바람에 대한 설명에 대해서는 『기상학』제2권 제4~6장 참조. 진작 여부가 의심되는 자연학적 『문제집』에서는 남풍 혹은 남서풍이 가장 쾌적한 기후를 기저온다고 말하고 있다(943b21-22, 946b21-22). 기후 조건과 건강의 상관관계를 논하는 힙포크라테스는 아리스토텔레스와 정반대의 주장을 한다. 그의 『공기, 물, 장소에 대하여』제3장에 따르면, "어떤 나라가 더운 바람이 불어오는 쪽을 향해 있고, 또 그러한 바람이 일상적으로 불어오며 북풍으로부터 보호받는다면, 이 지역에 사는 사람들의 머리는 습하고 체질은 점액질이고, 그들의 모습(eidea)은 무기력해 보이며 잘 먹지도 마시지도 못한다고 한다"(여인석·이기백 2011, pp. 27~28).

서 수컷의 경우에는 정액이 더 유동성이 되는 데 반해, [사람의] 여자의 경우에는 월경혈 분비가 그렇게 되는 것이다.

또, 월경혈이 자연 본성에 맞게 생기는 것이 달이 끝나는 시기에 오히려 많은 것도[76] 동일한 원인에 의한다. 왜냐하면 달이 이지러져 빛이 부족하므로 한 달 중 이 시기는 차갑고 습한 상태가 되기 때문이다.[77] 즉 태양은 일 년 전체를 통틀어 겨울과 여름을 가져오는 것에 반해, 달은 매 달을 두고 같은 상황을 가져온다는 것이다(이것은 태양의 전향(轉向)[78]과 같은 것을 원인으로 하고 있는 것이 아니라, 월 중에 여름은 달빛이 늘어가는 시기에 해당하는 것인 데 비해, 겨울은 달빛이 약해져 가는 시기에 해당하는 것이다).

양치기들도 다음과 같이 주장한다. 즉 암컷을 낳을지 수컷을 낳을지에 대해서는 북풍 아래에서 암컷과 수컷이 짝짓기를 할지 혹은 남풍 아래에서 짝짓기를 할지에 달려 있을 뿐만 아니라, 남쪽 방향을 향해 짝짓기를 할지 혹은 북쪽 방향을 마주 보며 짝짓기를 할지에 따라서도 달라진다고 한다.[79] 이렇게 미미한 경향이 때로는 냉과 열의 원인이 되고, 이것들이 발생의 원인이 된다는 것이다.

그런데 수컷을 낳느냐, 암컷을 낳느냐 하는 점에 관련해 일반적인 관

---

76 『동물 탐구』 제9권(7권) 제2장 582a32 아래 및 『동물의 발생에 대하여』 제2권 제4장 738a16-18 참조.

77 아리스토텔레스는 달빛에도 햇빛과 마찬가지로 열의 작용이 있다고 생각했다. 『동물의 부분들에 대하여』 제4권 제5장 680a31-35에서 "달빛으로 인해 밤이 더 따뜻해지기 때문이다"라고 하며, 같은 논지를 『동물의 발생에 대하여』 제2권 제4장 738a18-22 및 제4권 제10장 777b24-27에서도 보여 준다.

78 태양의 지점(tropics, 하지와 동지)을 말한다.

79 『동물 탐구』 제6권 제19장 574a2-3 참조.

점에서 볼 때 암컷과 수컷이 서로 떨어져 있는 것은 앞에서 말한 원인[80] **15**
에 의해서이지만, 새끼를 낳기 위해서는 서로의 균형도[81] 필요하다. 왜냐
하면 기술에 근거한 것이든 혹은 자연에 근거한 것이든, 생성하는 것은
일정한 비율[82]에 의해 존재하기 때문이다. 열이 너무 압도하면 액상의 것
을 건조시키며, 열이 너무 부족하면 그것을 응축시키기에 부족하기 때
문에, 제작되는 것에 대해 열은 중간의 비율을 가지고 있을 필요가 있다. **20**
그렇지 않으면 조림을 만들 때 불이 너무 강하면 태우는 것이 되고, 반대
로 불이 너무 약하면 설익은 상태가 되어서 어느 경우에도 생성하는 것
은 완성되지 않지만, 이것과 동일한 것이 되므로 수컷과 암컷이 교미하
는 경우에도 균형이 필요한 것이다. 또, 다음과 같은 일이 일어나는 것도
이것이 원인이 된다. 많은 인간 남녀의 경우에 서로 어울려도 아이를 낳 **25**
지 못하는데, 그 상대와 헤어지고 다른 상대와 어울리면 아이를 낳을 수
있게 되고,[83] 어떤 때는 젊은 사람들에게 어떤 때는 나이를 먹은 사람들
에게 이러한 역전(逆轉)이 일어날 수 있는데, 그 일은 아이를 낳거나 낳
지 못한다는 점에 관련해서 뿐만 아니라, 남자아이를 낳느냐 여자아이
를 낳느냐 하는 점에 관련해서도 마찬가지로 생겨난다.[84]

이러한 점에서 한 지역이 다른 지역과 다르거나, 한 종류의 물이 다른
종류의 물과 다른 것도 동일한 원인이다. 즉 특히 영양을 지닌 성질을 띠 **30**

---

80 이 장의 766b29 아래의 논의 참조.

81 '균형'(summetria)은 두 성으로부터 제공되는 '생식 물질'(암컷의 월경혈, 수컷의 정
액)의 균형이 좋은 상태에 있는 것을 말한다. 제1권 제18장 723a29-30, 제4권 제4상
772a17-19 참조.

82 비율(logos)은 모든 사물의 질료로서 원인에 해당하는 4종류의 '기본 요소'(stoicheion),
즉 불, 공기, 물, 흙의 균형비를 말한다.

83 『동물 탐구』 제9권(7권) 제6장 585b8-11 참조.

84 『동물 탐구』 제9권(7권) 제6장 585b14-16 참조.

는 것도, 몸의 상태가 어떤 성질을 띠는 것도, 주위의 공기의 혼합이나 체내에 들어오는 음식의 혼합에[85] 의한 것이며, 영양으로서의 물에 의한 것이 가장 크다는 것이다. 왜냐하면 물은 가장 다량으로 체내에 도입될 수 있고, 모든 종류의 음식물 속에 영양으로 포함되어 있으며, 고체의 음식물에도 포함되어 있기 때문이다. 그러므로 경질(硬質)의 물과 차가운 물에서는 한쪽이 새끼를 낳지 못하는 원인이 되는 반면, 다른 쪽은 암컷을 낳는 원인이 된다.[86]

제3장

또, 다음에 드는 것들도 동일한 원인[87]에 의한 것이다. 즉 (1) 어떤 자는 부모를 닮은 것으로 태어나는 반면, 어떤 자는 부모를 닮지 않았다는 것, (2) 어떤 자는 온몸에서도 또 몸의 각 부분에서도 아버지를 닮은 것에 비해, 어떤 자는 어머니를 닮았다는 것, 또 (3) 자식은 조상들보다 부모를 닮은 것이 많고, 불특정한 사람들보다는 조상들을 닮은 것이 많다는 것, 또 (4) 남자아이는 아버지를 닮은 경우가 많고, 여자아이는 어머니를 닮

---

85 '혼합'(krasis)은 동물의 몸을 구성하는 물질에서 '열'과 '냉'의 비율을 가리키는 것이 일반적이다. 『동물 탐구』 제7권(8권) 제2장 589a14, 『동물의 부분들에 대하여』 제3권 제6장 669a11 참조. 한편, 아리스토텔레스는 동물의 몸의 합성과 주위의 '공기'나 동물의 체내에 받아들여지는 음식물(물을 포함) 사이에 상관성이 있다고 생각하고 있었다 (제4권 제10장 777b6-7 참조). 이 부분에서는 '공기'나 음식물의 합성에 관해서도 '혼합'이라는 표현을 사용하고 있다.

86 힙포크라테스, 『공기, 물, 장소에 대하여』 제4절 참조. 정치학적 관점에서 '시민의 건강과 안전, 폴리스의 위치와 지형'에 대해 논의하는 『정치학』 제7권 제11장 참조.

87 어떤 것은 수컷(남자)으로 태어나는 반면, 어떤 것은 암컷(여자)으로 태어나는 원인.

은 경우가 많다는 것, (5) 어떤 자는 동족인 사람들 중 누구도 닮지 않았
지만, 적어도 사람들 중 누군가는 닮았지만, 어떤 사람은 생김새가 사람을 닮지 않았고, 이미 괴물[88]을 닮았다는 것이다. 부모를 닮지 않은 자도 어떤 면에서는 이미 괴물이기 때문이다. 즉 이러한 사람들의 경우, 그 자연 본성이 어떤 점에서 인간의 유에서 벗어나고 있다는 것이다.[89]

그런데 이러한 벗어남의 첫 시작은 수컷이 아니라 암컷이 태어난다는 것이다. 그렇지만 이것은 자연에서 필연적인 일이다. 즉 암컷과 수컷으로 나누어져 있는 동물에서는 [암컷이 존재함에 따라] 그 유가 존속할 필요가 있기 때문인데,[90] 수컷이 젊거나 노령이거나 혹은 뭔가 다른 그런 원인에 의해 수컷이 압도하지 않는 일도 일어날 수 있으므로,[91] 그 경우 동물에게서 암컷이 태어나는 것이 필연적이다. 괴물이라는 것은 '무언가를 위해서'라는 원인, 즉 목적에 해당하는 원인에 대해서 필연적인 것이 아니라, 적어도 그 시원을 거기에 거슬러 올라가 파악해야 한다는 점에서 부대적인 방식으로[92] 필연적인 것이 된다.[93]

---

88 '괴물'에 해당하는 헬라스어 teras는 원래 경이로운 사건의 '전조'(sign, marvel)를 의미했지만, 비정상적인 것의 탄생도 어떤 '전조'로 이해되었기 때문에, 이후에는 '괴물'(monster)을 의미하게 되었다. 아리스토텔레스에 따르면, 이 장에서 언급되는 사람들뿐 아니라, 신체적 기형 등도 '괴물'이라고 표현하고 있다. 이 장의 769b10-27, 제4권 제4장 773a3 참조.

89 아리스토텔레스는 부모를 닮은 아이(특히, 아버지를 닮은 남자아이)가 탄생하는 것을, 인간 개체가 재생산되어 가는 것을 '인간의 유'(genos)에 걸맞은 인간의 '자연 본성'(phusis)의 실현으로 이해하고 있다.

90 제2권 제1장 731b31-732a11 참조.

91 제4권 제3장 766b29-31 참조.

92 kata sumbebēkos.

93 '괴물'의 생성은 수컷에서 유래한 '운동의 시원'이 압도하는 일이 없는 경우, '암컷으로 태어나는 것이 필연'(제4권 제1장 766a18-22 참조)이라고 할 때의 '필연'에서, 그 원인을 구해야 한다. 그러면서도 동물에 암컷이 존재한다는 것은 '동물의 유가 존속한다'라

즉 월경혈 속에 있는 정액적 잉여[94]가 알맞게 숙성된 상태에 있을 때
는 수컷의 운동이 그 자신을 바탕으로 해서 새끼의 형태를 이루게 된다.
이 운동을 생식액이라고 해도, 몸의 각 부분을 성장시키는 운동이라고
해도 아무런 차이가 없으며, 몸의 각 부분을 처음부터 형성하는 운동이
라고 해도 아무런 차이가 없다. 운동 설명 방식은 모두 동일하기 때문이
다.[95] 그래서 이 운동이 압도할 경우는 암컷이 아닌 수컷을 만들어 내게
되고, 엄마가 아닌 아빠를 닮은 아이를 만들어 내게 된다. 하지만 압도하
지 않은 경우는 어떤 능력에 관해 압도하지 않았느냐에 따라 그 점에 관
련해서 부족함을 만들어 낸다. 내가 각각의 경우에 '능력'이라고 말하는
것은 다음과 같은 의미에서이다.[96] 낳는 것은 수컷일 뿐만 아니라, 예를
들면 코리스코스나 소크라테스[97] 같은 특정한 수컷이며, 또 코리스코스
일 뿐만 아니라 사람이기도 하다. 그리고 이러한 방식으로 어떤 속성은

는 목적에 기초한다. 따라서 '괴물'의 생성은 그것이 어떤 목적에 근거한 것이 아니라
는 점에서 '부대적인 방식으로(kata sumbebēkos) 필연적'이라는 것이다.

94 여기서는 동물 암컷이 제공하는 '생식 물질'이라는 넓은 의미로 사용되고 있다. 제1권
제2장 각주 33 참조.

95 동물 발생의 시원(즉, 작용인)에 기인한 운동이라는 관점에 선 경우, 이들에게는 모두
동일한 설명 방식(정의)이 성립한다는 것이다.

96 여기서 아리스토텔레스는 '낳는 것'이 '수컷일 것', '특정의 수컷(즉 특정의 아버지)일
것', 또 '종으로서의 사람일 것', '유로서의 동물일 것' 등을, 각각 다른 '능력'(dunamis)
으로서 구별하고 있다. 이러한 구별은 후속 논의에서, 자웅(남녀)의 성별 결정뿐만 아
니라 부모와 자녀 간의 온몸이나 각 부분의 특징, 성질 등의 유사성(태어나는 아이가
동성[同性] 부모를 닮을 뿐만 아니라 성별이 다른 부모를 닮는 경우)에 대해 설명하기 위
한 전제가 된다.

97 '코리스코스'나 '소크라테스'는 '인간이라고 하는 종에 속하는 특정한 인간'(여기서는
'개별적인 것'[to kath' hekaston]으로서의 인간의 개체, 특정한 개인)을 나타내는 경우
에, 아리스토텔레스가 자주 이용하는 사람의 이름이다. 『동물의 부분들에 대하여』 제
1권 제4장 644a25 참조.

더 가까운 곳으로부터, 또 어떤 속성은 더 먼 곳이나 '낳을 수 있는 것'으로서의 낳는 것에 속해 있는 것이며, 예를 들면 낳는 것이 문법가이거나 누군가의 이웃이거나 하는 것과 같은 부대적인 방식에서는[98] 아니다. 하지만 동물의 발생에 관해서 항상 유력한 것은, 오히려 고유한 것과 개별적인 속성이다. 즉 코리스코스는 사람이기도 하고 동물이기도 하지만, '사람인 것'이 '동물인 것'보다 고유한 것에 더 가깝다는 것이다. 개별적인 것과 유 양자가 낳는 것에서는 변함이 없지만,[99] '낳는 것'에 더 적합한 것은 오히려 개별적인 것이다. 왜냐하면 이것이 본질 존재(ousia)[100]이기 때문이다. 즉 태어나는 것도 '어떠한 무엇'(속성, poion ti)[101]으로서 태어날 뿐만 아니라, 어떤 '이것'(개별자, tode ti)[102]으로서도 태어난다. 그리고 이 후자가 본질 존재(ousia)인 것이다. 그러므로 이와 같은 모든 능력[103]으로부터의 운동이 정액 속에 존재하고 있으며, 거기에는 조상들의 능력으로부터의 운동도 가능한 상태로 존재하고 있기는 하지만, 개별적인 것들 중 어느 하나에는 항상 더 가까운 능력으로부터의 운동이 많이

---

98 '낳는 것'이 문법가라든가 누군가의 이웃인 것은 '낳는 것'에 필연적으로 대비되는 속성도 아니고, 대개의 경우(제1권 제16장 해당 각주 참조)에 갖추어진 속성도 아니고, 우연히 그러한 것에 지나지 않는 것이다.

99 즉 생성 과정에서 둘 다 작동하고 있지만.

100 '본질 존재'(실체, ousia)에 대해서는 제1권 제1장 각주 3 참조. '개별적인 것은 본질 존재이다'라는 주장은 아리스토텔레스의 존재론 이해에서 가장 중요한 사항이다. 이 주장에 대해서는 『범주론』 제5장 2a11 아래 참조.

101 '어떠한 무엇'(poion ti, 이러함, 질)은 바로 앞의 767b33에 나오는 '유'(genos)에 대응하는 개념이다. 이러한 개념에 대해서는 『범주론』 제5장 3b13-23, 『형이상학』 제7권 제13장 1038b34-1039a2 참조.

102 '어떤 이것'(tode ti)에 대해서는 제2권 제1장 해당 각주 참조.

103 '개별적인 것'에 해당하는 '코리스코스', '소크라테스', 종에 해당하는 '사람', 유에 해당하는 '동물'을 말한다.

존재하고 있다. 내가 '개별적'이라고 말하고 있는 것은 코리스코스나 소크라테스이다.

모든 것이 벗어나게[104] 되면 임의의 어떤 것으로 변화하는 것이 아니라, 그것과 대립하는 것으로 변화하는 것이므로, 동물의 발생에서 수컷의 운동에 의해 압도되지 않는 것도 벗어나고, 낳고 움직이는 것이 어떤 능력에 관해 그것을 압도하지 않았는가에 따라서 그 능력에 대해 대립하는 것으로 생성되는 것이 필연이다.[105] 그런데 낳고 움직이는 것이 수컷으로서 압도하지 않았다고 하면 암컷이 태어나지만, 코리스코스 또는 소크라테스로서 압도하지 않았다고 하면, 아버지가 아니라 어머니를 닮은 것이 태어난다. 즉 일반적인 의미의 아버지에 대해서는 일반적인 의미의 어머니가 대립하듯이, 개별적인 아버지에 대해서는 개별적인 어머니가 대립하는 것이다.

이에 이은 여러 능력에 관해서도 마찬가지이다. 즉 태어날 아이는 아버지의 가계와 어머니의 가계에서도, 조상들 중에서도 자신의 부모를 따르는 쪽으로 항상 변화해 간다는 것이다. 운동 중 어떤 것은 활동상태에서 [배아 속에] 내재되어 있는 반면, 어떤 것은 가능상태에서 내재되어 있다. 활동상태에 있는 것은 특정한 아버지로부터의 운동이나, 예를 들면 '사람'이나 '동물'과 같은 보편적인 것으로부터의 운동인 반면, 가능상태에 있는 것은 암컷이나 조상들로부터의 운동이다.[106] 그런데 벗어

---

104 '벗어나다'(existasthai)는 사물이나 성질 등이 자연 본래의 것에서 '이탈하는 것'(existatai)을 말한다. 『자연학』 제8권 제7장 261a20-21, 이 책의 제1권 제18장 725a26-27 참조. 암컷이 태어나는 것이나 어머니를 닮은 아이가 태어나는 것을 아리스토텔레스는 '벗어남'(일탈)이라는 개념을 사용해 설명하고 있다. 이 '벗어남의 메커니즘'에 대해서는 이 장의 768b25 아래 참조.

105 제4권 제1장 766a14-16 참조.

106 여기서 제시된 아리스토텔레스의 유전 이론에 따르면, 동물이 자신과 닮은 새로운 개

나게 되면 대립하는 것으로 변화해 가지만, 제작하는 것의 운동은 가까운 것으로 해소되어 간다.[107] 예를 들어 낳는 자의 운동이 해소되면 아주 작은 차이에 의해 그 아버지의 운동으로 변화해 가고, 그다음에는 그 할아버지의 운동으로 변화해 간다는 것이다. 여자 가계에서도[108] 이 방식으로 어머니의 운동은 그 어머니의 운동으로 변화해 가고, 그 운동이 아니라면 그 할머니의 운동으로 변화해 간다는 것이다. 더 먼 조상들에 관해서도 이와 마찬가지이다.

그런데 낳고 움직이는 것은 수컷으로서뿐만 아니라, 동시에 특정의 아버지로서 압도하거나 압도당하거나 하는 것의 자연 본래의 과정에 가장 적합하다. 수컷이라는 것과 특정 아버지라는 것의 차이는 극히 미미하기 때문에, 양쪽이 동시에 압도하거나 압도당하는 것은 곤란하지 않다는 것이다. 왜냐하면 소크라테스라는 것은 '이러한' 어떤 남자의 것이기 때문이다.[109] 그래서 대개의 경우 수컷은 아버지를 닮는 반면 암컷은 어머니를 닮지만,[110] 후자의 경우에는 양쪽을 향해 동시에 '벗어남'(이

20

25

체를 생성할 수 있는 능력은 그 정자가 그 신체적 형태의 유전적 특성을 전달하는 기능을 하는 일련의 kinēsis(운동)를 포함한다는 사실로 설명된다. 아리스토텔레스는 이러한 정자의 운동을 세 그룹으로 나눈다. 개별적 생성자의(tou gennōntos) 운동, 보편자의(tōn katholou) 운동, 조상의(tōn progonōn) 운동.

107 '운동이 해소된다'(luontai[luesthasi] hai kinēseis)라는 것은 운동이 거기에 기인하는 '능력'의 작용을 유지하지 못하고, 약한 '능력'에 기인하는 운동으로 변화하는 것을 말한다. 아리스토텔레스는 이 개념을 사용해서 태어나는 아이가 부모가 아니라, 조부모나 더 먼 조상들을 닮은 것(이른바 '격세 유전'에 해당하는 사건)을 원리적으로 설명하고 있다. '운동의 해소' 메커니즘에 대해서는 이 장 768b15 아래 참조.

108 768a18-19: 대본의 제안에 따라 직전의 "남자의 가계에 있어서도"(kai epi tōn arrenōn)를 삭제한다. 팩은 그 모두를 삭제할 것을 제안한다.

109 이 예에서 '이러한'(toiosde)은 '인간의 수컷' 일반을 가리키고 있는 것에 대해, '어떤 남자'(anēr tis)는 그에 속하는 특정의 남성을 가리킨다.

110 즉 부전자전(父傳子傳), 모전여전(母傳女傳).

탈)이 생겼다는 것이다. 수컷에 대해서는 암컷이 대립하고, 특정 아버지에 대해서는 특정 어머니가 대립하고 있으며, '벗어남'은 대립하는 것을 향해 일어나는 것이다.[111] 그러나 수컷으로부터의 운동이 압도한 반면, 소크라테스로부터의 운동은 압도하지 않았다고 하면, 또는 후자는 압도했는데 전자는 압도하지 못했다고 하면, 그 경우에 한편으로는 어머니를 닮은 남자아이가 태어나고, 다른 한편으로는 아버지를 닮은 여자아이가 태어나게 된다.

이에 반해 운동이 해소되어 갈 경우,[112] 낳고 움직이는 것이 수컷으로서는 머무르는 반면, 소크라테스의 운동이 해소되어 그[소크라테스]의 아버지의 운동이 된다면, 태어나는 것은 남자아이이지만, 그 아이는 할아버지를 닮게 되거나 혹은 [이러한 이치[원리]에 따라] 아버지 쪽의 먼 조상들 중의 누군가를 닮게 된다. 반면에 낳고 움직이는 것이 수컷으로 압도되는 경우, 태어날 아이는 여자아이이고 그 아이는 엄마를 더 닮게 되지만, 만일 엄마의 운동도 해소된다면 그 아이는 엄마의 엄마를 닮게 되거나, 혹은 동일한 이치에 따라 외가(外家)의 먼 조상들 중 누군가를 닮게 될 것이다.

그런데 어떤 운동은 활동상태에 [배아 속에] 내재되어 있는 반면, 어떤 운동은 가능상태에서 내재되어 있다는 것은 여러 번 말해 온 바와 같지만,[113] 신체의 여러 부분에 속하는 것에 관해서도 그렇다는 것이다. 그래서 다음의 사항을 보편적 전제로 파악해야 하며, 그 하나는 이미 말한

---

111 이 장의 768a2-3 참조.

112 이 장의 768a15 아래 및 각주 107 참조.

113 이 장의 768a11-14 참조. 아리스토텔레스는 '몇 번이나 말해 왔다'(768b5)고 말하고 있지만, 이 점에 대해 명시적으로 기술되어 있는 것은 해당 부분뿐이다.

것처럼[114] (1) 운동 중 어떤 것은 가능상태에서 [배아 속에] 내재되어 있는 반면, 어떤 것은 활동상태에서 내재되어 있다는 것이며, 다른 두 가지 전제라는 것은 (2) 압도되면 대립하는 것으로 벗어난다고 하는 것, (3) 운동은 해소되어 여기에 이어지는 운동으로 변화해 나가는데, 해소의 정도가 작으면 아주 가까운 운동이 되는 반면, 그 정도가 크면 더 먼 운동이 된다는 것이다.

그리하여 마지막에는 태어날 것이 가족이나 동족의 누구와도 닮지 않고 공통의 것, 즉 '인간인 것'밖에 남지 않는 단계에까지 해소되어 간다. 그 원인은 '사람인 것'이 개별적인 모든 것에 부수되어 있다는 점에 있다. '사람'은 보편적인 반면, 아버지 소크라테스나 어머니 —— 어머니가 누구였든 —— 가 개별적인 것에 속하는 셈이다.

운동이 해소되는 원인은 작용을 미치는 것은 작용을 미치는 동시에 작용을 입는 것으로부터 작용을 받기도 한다는 점에 있다. 예를 들어 자르는 것은 잘리는 것에 의해 무뎌지고, 뜨거운 것은 뜨거워지는 것에 의해 식어지며, 일반적으로 움직이는 것은 '첫 번째로 움직이는 것'[115]을 제외하고, 반대로 일어나는 어떤 작용(反動)을 받는 것이며, 예를 들어 미는 것은 어떤 방식으로든 되밀리고, 누르는 것은 되눌린다. 그러나 경우에 따라서는 일반적으로 작용을 미치는 것이 미치는 작용보다 더 강한 작용을 반대로 받기도 한다. 즉 뜨거운 것은, 차가워지거나 혹은 차갑게 하는 것이 열을 받아서 (1) 작용을 미치는 것이 아무런 작용을 미치지 않

---

114 앞의 각주 113 참조.

115 이 문맥에서의 '첫 번째로 움직이는 것'(to prōton kinoun)은 다른 것을 움직이는 한편, 스스로는 결코 움직여지지 않는 존재, 즉 '부동의 동자'에 해당하는 '신'을 말한다. 『형이상학』 제12권 제7장 1072a23-29("[자신은] 움직여지지 않고 다른 것을 움직이는 것, 이것은 영원한 것이며 실체이자 현실 상태의 것이다") 참조.

는 경우도 있으며, (2) 미치는 작용이 받는 작용보다 작기도 한 경우도
있다. 이러한 일에 관련해서 작용을 미치거나 작용을 받거나 하는 일이
어떤 존재물에서 일어나는가 하는 점에 대해서는, 작용을 미치는 것과
작용을 받는 것에 관해 규정한 논고 속에서 말한 대로이다.[116] 이에 비해
작용을 받는 것이 압도되지 않고 벗어나는 것은, 숙성시켜 움직이지만
능력이 부족한 것에[117] 의한 것이거나, 또는 숙성되어 분화되는 것이 다
량으로서 차가운 것에[118] 의한 것 중 하나이다. 숙성시켜 움직이는 것이
몸의 어느 부분에는 압도하는 것이지만, 어느 부분에는 압도하지 않는
다고 하는 경우에는, 형성되는 것을 복잡한 형태의 것으로 만들어 간다.
예를 들어 이것은 운동선수에게서 일어나는 것이고, 그것은 그들이 대
식가이기 때문이다. 즉 섭취하는 영양의 양이 많기 때문에, 몸의 자연 본
성은 그것을 압도할 수 없으며, 그 결과 몸을 균형 잡힌 것으로 성장시켜
그 형태를 일정한 상태로 유지하기에는 부족하기 때문에, 몸의 여러 부
분이 변화해 버려서, 이전의 몸과는 비슷한 점이 하나도 없는 것이나 다
름없는 상태가 되어 버리는 경우도 있다. '사튀로스화'라고 불리는 질병
도 이에 가깝다. [이 질병의 경우에도 미숙성 체액[119]이 다량으로 정상적인
흐름에서 벗어나 안면(顔面)을 형성하는 여러 부분으로 흘러 들어가기 때
문에, 안면이 사람 이외의 동물이나 사튀로스처럼 보이는 것이다.][120]

---

116 『생성과 소멸에 대하여』 제1권 제7장 323b1 아래의 논의 참조.

117 수컷이 제공하는 정액에 내재된 자연 본성적인 열이 부족하다는 것을 말한다. 제4권
제2장 766b33-34 참조.

118 암컷이 제공하는 '월경혈'이 다량으로 차갑다는 것을 말한다. 제4권 제2장 766b35-
767a1 참조.

119 768b35: '혹은 숨결'(ē pneumatos)을 삭제한다.

120 이 대목([ ])을 여백의 주석이 본문으로 딸려 들어간 것으로 보기도 한다(Peck). 여기
서 말하는 질병은 상피병(elephantiasis: '코끼리 피부처럼 되는 질병')으로 보인다. '사

그런데 암컷과 수컷으로 태어난다는 것, 어떤 자는 부모들을 닮았고, 게다가 여자아이는 어머니를 닮았다는 것, 남자아이는 아버지를 닮았다는 것, 어떤 자는 반대로 여자아이인데 아버지를 닮았고, 남자아이인데 어머니를 닮았다는 것, 또 일반적으로 어떤 자는 조상들을 닮았고, 어떤 자는 그들 중 누구도 닮지 않았다는 것, 이러한 일들은 온몸에서도 몸의 각 부분에서도 일어나는 것인데, 이것들이 어떤 원인에 의한 것인가 하는 점에 대해서는 모든 것에 걸쳐 규정한 대로이다.

자연 철학자들 중 어떤 사람들이나 다른 사람들은 이 점들에 대해 태어날 아이가 부모들을 닮거나 닮지 않은 것은 어떤 원인에 의한 것인지를 말해 왔다. 그런데 그들이 주장하고 있는 바는 다음과 같은, 원인의 두 가지 방식이다.

즉 어떤 사람들은 '부모의 어느 쪽으로부터 더 많은 양의 정액이 오느냐에 따라서, 태어나는 아이는 그 부모 쪽을 닮은 것이 많아지는 것이며, 자식의 온몸이 부모의 온몸을 닮은 것도 몸의 각 부분이 각 부분을 닮은 것도 같다'라고 설명하고 있는데,[121] 그것은 '정액이 몸의 각 부분으로부터 나오는' 것[122]이기 때문이다. 그러면서 부모 각자에게서 온 정액의 양

5

10

튀로스'(Saturos)는 디오뉘소스 신의 시종으로서 헬라스 신화에 등장하는 반수반인('염소 인간'의 특징을 가짐)의 종족을 가리킨다. '사튀로스화'(saturian)는 사튀로스의 이마뿔과 같은 형상으로 안면 피부가 딱딱하게 솟아오르는 병을 말한다. 피부병의 일종이다. 『정치학』 제5권 제5장 1302b35 아래 참조. 아리스토텔레스는 남자의 음란증(saturiasis; 사튀로스의 뿔과 같이 관자놀이 부근의 뼈가 돌출되는 질병)이 얼굴의 변화를 일으킬 수 있다고 말한다. 즉 동물의 얼굴을 닮게 된다는 것이다. 그러나 동물(의 부분)이 실제로 다른 종의 동물(의 부분)로 바뀔 수 있다고 생각하지는 않는다. 그 밖에도 『생성과 소멸에 대하여』 321b28 아래 참조.

121 부모의 정액이 차지하는 비율에 따라 몸의 부분들은 아버지와 어머니 사이에서 어떤 모양을 가질 것이다.

122 나중에 찰스 다윈이 주장한 '판게네시스'(pangenesis, 범생설)의 원형에 해당하는 설이

이 같으면 그들 중 어느 것도 닮지 않았다고 말한다. 하지만 이것은 거짓
이며, 정액이 온몸으로부터 나오는 일은 없다고[123] 한다면, 앞서 말해진
것이 태어난 아이가 부모의 어느 쪽인가를 닮거나 닮지 않은 것의 원인
이 될 수 없다는 것은 분명하다. 게다가 어떻게 여자아이인 동시에 아버
지를 닮았거나 남자아이인 동시에 어머니를 닮았는가 하는 것을 그들은
쉽게 규정할 수 없다. 즉 엠페도클레스 혹은 데모크리토스와 마찬가지
로, 암컷과 수컷으로 태어나는 것의 원인을 설명하고 있는 사람들[124]은
다른 의미에서 불가능한 것을 주장하고 있다는 것이다. 이것에 대해 '수
컷이나 암컷으로부터 오는 정액의 양이 많으냐 적으냐 하는 것, 그것이
원인이 되어서 어떤 것은 암컷으로 태어나고 어떤 것은 수컷으로 태어
난다'라고 설명하고 있는 사람들[125]은 어떠한 방식으로 여자아이가 아버
지를 닮게 되고, 남자아이가 어머니를 닮게 되는가 하는 점을 논증할 수
없을 것이다. 왜냐하면 더 많은 양의 정액이 동시에 부모 쪽 어디로부터
도 오는 것은 불가능하기 때문이다. 더구나 대개의 경우에 조상들이나
더 먼 조상들을 닮은 아이가 태어나는 것은 어떤 원인 때문일까? 적어도
이러한 사람들로부터는 정액 일부도 오지 않았기 때문이다.[126]

다. 제1권 제17장 721b20-24 참조.

123 이 설에 대한 아리스토텔레스의 반증(反證)에 대해서는 제1권 제18장 722a1-724a13
참조.

124 데모크리토스에 의하면, 암수 성별의 차이는 양성의 생식기로부터 오는 '정액'의 양
에 의해 결정된다(제4권 제1장 764a6-11 참조). 이상의 사고방식이 태어날 아이가 성
별이 다른 부모 쪽을 닮는다는 사건을 설명할 수 없다는 점에 대해서는 제4권 제1장
764b20-27 참조.

125 알크마이온(제2권 제7장 각주 307 참조)이 이러한 생각을 갖고 있었다. 알크마이온,
「단편」DK24A14 참조.

126 아리스토텔레스가 '정액은 온몸에서 나온다'라는 설을 반증할 때, 이것을 주요한 논점
의 하나로 생각하고 있다. 제1권 제18장 722a7-11 참조. 이 설은 조상의 닮음을 설명할

하지만 태어날 아이가 부모를 닮는다는 점에 대해서는, 오히려 원인의 다른 방식을 주장하고 있는 사람들이 그 밖의 점에 관해서도, 또 이점에 관해서도 더 나은 주장을 하고 있다. 왜냐하면 '생식액은 하나이면서, 다종의 것으로 구성되는 모든 씨앗의 집합체[127]와 같은 것이다'라고 주장하는 사람들이 있기 때문이다. 그래서 어떤 사람이 많은 종류의 액 **30** 즙을 혼합해 하나의 액체로 만든 후, 이어서 거기로부터 일정한 분량을 취해 꺼냈다면, 각 종류의 액즙으로부터 취한 것이 항상 동일한 양이 아닐 경우에는 '강한 종류의 것'으로부터 취한 것이 많지만, 어떤 경우에는 '강한 종류의 것'으로부터 취할 수 있는 것이 더 많을 수도 있고, 또 어떤 경우에는 한쪽에서는 취할 수 있지만, 다른 쪽에서는 전혀 취할 수 없는 것도 있는 것처럼, 이와 같은 일이 다종의 것을 혼합해 만들어진 생식액에서도 일어날 수 있다는 것이다. 즉 부모 중 어느 쪽에서 온 것이 **35** 그중에 가장 많이 포함되어 있느냐에 따라서 그 형태에서 그 부모를 닮는 것이다. 이 주장은 부정확하고, 많은 점에서 잘못 만들어진 것이지만, **769b** '모든 씨앗의 집합체'라고 주장하는 바가 활동상태에서가 아니라, 가능상태에서 존재한다고 주장하고 있다는 점에서는 더 나은 것이다. 왜냐하면 그것은 활동상태에서 존재할 수 없지만, 가능상태에서 존재할 수

수 없다.

127 '모든 씨앗의 집합체'(panspermia)는 문자적으로 '모든 씨앗'(또는 '정액')을 '포함하고 있는 것'을 의미한다(예를 들면 플라톤, 『디마이오스』73c1 참조). 아리스토텔레스가 이 개념을 언급할 경우, 일반적으로 아낙사고라스(제1권 제18장 각주 172 참조)나 데모크리토스(제1권 제17장 각주 143 참조)가 만물의 원리로 상정한 '만물의 씨앗' 또는 '원자'(atom)의 집합체를 가리킨다. 『자연학』 제3권 제4장 203a21-22, 『혼에 대하여』 제1권 제2장 404a4, 『천계에 대하여』 제3권 제4장 303a16, 『생성과 소멸에 대하여』 제1권 제1장 314a29 참조. 다만 이 부분에서 언급된 '모든 씨앗의 집합체' 개념에 엄밀하게 대응하는 것은 이 부분 외에는 나오지 않는다.

있기 때문이다.

하지만 오직 한 가지 원인의 방식에만 할당함으로써, 모든 것에 관해
그 원인을 말하기란 쉽지 않다. 즉 암컷과 수컷이 태어나는 것의 원인,
또 종종 여자아이가 아버지를 닮는 데 반해 남자아이가 어머니를 닮는
것[128]은 어째서인지, 다시 태어날 아이가 조상들을 닮는 것의 원인, 게다
가 어떤 경우에는 사람이기는 하지만 이런 사람들 중 누구와도 닮지 않
고 어떤 경우에는 그런 방향으로 더 나아가 결국에는 겉모습이 더 이상
사람이 아니라, 무엇인가 동물에게서만 보이는 것이 태어나는 것은 어
떤 원인에 의한 것인가 하는 것이다. 이들은 괴물로도 불린다.

앞에서 이야기한 것들에 이어서, 이런 것들이 생기는 원인에 대해서
이야기를 해야 한다. 즉 [남자로부터 나온] 운동이 해소되어 가고, [여자
로부터 나온] 질료가 압도되는 일이 없으면, 마지막에는 가장 보편적인
것이 남는데,[129] 이것이 '동물'이라는 것이다. 사람들이 말하기를, '태어
나오는 것이 수컷 양 또는 소의 머리를 가지고 있다'라든가, 사람 이외의
동물도 마찬가지로 어떤 동물이 다른 동물의 머리를 가지고 있는데, 즉
'송아지가 [사람의] 아이의 머리를 가지고 있다'라든가 '양이 소의 머리
를 가지고 있다'라고 하는 것이다. 이것들은 모두 앞서 말한 원인[130]에 의
해 생겨나지만, 사람들이 주장하는 것과 같은 동물 중 어느 것도 아니고,

---

128 769b6: homoion(닮음)을 보충해 읽는다(Peck 참조).

129 예를 들어 '낳는 것'(즉 특정의 아버지)에 있던 코리스코스는 '사람'이기도 하고 '동물'
이기도 하다(이 장의 767b30-31). 이 장의 768b8 아래에서는 이 운동이 해소되어 갈 경
우, 최종적으로는 공통의 것, 즉 '사람인 것'밖에 남지 않는다고 말한다. '괴물'의 생성
은 '인간인 것'을 넘어 가장 '보편적인 것'에 해당하는 '동물인 것'밖에 남지 않는 곳까
지 운동이 해소되는 데 따른 것이다.

130 이 장의 769b11-13 논의 참조.

단지 그것들과 비슷하다는 것뿐이다 —— 이것은 손상된 상태[131]에 있지
않은 동물에게도 일어나는 일이다. 종종 풍자 시인들이 아름답지 않은
사람들 중 특정한 사람들에 대해, 어떤 사람들을 '불을 내뿜는 염소'에
비유하거나, 어떤 사람들을 '뿔로 받는 암컷 양'에 비유하는 것은 그 때
문이다. 어떤 관상가는 모든 사람들의 생김새를 두 종류 또는 세 종류의
동물에게 되돌려서 그런 설명을 함으로써 사람들을 종종 납득시켰다.[132]
그러나 그러한 괴물, 즉 한 동물에 또 다른 동물이 포함되어 있는 것이,
태어난다는 것[133]이 불가능하다는 것은 사람, 양, 개, 소가 임신 기간이

---

131 '손상된 것'(pērōma)이란 본래 어떤 동물에게 갖추어져 있어야 할 구조나 기능이 손상
된 경우를 말하며, 종양 등과 같이 '자연'에 반해 생성되는 것과는 구별된다. 제2권 제
3장 737a27-28, 『혼에 대하여』 제3권 제9장 432b21-24 참조.

132 '관상학'(phusiognōmia = phusis[자연, 본성] + gnōmōn[알다. 판단하다])은 '신체
적 특징을 기초로 해서 각자의 성격을 헤아리는 것'을 목적으로 하는 학문이다.
phusiognōmonikē technē(관상학)는 phusio-gnōmoneō에서 파생된 말로, 문자적 의미
는 '본질을 인식한다, 판단한다'이다. 이는 기본적으로 원인으로부터 결과를 추론하는
것이 아니라 결과로부터 원인을 추론하는, 즉 기호 혹은 징표로부터(ek sēmeiōn) 추론
하는 엔튀메마(수사추론, enthumēma)의 한 예이다. 이 부분에서 언급된 바와 같이, 동
물의 몸의 특징과 그 성격에 근거해서 그 동물의 몸의 특징에 가까운 신체적 특징을 갖
춘 인물의 '성격'(ethos)을 헤아리는 방식에 대해서는, 『소작품집』 중 『관상학』 제1장
805a20-24("어떤 사람들은 각각의 개별적인 동물의 종(種)에 따른 외적 생김새와 하나
의 특정한 정신적 특성을 확정함으로써 동물의 종에 근거해서 관상학적 연구를 수행
하고 있다. 이런 근거 위에서 그들은 어떤 종류의 동물의 특징을 확정한다. 그런 다음,
이 신체 유형과 닮은 신체를 가진 사람은 그 동물과 닮은 혼을 가질 것이라고 추측했
다") 참조. 『수사학』 제1권 제2장 16-18 및 『분석론 전서』 제2권 제27장 70b7, 13-14,
25-26, 32 참조. 아리스토텔레스 관상학에 대해서는 『아리스토텔레스 관상학』(김재
홍, 2024) 참조.

133 헬라스 신화에는 '사튀로스'를 비롯하여 '켄타우로스'(반인반마의 종족), '미노타우로
스'(미노스 왕의 아내 파시파에와 황소 사이에서 태어난 '황소 머리를 가진 인간 괴물')
등 인간과 인간 이외의 동물이 융합된 몸을 가진 생물이 다수 등장한다. 또한 엠페도클
레스의 시작품에는 '사람의 머리를 가진 소'나 '소의 머리를 가진 사람의 아이'가 등장
한다. 엠페도클레스, 「단편」 DK31B61 참조.

25 크게 다르다는[134] 점에서 분명하다. 어느 동물도 그것에 고유한 임신 기
간을 거치지 않으면 태어나는 일은 있을 수 없다.

그런데 괴물들 중 어떤 것은 이와 같은 의미에서 '괴물'이라고 불리
는 반면, 어떤 것은 그 형태에서 신체의 특정 부분을 덧붙여 가진다는 의
미에서 '괴물'이라고 불린다. 즉 다리나 머리를 덧붙여 가지고 태어나는
경우이다.

괴물에 관해서도 훼손된 동물에 관해서도, 그것들이 생겨나는 원인
30 에 대한 설명 방식은 어떤 의미에서 가깝고 또 매우 비슷하다. 괴물도 어
떤 손상일 테니까.

제4장

그런데 데모크리토스가 주장한 바로는 '괴물이 태어나는 것은 두 종류
의 생식액이 몸의 같은 부분[자궁]으로 떨어지기 때문인데, 생식액의 한
쪽이 먼저 나와 체외로 배출되지 않고 다른 한쪽이 나중에 나와서, 이것
이 먼저 나온 생식액에 합류해서[135] 자궁으로 들어가므로, 그 결과 여러
부분이 함께 결부되어[136] 잡다하게 섞이게 된다'라고 한다.[137] 조류에서

---

134 동물의 임신 기간에 대해서는 제4권 제10장 777a32 아래 참조.

135 769b32-33: "체외로 배출되지 않고"(kai mē exelthousan, b32)를 보충하여 읽으며, 대본
에서는 삭제할 것을 제안하고 있는 "배출되어"(exelthousan, b33)는 딜스(Diels)의 제안
에 따라 "먼저 나온 생식액에 합류하여"(epelthousan)로 바꾸어서 읽는다(Peck, 1942, p.
418 참조).

136 sumphuesthai(함께 자라나다).

137 데모크리토스, 「단편」DK68A146 참조.

교미는 항상 신속하게 이루어지기 때문에 알도 알의 색깔도 잡다하게
뒤섞인다고 그는 주장한다. 그러나 한 번의 성관계로, 더구나 한 번의 정
액 방출에서 여러 아이가 태어나는 것이 명백하다면, 지름길을 버리고
일부러 돌아서 가지 않는 것이 좋다.[138] 왜냐하면 이 경우에 괴물에 해당
하는 것이 생기는 것은 정액이 분할되지 않고 동시에 방출될 때, 그것이
일어난다는 것이 가장 필연적이기 때문이다.

   그런데 괴물이 태어나는 것의 원인을 수컷의 정액 탓으로 돌려야 한
다면, 확실히 이러한 방식에 의해서 설명하는 것이 타당할 것이다. 하
지만 일반적으로 그 원인은 오히려 질료에 해당하는 것과 형성되는 배
아 속에 존재한다고 생각해야 한다. 그러므로 괴물 중 그런 종류의 것[139]
이 태어나는 것은 단태동물[140]에서는(monotokois) 드물지만 다태동물에
서는(polutokois) 더 많이 볼 수 있고, 그중에서도 가장 많은 것은 조류의
경우이며, 조류 중에서도 닭의 경우에 가장 많다. 닭은 다태[141](多胎)이
기 때문이며, 닭이 다태인 것은 비둘기류가 그렇듯 자주 새끼를 낳는다
는 것뿐만 아니라 다수의 배아를 동시에 낳으며 계절을 가리지 않고 끊
임없이 교미하는 것에 의한다. 닭이 쌍생란[142]을 많이 낳는 것도 그 때문

---

138 데모크리토스의 주장은 부모 몸의 동일한 부분에서 시간을 두고 따로 방출된 생식액
　　이 다시 합류한다고 보는데, 이 설명 방식은 빙 돌아간다는 것이다.

139 이 맥락에서는 '몸의 어떤 부분을 덧붙여 가진다'라는 의미로 '괴물'에 해당한다고 여
　　겨지는 것을 말한다. 제4권 제3장 769b26-27 참조.

140 단태동물(monotocous animal), 한 배에 산자수가 한 마리인 동물. 소와 말 등이 이에 해
　　당한다.

141 포유동물에서, 한 개의 난자가 수정된 후에 두 개 이상으로 분리되어 별개의 개체가 되
　　거나 두 개 이상의 난자가 동시에 수정되는 일.

142 '쌍생란'(diduma)은 '노른자'를 두 개 가진 알을 말한다.『동물 탐구』제6권 제3장
　　562a24-25, 이 책 제1권 제20장 728b36-729a1 참조.

15 이다. 즉 배아는 서로 맞닿아 있기 때문에, 과일의 대부분이 때때로 그렇 듯이 함께 결부되어 버리는 것이다. 쌍생란 중 두 개의 노른자가 막[143]으 로 나뉘어 있을 경우 두 마리의 새끼가 별도의 개체로서 이상적(異常的) 인 것을 아무것도 갖지 않고 태어난다. 이에 대해서 두 개의 난황이 연속

20 하고 있고 그들을 분리하는 것이 아무것도 없을 경우 그들로부터는 몸 통과 머리가 각각 하나이고, 네 개의 다리와 네 개의 날개를 가진 괴물적 인 새끼가 태어난다.[144] 이는 몸 윗부분이 흰자로부터 몸의 아랫부분보 다 먼저 생성하고, 몸의 윗부분에는 노른자로부터 영양이 제공되는 데 반해, 아랫부분은 뒤늦게 생성하고 그 영양은 하나로 구별이 없기 때문 이다.[145]

두 개의 머리를 가진 뱀도 이미 확인된 바 있지만, 그것도 동일한 원

25 인에 의한 것이다. 왜냐하면 뱀류도 알을 낳기도 하고, 게다가 다태(多 胎)이기 때문이다. 하지만 뱀의 경우 괴물적인 것이 태어나는 것은 더 드 물고, 그것은 자궁의 형상에 따른다. 즉 자궁이 가늘고 길게 뻗어 있으 므로 다수의 알이 그곳에 일렬로 늘어서[146] 있기 때문이다.[147] 또 꿀벌이 나 말벌에 관련해서는 괴물적인 것은 결코 태어나지 않는다. 이것들은

---

143 노른자 막.

144 『동물 탐구』제6권 제3장 562a24-b2 참조.

145 몸통과 머리는 노른자의 영양을 바탕으로 흰자로부터 형성되는 반면, 다리와 날개는 노른자에서만 형성된다. 쌍생란에는 두 개의 노른자가 들어 있기 때문에, 다리와 날개 는 두 개의 노른자에서 각각 두 쌍으로 형성된다. '흰자'와 '노른자'의 구별에 대해서는 제3권 제1장 751b5 아래("그러므로 두 색인 알에서는 동물은 발생의 시원을 흰자에서 얻고[혼의 시원은 뜨거운 것 속에 있으니까], 영양을 노른자에서 얻는다") 참조.

146 즉 뒤죽박죽 무더기로 모여 있지 않다.

147 알이 자궁 내에 줄지어 배치되어 있기 때문에 함께 결부되는(합착하다, sumphuesthai) 일이 적다는 것이다.

구분된 작은 방(蜂房) 안에서 태어나기 때문이다.[148] 하지만 닭에 관해서는 이와 정반대의 것이 부대되어 있으며, 그런 점에서 괴물적인 것이 생겨나는 원인은 질료 속에 있다고[149] 생각해야 한다는 것도[150] 명백해진다. 왜냐하면 닭 이외의 동물이라도 괴물적인 것은 다태인 동물에게서 더 많이 볼 수 있기 때문이다. 인간의 경우 괴물적인 것을 드물게 볼 수 있는데, 대개의 경우 여자는 아이를 한 번에 한 명밖에 낳지 않고, 아이를 완성된 상태에서 출산하기 때문이다. 단, 사람의 경우에도, 예를 들어 아이귑토스 부근처럼 여자가 다산인 지역[151]에서는 이러한 일이 일어나기 쉽다. 염소나 양의 경우에는 괴물적인 것이 생겨나는 경우가 많다. 이것들은 더 다태적이기 때문이다. 더욱이 발끝이 여러 갈래로 갈라져 있는 동물의 경우 괴물적인 것이 생겨나는 경우가 더 많다. 왜냐하면 동물 중이런 종류의 것은 개가 그렇듯 다태이며, 게다가 새끼를 완성한 상태로 출산하는 일이 없기 때문이다. 사실상 이것들은 눈먼 상태의 새끼를 많이 낳는다.[152] 이 일이 일어나는 것은 어떤 원인에 의한 것인가, 또 이들 동물이 다태인 것은 어떤 원인에 의한 것인가 하는 점에 대해서는 나중에 이야기할 것이다.[153]

그러나 태어날 새끼가 불완전하기 때문에 부모가 낳은 것이 부모를 닮지 않았다는 것에 의해서, 괴물을 낳는 길은 이미 자연에 의해 준비

---

148 꿀벌의 발생에 대해서는 제3권 제10장 759a8 아래 참조.

149 즉 정액 속에서가 아니라.

150 이 장의 770a6-7 참조.

151 이러한 생각에 대해서는 『동물 탐구』 제9권(7권) 제4장 584b6-9 참조.

152 제2권 제6장 742a8-10 참조.

153 첫 번째 점에 대해서는 제4권 제6장 774b5 아래의 논의, 두 번째 점에 대해서는 이 장의 771a17 아래의 논의 참조.

되어 있다는 것이다. 괴물도 부모를 닮지 않은 것의 일종이니까.[154] 그
러므로 이 우발적인 산물은 그 자연 본성에서 불완전한 새끼를 낳는 것
에까지 확장되어 간다. 왜냐하면 이러한 동물의 경우에는 '메타코이
론'(metachoiron)[155]이라고 불리는 것도 특히 많이 생기기 때문이다. 이
런 것들은 어떤 점에서 괴물적 성질을 겪은 것이다. 뭔가 부족하거나 덧
붙여 있는 것은 괴물적인 일이니까.

그런데 괴물은 자연에 어긋나는 것의 일종이지만, '자연에 어긋난다'
라고 해도 이 자연이라는 것은 '모든 경우에서 한결같이 그렇다'라는 것
이 아니라, '대개의 경우에 그렇다'라는 것이다. 왜냐하면 '항상 그렇다'
라는 자연과 '필연에 의해서 그렇다'라는 자연[156]에 관련해서는 그 무엇
이라도 자연에 반하여 생기는 일은 결코 없는 것이지만, 그것이 일어나
는 것은 '대개의 경우는 그렇게 생기지만, 그렇지 않은 경우도 있을 수
있다'라는 사물에 있어서인 것이기 때문이다. 사실 괴물에 해당하는 것
들 중에서도 이와 같은 질서[157]에 어긋나는 무언가가 생기지만, 그것이
우발적이지 않은 방식으로 항상 생기는 것의 경우는 괴물이라고 생각되

---

154 이 점에 대해서는 제4권 제3장 767b5–7 참조.

155 '메타코이론'에 대해서는 『동물 탐구』 제6권 제18장 573b3–6 및 이 책의 제2권 제8장
749a1–3("긴노스(ginnos)라는 것은 돼지의 경우에는 메타코이론(metachoiron)이라는
것에 해당한다. 즉 돼지의 경우에도, 암퇘지의 자궁 내에서 손상된 것은 메타코이론이
라고 불리고 있어서 돼지에 해당하는 것들 중에서 그러한 것이 태어날 수 있다") 참조.

156 영원히 단일한 원운동을 계속하는 천체에 대해서는, '필연에 의해서 그렇다'라는 '자
연'이 적용된다. 『동물의 부분들에 대하여』 제1권 제1장 639b21–24("'단적으로[무조
건] 필연적이다'라는 것은 영원함에 대해 성립하는 한편, 생성하는 것 모두에 대해서는
'조건적으로 필연적이다'라는 것 역시 성립한다") 참조. 『생성과 소멸에 대하여』 제2권
제11장 337b35 아래에서, 아리스토텔레스는 '필연에 의해서 그렇다'라고 하는 '자연'
과 '항상 그렇다'라고 하는 '자연'을 동일시하고 있다.

157 '대개의 경우에 그렇다'라는 '자연'(phusis)을 말한다.

는 경우가 오히려 적다. 자연에 반하는 것이라도 어떤 의미에서는 자연에 적합하기 때문이다. '질료에 대응하는 자연'을 '형상에 대응하는 자연'이 압도하는 일이 없는 경우[158]가 그렇다. 그러므로 그러한 것을 사람들은 '괴물'이라고 말하지 않으며, 또 다른 사물의 경우라도 마치 과일 껍질의 경우처럼, 무엇인가가 생성되는 것이 습성이 되어 있는 것의 경우도 그렇다. 예를 들어 어떤 사람들이 '카프네오스'라고 부르는 포도의 품종이 있는데,[159] 이 포도가 검은 포도송이를 맺었다고 하더라도 늘 그렇게 되는 것이 이 포도의 습성이기 때문에, 그것을 괴물이라고 판단하는 사람은 없다. 그 원인은 이 포도가 그 자연 본성에서 백포도와 흑포도의 중간에 위치한다는 점에 있으며, 따라서 이 변화는 원인이 멀리 있는 것도 아니고, 이른바 '자연에 반하는' 것도 아닌 셈이 되는 것이다. 그것은 다른 자연으로의 변화가 아니기 때문이다. 이에 반해 다태(多胎)인 동물에게 괴물에 해당하는 것이 생기는 것은, 다태인 것이 배아 상호의 완성과 발생을 위한 운동을 방해하기 때문이다.

다태인 것과 몸의 부분을 덧붙여 가지고 있는 것, 또 적게 낳는(小胎) 것이나 하나만 낳는(單胎) 것과 몸의 부분이 부족한 것에 관해서, 누군가는 난제를 제기할 수 있을 것이다. 때로는 손가락을 덧붙여 가지고 태어나는 것이 있는가 하면, 손가락을 하나밖에 가지지 않고 태어나는 것도 있고, 또 몸의 다른 부분에 대해서도 마찬가지이다. 즉 어떤 부분을 덧붙여 가지고 있기도 하고, 어떤 부분이 결손된 상태로 생겨나기도 한다. 이에 대해 두 음부[생식기관], 즉 수컷의 음부와 암컷의 음부를 가지고 태

20

25

30

---

158 수컷이 아니라 암컷이 태어난다는 것을 말한다. 제4권 제1장 766a18-22, 766b15-18 참조.

159 '카프네오스'(kapneos)라고 불리는 포도의 품종에 대해서는 테오프라스토스, 『식물지』 제2권 제3장 제2절 참조.

어나는 것도 있으며,[160] 이는 사람에게서도 볼 수 있지만[161] 암염소에게서 가장 많이 볼 수 있다. 예를 들어 사람들이 '트라가이나이'(tragainai)라고 부르는 것[162]이 태어나는데, 그렇게 불리는 것은 암컷과 수컷의 음부 둘 다를 가지고 있기 때문이다. 다리에 뿔이 난 암염소가 태어났다고 하는 예도 있다.

몸의 어느 부분이 변화를 입거나, 어느 부분이 손상되거나, 어느 부분이 덧붙여 형성되거나 하는 것[163]은 체내의 여러 부분에도 일어나는 것으로, 이것은 특정한 부분을 가지고 있지 않거나 그것들이 결손되어 있거나, 그것을 덧붙여 가지고 있거나, 또 그 위치가 다르거나 하는 형태를 취한다. 그런데 어떤 동물도 심장을 갖지 않고 태어난 적은 아직까지 한 번도 없지만,[164] 비장을 가지고 있지 않거나 두 개를 가지고 있거나, 또

---

160 이른바 양성을 모두 갖고 있는 것을 말한다. 이것의 생성에 대해서는 이 장의 772b26 아래 참조.

161 인간으로 말하면 헤르마프로디토스(남녀추니)이다. Hermēs와 Aphroditē, 두 이름의 결합에서 '헤르마프로디토스'(Hermaphroditos)라는 이름이 유래했다. 그는 이 두 신의 아들로, 양성을 가진 '가정의 신'(결혼)으로 여겨졌다. 본래 퀴프로스에서 숭배되던 '양성의 신'이 아테나이식으로 재해석되어, 기원전 5세기 말경 다른 신들과 더불어 아테네에 도입된 것으로 보인다. 아테네 아고라에서는 기원전 4세기 테라코타의 작은 조각상을 만들기 위한 진흙 주형이 발견되었는데, 이 조각상은 높이가 약 30센티미터로, 여성의 모습을 한 인물이 자신의 옷을 들어 남성의 성기를 드러내는 이른바 anasuromenos('위로 끌어올리는') 유형이었다. 헬라스 역사가 디오도로스 시퀼로스(Diodorus Sikulos, 기원전 1세기경)에 따르면, 그는 여자와 같은 아름다운 신체와 남성적인 성질과 용기를 가지고 있으며, 때때로 그는 그것이 선이든 악이든 간에 미래를 내다보는 능력을 갖고 있다고 한다(*Bibliotheca historica* IV.4.6.5). 이 신화에 대해서는 오비디우스의 『변신 이야기』 IV.274~388행 참조.

162 '트라가이나'(tragaina)라는 호칭은 '숫염소'(tragos)와 '암염소'(aix)가 합성된 것이다.

163 771a1: 대본의 제안에 따라서 "어떤 부분이 덧붙임으로 형성되고는 한다"(kai pleonasmoi)를 보충하여 읽는다.

164 심장은 동물의 몸에서 운동의 시원이 내재하는 가장 지배적인 부분이기 때문이다. 제

신장을 하나 가진 동물이 태어난 적이 있다. 어떤 동물도 간 없이 태어난
적은 없지만, 간 전체가 아닌 일부만 가지고 태어난 적은 있었다. 이것들
은 모두 몸이 완성된 단계에 있으며, 살아 있는 동물에게서 볼 수 있는
것이다. 담낭도 자연 본성적으로는 가지고 있을 것인데, 이를 가지고 있
지 않은 것도 발견되고 있다.[165] 이에 반해 담낭을 하나보다 많이 가진 것
도 발견되었다. 또 몸 부분의 위치가 다른 것도 이미 생겨났다. 다시 말
해 간이 몸의 왼쪽에 위치하고, 비장은 몸의 오른쪽에 있는 경우이다. 이
것들 역시 앞서 말한 것처럼,[166] 몸이 완성된 단계에 있는 동물에서 관찰
되고 있는 중이다. 하지만 갓 태어난 동물에서는 심대한, 또 모든 종류의
혼란을 갖는 것을 볼 수 있다. 그런데 그 자연 본성을 약간 벗어난 것은
오래 사는 것이 상례이지만, 그것을 크게 벗어난 것은 오래 사는 일이 없
는 것이 상례이며, 동물의 생존에서 지배적인 부분에서 자연에 반하는
일이 발생하고 있는 경우가 그렇다.

이런 것들에 관해 고찰해야 할 것은 다음과 같은 것이다. 즉 단태인
것과 몸의 부분이 부족한 것, 또 몸의 부분이 덧붙임으로 형성되는 것과
다태인 것은 동일한 원인에 의한 것이라고 생각해야 하는가, 아니면 동
일한 원인에 의한 것은 아니라고 생각해야 하는가?

우선, 동물 중 어떤 것은 다태이고 어떤 것은 단태인 것은 왜인가 하
는 것인데, 이 점에 대해 사람이 놀라는 것은 이치에 맞는 것 같다. 즉 동

2권 제6장 742a32–35, 『형이상학』 제2권 제1장 1035b25–27 참조.

165 이런 식의 보고에 대해서는 『동물 탐구』 제1권 제17장 496b25–26, 『동물의 부분늘에
대하여』 제4권 제2장 676b30–677a4("예컨대 쥐류처럼 담낭이 있는 것도 있고, 없는 것
도 있다고 생각되는 것이 있다. 인간 또한 그런 종류에 속한다. 즉 어떤 사람에게는 분명
히 간 부위에 담낭이 있는데, 어떤 사람에게는 분명히 없는 것이다. 그래서 유의 전체에
대해 [담낭의 유무를 놓고] 논란이 일어나기까지 한다") 참조.

166 이 장의 771a5–6 참조.

20 물 중에서 대형인 것은 단태인데, 예를 들어 코끼리, 낙타, 말과 다른 그
밖의 단제동물이 그렇다. 이것들 중 어떤 것은 다른 것보다 크고, 어떤
것은 크기라는 점에서 매우 두드러진다. 한편, 개, 늑대나 발끝이 여러
갈래로 갈라져 있는 동물은 거의 모두가 다태이며, 발끝이 여러 갈래로
갈라져 있는 동물 중 소형인 것도 다태이다. 예를 들어 쥐류가 그렇다.
이에 비해 쌍제인 것은 돼지를 제외하고는 소태이다. 돼지는 다태동물
에 속한다.[167]

25 대형 동물은 더 많은 수의 새끼를 낳을 수 있고, 또 더 많은 정액을 제
공할 수 있다고 생각하는 것이 분명 이치에 맞다. 하지만 이 놀라움의 대
상에 해당하는 것 그 자체가 놀랄 만하지 않다는 것의 원인이다. 그것들
이 다태가 아닌 것은 몸의 크기 때문이다. 즉 대형 동물의 경우 영양은
몸을 성장하기 위해서 소비된다.[168] 이에 비해, 소형 동물의 경우 자연은
30 몸의 크기로부터 과도한 것을 제거하고, 정액적 잉여물에 덧붙인다는
것이다.[169] 게다가 새끼를 낳기 위한 정액은 대형 동물이 필연적으로 다
량이어야 하지만, 소형 동물은 적어도 된다. 그런데 소형의 것은 동일한
장소[170]에 다수가 태어나는 것이 가능할 수 있는 데 비해, 대형의 것이 동
일한 장소에 다수가 태어나기란 어렵다. [반면, 중형 크기의 것에 대해
35 서는 자연은 중간의 수를 주었다.

그런데 동물 중에는 대형, 소형, 중형이 존재하는 것의 원인에 대해서

---

167 돼지의 교미 및 출산에 대해서는 『동물 탐구』 제5권 제14장 546a12 아래, 제6권 제18장
573a31아래, 이 책의 제4권 제6장 774b17-26 참조.
168 제1권 제18장 725b29 아래 참조.
169 이 맥락 속에서 '자연'(phusis)이라는 개념이 함의하는 것에 대해서는 제1권 제15장 각
주 125 참조.
170 암컷의 자궁.

는 앞서 언급한 대로이다.[171] 다른 한편으로, 동물 중에 단태인 것, 소태인 것, 다태인 것이 있다.][172] 대개의 경우, 외발굽의 것은 단태인 데 비해, 쌍발굽의 것은 소태이며, 발끝이 여러 갈래로 나누어져 있는 것은 다태이다.[173] 그 원인은 대개의 경우, 몸의 크기 차이가 이러한 차이에 대응하고 있다는 점에 있다. 무엇보다 모든 동물이 다 그런 것은 아니다. 즉 동물이 소태이거나 다태인 것의 원인은 몸이 대형이거나 소형인 것에 있는 것이며, 그 유가 외발굽이거나 혹은 발끝이 여러 갈래로 갈라져 있거나 혹은 쌍발굽인 것에 있는 것은 아니다. 그 증명[174]이 되는 것은, 다음과 같은 점이다. 즉 코끼리는 동물 중에서 가장 큰 것이지만 발끝이 여러 갈래로 나누어지고, 낙타는 코끼리 이외의 나머지 동물 중에서 가장 대형인데 쌍발굽이다. 육생동물의 경우뿐만 아니라 나는 동물의 경우나 헤엄치는 동물의 경우에도 대형의 것이 소태인 반면, 소형의 것이 다태인 것은 동일한 원인에 의한다. 식물의 경우도 마찬가지이며, 가장 큰 것이 가장 결실이 많은 것은 아니다.

그런데 동물 중의 어떤 것은 그 자연 본성에서 다태이고 어떤 것은 소태이며, 어떤 것은 단태인 것은 왜인가 하는 것에 대해서는 이미 말한 대로이다. 하지만 앞에서 말한 난제[175]에 관해서는, 오히려 다태인 동물에 대해서 사람이 놀란다고 하는 편이 이치에 맞을 것이다. 실상 동물 중 다태인 것은 분명 한 번의 짝짓기로 인해 자주 여러 명의 새끼를 낳기 때문

---

171 이 언급에 엄밀하게 대응한다고 생각되는 논의는 지금까지의 기술 중에서는 나오지 않는다.

172 사본에 따라 [ ] 대목이 빠진 것도 있다(Peck 참조).

173 이 점에 관해서는 제4권 제6장 774b7-10 참조.

174 '증명'(증언, marturion)에 관해서는 제1권 제17장 각주 144 참조.

175 이 장의 770b28-30에서 제기된 '난제'(aporia)를 말한다.

이다. 수컷의 정액이 (1) 암컷의 정액과 혼합하여 배아의 일부가 됨으로
써 질료로서 기여를 하든, 혹은 우리가 주장하고 있는 것처럼, 그런 식으
로 작용하는 것이 아니라 (2) 무화과즙이 젖의 액상 부분에 대해 작용하
는[176] 것처럼, 암컷의 체내 질료에 해당하는 정액적 잉여물을 응축하여
제작을 하든,[177] 하나의 큰 동물을 완성하지 못하는 것은 도대체 어떤 원
인에 의한 것일까? 분명히 무화과즙은 일정량의 것을 형성하는 데 분할
되지 않기 때문에, 더 많은 양의 젖 속에 더 많은 양의 즙이 들어가면 그
만큼 응고되는 것의 양도 늘어난다는 것이다.[178]

그런데 '자궁 내 여러 곳이 정액을 흡수하여, 그것 때문에 여러 새끼
가 태어나는 것이며, 거기에는 많은 곳이 있고 태반엽[179]도 하나가 아니
니까'라고 주장[180]해 보아야 아무런 소용이 없다. 왜냐하면 자궁의 같은
자리에 두 몸의 새끼가 태어나는 일은 빈번하고, 다태동물의 경우에는
자궁이 태아로 가득 차면 이것들이 연속해서 나란히 있는 것이 뚜렷하
게 보이기 때문이다. 이것은 해부[181]에 의해 명백해진다. 오히려 동물이

---

176 '무화과즙'(opos)의 응고 작용에 대해서는 제1권 제20장 729a11-13 참조.

177 이 문제는 제1권 제21장 729b1-8에서 제기한 후, 제2권 제3장 736a24-737a16에서 최
종적으로 (2)의 입장이 아리스토텔레스 자신의 견해로서 제시되고 있다.

178 이 대목(25행 아래부터)은 텍스트의 파손 때문에 사본마다 여러 가지 읽기 방식이 제
안되고 있다(Peck, 1942, pp. 432~434 참조). 나는 우리가 채택한 대본(Drossaart Lulofs)
에 따라 옮겼다.

179 '태반엽'(kotulēdōn)에 대해서는 제2권 제7장 참조. 태반엽은 동물의 임신 중에 모체의
측면(태반)에 형성되는 술잔 모양의 조직을 말한다. 『동물 탐구』 제3권 제1장 511a29
참조. 태반은 임신 중에 모체의 자궁 내벽(內壁)과 태아 사이에서 영양 공급, 호흡, 배설
등의 작용을 하는 원반 모양의 기관이다.

180 이 구절이 특정 인물의 견해를 염두에 둔 것인지는 명확하지 않다. 단, 힙포크라테스,
『생식에 대하여』, 『어린이의 자연 본성에 대하여』, 『질병에 대하여』 제4권으로 구성된
일련의 논고의 제31절 참조.

181 이 문맥의 '해부'에 대해서는 제4권 제1장 각주 16 참조.

완성되는 단계에서도, 각 동물에게는 크다고 하는 방향에 대해서도 일정한 크기라고 하는 것이 존재하고 있어서, 그것을 넘어 커지지도 작아지지도 않을 것이며, 그 중간의 범위 내에서 상대적인 초과와 부족을 획득하는 것으로 사람의 경우라도 또 그 밖의 어느 동물의 경우라도, 어떤 것은[182] 몸집이 큰 것에 비해서 어떤 것은 몸집이 작아진다. 이와 마찬가지로 그것으로부터 동물이 생기는 곳의 정액적 질료가 많다고 하는 방향에 대해서도 또 적다고 하는 방향에 대해서도 무한정이라는 것은 아니므로, 그것으로부터 동물이 생기는 곳의 정액적 질료가 어떠한 양이라도 괜찮다는 것은 아닐 것이다. 실제로 앞에서 말한 원인[183]에 의해 한 동물의 시원에 상응하는 양보다 더 많은 잉여물을 방출하는 동물의 경우, 잉여물 전부로부터 한 동물이 생성되는 일은 없으며, 오히려 그 동물에게 적합한 크기로 한정된 수의 것만 생성된다. 또한 수컷의 정액이나 정액 속의 작용력(dunamis)이 자연 본래의 것보다 크거나 작은 동물을 형성하는 일도 결코 없다. 또한 마찬가지로, 수컷이 방출하는 정액의 양이 너무 많거나, 혹은 분할된 정액 속의 작용력(dunamis)이 너무 강하거나 하는 경우, 그 최대의 양을 형성하는 것이 일정한 크기보다도 커지는 일은 결코 없으며, 그 반대로 질료를 건조시킴으로써 파괴해 버리는 것이다.[184] 불도 그 양이 많으면 많을수록 그만큼 물을 뜨겁게 한다는 것은 아니며, 열에도 일정한 한도라는 것이 존재하기 때문에 거기에 이르게

35

772a

5

10

15

---

182 772a1. 내본의 세안에 따라 "어떤 것은"(ho men)이라는 문구를 보충하여 읽는다.

183 이 장의 771a29-31 참조.

184 제1권 제20장 729a18-19("하지만 정액은 분할되었다고 해도 형상이라는 점에서는 결코 다른 것이 아니며, 오히려 분할된 정액의 양이 질료와 균형을 이루고 있어서 그것을 숙성시키거나 응축시킬 수 없을 정도로 소량도 아니며 건조시켜 버릴 정도로 다량도 아닐 경우, 그러한 경우에만 여러 아이가 태어나는 것이다") 참조.

되면 불을 아무리 늘려도 물은 더 이상 뜨거워지지 않고 증발해 가다가 마지막에는 소실되어 말라 버린다는 것이다.

암컷의 잉여물과 수컷 중에서 정액을 방출하는 수컷의 잉여물은 서로 간에 일정한 균형을 필요로 하는[185] 것처럼 보이기 때문에, 동물 중 다태인 것은 분할됨으로써 여러 개의 새끼를 형성할 수 있는 것을 수컷은 스스로 방출하고, 암컷 쪽은 여러 개의 형성물이 생길 만큼의 양의 것을 스스로 방출한다. 앞서 언급한 젖에 관한 사례[186]는 이와 비슷하지 않다. 왜냐하면 정액의 열이 형성하는 것은 일정한 양의 것일 뿐만 아니라 일정한 질의 것이기도 한 데 반해, 무화과즙이나 응유소 속의 열이 형성하는 것은 일정한 양의 것뿐이기 때문이다. 그런데 다태동물의 경우에는 많은 배아가 생성되는 것이며, 모든 것으로부터 하나의 연속된 것이 생성되는 것이 아니라는 점에 대해서는 바로 다음의 것이 그 원인이다. 즉 그것으로부터 배아가 생성되는 곳의 것은 어떠한 양이라도 좋은 것이 아니며, 그것이 소량이든 매우 다량이든, 그것으로부터 배아가 형성되는 일은 없다는 것이다. 작용을 받는 쪽도 작용을 하는 열도 그 작용력은 한정되어 있기 때문이다. 단태와 대형 동물의 경우도 마찬가지이며, 다량의 잉여물로부터 많은 배아가 생성되지 않는다. 이들 동물에게서도 일정한 양의 것이 일정한 양의 것에 작용함으로써 거기서 배아가 생성되는 것이다. 그런데 이것들이 그러한 질료를 과잉으로 방출하는 일이 없는 것은, 앞에서 말한 원인 때문이다.[187] 방출하는 것은 그 자연 본성에 기초한 양의 것으로, 거기로부터 하나의 배아만이 생성되는 것이다. 만

---

185 제1권 제18장 723a29-30, 제4권 제2장 767a13 아래 참조.
186 이 장의 771b25-27 참조.
187 이 장의 771a24 아래 논의 참조.

일 하나의 배아를 형성하는 것보다 더 많은 질료가 올 수 있다면, 이 경우에는 쌍둥이를 낳는다. 쌍둥이가 오히려 괴물적이라고 생각되는 것도 그 때문인데, 그것이 태어나는 것은 '대개의 경우에 그렇다는 것'과 '통상적인 것'에 어긋나고[188] 있는 것이다.

사람은 동물의 모든 종류의 발생적 특징을 다 갖추고 있다.[189] 즉 단태이기도 하고, 소태이기도 하며, 경우에 따라서는 다태이기도 하지만 그 자연 본성에서는 특히 단태이다. 다태인 것은 몸이 습하고 뜨겁기 때문이며(정액은 그 자연 본성이 습하고 뜨겁기 때문이다[190]), 소태이거나 단태인 것은 몸집 때문이다. 또한 임신 기간이 불규칙한 것이 동물 중 유일하게 사람에게만 부대되어 있는 것도 그 때문이다. 사람 이외의 동물의 경우는 임신 기간이 일정한 반면, 사람의 경우에는 임신 기간이 일정하지 않다.[191] 예를 들어 7개월이나 10개월이면 태어날 수도 있고, 그 사이의 기간에 태어날 수도 있다. 8개월 아이라도 생존할 수는 있지만 더 드물다.[192] 그 원인은 앞에서 말한 것으로도 이해될 수 있을 것이지만, 이것들에 대해서는 『문제집』에서 말한 바와 같다.[193]

이렇게 해서, 이러한 점들에 대해서 이 정도로 규정된 것으로 하자.

몸 부분이 그 자연 본성에 반해서 덧붙여 생기는 것은 쌍둥이를 낳는 것과 동일한 원인에 따른다. 즉 그 원인은 이미 배아 속에 생기는 것으로

772b

5

10

15

---

188 이 장의 770b9 아래 참조.

189 이 점에 대해서는 『동물 탐구』 제9권(7권) 제4장 584b27 아래의 논의 참조.

190 '정액'의 자연 본성에 대해서는 제2권 제2장 735b37 736a2 참고.

191 『동물 탐구』 제9권(7권) 제4장 584a33 아래, 이 책의 제4권 제8장 776a22 참조.

192 이 점에 대해서는 『동물 탐구』 제9권(7권) 제4장 584b9-14 참조. 힙포크라테스의 『7개월 아이에 대하여』, 『8개월 아이에 대하여』로 구성되는 일련의 논고의 제10절에도 '8개월 아이는 살 수 없다'라고 되어 있다.

193 이 언급에 대응하는 논의는 적어도 현존하는 『문제집』에서 찾을 수 없다.

서, 그 부분의 자연 본성에 적합한 것보다 더 많은 질료가 형성되는 경우이다. 그 경우, 다른 것보다 더 큰 부분을 가지게 되고, 예를 들어 손가락, 손과 발, 또는 그 밖의 말단 부분이나 사지의 어딘가가 그렇게 되거나, 또는 배아가 분단됨으로써 덧붙인 것이 생기게 되는데, 그것은 강 속에 여러 개의 소용돌이가 생기는 것과 같다. 즉 강 안에서도 운반되어 움직이는 액체가 무엇인가에 부딪히면 하나의 것에서 동일한 움직임을 가진 두 개의 형성물이 생기는 것이다.[194] 배아의 경우에도 마찬가지이다. 덧붙여 생긴 부분은 정상적인 부분과 상호 근접하고 이에 붙어 있는 경우가 가장 많지만, 경우에 따라서는 배아 속에 생기는 운동 때문에 덧붙여 생긴 부분이 정상적인 부분에서 멀리 떨어져 있기도 하다.[195] 그 원인은 주로 (1) 질료의 초과분이 배아의 몸이 있는 부위에서 제거되어 다른 부위로 이동하고, (2) 그것이 덧붙인 부분으로 생긴 다른 부위로부터 그 부위의 형상을 얻어 원래 부위로 다시 돌아가는 데 있다.

동물이 두 개의 음부 중 한쪽은 수컷의 것이고 다른 한쪽은 암컷의 것을 갖는 것과 동일한 것이 되는 경우, 덧붙여[여분으로] 생성하는 것 중 한쪽은 항상 지배적인 것에 비해, 다른 한쪽은 지배적이지 않지만, 한쪽은 자연 본성에 반해서 영양이 항상 부족하기 때문에 그렇게 되는 것이며, 종양[혹]처럼 거기에 붙어 있는 것이다. 왜냐하면 종양[196]도 나중에 생긴 것이고 자연에 어긋나지만, 영양은 얻기 때문이다. 이에 반해 제작

---

194 이와 동일한 비유에 대해서는 『자연학 소론집』에 실려 있는 「꿈에 대하여」 제3장 461a8-11 참조.
195 앞의 보고에 나오는 '다리에 뿔이 난 암염소'의 탄생(이 장의 770b36-37)에 대해서는 이러한 관점에서 설명된다.
196 '종양'(phuma)에 대해서는 제1권 제18장 724b25 참조.

하는 것[197]이 완전히 압도하거나 완전히 압도되면, 비슷한 것이 두 개 생성하게 된다.[198] 제작하는 것이 어떤 점에서는 압도하면서 어떤 점에서는 압도당하면, 한쪽은 암컷이 되는 반면 다른 한쪽은 수컷이 된다.[199] 왜냐하면 한쪽이 암컷이 되고 다른 한쪽은 수컷이 되는 것은 어떤 원인에 의한 것인가를 설명하는 것은, 그것이 몸의 특정한 부분에 관해서든 온몸에 관해서든 아무런 차이가 없기 때문이다.

이에 반해, 예를 들어 몸의 말단 부분 또는 말단 부분 이외의 사지의 35
어딘가에 해당하는 부분에 부족한 것이 태어나는 경우, 그것은 태어난 773a
것이 전체적으로 유산하는 것과 같은 원인에 의한 것이라고 생각해야
한다. 배아의 유산이라고 하는 것은 자주 일어나는 일이다.

몸의 부분이 덧붙여 생기는 것[200]이 다태인 것과 다른 것은 위에서 말한 바와 같은 방식이다. 괴물들이 이것들과 다른 것은 대부분[의 괴물에서 배아가] 한데 결부되어 자란다[201]는 점에 있다. 하지만 이와 같더라도,[202] 몸의 더 중요한 부분이나 더 지배적인 부분에 덧붙여 생긴 것을 가 5
지고 태어나는 것이 있다면 그것들은 괴물에 해당하는 것이며, 예를 들어 어떤 것은 비장을 두 개 가지고 있거나, 신장을 여분으로 가지고 있는

---

197 수컷의 생식액에 내재된 운동을 말한다. 제4권 제3장 767b17-20 참조.

198 암컷의 음부가 두 개가 생기거나, 수컷의 음부가 두 개 생긴다는 것.

199 이것은 양성의 음부를 가진 동물에서 '암컷의 음부와 수컷의 음부가 각각 하나씩 생긴다'라는 것인데, 아리스토텔레스는 그러한 표현을 사용하지 않고, 단적으로 '한쪽은 암컷이 되는 데 반해, 다른 한쪽은 수컷이 된다'(772b33)라는 표현을 사용하고 있다.

200 과잉으로 생기는 것.

201 즉 합착(合着)된다는 점. 이런 맥락에서 아리스토텔레스가 '괴물'(teras)에 해당하는 것으로 염두에 두고 있는 것은 '샴쌍둥이'와 같이, 복수의 인간 몸의 특정 부분이 완전히 결합해 일체화하는 심한 기형을 보여 주는 것이다.

202 이 대목도 텍스트가 완전하지 않지만(Peck 참조), 대본에 따라 읽는다.

것이다. 게다가 몸 부분의 위치가 어긋나기도 하는데, 이는 운동의 방향을 벗어나면서 질료가 장소를 바꾸어 버리는 것에 의한 것이다.[203] 그런데 괴물적인 동물이 하나의 것인지, 여러 개의 것이 결부되어 자란 것인지에 대해서는 시원이라는 점에서 생각할 필요가 있다. 예를 들어 심장이 그러한 부분[204]이라면, 한 개의 심장을 가진 것은 하나의 동물이며, 여분의 부분은 과잉으로 생성한 것이 되지만, 복수의 심장을 가진 것은 두개의 동물로 두 개의 배아가 결합함으로써 결부되어 자란 것이 된다.

손상되었다고 생각되지 않는 동물이라도 몸이 이미 완성된 단계에서 관이 있는 어떤 것은 합착되어 있거나, 어떤 것은 정상적인 위치를 벗어나 있다는 것이 많은 것에서 자주 보인다. 예를 들어 인간 여자들의 경우에도 자궁구가 처음부터 합착된 상태로 있다가 겨우 월경혈이 생기는 시기가 되어 고통을 겪었을 때 그곳이 저절로 터졌다고 하는 사람도 있었으며, 의사들에 의해 절개 수술을 받았다고 하는 사람도 있었다. 그렇지만 갈라진 틈이 강제적으로 생겼거나 갈라진 틈이 생기지 않았기 때문에 여자가 사망하는 일도 있었다. 또 어린이들 중에는 음경의 끝과 방광으로부터의 잉여물[205]을 배설하기 위한 관이 같은 장소에 있지 않고, 그 관이 음경 아래쪽으로 뚫려 있는 자들도 있었다. 그 때문에 그들은 앉은 채로 배뇨를 했으며, 고환을 위쪽으로 당겼을 때 여자와 남자의 음부를 모두 가진 것처럼 멀리서 본 사람들에게는 생각되었다고 한다.

또 어떤 동물의 경우, 즉 양이나 그 밖의 동물에게는 고체의 영양 잉

---

203 이 장의 771a7-9 참조. '몸 부분의 위치가 어긋난다'에 대한 설명으로는 이 장의 772b22-26 참조.

204 제2권 제1장 735a23-26, 제4장 740a17-23, 제5장 741b15-24 참조.

205 오줌.

여물을 위한 관이 합착된 상태로 생성되기도 했다. 실제로 페린토스[206]에서는 여과된 엷은 영양의 잉여물을 방광을 통해 배설한다는 암컷 소가 생겨나기도 했지만, 그 항문을 절개해도 곧 다시 합착해 버리기 때문에 사람들은 항문을 나누어 놓은 채로 놔둘 수가 없었다.

그런데 동물의 소태와 다태에 대해서, 또 몸의 여분의 부분[207]이 과잉으로 생성되는 것에 대해서, 게다가 괴물적인 것에 대해서는 이상에서 말한 대로이다.

30

제5장

동물 중에는 중복임신[208]하는 일이 전혀 없는 것도 있지만 중복임신하는 것도 있으며, 중복임신하는 것 중에서도 어떤 것은 중복임신한 배아를 자라게 할[209] 수 있는 반면, 어떤 것은 그것을 자라게 할 수 있는 경우도 있지만 그렇지 않은 경우도 있다. 중복임신이 되지 않는 것의 원인

35

---

206 Perinthos. 헬라스 북쪽 트라키아 지방의 동부에 위치한, 프로폰티스해(오늘날의 마르마라해)에 접한 도시.

207 773a31: 대본의 제안에 따라 "혹은 부족한 부분"(hē elleipontōn)이라는 문구 삭제함.

208 '중복임신하다'(epikuisketai)는 난자가 수정해 배아를 형성한 뒤 다른 난자가 수정해 배아를 형성하는 것을 말한다. 즉 같은 배란기에 별도의 성교에 의해서 두 개 또는 그 이상의 난자가 수정되는 것이다. 같은 시기에 배란한 두 개의 난자가 서로 앞뒤로 수정되는 경우와 시간적 간격을 두고(예를 들어 서로 다른 배란기에) 배란되어 두 개의 난자가 수정되는 경우를 생각할 수 있다. 중복임신에 대해서는 『동물 탐구』 제5권 제9장 542b31, 제6권 제11장 566a15-16, 제9권(7권) 제4장 585a5-6 참조. 힙포크라테스, 『중복임신에 대하여』 제1절 참조. 인간의 중복임신에 관한 보고 사례로는 힙포크라테스, 『유행병』(Epidemiai) 제5권 제11절 참조.

209 자궁 안에서 배아를 완성한 다음 몸 밖으로 낳는 것을 말한다.

은 그 동물이 단태라는 데 있다. 예를 들어 외발굽의 것이나 그것들 중에서도 대형의 것은 중복임신하는 일이 없다. 몸집이 크기 때문에 잉여물이 배아 형성을 위해 소비되기 때문이다.[210] 외발굽을 가진 것 모두는 큰

5 몸이 갖추어져 있지만, 대형의 것들에서는 태아도 그에 비례해서 크다. 코끼리 태아가 송아지만한 크기가 되는 것도 그 때문이다. 다태는 중복임신을 하는데, 이는 하나보다 더 많은 배아를 동시에 갖는 경우에도 한쪽은 다른 쪽에 대해 중복으로 생긴 배아에 해당하기 때문이다. 이들 동물 중 몸집이 큰 것은 사람이 그렇듯, 두 번째 교미가 첫 번째 교미에 가

10 까울 경우 먼저 잉태한 것과 함께 중복임신한 것을 자라게 한다. 실제로 그러한 일이 일어난 예가 이미 확인되었다. 그 원인에 대해서는 앞에서 말한 바와 같다.[211] 즉 한 번의 성교라도 방출되는 정액이 일정량보다 많은 경우에는 정액이 분할됨으로써 다태를 야기하고, 배아 중 한쪽이 시간적으로 나중에 있게 되는 것이다.[212] 그러나 배아가 이미 성장한 단계

15 에서 두 번째 교미가 이루어졌다면, 때로는 중복임신이 되기도 하지만, 그 일이 일어나는 것은 극히 드물고, 인간의 여자에게서는 대개의 경우 임신한 동안에 자궁이 닫혀 버리는 것이 그 원인이다.[213] 한편, 때때로 이런 일이 일어나면(실제로 그런 일이 생긴 예도 있다), 중복임신한 쪽의 배아를 완성하지 못하고, 배아는 미숙아[214]라고 불리는 것에 가까운 상태

---

210 두 번째 짝짓기에서 방출되는 '정액'이 남아 있는 잉여물('월경혈')에 작용하여 다른 배아를 형성할 여지가 없다는 것을 말한다.

211 이 장의 773b6-7 참조.

212 한 번의 성교라도 여러 배아의 형성에는 시간 차가 생기므로, 첫 번째 성교로부터 시간적인 간격을 둔 두 번째 성교 때에 형성되는 배아는 첫 번째 성교 때 형성된 배아보다 시간적으로 늦게 되는 것은 당연하다.

213 수컷에서 방출된 정액이 자궁 입구를 통해 자궁 안으로 들어가는 일이 없기 때문이다.

214 유산아. '미숙아'(extrōma)는 '유산함'(extitrōskein)에 의해 '모체 밖으로 낳아진 것'을

로 체외로 나가 버린다. 단태의 것에서는 몸집이 크기 때문에 잉여물은
그 모든 것이 먼저 잉태된 것을 향하지만, 이러한 동물들[215]의 경우도 마
찬가지이다. 단, 단태의 것에서는 즉시 그렇지만, 다태의 것에서는 먼저
임신한 쪽의 태아가 성장한 단계에서 그렇게 된다. 즉 이러한 시점에서
단태의 것에 가까운 상태가 되기 때문이다.

마찬가지로 인간은 그 자연 본성에서 다태이고,[216] 게다가 자궁의 용
량과 잉여물의 양에도 여유가 있지만 —— 다른 태아를 완전하게 자라게
할 만한 것은 아니기 때문에 —— 인간의 여자와 암컷 말만은 동물 중 유
일하게 임신한 상태로 성교를 받아들인다. 사람이 그렇다는 것은 지금
말한 원인[217]에 의한 것이지만, 암말이 그런 것은 그 자연 본성에서 임신
하기 어려우며,[218] 또 자궁의 용량에 여유가 있기 때문이다. 그 용량은 태
아 하나의 몫으로서는 크지만, 완전한 다른 하나[두 번째 태아]를 중복
임신하기에는 작다.

그런데 암말이 그 자연 본성에서 성행위를 선호하는 것은 암말이 불
임(不姙) 동물의 경우와 같은 성질을 가지고 있기 때문이다. 불임 동물이
그러한 상태인 것은 월경혈의 정화가 생기는(이는 수컷에게서 성행위[219]
에 해당한다) 일이 없기 때문인데, 암말도 정화물을 방출하는 일이 매우
적다. 태아를 낳는 모든 동물에서 불임의 암컷이 성행위를 선호하는 것

가리킨다.

215 즉 다태의 동물들.

216 제4권 제4장 772b1-3에서 인간은 "단태이기도 하고, 소태이기도 하며, 경우에 따라서
는 다태이기도 하지만 그 자연 본성에서는 특히 단태이다"라고 설명되었다.

217 이 장의 773b22-24 참조.

218 제2권 제8장 748a15 아래 참조.

219 구체적으로는 '정액'의 방출(사정)을 말한다.

은, 정액이 이미 모아졌는데도[220] 그것이 아직 분리되지[221] 않을 때의 수
컷에 가까운 상태에 있기 때문이다. 즉 암컷에게서 월경혈의 정화는 정
액의 방출에 해당한다. 월경혈이 미성숙의 정액이라는 것은 앞에서 말
한 바와 같다.[222] 인간 여자들의 경우도 성적인 교제에 대해 자제력 없는
자들이 아이를 많이 낳으면 성적 흥분이 멈추는 것은 그 때문이다. 왜냐
하면 정액의 잉여물이 배설되어 버리면, 성적인 교제에 대한 욕망을 불
러일으키는 것이 없어지기 때문이다.

조류의 경우 암컷은 자궁이 격막에 접해 있기[223] 때문에 수컷만큼 성
행위를 좋아하지 않지만 수컷은 그 반대이다. 즉 고환이 위쪽으로 끌어
올려져 체내에 있으므로 그러한 조류의 어떤 유는 자연 본성에서 정액
이 풍부하여 그러한 성적 교섭을 항상 요구하는 것이다.[224] 암컷에게는
자궁이 아래쪽으로 이동하는 것, 또 수컷에게는 고환이 위쪽으로 끌어
올려지는 것이 교미하기에는 안성맞춤이라는 것이다.

그런데 어떤 동물은 중복임신하는 일이 전혀 없는 반면, 어떤 것은 중
복임신하고 어떤 것은 중복임신한 배아를 [완전하게] 키우는 경우도 있
고, 그렇지 않은 경우도 있는 것은 어떤 원인에 의한 것인가, 또 중복임
신하는 동물 중 어떤 것은 성행위를 선호하지만, 어떤 것은 성행위를 좋
아하지 않는 것은 어떤 원인에 의한 것인가 하는 점에 대해서는 이미 말

---

220 태아를 낳는 동물(현대 생물학에서 '태생동물')의 수컷이 '정액'을 방출하는 구조에 대
해서는 제1권 제5장 717b23-26 참조.

221 즉 방출하다.

222 제1권 제20장 728a26-27 참조.

223 제1권 제3장 717a1-3 참조. '격막'(hupozōma)은 아리스토텔레스의 동물학에서는 동
물의 몸속에서 흥부와 복부를 가르고 있다고 생각되는 '막'을 말한다. 유혈동물(척추
동물)에서는 횡격막에 대응한다.

224 이 점에 대해서는 제1권 제4장 717b11-13 참조.

한 바와 같다.

중복임신하는 동물 중 어떤 것은 오랜 시간 간격을 두고 교미가 이루어졌더라도 중복임신한 배아를 성장시킬 수 있는데, 이것들은 (a) 정액이 풍부하고 (b) 몸집이 그리 크지 않으며, 심지어 (c) 다태인 종에 속한 다. 왜냐하면 다태이기 때문에 자궁에 넓은 장소를 가지고 있고, (a) 정액이 풍부하기 때문에 정화 잉여물을 다량 방출하기 때문이다. 또한 (b) 몸집이 크지 않고 잉여물의 정화가 배아의 형성을 위해 사용되는 영양의 양과의 비율에서 크게 앞서므로, 나중에 가서도 동물을 형성하고[225] 그것을 성장할 수 있게 하기 때문이다. 더욱이 그런 동물의 자궁은 정화의 잉여물이 여분으로 존재하기 때문에 닫혀 있지는 않다. 인간의 여자에게도 실제로 이런 것이 생긴 예가 있다. 왜냐하면 어떤 여자들의 경우에는 임신을 하고 나서도 월경혈의 정화가 끊임없이 생기기 때문이다.

그러나 인간의 여자들에게 중복임신은 그 자연 본성에 어긋나는 것 (배아를 해치는 것은 그 때문이다)인 데 비해, 동물 중의 그런 것에서는 중복임신하는 것이 자연 본성에 적합하다. 왜냐하면 몸이 처음부터 그렇게 형성되어 있기 때문인데, 예를 들어 토끼류가 그렇다. 사실상 이 동물은 중복임신한다.[226] 왜냐하면 토끼[227]는 (b) 대형 동물에 속하지 않고

---

225 첫 번째 교미 때 방출된 '정액'이 잉여물에 작용하여 새끼가 형성된 후에도, 2차 교미에 의해 다른 배아가 형성될 수 있을 만큼의 잉여물이 자궁 내에 존재하고 있기 때문이다.

226 『동물 탐구』 제5권 제9장 542b31, 제6권 제33장 579b30 아래 참조.

227 dasupous는 문자적으로는 '털이 있는 발'이다. 토끼의 헬라스어 명칭으로는 lagōos, lagōs, dasupous 등이 있다. 헬라스 문학 작품에는 주로 lagōs가 사용되며, 생물학 저작에서는 dasupous가 사용된다. 『관상학』에는 전적으로 문학의 전통에 따라서 lagōs만이 사용되고 있다. 『동물 탐구』(488b15)에서는 사슴과 토끼로부터 관찰된 특성을 "영리하고 겁 많은"(phronima kai deila)으로 규정하고 있다. 헬라스의 도자기에 그려진 그림에도 토끼와 수탉은 흔히 '호색함'을 상징한다.

(c) 다태(多胎)이며(토끼는 발끝이 여러 갈래로 나누어졌는데, 발끝이 여러 갈래로 갈라져 있는 것은 다태이니까[228]), 게다가 (a) 정액이 풍부하기 때문이다. 체모가 많다는 것이 그것을 밝혀 주고 있다. 즉 체모의 양이 다른 동물을 훨씬 웃돌고 있다. 예를 들어 다리 뒤쪽에도 볼 안쪽에도 체모가 나 있는 것은 동물 중 유일하게 토끼뿐이다.[229] 체모가 많다는 것은 잉여물의 양이 많은 것의 징표로, 사람의 경우에도 털이 많은 사람이 적은 사람보다 성행위를 선호하며,[230] 정액도 더 풍부하다. 그런데 토끼의 경우, 배아 중 어떤 것은 종종 미완성 상태에 있지만, 한편으로 새끼 중 어떤 것을 완성된 상태로 방출하기도 한다.

제6장

태아를 낳는 동물 중 어떤 것은 동물을 미완성 상태로 방출하지만, 어떤 것은 완성된 상태로 방출한다. 즉 외발굽에 속하는 것이나 쌍발굽에 속하는 것은 동물을 완성된 상태로 방출하는 반면, 발끝이 여러 갈래로 나누어져 있는 것의 대부분은 미완성 상태로 방출한다. 그 원인은 외발굽 동물은 단태이고 쌍발굽 동물은 대개 단태이거나 쌍태인데,[231] 태아의 수가 적으면 그들을 키우기도 쉽다는 것이다.

발끝이 여러 갈래로 갈라진 동물 중 동물을 미완성 상태로 낳는 것은

---

228 제4권 제4장 771a21-23 참조.
229 『동물 탐구』 제3권 제12장 519a22-23 참조.
230 "정강이에 수북하게 털이 난 사람들은 호색적이다"(『관상학』 제6장 812b14).
231 제4권 제4장 771b2-3 참조.

모두 다태(多胎)이다. 그러므로 배아가 아직 젊을 때는 태내에서 키울 수 있어도, 이것이 성장하고 커지면 모체는 그것을 키울 수 없게 되므로, 동물 중에서 구더기를 낳는 것[232]이 그렇듯 배아를 불완전한 상태로 방출해 버린다. 발끝이 여러 갈래로 갈라진 동물 중에는 거의 미분화된 상태의 것을 낳는 것도 있고, 여우, 불곰, 사자가 그렇지만,[233] 이들 외에도 비슷한 성질의 것이 있다. 또, 그것들 거의 모두가 눈이 보이지 않는 상태의 새끼를 낳는 것으로서, 예를 들면 방금 말한 동물 외에 또 개, 늑대, 자칼이 그렇다.[234]

그러나 돼지만은 다태임에도 불구하고 완성된 새끼를 낳는 것이 있으며, 이 동물만은 그 특성이 양쪽에 걸쳐 있다. 즉 돼지는 발끝이 여러 갈래로 나누어져 있는 동물과 마찬가지로 다태(多胎)이지만[235] 쌍발굽이면서 동시에 외발굽인 것이다.[236] 사실상 어떤 지역에서는 외발굽인 돼지도 있다.[237] 그런데 돼지가 다태인 것은 몸이 커지기 위한 영양이 정액적 잉여물로 분리되기 때문이다. 돼지는 외발굽 동물치고는 몸집이 그리 크지 않지만, 동시에 단제동물의 자연 본성에 맞서기라도 한듯 오히려 쌍제이다. 그런데 그 때문에 돼지는 단태이거나 쌍태인 경우도 있지만, 대부분의 경우는 다태이다. 그런데 돼지가 태아를 완성한 상태로까지 성장시키는 것은 몸의 영양 상태가 좋기 때문이다. 왜냐하면 비옥한

15

20

25

---

232 절지동물. 제1권 제16장 721a2 아래, 제2권 제1장 733a24 아래 참조.

233 『동물 탐구』제6권 제30장 579a24-25, 제31장 580a6-7 참조.

234 『동물 탐구』제6권 제35장 580a23 아래, 『동물의 발생에 대하여』제2권 제6장 742a8-10, 제4권 제4장 770a36-b2 참조.

235 제4권 제4장 771a24 참조.

236 『동물 탐구』제2권 제1장 499b11-12 참조.

237 『동물 탐구』제2권 제1장 499b12-13 참조.

땅이 식물에게 충분하고 풍부한 양분을 제공하는 것과 같은 상태에 있기 때문이다.

조류 중에도 미완성으로, 눈이 보이지 않는 상태의 새끼를 낳는 것이 있다.[238] 즉 몸 그 자체는 크지 않지만 한 번에 많은 알을 낳는 것, 예를 들면 까마귀, 까치, 참새, 제비가 그렇고, 또 소수의 알만 낳는 새 중에서는 풍부한 영양을 새끼를 위해 알에 저장하여 낳는 일이 없는 것,[239] 예를 들면 산비둘기, 멧비둘기, 집비둘기가 그렇다. 또 제비의 경우 새끼가 아직 어릴 때 두 눈을 바늘로 찔려도 재생하는 것은 그 때문이다.[240] 두 눈이 손상된 것은 새끼가 아직 생성의 과정에 있는 단계이며 생성이 완료되고 나서가 아니므로, 그 때문에 두 눈은 처음부터 다시 생성해서 발육해 간다는 것이다.

일반적으로 배아가 완성되어 태어나는 것보다 이른 시기에 태어나는 것은 태내에서 그것을 성장시킬 힘이 부족하기 때문이지만, 배아가 미완성인 상태에서 태어나는 것은 그것이 이른 시기에 태어나기 때문이다. 이것은 인간의 7개월 아이의 경우에도 명백하다. 즉 7개월 아이들 중 어떤 것은 미완성이기에, 예를 들어 귀나 코와 같은 관이 아직 미분화된 상태로 태어나는 경우가 빈번하기 때문이지만, 이것들은 아이가 모체 밖에서 성장해 가는 과정에서 분화되어 가며 그러한 아이의 대부분은

---

238 아리스토텔레스는 여기서 설명하고 있는 nidicolous(유소성留巢性: 부화한 후 새끼의 발육이 늦어 일정 기간 둥지에 머물러 어미 새의 보호를 받는 성질) 새와 nidifugous(이소성離巢性: 부화해서 새끼의 발육이 빨라 둥지에 오래 머물러 있지 않는 성질) 새를 구분하고 있다. 전자는 눈을 뜨지 못한 채 태어나고, 후자는 볼 수 있는 상태로 태어난다.

239 노른자의 양이 불충분하다는 것.

240 이 보고에 대해서는 『동물 탐구』 제2권 제17장 508b4-7, 제6권 제5장 563a14-16 참조.

오래 산다.[241]

몸의 일부가 손상된 상태로 태어나는 것은 인간의 경우에 남자가 여자보다 많지만, 인간 이외의 동물의 경우는 수컷이 암컷보다 많은 것은 결코 아니다. 그 원인은 인간의 경우에 자연 본성의 열에서 남자는 여자와 훨씬 다르다는 데 있다.[242] 배 속에 있을 때, 남자아이가 여자아이보다 운동적인 것은[243] 그 때문이다. 남자아이는 [모태 내에서] 움직이기 때문에 몸을 다치는 경우가 많다는 것이다. 어린 것은 허약함으로 인해 몸이 부서지기 쉽기 때문이다. 인간 여자의 체내에서 여자아이가 완성되는 것은 남자아이와 같지 않다는 것도 동일한 원인[244]이지만, 인간 이외의 동물의 암컷 체내에서는 암컷과 수컷은 똑같이 완성된다. 즉 거기에서는 인간 여성의 몸속에서처럼 암컷이 완성에 이르는 것이 수컷보다 크게 늦어지는 일은 결코 없다는 것이다.[245] 모체 내에서 여자아이는 남자아이보다 더 오랜 기간에 걸쳐 몸이 분화되어 가는데, 몸 밖으로 나온 후에는 예를 들어, 사춘기나 성년이나 노년이 그렇듯 모든 것이 완성되는 것은 남자보다 여자가 먼저이다.[246] 왜냐하면 여자는 그 자연 본성에서 남자보다 더 약하고 더 차갑기 때문으로, '여자인 것'이라는 성격을 '자

---

241 『동물 탐구』 제9권(7권) 제4장 584b2-6 참조.

242 이 점에 대해서는 제4권 제1장 765b15-17 참조.

243 『동물 탐구』 제9권(7권) 제4장 584a26-27 참조.

244 여자는 남자에 비해 '자연 본성의 열'(775a6-7)이 부족하다는 것.

245 775a11a-11c. 이 대목도 텍스트가 불완전하다. 이에 대해서는 Peck(1942, p. 458) 참조. 대본의 제안에 따라 "인간 이외의 동물의 암컷의 체내에서는 … 크게 늦어지는 일은 결코 없다는 것이다"(en de tois allois zō[i]ois homiōs … hōper en tais gunaixin)를 보충하여 읽는다.

246 『동물 탐구』 제9권(7권) 제3장 583b23-27 참조.

연에 적합한 손상된 상태'[247]와 같은 것이라고 판단할 필요가 있다. 그런
데 모체 내에서 여자아이는 그 차가움 때문에 몸의 분화가 늦어지는 것
('분화'라는 것은 숙성을 말하는 것이지만, 숙성시키는 것은 열에 의해서
이며 뜨거운 것일수록 숙성하기가 쉽기 때문이다)에 비해서, 모체 바깥에
서는 여자가 약하기 때문에 남자보다 신속하게 성년이나 노년에 이르는
것이다. 왜냐하면 열등한 것은 모두 그 끝에 이르는 것이 빠르기 때문인
데, 이는 기술에 의한 제작품에서도 또 자연에 의해 형성되는 것에서도
마찬가지이다.

20

　　인간의 경우, 쌍생아로서 태어난 아이 중의 한쪽이 여자이고 다른 한
쪽이 남자인 것은 살아남는 일이 적은 것에 비해서, 인간 이외의 동물의
경우에 그러한 일이 없는 것[248]도 앞에서 말한 원인[249]에 의한다. 왜냐하
면 인간의 경우, 몸의 분화가 남녀에게서 같은 기간에 생기는 일이 없으
므로 양자가 같은 속도로 성장한다는 것은 자연에 반하는 것이며, 그렇
게 되기 위해서는 남자 쪽이 늦거나 또는 여자 쪽이 속도를 높이는 것이
필연적인 데 반해, 인간 이외의 동물에서 그것은 자연에 어긋나지 않기
때문이다.

25

---

247 즉 자연의 정상적인 과정 속에서 일어나는 손상된 상태를 말한다. "그런데 이러한 벗
　　어남의 첫 시작은 수컷이 아니라 암컷이 태어난다는 것이다. 그렇지만 이것은 자연에
　　서 필연적인 일이다"(제4권 제3장 767b9) 참조. '손상된 상태'(anapēria)란, 본래 갖추어
　　져 있어야 할 구조나 기능이 손상된 상태를 말한다. 아리스토텔레스에 따르면, 여자(암
　　컷)는 남자(수컷)처럼, '생식액'을 형성하기에 충분한 '자연의 열'이 부족하기 때문에,
　　'여자(암컷)인 것'(thēlutēs)을 '손상된 상태'로 본다. 그럼에도 그는 여성이 '손상된 상
　　태'에 있음이 인간이라는 종을 존속하기 위해 필요하다는 이유로, 여성을 '자연에 적합
　　한 것'으로 간주한다. 제4권 제3장 767b8-10 참조.
248 이 점에 대해서는 『문제집』 제10권 894a7-11에서 문제로 제기되고 있다.
249 사람의 경우, 여자는 남자보다 몸의 분화에 더 오랜 시간이 필요하다는 것을 말한다.
　　이 장의 775a10 아래 참조.

사람의 경우와 사람 이외의 동물에서 임신에 관해서도 차이를 보인다. 인간 이외의 동물은 임신의 거의 전 기간을 두고 몸 상태가 오히려 좋아지는 반면, 인간 여자의 대다수는 임신에 관련해서 불편을 겪는다. 이 점에 대해서는 생활양식에도 어떤 원인이 존재한다. 즉 여자들은 앉아서 생활하기 때문에 몸이 더 많은 양의 잉여물로 채워진다는 것이다. 사실 여자들의 삶이 노고를 겪고 있는 부족(部族)의 경우 임신을 해도 눈에 잘 띄지 않고, 그 지역에서는 편안하게 출산하며, 노고에 익숙한 여자들은 어느 지역에서나 출산이 편하다. 노고 때문에 잉여물이 소비되는 셈이다. 이에 반해 앉은 채 생활하는 여자들의 몸속에는 다량의 잉여물이 존재하는데, 이는 노고가 필요 없고 임신하는 동안에는 월경혈의 정화도 일어나지 않기 때문이며, 진통도 심해진다. 노고에 의해서 호흡(pneuma)이 단련되므로, 여자들은 호흡을 멈출 수 있게 된다. 출산이 수월할지 난산이 될지는 이 점에 달려 있는 것이다.[250]

그런데 앞에서 말한 것처럼,[251] 이러한 것들도 사람 이외의 동물과 사람의 여자가 임신 중에 받는 상태의 차이에 관계하는 것이지만, 가장 중요한 것은 사람 이외의 동물의 어떤 것에는 월경혈의 정화가 소량밖에 일어나지 않으며, 어떤 것에는 눈에 띄는 정화가 전혀 생기지 않는 것에 비해, 여자의 경우에는 이 정화가 모든 동물 중에서 가장 다량으로 생긴다는 것이다.[252] 따라서 임신을 했기 때문에 이 분비가 일어나지 않게 되면, 여자들에게 어려움을 초래한다. 임신을 하지 않았더라도 이 정화가

30

35

775b

5

---

250 『동물 탐구』 제9권(7권) 제9장 587a3-4에도 동일한 내용이 언급된다. 호흡을 멈추면 힘이 생긴다는 주장에 대해서는 「잠과 깸에 대하여」 제2장 456a16-17 참조.

251 인간 여자 특유의 '생활양식'(bios)에 관한 사항. 이 장의 775a31 아래 참조.

252 『동물 탐구』 제3권 제19장 521a25-27, 제9권(7권) 제2장 582b28-30 및 이 책의 제1권 제19장 727a22-23, 제20장 728b14-15 참조.

생기지 않을 경우에는 그에 따라 병이[253] 생기지만, 임신 중에 여자들의
대다수가 아이를 가진 처음 시기에 오히려 어려움[254]에 빠지는 경우가
많다. 배아가 이 정화를 방해할 수도 있지만, 초기에는 배아가 아직 작기
때문에 어떤 양의 잉여물도 소비하는 일이 없는 반면, 나중에는 배아가
잉여물의 일부를 흡수함으로써 모체의 어려움을 덜어 준다는 것이다.
인간 이외의 동물의 경우, 잉여물은 소량이기 때문에 태아의 성장에 어
울리는 것이 되고, 또 영양에 방해가 되는 잉여물이 소비되므로 모체는
오히려 매우 좋은 상태가 된다. 이것은 수생동물의 경우나 조류의 경우
에도 마찬가지이다. 그러나 배아가 자라나면, 몸의 영양 상태가 더 이상
좋지 않게 되는 것도 있다. 그 원인은 배아의 성장 때문에 잉여물에 해당
하는 영양보다 더 많은 것이 필요하다는 점에 있다. 그럼에도 인간 여자
들 가운데 임신 중에 몸이 더 좋은 상태가 되는 사람은 소수이지만 존재
하는데, 이들 여자들은 체내의 잉여물의 양이 원래 적기 때문에, 그 결과
로 이것이 태아의 성장을 위한 영양과 더불어 소모된다는 것이다.

제7장

'돌절구'[255]라고 불리는 것에 대해 설명해야 한다. 이것은 인간의 여자들

---

253 힙포크라테스, 『부인병』 제1권·제2권, 『불임증에 대하여』로 구성된 일련의 논고의 제
13절 참조.

254 '입덧의 증상'(임신 초기 단계에 일어나는 메스꺼움, 구토 등)을 말한다.

255 mulē(mola uteri, 맷돌, 절구)는 의학적으로 '기태'(奇胎, mole)의 일종을 가리킨다. 이는
난자의 변성 또는 유산에 의해서 자궁 내에 형성된 육상괴(肉狀塊) 또는 종양을 말한
다. 『동물 탐구』 제10권 제7장 638a10 아래 참조.

에게서 극히 드물게 발생하는데, 이 이상(異狀)의 상태(겪음, pathos)는 여자들 중 어떤 사람이 임신했을 때 생긴다. 왜냐하면 그들은 '돌절구'라고 불리는 것을 출산하기 때문이다.

어떤 여자의 경우에 다음과 같은 일이 벌어졌다. 그녀가 남편과 성교해서 아이를 가졌다고 생각했지만, 처음에는 복부가 부풀어 올라 성장해 갔으며 그 외의 것들은 이치에 맞게 경과하고 있었다. 그러나 출산 시기가 되어도 출산하지 못하고, 또 복부의 부품이 줄어들지도 않은 채 3년이나 4년 동안 그런 상태가 지속된 후 피를 띤 설사[256]에 걸려 위험한 상태에 빠져, 사람들이 '돌절구'라고 부르는 고깃덩어리를 낳았던 것이다. 게다가 여자에 따라서는 이 상태를 겪은 채로 노년을 맞아 죽기도 한다.[257] 이런 것이 몸 밖으로 나오면 철제 칼날 물건으로도 잘 깨지지 않을 정도로 단단하다.[258]

그런데 이 이상(異狀)의 상태가 생기는 원인에 대해서는 『문제집』 속에서 말한 대로이다.[259] 태아는 조림 속의 설익은 고기가 겪는 것과 같은 상태를 모태 내에서 겪는 것으로, 어떤 사람들이 주장하는 것처럼 열이 원인이 아니라 오히려 열이 약한 것이 그 원인이다(즉 그 자연 본성이 약

---

256 '혈성설사'(dusenteria)는 출혈을 동반한 심한 설사를 말한다. 이 말은 '이질', '설사'를 의미하는 영어 dysentery의 어원에 해당한다. 아리스토텔레스 시대에는 이질균을 비롯해 '병원균'이라는 개념 자체가 존재하지 않았기 때문에, 여기서는 '피를 동반한 설사'로 옮기기로 한다. 이 표현은 힙포크라테스를 비롯해서 헤로도토스, 『역사』 제8권 115, 플리톤, 『티마이오스』 86a, 아리스토텔레스, 『문제집』 861b16 등에도 나타난다.

257 이 장의 논의 775b27-34는 『동물 탐구』 제10권 제7장의 638a10-18과 거의 일치하고 있다.

258 자궁 밖의 장소에 생긴 기태(奇胎)는 단단하게 굳어질 수 있다. 그 종의 '괴이한 형태'를 보고하는 예로는 힙포크라테스, 『유행병』 제5권 제25절 참조.

259 이 논의에 대응하는 논의는 적어도 현존하는 『문제집』에서 찾아볼 수 없다.

하기 때문에 태아를 완성할 수도 없고, 생성에 한계를 정할 수도 없기 때문인 것으로 생각된다. 이상(異狀)을 겪은 상태에서 노년을 맞이하거나 이 상태가 장기간에 걸쳐 지속되도록 하는 것도 그 때문이다. 왜냐하면 그 자연 본성을 완성된 상태의 것으로서도 아니고, 완전히 이질적인 것으로서 되는 것도 아니기 때문이다). 이것이 딱딱한 것의 원인은 그것이 미숙성이라는 것에 있다. '설익었다'라고 하는 것은 미숙성 상태를 말하는 것이니까.[260]

사람 이외의 동물에게 이 현상이 생기는 일이 없다는 —— 하긴 그 어떤 것도 간과하지 않았다고 해서 하는 이야기이기는 하지만 —— 것은 도대체 왜인가 하는 것은 어려운 문제를 포함하고 있다.

그 원인으로 생각할 필요가 있는 점은 동물들 중 인간 여자만이 유일하게 자궁에 질환을 앓는다는 것, 또 월경혈의 정화가 과잉이어서 그것들을 숙성시킬 수 없다는 것이다. 그런 이유로 숙성하기 어려운 액체에서 배아가 형성될 경우, 그 경우에 '돌절구'라고 불리는 것이 특히 인간의 여자에게 생기는, 혹은 유일하게 인간의 여자에게만 생긴다는 것이 이치에 맞는다.

제8장

젖은 자신의 몸속에 태아를 낳는 동물[261]의 암컷에게서 생기며 출산 시기에 맞추어 도움이 된다. 즉 자연은 몸 밖에서 동물에게 영양을 공급하

---

260 『동물 탐구』 제10권 제7장 638b10-14 참조.
261 현대 생물학에서 '태생동물'(포유류)을 말한다.

려는 목적으로 젖을 만든 것이고,[262] 이 시기에 젖은 결코 부족하지도 않으며 또 과잉될 수도 없게끔 그렇게 했다는 것이다. 자연에 반하는 일이 발생하지 않는 한, 그렇다는 것은 명백하다. 그런데 사람 이외의 동물에 서는 임신 기간이 일정하기 때문에, 젖의 숙성은 각 동물의 임신 기간에 적합한 시기에 대응하고 있다. 하지만 사람의 경우, 임신 기간이 일정하 지 않기 때문에[263] 젖은 가장 앞선 가능한 날짜에 맞추어[264] 존재하는 것 이 필연적이다. 그래서 인간 여자의 경우 젖은 임신 7개월보다 이전에는 쓸모가 없지만, 그 시기에는 쓸모가 있게 된다. 젖이 임신 마지막 기간에 숙성되는 것은 [체외에서 동물에게 영양을 주려는 목적에 의한 것일 뿐만 아니라] '필연적으로'라는 원인에 근거한 것[265]이기도 하다는 것은 이치 에 맞다. 왜냐하면 젖을 형성하는 것과 같은 잉여물의 분리는 처음에는 태아의 생성을 위해서 소비되기 때문이다. 모든 동물에서 영양은 가장 단맛으로 숙성된 상태에 있는 것이기 때문에, 달콤하다는 작용력[요소] 이 제거되면 나머지는 짜게 되고 또 맛이 없게 되는 것은 필연적이다.[266] 그러나 배아가 완성되어 감에 따라 여분의 잉여물은 양이 증가해서(소

20

25

30

---

262 이러한 맥락에서 '자연'이라는 개념이 내포하는 것에 대해서는 제1권 제15장 각주 125 참조.

263 『동물 탐구』 제9권(7권) 제4장 584a33 아래 및 이 책의 제4권 제4장 772b7-9 참조.

264 가장 짧은 임신 기간, 즉 임신 7개월을 말한다. 아리스토텔레스에 따르면, 7개월 이전 에 태어난 아이는 생존할 수 없지만, 7개월 이후 태어난 경우에는 생존이 가능해진다 고 한다. 『동물 탐구』 제9권(7권) 제4장 584b1 아래, 이 책 제4권 제4장 772b9-11 참조.

265 젖이 형성되는 것은 '체외에서 동물에게 영양을 준다'라는 목적에 근거한다. 동시에 모체 내의 잉여물이 젖으로 변해 가는 과정은 이어지는 논의(776a26 아래)에서 보이 듯 '필연'에 의한 것이기도 하다. 이러한 '목적과 필연'을 연결하여 설명하는 방식에 대해서는 김재홍의 「여기에도 신들이 있소이다」(『동물의 부분들에 대하여』 해제, pp. 60~68) 참조.

266 『동물의 부분들에 대하여』 제4권 제1장 676a35 참조.

비되는 것의 양이 적어지니까) 잘 숙성된 것이 같은 식으로 제거되는 일이 없어지므로, 단맛이 증가해 간다. 즉 잉여물이 소비되는 것은 더 이상 태아의 형성 때문이 아니라 태아의 작은 성장 때문이며, 그때에는 태아가 완성에 도달했기 때문에 이미 정지한 상태에 있는 것 같은 것이다. 왜냐하면 배아에도 어떤 완성이라는 것이 존재하기 때문이다. 그러므로 새끼는 모체 밖으로 나가 자신의 것을 가진 것으로서 생성의 방식을 변화시키고, 자신의 것이 아닌 것[267]은 더 이상 받아들이는 일이 없는 것이며, 이에 적합한 시기에 젖이 도움이 될 수 있게 된다.

젖이 몸의 상반신 및 유방으로 모이는 것은 동물의 몸 구성 부분의 원래의 배치에 의한 것이다. 즉 격막으로부터 윗부분은 생명을 지배하는 곳인 반면, 아랫부분은 영양과 잉여물을 지배하는 곳으로 그러한 배치가 되어 있는 것은, 동물 중에서 보행하는 것이 자신의 체내에 자족적인 영양을 유지한 채 장소를 이동할 수 있도록 하기 위해서이다. 정액적 잉여물이 분리되는 것도 그 장소[268]에서이며, 그 원인에 대해서는 처음의 논의에서[269] 말한 대로이다. 그런데 수컷의 잉여물[270]도 또 암컷의 월경혈도 피와 같은 자연 본성을 가지고 있다. 심장은 혈액과 혈관의 시원이며,[271] 그것은 몸의 상반신에 해당하는 부분에 위치하고 있다. 그러므로 우선 그 장소에서 정액적 잉여물로의 변화가 분명해지는 것은 필연적이다. 따라서 수컷의 경우도 암컷의 경우도 정액을 생산하기 시작할 무렵에는 목소리가 변화하며(목소리의 시원은 거기에 존재하는 것이니까. 움

---

267 태아가 '탯줄'을 통해 모체로부터 흡수하고 있던 영양을 말한다.

268 '격막' 주변.

269 제2권 제4장 738b11-18, 제7장 747a19-21 참조.

270 정액.

271 제2권 제4장 740a17-24, 『동물의 부분들에 대하여』 제3권 제4장 665b16 아래 참조.

직이는 것이 변화하면 목소리도 변화해 간다[272]), 유방 주변 부분이 눈에 띄게 부풀어 오른다.[273] 이는 수컷에서도 눈에 띄지만, 암컷이 더 눈에 띈다. 즉 [암컷의] 하반신에 잉여물 분비[274]가 다량으로 발생하기 때문에, 유방이 있는 곳은 속이 비어 스폰지 모양이 되기 때문이다. 이는 하반신에 유방을 가진 것에서도 마찬가지이다.

그런데 목소리에 대해서도 또 유방 주변의 부분에 대해서도, 그러한 변화는 사람 이외의 동물의 경우에서도 동물 각각의 유에 관해서 경험을 쌓고 있는 사람들에게는 확실히 알 수 있는 것이지만, 사람의 경우에는 그것이 한층 두드러진다. 그 원인은 동물의 암컷 중에서는 인간의 여자에게, 수컷 중에서는 인간의 남자에게 이 잉여물이 몸의 크기와 비교하여 가장 많다[275]는 점에 있다.[276] 따라서 태아가 그러한 잉여물의 분리를 받아들이지 않고, 더구나 그것이 체외로 나가는 것을 방해할 경우, 모든 잉여물은 동일한 관 위에 위치한 비어 있는 장소로 모이는 것[277]이 필연적이다. 동물의 각 유에서 유방이 있는 장소가 그러한 성질인 것은 그것이 '최선을 위해서'일 뿐만 아니라 그것이 '필연적'이라고 하는 양쪽

---

272 이 점에 대해서는 제5권 제7장 787b26-788a1 참조.

273 『동물 탐구』 제5권 제14장 544b22-25, 이 책의 제1권 제19장 727a5-8, 제20장 728b27-32 참조.

274 월경혈.

275 제1권 제20장 728b14-16 참조.

276 776b27-28: 대본의 제안에 따라 "즉, 암컷의 경우에는 월경혈의 방출, 수컷의 경우에는 정액의 방출이다"(tais men tēn tōn katamēniōn, tois de tēn tou spermatos proesin)를 삭제한다(Peck 참조).

277 젖을 형성하는 잉여물이 자궁에서 유방으로 이동하는 것을 말한다. 힙포크라테스, 『생식에 대하여』, 『어린이의 자연 본성에 대하여』, 『질병에 대하여』 제4권으로 구성된 일련의 논고 제21절에는 동일한 소혈관이 유방과 자궁을 향해 뻗어 있다고 되어 있다.

의 원인[278]에 의해서 이와 같은 성질의 것으로서 생겼기 때문이다. 동물 [의 새끼]을 위한 영양이 형성되고, 그것이 숙성된 것이 되는 것은 그 장

소에서이다. 그것이 숙성되는 것에 대해서는 앞서 말한 것[279]을 그 원인 으로 볼 수도 있지만, 그와 반대되는 것을 원인으로 볼 수도 있다. 즉 태 아가 커짐에 따라 섭취하는 영양의 양이 증가하므로, 그래서 이 시기에 여분의 영양의 양이 적어진다는 것은 이치에 맞는 것이다. 그리고 소량 인 것일수록 숙성되는 것이 신속하다.

　　그런데 젖이 그것으로부터 각 동물이 생성하는 곳의 잉여물의 분리 와 같은 자연 본성을 갖는 것은 분명하며, 그 점에 대해서는 앞에서 말한 대로이다.[280] 왜냐하면 영양을 주기 위한 질료와 자연이 그것으로부터 생성물을 형성하는 곳의 질료는 동일하기 때문이다. 유혈동물에서는 혈 액상의 액체가 그것에 해당한다. 젖은 숙성된 피이지, 피가 부패한 것이 아니니까. 그러나 엠페도클레스는 젖이 어떻게 생성되었는지를 시에서

다음과 같이 말했을 때, 사실을 제대로 파악하지 못했거나 비유를 잘하 지 못했거나, 그 둘 중 하나이다.

　　8개월 10일째 되는 날에 피는 하얀 고름이 되었다.[281]

　　즉 부패와 숙성은 정반대이고, 고름은 일종의 부패인 데 비해 젖은 숙 성된 것에 속하는 것이다. 수유기 여자에게는 자연에 맞는 월경혈의 정

278　제2권 제1장 각주 3 참조. '필연'과 '목적'의 관계에 대해서는 『자연학』 제2권 제9장 199b34 아래 참조.

279　태아가 영양을 덜 필요로 한다는 것. 이 장의 776a31-b3 참조.

280　제2권 제4장 739b25-26 참조.

281　엠페도클레스, 「단편」 DK31B68 참조.

화가 생기지 않으며, 또한 수유기에 여자가 아이를 임신하는 일도 없다. 또 여자가 아이를 임신하면 젖은 소실되는데, 이는 젖과 월경혈의 자연 본성이 같기 때문이다.[282] 그런데 자연은 양쪽의 것을 동시에 제공할 만큼 생산적일 수 없으며, 한쪽에 잉여물의 분리가 생길 경우 〈무언가〉[283] 강제적인 일이 대개의 경우와 어긋나게 일어나지 않는 한, 다른 한쪽에 대해서는 부족함이 필연적이다. 이 일은 이미 자연에 어긋난다. 왜냐하면 다른 것일 수 없다는 것이 아니라 다른 것일 수도 있을 수 있는 사항에서는 자연에 맞는 것은 대개의 경우 그렇다는 것이기 때문이다.[284]

동물[의 새끼]이 태어나는 것도 시기에 따라 아름답게(kalōs) 정해져 있다. 즉 배아가 커졌기 때문에, 탯줄을 통한 영양만으로는 배아에 더 이상 충분하지 않게 되는 것과 동시에 젖이 새롭게 생기는 영양으로서 쓸모가 될 수 있도록 하는 것이다. 또 탯줄로 영양이 들어오지 않게 되면 탯줄이라고 불리는 피막에 싸인 혈관이 위축되기 때문에, 다시 그 시점에서 배아는 모태에서 밖으로 빠져나가는 것이다.

제9장

머리 부분으로부터 먼저 태어나는 것이 모든 동물에게서 그 자연 본성에 맞는 태생인데, 그것은 탯줄의 윗부분이 아랫부분보다 크기 때문이

---

282 제2권 제4장 739b25-26 참조.

283 Peck의 삽입.

284 이 구절과 동일한 논의를 전개하는 제1권 제19장 727b29-30 참조.

다. 따라서 저울에 달린 것처럼, 윗부분과 아랫부분은 탯줄에서 매달아 무거운 쪽으로 기울어진다. 큰 것이 더 무겁다는 것이다.

제10장

임신 기간이란 동물의 유에서 대부분의 경우 그 일생에 대응하는 비율로 정해져 있다. 살아 있는 기간이 긴 동물일수록 태어나기까지의 기간도 길다는 것이 분명 이치에 맞으니까. 그러나 그것이 임신 기간을 결정하는 원인인 것은 아니고, 대부분의 경우에 그것이 부대되어 있다는 것이다. 즉 유혈동물 중에서 대형으로 더 완성된 것은 살아 있는 기간도 길지만, 대형이라고 해서 모두가 장수하는 것은 아니다. 우리가 신뢰할 만한 경험을 가진 동물들에 대해 말하자면, 코끼리를 제외하고 가장 오래 사는 것은 인간이다. 그러나 인간 종족은 긴 털의 복슬복슬한 꼬리를 가진 유[285]나 그 밖의 많은 동물류보다는 더 짧다.

어떤 동물이든 수명이 긴 원인은 그 몸이 주위의 공기에 대해 비슷한 방식으로 혼합되어 있다는 점[286]에 있으며, 또 그 밖의 어떤 자연적 요인에 의해서이지만, 이러한 요인에 대해서는 나중에 말하기로 하자.[287] 이에 대해 임신 기간의 길이의 원인에 해당하는 것은 생겨나는 것의 몸 크

---

285 ta lophoura(bushytailed)란 목갈기근(lophos)을 따라 갈기가 자라고 있으며, 긴 털의 꼬리를 가진 말, 당나귀 등의 종류를 말한다. 『동물 탐구』 제1권 제6장 491a1 ('말, 당나귀, 노새 등과 같은 것을 lophouroi라고 부른다') 참조. 우리의 대본에서는 '삭제된' 제3권 제5장 755b19(Peck) 참조.

286 제4권 제2장 767a30 아래 참조.

287 이에 해당하는 논의는 이 책의 이어지는 논의에서 찾아보기 어렵다. 이 부분의 논의와 연결되는 논의는 『동물의 부분들에 대하여』 제4권 제2장 677a30 아래 참조.

기이다. 왜냐하면 동물이든, 말하자면 다른 그 어떤 것이든, 큰 합성물은 짧은 기간에 완성되기란 쉽지 않기 때문이다. 말이나 말과 동류의 동물이 살아 있는 기간은 사람보다 짧은 반면, 적어도 임신 기간이 사람보다 긴 것은 그 때문이다. 말의 경우, 출산에 이르기까지의 기간은 1년에 이르지만,[288] 사람의 경우는 가장 길어야 10개월이다.[289] 코끼리 출산에 이르는 기간이 오랜 걸리는 것도 동일한 원인이다. 코끼리는 몸집이 유난히 크기 때문에 임신 기간이 2년에 이른다.

모든 동물의 임신과 탄생 및 그 일생은 자연 본성에 따르는 경향으로서 일정한 주기에 의해 측정되는데, 이는 이치에 맞는 것이다. 내가 '주기'라고 말하는 것은 만 하루[밤낮], 한 달, 일 년, 또 이것들의 주기에 의해서 측정되는 기간이며, 더욱이 천체의 달의 주기를 말한다. 달의 주기란 보름달과 초승달 및 그 사이의 기간을 이분할하는 시점을 말한다.[290] 이들 주기에 따라 달은 해와 연동되어 있다. 왜냐하면 한 달은 양쪽 모두에게 공통되는 주기이기 때문이다.[291]

---

288 제2권 제8장 748a30-31 참조.

289 인간의 임신 기간에 대해서는 『동물 탐구』 제9권(7권) 제4장 584a33 아래 및 이 책의 제4권 제4장 772b7-10 참조.

290 즉, 보름달, 초승달, 상현달, 하현달을 말한다. 보름달에서 다음 보름달에 이르는 기간, 또는 초승달(朔)에서 보름달(望)에 이르는 기간을 각각 둘로 분할하는 시점이 상현과 하현이다.

291 태음월이라는 의미로 이해되는 '달'은, 한 초승달에서 다음 초승달까지의 주기, 혹은 달이 모든 위상(位相; 주기적으로 되풀이되는 운동 중 나타나는 상태나 위치의 변화)을 한 번 거치는 데 걸리는 주기를 가리킨다. 이 주기는 달에만 속하는 것이 아니라, 아리스토텔레스가 말했듯이 달과 태양의 '공동 주기'이다. 왜냐하면 달의 원반이 얼마만큼 비추어지는지는 달의 태양에 대한 상대적인 위치에 따라 결정되기 때문이다. 따라서 달의 위상이 해와 달의 상대적인 위치 관계에 의해 생기는 것이라면, 한 달이라는 주기('초승달에서 다음 초승달에 이르는 기간')는 달과 해 모두에게 공통된 것이다.

달이 생성의 시원인 것은 달이 태양과 공동으로 있으며, 또 태양의 빛에 참여하고[292] 있기 때문이다. 즉 달은 또 하나의 작은 태양과 같은 것이다. 그러므로 달은 모든 사물의 생성과 완성에 기여한다. 열과 냉은 그것들이 일정한 균형을 유지하는 동안에는 생성을 일으키고, 그것을 넘어서면 소멸을 일으킨다. 하지만 그 시작과 끝의 한계를 정하는 것은 이 천체들의 운동이다.[293] 우리가 보는 한, 바다와 액체의 자연 본성 전체가 바람의 운동과 정지에 따라서 정지하거나 변화하는 한편, 공기와 바람은 태양과 달의 주기에 따라서 정지하거나 변화하는 것과 마찬가지로, 그것들로부터 생성한 것이나 그 속에 존재하는 것도, 이러한 천체의 주기에 따르는 것은 필연적이다.[294] 왜냐하면 지배적이지 않은 것의 주기가 지배적인 것의 주기를 따른다는 것이 이치에 맞기 때문이다. 즉 바람에도 어떤 종류의 일생이 있으며 생성과 소멸이 있다는 것이다. 하지만 이

---

292 metalēpsis(participation).

293 『기상학』제1권 제2장 339a21 아래("그러므로 땅[대지] 주위의 세계[월하세계, kosmos] 그 전체가 이들 물체로 구성되어 있는 것이며, 이 세계에 관해서 그것에 부대되는 여러 특성이 파악되어야 한다고 우리는 주장하는 것이다. 이 세상은 반드시 위쪽에서의 운동과 어떤 식으로든 연속되어 있어야 한다. 그래서 이 세계의 힘은 모두 거기로부터 통제받고 있다. 즉 모든 것에서의 운동의 근본원리가 거기에 있으며, 이것이 제1원인으로 간주되어야 한다. 그리고 여기에 더해, 이 원리는 영원하며, 또 그 운동은 장소라는 점에서 끝이 없지만 항상 완전하다. 이에 반해 앞의 네 종류의 물체는 모두 서로 한정된 장소에서 떨어져 존재하고 있다. 따라서 이 세계의 주위에서 일어나는 현상에 대해 불, 흙, 그리고 그것들과 동일한 유들을 생성물에서 질료의 종류의 원인[질료인]이라고 생각해야 하는데, … 운동의 근본원리가 유래한 바로 그 본래의 원인은 영원히 운동하는 물체들의 힘으로 돌려져야 한다") 참조.

294 아리스토텔레스에 따르면, 태양의 '황도를 따른'(kata ton loxon kuklon) 이동이 네 종류의 '기본 원소'(불, 공기, 물, 흙)로 구성되는 월하세계의 자연적 사물이 생성과 소멸을 연속적이고 주기적으로 반복하는 원인에 해당한다. 『생성과 소멸에 대하여』제2권 제10장 336a15 아래 참조.

들 천체의 운행에도 아마 무언가 다른 원리[295]가 존재하고 있을 것이다.

그런데 자연은 이러한 [천체의] 주기의 수에 의해서 생물의 태어남 과 죽음을 헤아리려고 하지만, 그것은 엄밀함을 결여하고 있다. 이는 질료가 무한하기 때문이며, 또한 자연에 따른 생성과 소멸을 방해해서 자주 자연에 어긋나 일어나는 사건의 원인이 되는 원리가 여럿 있기 때문이다.

이렇게 해서 모체 내에서의 동물의 영양과 모체 밖에서의 태어남에 대해서는, 동물의 각 유에 대해 개별적인 관점에서, 동시에 모든 것에 대해 공통의 관점에서 말해 온 대로이다.

5

10

---

295 『생성과 소멸에 대하여』 제2권 제10장 336b2 참조.

제1장

이번에는[1] 동물 몸의 여러 부분에서 차이[2]를 보이는 성질 내지는 상태
(속성, pathēmata)[3]에 대해 고찰해야 한다. 내가 그러한 부분의 성질 또는

---

1   로이니센과 고트헬프(Leunissen & Gotthelf)는 첫 문장에서의 de(다른 한쪽)는 men(한
    쪽)에 대응하는 것으로 해석한다. 그렇다면 이 문장의 de에 대구가 되는 men은 제5권
    이전의 제4권 말미의 결론을 맺는 대목 어딘가에 있어야 할 것이다. 제4권은 자궁 내
    동물의 성장과 출생과 관련된 현상에 대한 논의로 마무리하고 있다. 제5권은 출생 후
    발생해 발전해 가는 부분 간의 차이를 그 속성에 의해 설명하는 발생 순서로 이어진다.
    이제 아리스토텔레스는 배아 발생 동안과 임신을 둘러싸고 일어나는 일의 원인을 밝
    히는 것으로부터 태어난 후 동물의, 특히 변화가 생기는 어떤 부분에서 일어나는 것의
    원인을 밝히는 것으로 전환하여 동물의 생성에 대한 연구를 계속한다. 그렇다면 탐구
    주제와 관련해서 제5권을 부록으로 취급할 이유가 없다. 이 문제에 대한 자세한 논의
    는 Leunissen & Gotthelf(2010, pp. 325~356, 특히 pp. 335~337) 참조.

2   동물 사이에서 볼 수 있는 신체 부분의 차이 유형에 대해서는『동물 탐구』제1권 제1장
    486a25-b8,『동물의 부분들에 대하여』제1권 제4장 644a16-21, b8-15 참조.

3   "대략 그 몸의 여러 부분 및 몸 전체의 형태에 따라 유들이 규정되어 온 것은, 그러한
    점에서 유사성이 있는 경우이다. 예를 들어 조류의 유를 서로 비교함으로써 알 수 있는

상태라고 말하는 것은, 예를 들면 눈[홍채[4]]이 파랗거나 검거나 하는 것

이나, 목소리가 높거나 낮거나 하는 것이나, 털이나 깃털의 색깔 차이와

같은 유의 것이다.[5] 그러한 성질 내지는 상태 중 어떤 것은 어떤 동물에

서는 그 유 전반에 속하지만, 다른 [유의] 동물에서는 제각각, 특히 사람

에 관련해서 그렇게 일어나는 수가 있다는 것이다. 더군다나 나이가 들

면서 모든 동물에서 똑같이 나타나는 것[변화]도 있고, 목소리나 털 색

깔에 대해 볼 수 있듯이 상반된 방식으로[6] 나타나는 것도 있다. 사실상

사람 이외에는 노년에 가까워져 눈에 띄게 털이 하얗게 나지 않지만, 다

른 동물에 비해 사람은 특히 이 성질 내지는 상태의 변화를 받기 때문이

다.[7] 또 어떤 성질과 상태는 태어나자마자 출현하지만, 다른 성질이나 상

파토스(성질과 상태)의 유사성, 나아가 어류, 연체동물, 조개류에서의 **파토스(성질과 상태)의 유사성**도 그렇다. 그것은, 즉 그러한 유에서 여러 부분의 차이는, 유비적인 유사성에 근거하는 것이라기보다는(예를 들면 사람의 뼈가 물고기의 '가시뼈'에 관련된다고 하는 유사성), 오히려 몸의 상태(예를 들어 큼과 작음, 딱딱함과 부드러움, 거침과 매끄러움, 그 밖의 이러한 것들)라는 점에서 일반적으로 **'더 많다와 더 적다'라는 점에서의 차이**이다"(『동물의 부분들에 대하여』제1권 제4장 644b8-14).

4 안구의 각막과 수정체의 사이에 있는 원반상의 얇은 막.

5 이 예들은 '정도[많고 적음]의 차이 범주'의 하부 집합에 속한다. 아래에서 볼 수 있듯이, (1) 색과 형태에서 상반되는 속성에 의한 과다와 결여에 의한 차이, (2) 많음과 적음, 크고 작음에 의한 차이.

6 예를 들어 같은 종의 동물에서 흰색과 검은색, 큼과 작음 등 대립된 속성을 볼 수 있는 경우.

7 『분석론 전서』제1권 제13장 32b5-7에는 '사람이 흰머리가 되는 것'이 '대개의 경우 그렇게 된다'라는 예로서 제시되고 있다. "이런 것들이 규정되었으니, 우리는 더 나아가 '… 임이 가능하다'가 두 가지 방식으로 말해질 수 있음을 논하기로 하자. 즉, (a) 한 가지 의미에서는 대개의 경우에 그렇게 되지만 필연까지는 이르지 않는 것으로, 예를 들어 인간이 흰머리가 된다든가, 성장하거나 쇠약해진다든가 하는 등 일반적으로 그렇게 있는 것이 자연 본성에 속하는 일이다(이것은 인간이 항상[영원히] 존재하는 것이 아니기 때문에 '연속된 필연성'을 갖지는 않지만, 인간이 존재하는 한 필연적으로 또는 대개의 경우에 일어나기 때문이다"(32b4-11).

태는 나이가 들면 눈에 띄게 된다.[8]

그것들의 성질과 상태 및 그것들과 유사한 성질과 상태 모두에 대한 원인[설명]이 지금까지 논해 온 것과 동일한 방식이라고 더 이상 간주해서는 안 된다. 왜냐하면 모든 것에 공통적으로 자연이 제작한 것도 아니고, 각각의 유에 고유한 것도 아닌 성질과 상태는 모두 '무언가를 위해서' 그런 것도 아니고, 그렇게 되는 것도 아니기 때문이다.[9] 사실상 눈은 '무언가를 위해' 있지만, 그것이 푸른 것은 '무언가를 위해서'가 아니다. 다만 그 파토스(성질과 상태)가 [그 동물의] 유에 고유한 것이라면 이야기는 다른 것이지만. 더욱이 어떤 성질과 상태의 경우에는 본질적 실체 [동물임]에 대한 설명 규정(logos tēs ousias)에 관계되는 것이 아니라, 오히려 필연에 의해 발생한 것으로서[10] 그 원인은 질료나 움직이게 하는 시

30

35

778b

<hr>

8   더 넓은 종에 속하는 특징을 논의하는 『동물의 부분들에 대하여』와 달리 여기에서는 몇 가지 다른 특징을 보여 준다. 여기에 나열된 이러한 속성들은 일부 종에서 속성이 변함없이 보편적으로 소유되는 반면, 다른 종, 특히 인간의 경우 속성이 가변적이고 무작위로 발생한다는 사실을 지적하고 있다. 다시 말해, 눈, 머리카락, 목소리의 속성은 이를 소유한 모든 생명체에서 균일하게 실현되지 않으며 때로는 동일한 종 내에서도 실현되지 않을 수도 있다. 또 다른 특징은 이러한 속성이 배아 발생 중에는 나타나지 않고 동물의 나중의 발달 중에, 즉 출생 직후나 나중에 또는 노년기에 나타나는 변화의 결과라는 것이다. 이러한 변화 중 일부는 이를 소유한 모든 생명체에게 동일한 방식으로 속하지만, 다른 것은 그렇지 않다. 아리스토텔레스가 이러한 차이점을 특징짓고 있는데, 인간에게 두드러진 특징을 열거하고 있다는 점에서 흥미롭다. 제5권의 나머지 부분에서도 눈, 머리카락, 목소리 음조의 차이를 인간에게 가장 두드러진 것으로 특징짓고 있다. 인간의 눈 색깔의 변화는 첫 번째 장의 나머지 부분에서 다루며(이 장의 779b12 아래에서 눈의 차이에 대한 일반적인 논의가 이어지고), 제2장에서는 청각과 후각에 대한 논의가 이어지고, 머리카락과 깃털의 구조와 색상의 변화와 차이는 제3~6장에서 논의한다(남성의 대머리와 백발에 대한 논의로 시작함). 그리고 음성의 차이는 제7장에서 설명한다.

9   즉 목적론적 설명과 비-목적론적 설명을 말한다.

10   질료에서 유래하는 필연성(material necessity). 이것에 대해서는 김재홍의 「여기에도 신들이 있소이다」(『동물의 부분들에 대하여』해제, pp. 51~53) 참조.

원[11]으로 돌려야 한다.[12]

　[책의] 첫머리에서의 논의에서 처음에 말한 것처럼,[13] 질서정연하게 규정된 자연의 제작물인 것은 각각 어떤 성질의 것이 되기 때문에 그런 성질인 것이 아니라, 오히려 그러한 것이기 때문에 그렇게 되는 것이다. 왜냐하면 생성[된다는 것]은 실체[실재로 있음]에 부수하며 실체를 위해 있는 것이지, 실체가 생성에 부수하는 것이 아니기 때문이다.[14] 그런데 옛 자연철학자들은 정반대의 생각을 하고 있었다. 그 이유는 원인이 여러 개라는 점을 보지 못했기 때문에 질료의 원인과 운동의 원인만을, 게다가 그것들을 구별하지 못한 채로 원인이라고 생각하고, 본질 규정과 목적이라고 하는 원인에 대해서 고려하지 못했다는 것이다.

11　질료적 원인이나 작용인.

12　778a30-b1의 논의를 지금까지와 달리 무언가의 '부수적인 원인'으로 해석하는 학자들도 있다(Johnson, 2005, pp. 59, 159 및 이 책의 해제 참조). 즉 눈 색깔의 원인은 봄의 목적이 아니라, 눈을 생성하는 과정에서 어떤 필연적인 움직이는 질료적 요인에 의해 일어난다는 것이다. 눈 색깔은 '봄'이라는 눈의 기능과 관련해서 '내재적인 것'('자체적인 것')이 아니라 '부수적인 것'이라는 것이다(to men kath' auto, to de kata sumbebēkos). 『자연학』 제2권 제5장 196b24-29 참조. 이런 해석에 반대하는 Leunissen & Gotthelf(2010, pp. 325~356)의 논의 참조. 로이니센과 고트헬프는 두 개의 설명 방식으로 나누는데, 하나는 우리에게 덜 친숙한 '비-목적론적 질료 작용적 인과관계'이고, 다른 하나는 우리에게 친숙한 '목적론적 인과관계' 설명 방식이다. 이 대목에 대한 전통적인 해석은 처음 문장은 실제로 제1~4권에서 사용된 한 가지 설명 방식이 사용되었지만, 제5권에서는 다른 방식이 필요하다는 것을 말하고 있다는 것이다. 그러나 이 대목은 제1~4권에서 사용된 목적론적 방식과 신중하게 대조하여 일차적으로 '질료-작용인'에 호소하는 비-목적론적 방식을 도입하는 것으로 이해된다. 그래서 로이니센과 고트헬프는, 아리스토텔레스가 제1~4권에서는 목적론적 설명만을, 제5권에서는 질료-작용적 설명만을 제시한다고 명시적으로 구분한 것이 아니라는 점을 주장함으로써, 전통적인 해석과 입장을 달리한다(2010, pp. 335~336).

13　『동물의 부분들에 대하여』 제1권 제1장 640a10 아래 참조.

14　『동물의 부분들에 대하여』 제1권 제1장 640a18-19 ("생성은 실체적 존재를 위해서 있는 것이지, 실체적 존재가 생성을 위해서 있는 것이 아니다") 참조.

그런데 각각은 '무언가를 위해' 있는 것이지만, 그 원인[목적인] 또는 나머지 원인 때문에 생긴 것은 각각의 것의 본질 규정 중에 포함되어 있거나, '무언가를 위해' 있거나, 또는 '그것을 위해서'의 '그것'에 해당하는 것이다. 한편, 그와 같은 것은 아니지만 그것에 대해 생성이라는 것이 어떤 것의 원인이 된다면, 그 차이는 형성 과정 자체에서(en autē[i] tē[i] sustasei) 획득된 것이므로, 따라서 그것의 원인은 운동과 생성 중에서 추구해야만 한다. 사실 [예를 들자면] 눈은 필연적으로 갖추어져 있는데 (동물은 그와 같은 눈을 갖춘 것이라고 상정되고 있으니까), 어떤 특정한 성질의 눈인 것은 필연에 의해서라고는 하지만, 앞에서 말한 것과 같은 필연이 아니라 다른 방식의, 즉 '이러한'이라든가 '저러한'이라고 하는 특정한 방식으로 작용을 주고 작용을 받는 자연 본성적으로 만들어진 것이라는 의미에서의 필연이다.[15]

이러한 것들이 규정되었으므로, 태어남(탄생)에 이어서 일어나는 일들에 대해 이야기하도록 하자. 우선 새끼가 태어났을 때 모든 동물에게 해당되는데, 특히 불완전한 새끼를 낳는 동물에서의 새끼는 잠자는 것이다. 왜냐하면 모태에서도 처음 감각을 획득했을 때로부터 잠을 계속 자고 있었기 때문이다. 하지만 발생이 시작되는 단계에 대해서는 어려운 문제가 있다. 즉 동물에게는 잠보다 깨어남이 먼저일까? 실제로 나이가 들어 갈수록 깨어남의 상태가 길어지는 것을 볼 수 있기 때문에, 발생의 처음에는 그와 반대의 상태, 즉 수면 상태인 것이 이치에 맞는 것 같다. 게다가 [발생에서] '있지 않음'에서 '있음'에로의 이행은 중간 상태

---

15 제5권에서의 방법론적 입문은 두 부분으로 구성된다. 먼저, 아리스토텔레스는 수행해야 할 탐구의 주제, 즉 '속성에 의한 동물의 부분들의 차이'를 이야기한다(778a16-28). 그런 다음, 아리스토텔레스 자신이 이 속성들에 고유한 것으로 생각하는 '설명의 어떤 방식'을 제시한다(778a29-b19).

를 거쳐 성립하기 때문이다. 잠은 그 본성으로 보아 그러한 종류의 것, '살아 있다'와 '살아 있지 않다'의 경계와 같은 것으로, 잠자는 사람은 전적으로 '있지 않다'라고도 '있다'라고도 할 수 없을 것으로 생각된다. 깨어 있는 것에 특히 '살아 있음'이라고 하는 것이 들어맞는 것은 감각 때문이다. 동물에게는 감각이 있을 수밖에 없고, 또 감각이 처음으로 생겨

나야 비로소 동물이라고 한다면, 처음 상태는 잠이 아니라 잠과 비슷한 것이라고 간주해야 하며, 그것은 식물의 유에도 부합하는 것과 같은 상

태이다. 실제로 그 시기에는 동물은 식물의 삶을 살고 있다. 한편, 식물에 수면이 있다는 것은 불가능하다. 왜냐하면 깨어나는 일이 없는 수면이란 있을 수 없으며, 식물의 성질과 상태(pathos)는 잠과 유비적이지만 깨어나지는 않기 때문이다.

그런데 동물은 [새끼 때에는] 몸의 위쪽 부분에서 성장이 진행되어 거기에 무게가 걸리게 되므로,[16] 수면 시간이 더 많아지는 것이 필연적이다 (잠의 원인이 그러한 것임은 다른 곳에서 말했다[17]). 하지만, 그럼에도 모태 내에서도 분명히 깨어난 상태로 있다(해부에 의해서도 또 알로 태어나는 동물[난생동물]에 의해서도 그 일이 밝혀지고 있다). 그 이후 바로 잠들었다가 다시 잠에 빠져든다.[18] 그래서 태어나도 많은 시간을 자면서 지낸다.

그리고 아이는 깨어나 있는 동안에도 웃지 않지만, 잠자는 동안에 울

---

16 『동물의 부분들에 대하여』 제4권 제10장 686b3-21, 「잠과 깸에 대하여」 제3장 457a1-7 참조.

17 『동물의 부분들에 대하여』 제2권 제7장 653a10-20, 「잠과 깸에 대하여」 제3장 456b17 아래 참조.

18 루이는 태아의 자세에 대해 언급하는 것으로 본다.

기도 하고 웃기도 한다.[19] 즉 동물은 잠자는 동안에도 감각이 있으며, '꿈'이라고 불리는 것도 그렇지만 꿈 이외에도 감각이 있는 것이다.[20] 그 것은 잠이 든 채로 일어나 꿈을 꾸지 않으며 여러 가지 일을 하는 사람과 같다. 즉 잠든 채 일어나 깨어 있는 사람처럼 눈을 뜨고 걷는 사람이 있다. 그 사람은 일어나고 있는 일을 감각하고 있지만, 깨어 있는 것도 그 렇다고 꿈을 꾸고 있는 상태도 아닌 것이다. 아이는 말하자면 깨어남을 모르는 듯 습관에 의해 잠자는 상태로 감각하며 산다. 시간이 경과함에 따라, 성장이 몸의 아래쪽 부분으로 옮겨 가면 그 시기에는 깨어 있는 시 간이 길어지고 더 많은 시간을 그렇게 보내게 된다. 사람 이외의 동물에 비해, 사람은 처음에 잠자고 지내는 시간이 길다. 왜냐하면 완성된 상태 로 태어나는 동물 중에서 사람은 가장 미완성인 상태로 태어나며, 또 그 성장이 특히 몸의 위쪽 부분에서 일어나기 때문이다.

그런데 아이가 태어나자마자 어느 아이나 눈이 파랗지만, 그 후 그 자 연 본성이 되는[21] 색으로 바뀌어 간다. 이런 일은 인간 이외의 동물에서 는 명확한 형태로 일어나지 않는다. 그 원인은, 다른 동물의 눈은 단색[22] 을 갖는 방향 쪽으로 기울어지는 것으로, 예를 들면 소는 눈이 검고, 모 든 양의 눈은 하늘색이며, 그 밖의 동물 유 전체에서 눈이 잿빛을 띤 푸 른색인 것이나 푸른 것, 게다가 황색[23]인 것도 있는데 대부분의 염소가

15
20
25
30

---

19 『동물 탐구』제9권(7권) 제10장 587b5-7 참조.『동물의 부분들에 대하여』제3권 제
    10장 673a7-9에는 '웃는 것은 사람'뿐이라고 되어 있다("단지 사람만이 간지러워하는
    원인은 피부가 얇디는 것과 동물 중에서 사람만이 웃을 수 있는 동물이라는 데 있다. 그
    리고 간지럼은 겨드랑이 아랫부분의 그런 움직임 때문에 일어나는 웃음이다").

20 「꿈에 대하여」제1장 458b17-20 참조.

21 즉 어린 시절 이후에는 더 이상 변하지 않는.

22 종에 따라 눈의 색이 한 종류로 정해져 있는 것.

23 'aigōpos'를 직역하면 '염소의 눈을 한 것'이다.

바로 그렇다. 그에 비해 사람 눈의 색은 다양하다. 푸른색, 잿빛을 띤 푸른색, 흑색의 눈이나, 심지어 황색의 눈도 있다.[24] 따라서 다른 동물에서는 [같은 종끼리] 서로 차이가 없듯이, 동일한 개체에서 차이[25]가 생기는 일도 없다. 왜냐하면 그 대부분은 원래 색이 하나 이상이 아니기 때문이다. 사람 이외의 동물 중에서 특히 말은 색깔이 다양하다. 실제로 한쪽 눈이 파란색인 말이 있다. 다른 동물에서는 명확하게 이런 양상으로 벌어지지 않지만, 사람에게서는 한쪽 눈이 파란색인 사람이 있다.

그런데 인간 이외의 동물에서는 젊을 때나 나이가 들었을 때도 명확한 변화는 없지만, 인간의 아이에서 왜 그런 일이 일어나는 것인지에 대해서는, 인간 이외의 동물에서는 그 부분은 단색이지만 인간에게서는 색이 다양하다는 것으로 그 원인으로 삼는 것이 충분하다고 생각해야만 한다. 아이의 눈이 파랗고 다른 색이 아닌 원인은 젊은 사람에게서 그 부분이 비교적 약하고, 파랗다는 것은 일종의 나약함이기 때문이다.

눈의 차이에 대해 눈에 파란색이나 잿빛을 띤 푸른색이나 황색이나 검은색이 있는 것은 어떤 원인 때문인지를 일반적으로 파악해야 한다. 엠페도클레스의 말에 의하면, 푸른 눈은 불로 되어 있고, 검은 눈은 불보다 물을 더 많이 함유한다고 생각되며, 이 때문에 전자, 즉 푸른 눈이 낮에 잘 보이지 않는 것은 물의 부족 때문이며, 후자가 야간에 잘 보이지 않는 것은 불의 부족 때문이라는 것이다. 그러나 사실상 모든 동물에서 시각[눈]은 불로 된 것이 아니라 물로 된 것으로 해야 한다면,[26] 이것은 좋은 설명이 아니다.

---

24 눈 색깔의 차이에 대해서는 『동물 탐구』 제1권 제10장 492a1-7 참조.

25 예를 들어 연령에 따른 차이.

26 이것이 아리스토텔레스 자신의 견해이다. 『자연학 소론집』 중 「감각과 감각되는 것에 대하여」 제2장 438a5-25 참조.

게다가 눈 색깔의 원인을 나타내는 것은 다른 방식으로도 가능하다. 그러나 이전에 「감각에 대하여」[27]에서, 그리고 그보다 더 이전에 혼에 대해 규정한 논의 속에서[28] 시각이 물로 된 것이며, 그리고 어떤 원인 때문에 그 감각기관이 물로 된 것이며 공기나 불로 된 것은 아니라는 것이 말해졌는데, [그 말이 맞다면] 앞서 말한 것[눈 색깔의 차이]의 원인은 그것이라고 생각해야 한다. 즉 눈에는 그것이 포함하고 있는 액상의 것이 그 균형 잡힌 운동[29]을 위해서 너무 많은 것도, 너무 적은 것도, 균형 잡힌 것도 있는 것이다. 액상인 것이 많은 눈은 많으면 비쳐 보이지 않기 때문에 검은 눈이며, 적은 눈은 푸르다. 그것은 마치 바다에서 볼 수 있는 것과 같다(즉 바다에서 맑은 곳은 파랗게 보이고, 그다지 비쳐 보이지 않은 곳은 하늘색이며, 깊기 때문에 바닥을 짐작할 수 없는 곳은 검은색이나 짙은 남빛으로 보인다). 한편, 그러한 중간의 눈에서는 '더 많다, 더 적다'라고 하는 정도의 차이가 있다.

푸른 눈이 낮에 예민하지 않고, 검은 눈이 밤에 예민하지 않은 것에 대해서도 원인은 같다고 보아야 한다. 즉 푸른 눈은 액상인 것이 적기 때문에, 액상이라는 점에서도 투명하다는 점에서도 빛이나 시각 대상에 의해 더 움직이기 쉽다. 하지만 그 부분의 운동이 시각 활동인데 시각 활동은 눈이 투명하다는 점에서 성립하는 것이며 액상이라는 점에서 성립하는 것은 아니다.[30] 또 검은 눈은 액상인 것이 많기 때문에 잘 움직이지

25

30

35

780a

5

---

27 「감각과 감각되는 것에 대하여」 제2장 138a5-25 참조.

28 『혼에 대하여』 제3권 제1장 425a3-9('감각기관은 공기와 물로 이루어져 있다. 눈동자는 물로 이루어져 있다') 참조.

29 이 장의 780a1 아래 참조.

30 『혼에 대하여』 제2권 제7장 418b9-10에는 '빛'이 "투명한 것이라는 점에서의 투명한 것의 활동 실현상태"라고 설명되어 있다.

않는다. 밤의 빛은 약한 것이니까. 이에 덧붙여 일반적으로 밤에는 액상인 것이 잘 움직이지 않게 된다.[31] 하지만 그것이 움직이지 않는 것도 안되지만, 그것이 투명한 것인 것에 의해 움직이는 것 이상으로 움직여져서도 안 된다. 왜냐하면 더 강한 운동이 더 약한 운동을 몰아내기 때문이다.[32] 강한 색으로부터 시선을 옮기거나 햇빛으로부터 어둠으로 이동하면 사물이 보이지 않게 되는 것도 그 때문이다. 이것은 눈 속에 잔존하고 있는 운동이 강해서 밖으로부터 오는 운동을 방해하기 때문이며, 액상의 것은 작용을 받기 쉽고 움직이기 쉽기 때문에 시각은 일반적으로 빛나는 것에 대해서는 그것이 강해도 약해도 볼 수 없는 것이다.

또, 각각의 시각[눈][33]이 걸리는 병도 그 점을 명료하게 밝혀 준다. 즉 백내장[34]은 푸른 눈 쪽이 걸리기 쉽고, '야맹증'이라고 불리는 것은 검은 눈 쪽이 걸리기 쉽다. 백내장은 눈이 있는 종의 건조함이며 늙으면 잘 걸리는 것도 그 때문이다. 노년에 가까워질수록 몸의 다른 부분과 마찬가지로 그 부분도 건조해지기 때문이다. 한편, 야맹은 액상인 것의 과잉이며, 젊은 사람 쪽이 걸리기 쉬운 것은 그 때문이다. 왜냐하면 그들의 뇌쪽이 더 액상이기 때문이다. 액상인 것이 많은 것과 적은 것의 중간 상태인 것이 가장 시력이 좋다. 이 경우에는 양이 적기 때문에 교란으로 색의 운동을 방해하지도 않으며, 양이 많기 때문에 움직이기 어려워지는 일

---

31 왜 그렇게 생각하는지는 분명하지 않지만, 『자연학 소론집』 중 「잠 속에서의 예언에 대하여」 제2장 464a14-15에서 '밤의 공기가 흐트러지기 어렵다. 바람이 덜하니까'라는 언급이 나온다.

32 「꿈에 대하여」 제2장 459b7-18 참조.

33 파란 눈과 검은 눈.

34 glaukōma는 문자적으로는 '파랗게 된 것'이다. 'glaucoma'(녹내장)의 어원이 되는 말이다. 하지만 여기서는 이에 해당되지 않는다.

도 없기 때문이다.

이상에서 말한 것만이 시각이 둔감하거나 예민하거나[35] 하는 원인이 아니라, '눈동자'라고 불리는 곳을 덮는 피막의 본성도 그 원인이 된다. 즉 그것은 투명해야 하고, 그러기 위해서는 필연적으로 얇고, 밝고,[36] 매끄러운 것이어야 한다. 얇은 것은 밖에서 온 운동이 똑바로 진행되기 위해서이고, 매끈한 것은 주름이 지고 그늘이 생기지 않게 하기 위함이다 (실제로 그것 때문에 늙은 사람은 뚜렷하게 보이지 않는다. 다른 피막에서도 볼 수 있듯이, 늙으면 눈의 피막도 주름이 생기고 두꺼워지기 때문이다). 밝은 것은 검은색이 투명하지 않기 때문이다. 그것은 바로 그것, 즉 투명하지 않은 것이 검은색이기 때문이다. 등불이 그렇게 검은 피막으로 만들어졌더라면 빛을 비출 수 없다는 것도 그 때문이다.

30

35

그런데 노년이거나 병에 걸렸을 때에는 이러한 원인 때문에 사물이 뚜렷하게 보이지 않게 되지만, 아이는 액상의 것이 적기 때문에 눈이 처음에 푸르게 보인다. 한편, 한쪽 눈만 푸르게 되는 것은 특히 사람이나 말인데, 그 원인은 사람만이 흰머리가 되고, 사람 이외의 동물 중에서 말만 늙으면 털이 눈에 띄게 희게 되는 원인과 같다. 왜냐하면 백발이 되는 것은 뇌 내의 액상의 것의 어떤 종류의 약함과 숙성이 불량한 것[37]이며, 그것이 또 눈이 푸른 것이 되기 때문이다. 즉 아주 희박한 것이든 아주 농밀한 것이든, 전자는 액상인 것이 적고 후자는 액상인 것이 많은 것인데 그에 따른 효력은 동일한 것이니까. 그래서 자연이 양쪽의 눈 속에 있는 액상의 것을 숙성시키든 숙성시키지 않든 균등하게 실행할 수 없으

780b

5

10

---

35 amblu(무디다)와 oxu(날카로운, 예민한)의 '동음이의'의 사용에 대해서는 『토피카』 제 1권 제15장 106a8-20 참조.

36 leukos는 문자적으로는 '하얗다'이다.

37 제4권 제4장 784b8-13 참조.

며, 한쪽을 숙성시키며 다른 쪽을 숙성시키지 않는 경우, 그때에는 한쪽 눈이 파랗게 되는 것이다.

눈이 날카로운 동물과 그렇지 않은 동물에게는 두 가지 원인이 있다. 왜냐하면 '날카로움'은 거의 두 가지 의미로 이야기되며, 듣는 것에 대해서도 또 냄새 맡는 것에 대해서도 마찬가지이기 때문이다. 즉 '날카롭게 본다'라고 말하는 것은, 하나는 '멀리서 볼 수 있다'라는 것이며, 다른 하나는 '보고 있는 것들의 차이를 가장 잘 지각하고 판별한다'라는 것이다. 그것들은 동일한 것에 동시에 성립하는 것은 아니다. 즉 손을 대거나 관을 통과하거나 해서 물건을 보면, 색의 차이를 구별하는 데 좋지도 나쁘지도 않지만 보다 멀리까지 볼 수 있다. 어쨌든 어떤 사람들은 가끔 구멍이나 우물 속에서 천체를 보곤 한다. 따라서 만일 눈앞에 커다란 돌출부가 있는 동물이 있는데, 그 눈동자 속의 액상인 것이 순수하지도 않고 밖에서의 운동과 균형이 맞지도 않으며, 표면을 덮고 있는 껍질도 얇지 않다면 그 동물은 색의 차이를 정확하게 볼 수 없지만, 그 액상인 것이 순수하고 그 주위의 덮임도 깨끗하지만 눈앞에 돌출부가 없는 동물과 비교하면 더 멀리 볼 수 있는 것이다.

차이를 지각하고 판별한다는 의미에서 날카롭게 보는 것의 원인은 바로 눈 그 자체에 있다. 즉 깨끗한 외투에서는 약간의 더러움이라도 눈에 띄게 되듯이, 시각[눈]이 깨끗하다면 작은 운동에서도 명백하여 감각을 일으키기 때문이다.[38] 한편, 먼 곳의 것을 보고 먼 곳의 시각 대상으로부터 운동이 눈에 도달하는 것의 원인은 눈의 배치에 놓여 있다. 실제로 눈이 튀어나와 있는 동물은 멀리까지 잘 볼 수 없고, 얼굴의 움푹 파인 곳 안쪽에 눈이 있는 동물은 대상으로부터의 운동이 열린 공간에서 흩

---

38 「꿈에 대하여」 제2장 460a12-14 참조.

어지지 않고 똑바로 나아가므로 멀리 있는 것을 볼 수 있을 것이다. 누군가가 말하고 있듯이, 보는 것은 '시선이 나가는 것에 의해서'[39] 성립하는 것이라고 해도(즉 '이 설에 의하면', 눈앞에 아무것도 없었다고 하면 필연적으로 시선은 흩어져서 보는 대상에 그다지 도달하지 못하고, 먼 것은 별로 보지 못하는 일이 되고 말 것이다), 혹은 보는 것은 볼 수 있는 대상으로부터의 운동에 의해서 성립하는 것이라고 해도 아무런 차이가 없다. 어쨌든 필연적으로 시각 능력[눈]은 운동에 의해서 보게 되는 것이기 때문이다.[40] 만일 시각[눈]으로부터 볼 수 있는 것에 관과 같은 것이 똑바로 연결되어 있었다면, 멀리 있는 것은 더 잘 볼 수 있었을 것이다. 그렇게 되면 시각 대상으로부터의 운동이 분산되는 일이 없을 것이기 때문이다. 만일 그렇지 않다면, [관과 같은 것이] 더 멀리 뻗어 나갈수록 그만큼 필연적으로 먼 것을 더 정확하게 볼 수 있다.

이렇게 해서 눈의 차이에 대한 원인은 이상으로 마친 것으로 하자.

제2장

청각과 후각에 대해서도 사정은 마찬가지이다. 즉 '정확하게 듣거나 맡는다'란, 하나는 '그 감각 대상으로서 밑에 놓여 있는 것들[41]의 차이를 가

---

39 플라톤, 『티마이오스』 45b-d 참조. 「감각과 감각되는 것에 대하여」 제2장 437b10-438a5에는 보는 것을 '눈에서 빛이 나가는 것'으로 성립되는 설로 설명하며, 플라톤과 엠페도클레스의 이론이 소개되고 있다. 엠페도클레스, 「단편」 DK31B84 참조.

40 「감각과 감각되는 것에 대하여」 제2장 438b4-5('눈과 그 대상 사이의 매개물이 공기이든 빛이든 간에 보는 것은 이 매개물을 통해 일어나는 것이다') 참조.

41 hupokeimenōn.

장 잘 감각한다'는 것이며, 다른 의미로는 '멀리 있는 것을 듣거나 맡는
다'는 것이다. 그런데 차이를 적절히 판별하는 것의 원인은 시각의 경우
처럼 감각기관에 있으며, 감각기관 그 자체나 그것을 둘러싼 막이 순수
하면 되는 것이다.

왜냐하면 「감각에 대하여」[42]에서 말했듯이, 모든 감각기관의 관[43]은
심장으로 뻗어 있으며 심장이 없는 동물에서는 그 유비물로 뻗어 있기
때문이다. 그런데 청각의 감각기관이 공기로 되어 있기 때문에, 청각의
관이 끝난 곳은 타고난 숨결[44]이 어떤 것에서는 맥박의 뜀[45]을 만들어 내

---

42 「감각과 감각되는 것에 대하여」에는 이것에 정확하게 대응하는 설명은 눈에 띄지 않
는다. 그 제2장 439a1-2에는 미각과 촉각의 중추가 심장에 있음을 시사하고 있다. 감
각의 중추가 심장인 것에 대해서는 「젊음과 늙음, 삶과 죽음, 호흡에 대하여」 제3장
469a11, 『동물의 부분들에 대하여』 제2권 제10장 656a27-34("감각의 시원이 심장 부
근의 장소라는 것은, 이전에 감각에 관한 논의에서 규정되었다. 그리고 다음과 같은 것
도 규정되었다. 다시 말해 두 가지 감각, 즉 촉각과 미각이라는 감각이 분명히 심장에 연
결되어 있음은 어째서인지, 또 다른 세 가지 감각 중 후각이 청각과 시각의 중간에 위치
하고, 청각과 시각이 그 감각기관의 본성 때문에 특히 머리에 있으며, 그중 시각은 어떤
동물이나 머리에 있는 [하지만 나머지 다른 두 감각이 반드시 머리에 있다고 할 수 없는]
것이 무엇 때문인지도 규정되었다") 참조.

43 『동물 탐구』 제1권 제16장 495a11-18에는 눈에서 뇌에 이르는 세 개의 관(poloi)이 보
고되고 있다. 「감각과 감각되는 것에 대하여」 제2장 438b13-16에는 '눈의 관'이 절단
될 정도로 구타당해 시각을 일시적으로 잃은 병사의 사례가 보고되어 있다. 『동물의
부분들에 대하여』 제2권 제10장 656b14-20("한편, 동물 중 일부는 머리의 주변부에 청
각[기관]을 가지고 있다는 것은 이치에 맞는다. 왜냐하면 '빈 곳'이라고 불리는 부분[뇌
실]이 공기로 채워져 있고, 청각의 감각기관도 공기로 이루어져 있다고 우리는 주장하기
때문이다. 관이 눈에서 뇌 주위 혈관까지 통하고 있다. 심지어 귀에서도 마찬가지로 관은
뇌의 뒷부분까지 연결되어 있다. 그러나 무혈인 부분이나 피 자체에는 감각 능력이 없고,
피로 이루어진 어떤 것에 감각 능력이 있는 것이다") 참조. 이들 관은 '신경'에 해당하는
것으로 추정되는데, 고대에서는 아직 그것의 기능은 몰랐을 것이다.

44 제2권 제6장 744a3 참조.

45 「젊음과 늙음, 삶과 죽음, 호흡에 대하여」 제26장 480a14-15에는 맥박의 뜀이란 액상
인 것이 가열되어 기화되는 것이라고 설명한다.

고, 다른 것에서는 숨을 들이마시고 내쉬는 것을 만들어 내는 곳[46]이다. 그 때문에 말한 바를 이해할 수 있으며, 그 결과 들은 바를 그대로 욀 수 있는 것이다. 왜냐하면 감각기관을 통해서 운동이 들어오는데,[47] 목소리를 통해서 생기는 운동 또한 동일한 하나의 각인으로부터[48] 유래하는 것과 같은 것이 되어서, 그래서 들은 것을 그대로 말할 수 있다. 그리고 하품하거나 숨을 내쉬거나 할 때는 숨을 들이쉴 때에 비해 잘 들리지 않는다. 그것은 숨결과 관련된 부분[심장]에 청각의 감각기관의 시원이 있으며, 또 기관이 숨결을 움직이는 동시에 그 시원이 흔들리고 움직이기 때문이다. 습한 계절이나 기후에 그것과 동일한 상태가 일어나고, …[49] 귀는 그 시원이 숨결과 관련된 장소에 가깝기 때문에[50] 숨결로 �꽉 차 있는 것처럼 보인다. 그런데 소리와 냄새의 차이에 대한 판별의 정확성은 감각기관과 그 표면의 막이 순수한 것에 근거하고 있다. 왜냐하면 시각의 경우와 마찬가지로, 그것들에 대해서도 모든 운동은 그러한 경우에 명확해지기 때문이다.[51]

30
35
781b

---

46 심장. 심장을 시원으로 하는 열 때문에 그 냉각을 위해서 호흡이 있다고 「젊음과 늙음, 삶과 죽음, 호흡에 대하여」 제21~22장에서 설명하고 있다. 『동물 탐구』 제1권 제17장 496a31-32 참조.

47 781a27: 대본의 'ois'를 대신해서 베커, 아우베르트와 비머, 펙, 루이(Bekker, Aubert & Wimmer, Peck, Louis)를 따라 'oia'로 읽는다.

48 apo chraktēros.

49 대본은 플라트(Platt)에 따라 텍스트의 탈락이 있는 것으로 본다. 펙(Peck)은 그대로 연속해 읽는다.

50 781b1: 대본은 'tē[i] archē[i] tou pneumatikou topou'를 대신하여 플라트(Platt)에 따라 'tēn archēn tō[i] pneumatikō[i] topō[i]'로 읽음(Peck 참조).

51 781a20-b5: 대본은 펙(Peck)에 따라 이 단락의 삭제를 제안하고 있다. 이 장이 본래의 논의로부터 떨어져 있는 것처럼 보여, 여기에 놓여 있는 것이 자연스럽지 않지만 사본대로 읽어 둔다.

먼 곳에 있는 것을 감각하거나 감각하지 못하는 것은 시각의 경우와
같다. 감각기관 앞에 해당 부분을 관통하는 관 같은 것이 튀어나와 있는
10   동물은 먼 곳에 있는 것을 감각하는 능력을 가지고 있다. 그래서 예를 들
어 라코니아 개[52]처럼, 코끝이 긴 동물은 냄새를 맡는 능력이 높은 것이
다. 감각기관이 상부에[53] 있기 때문에, 멀리서 오는 운동이 흩어지지 않
고 곧장 와 닿기 때문으로 눈앞에 손을 댄 것과 같[이 그림자가 드리워진
것]다. 마찬가지로 네 발 달린 동물의 어떤 것에서 볼 수 있듯이, 귀가
15   길고 멀리까지 튀어나와 있으며 내부가 긴 소용돌이 모양으로 되어 있
는 동물도 마찬가지이다. 왜냐하면 그것들은 멀리서 오는 운동을 포착
해 감각기관으로 전달하기 때문이다.

그런데 멀리 있는 것을 정확하게 감각하는 능력에 대해서 사람은 그
몸의 크기로 보면 동물 중에서 가장 나쁘다고 말할 수 있지만, 차이에 대
20   한 감각의 정확성에 대해서는 모든 동물 중에서 가장 뛰어나다. 그 원인
은 감각기관이 순수하고, 흙의 성질을 갖고 물체적인 것이 가장 적으며,
그리고 사람은 몸의 크기로 볼 때 동물 중 자연 본성적으로 가장 피부가
얇기 때문이다.[54]

자연은 바다표범에 관한 것도 이치에 맞는 방식으로 만들어 낸다. 즉
바다표범은 네 발로 태아를 낳는 것인데, 귀가 없고 [구멍] 관만 있
25   다.[55] 그 원인은 바다표범이 물속에서 생활하고 있다는 것이다. 귀라고

---

52   여우와 개의 잡종. 『동물 탐구』 제6권 제20장 574a16 아래, 제7권(8권) 제28장 607a3
      참조.

53   여기서 말하는 '상부'는 머리의 방향, 즉 네 발 달린 동물의 경우 그 앞쪽을 의미한다.

54   『동물 탐구』 제3권 제11장 517b27-28 참조.

55   양쪽의 특징을 갖는(epamphoterizein) 것들에 대해서는 『동물의 부분들에 대하여』 제
      2권 제12장 657a22-24("태생동물 중에서는 바다표범도 기형[pēros]의 네발동물이므로

하는 부분은 먼 곳에서 공기의 운동을 확보하기 위해 관에 붙어 있는 것이다. 그런데 귀가 바다표범에게 전혀 도움이 되지 않았다면, 대량의 물을 그 자신 안에 받아들이게 되어, 반대의 [불편한] 상황을 만들어 내게 되었을 것이다.

시각과 청각과 후각에 대해서는 이상에서 말한 바와 같다.

제3장

털의 형태는 사람에게서는 동일 인물이라도 연령에 따른 차이가 있으며, 털이 있는 다른 동물류와 비교해도 차이가 있다. 몸속에 태아를 낳는 동물은 거의 '모두' 털이 있다. 왜냐하면[56] 몸에 가시와 같은 것을 두르고 있는 것도 그러한 것이라고 말할 수 있는데, 털의 일종이 있다고 보아야 하기 때문이다. 예를 들어 고슴도치나 태생동물 중 다른 그러한 동물이 있다면 그것도 그런 것이다. 털의 차이로는 '딱딱하다', '연하다', '길다', '짧다', '곧다', '곱슬곱슬하다', '많다', '적다'라는 점에서의 차이, 이것 이외에 색깔로는 '하얗다', '검다', '이 둘 사이의 중간색의'와 같은 점에서 차이가 있다.

그것들의 차이 중 나이에 따라, 즉 젊었을 때와 좀 더 나이가 들면서 다른 것이 있다. 이는 특히 인간의 경우에서 현저하다. 실제로 나이가 들어 가며 털이 짙어져 가고, 사람에 따라서는 머리 앞쪽이 벗겨진다. 어릴

35

782a

5

10

귀가 아닌 청각의 구멍관을 가진다"), 제4권 제11장 690b19-35, 제13장 697b1-13, 그리고 『동물의 이동에 대하여』 제19장 714b12-13 참조. 바다표범의 예도 '자연은 쓸데없는 일을 하지 않는다'라는 큰 원칙이 적용된다.

56　즉 '모든 것'이라고 말할 수 있는 이유를 설명하고 있다.

때는 벗겨지지 않고, 여성도 벗겨지지 않는다. 그러나 남자는 나이가 들수록 대머리가 된다. 또 사람은 나이가 들면 두발이 하얗게 된다. 그러나 다른 동물에서는 그 사실을 말할 정도로 두드러지지 않으며, 특히 그것을 볼 수 있는 것은 말(馬)이다. 사람이 대머리가 되는 것은 전두부이고, 하얗게 되는 것은 처음에 관자놀이 근처이다. 그러나 관자놀이도 뒤통수도 벗겨지지 않는다. 털이 없어서 그 유비물 — 예를 들면 새의 깃털, 어류의 비늘 — 이 있는 동물이라도 이러한 상태와 성질의 몇 가지가 동일한 이치에 따라 일어나는 것이 있다.

그런데 자연이 무엇을 위해 털이라는 유의 것을 동물에게 만들었는지는 이전에『동물의 부분들에 대한 여러 원인』[57]에서 말했다. 한편, 무엇이 성립되어 있을 때 어떤 필연 때문에 그것들 각각이 일어나는지를 밝히는 것이 지금의 탐구에서 하는 일이다.

털이 굵고 또 가는 것의 원인은 특히 피부[58]에 있다. 실제로 피부가 두꺼운 것도 있고, 얇은 것도 있고, 거친 것도 있고, 치밀한 것도 있다. 또한 체내에 있는 체액의 차이도 보조 원인이다. 체액이 기름진 것도 있고 묽은 것도 있다. 사실 일반적으로 피부는 자연 본성이 흙의 성질을 가진 것으로 알려져 있다.[59] 즉 피부는 표면에 있고 수분이 증발하면 단단하게 토질이 되며, 털 및 그것의 유비물은 살로부터 나오는 것이 아니라 피부

---

57 『동물의 부분들에 대하여』제2권 제14장 658a18-19에는 '덮개' 때문이라고 설명하고 있다. 즉 "그런데 네발동물은 등 쪽에 덮개가 더 필요하고, 몸 앞쪽이 더 고귀하지만 몸을 구부리고 있기에 매끈한 것이다."

58 『동물의 발생에 대하여』제2권 제6장 745a20-22 참조.『동물 탐구』제3권 제9장 517a8-14 참조.

59 『동물의 부분들에 대하여』제2권 제9장 655a26-27, 제4권 제13장 697a8-9 참조.

로부터 그 안에서 수분이 증발하며 발산하여 나오는 것이다.[60] 두꺼운 피부에서 굵은 털이, 얇은 피부에서는 가는 털이 나는 것은 그 때문이다.[61]

그런데 피부가 비교적 거칠고 두껍다면 토질인 것이 많고 구멍이 크 **35** 기 때문에 털은 굵다. 반면, 피부가 비교적 치밀하면 구멍이 좁기 때문에 **782b** 털은 가늘다. 체액이 묽으면 털은 금방 건조해져 크기를 확보하지 못하고, 기름지면 반대의 상황이 된다. 기름진 것은 건조하기 어렵기 때문이 **5** 다. 그러므로 일반적으로 동물 중 피부가 두꺼운 것일수록 털이 굵지만, 가장 피부가 두꺼운 것의 털이 더 굵은 것은 아니다. 이미 말한 이유에서 그런 것이며, 예를 들어 돼지류의 상태를 소류와 비교해도 또 코끼리나 그 밖의 많은 동물과 비교해도 그렇다. 동일한 이유로 사람에게서는 머 **10** 리에 있는 털[머리카락]이 굵다. 왜냐하면 머리의 피부는 가장 두껍고, 가장 습한 곳에 있으며, 게다가 매우 거칠기 때문이다. 머리털이 긴 것에 대해서도 그 원인은 증발해서 수분이 건조해지기 쉽지 않다는 것이다. 건조하기 쉽지 않은 것의 원인은 그 양과 질 이 두 가지이다. 즉 수분이 **15** 충분히 있으면 건조하기 쉽지 않고 기름기가 많아도 마찬가지이다. 이 때문에 인간에게는 머리에 나 있는 털이 가장 길어진다. 왜냐하면 뇌는 습하고 차가워서, 수분을 다량으로 공급하기 때문이다.

직모나 곱슬머리가 되는 것은 털에 포함된 수증기 때문이다. 수증기 **20** 가 연기일 경우[62] 뜨겁고 건조하기 때문에 곱슬머리가 된다. 왜냐하면 털

---

60 플라톤, 『티마이오스』 76c에서는 냉각과 압축에 의해 피부에서 생긴 것으로 설명되고 있다.

61 여기서 paxus([피부가] 두껍다와 [털이] 굵다)와 leptos([피부가] 얇다와 [털이] 가늘다) 라는 표현은 동음이의로 쓰였다.

62 『기상학』 제2권 제4장 359b28-32에는 수증기에는 '습한 수증기'와 '건조한 수증기'가 있고, 후자에는 일반적 이름이 없기 때문에 '연기'라고 부를 수밖에 없다고 말하고 있다. 또, 같은 책 제1권 제3장 340b29에는 '가능성에서는 일종의 불이다'라고 설명되어

이 휘어지는 것은 두 방향의 움직임이 있기 때문이다. 즉 토질인 것[63]은 아래로, 뜨거운 것은 위로 움직인다. 그리고 털은 약하기 때문에 휘어지기 쉽고, 둘둘 말리게 된다. 그것이 털의 곱슬곱슬함이다. 그런데 곱슬곱슬함의 원인은 이렇게 생각할 수 있지만, 다음과 같은 일도 있을 수 있다. 그 수분이 부족하지만 토질인 것이 많아지기 때문에, 그것을 둘러싸는 것에 의해 건조되어 수축되는 것이다. 즉 곧은 것은 수분이 증발하면 휘어지고, 털이 불에 구워진 것처럼 쪼그라든다. 곱슬머리가 곱슬거리는 것은 주변에 있는 것의 열에 의해 수분이 없어지기 때문에 생기는 수축이라고 생각된다. 그것을 뒷받침하는 징표는 곱슬거리는 털이 곧은 털보다 더 단단하다는 점이다. 즉 마른 것은 단단한 것이다. 반면, 수분이 많은 동물은 직모이다. 왜냐하면 털 속을 수분이 방울방울 떨어지지 않고 흐르고 있기 때문이다. 이 때문에 흑해에 사는 스퀴타이인이나 트라키아인들은 직모이다. 그들 자신[64]도 또 그들을 둘러싼 공기도 습하기 때문이다. 한편, 에티오피아인이나 더운 지역에 사는 사람들은 곱슬머리이다.[65] 그들의 뇌와 그들을 둘러싼 공기가 메말라 있기 때문이다.

그러나 껍질이 두꺼운 동물 중에는 앞서 말한 원인[66]으로 털이 가는 것이 있다. 껍질 구멍이 촘촘하다면[67] 그만큼 털이 가늘어지는 것은 필연이다. 양의 털이 그렇게 가는 것은 그 때문이다. 사실 양모라고 하는 것

있다.

63 플라트(Platt)의 지적에 따라 털의 고체 질료가 '토질'이라는 점을 지적한 것으로 해석한다.

64 즉 체질.

65 『동물 탐구』 제3권 제10장 517b17-21에는 식사와 생육 지역의 기온 차이가 털의 경도에 영향을 미치는 것으로 말하고 있다.

66 이 장의 782b1-2 참조.

67 leptos. 이 장의 각주 61 참조.

은 대량의 털 덩어리이다. 한편, 동물 중에는 털이 연하지만, 그다지 가늘지 않은 것이 있다. 예를 들어 토끼류를 양과 비교하면 그러한 상태이다. 왜냐하면 그런 동물에서는 털이 피부 표면에 나 있기 때문이다. 그래서 털은 길지 않고, 아마포(린넨)를 문질러 나온 것과 비슷해진다. 즉 그들의 털도 길지 않고, 연하며, 직조하기가 불가능하다.

또 추운 지역의 양털은 사람과 반대되는 상태이다. 실제로 스퀴타이인은 털이 연한 데 비해 사우로마타이[68]의 양은 털이 단단하다. 그 원인은 모든 야생동물의 경우와 같다. 즉 추위는 물건을 건조시키기 때문에 응고시켜 단단하게 만드는 것이다. 즉 열이 압축되면 수분이 증발해 털도 피부 껍질도 토질이 되어 딱딱해진다. 야생동물은 야외에서 생활하는 것이 그 원인이며, 해당 동물에게서 서식 장소가 그러한 것이 그 원인이다. 그것을 보여 주는 징표는 배뇨 장애를 위해 이용되는 성게[69]에게서 일어나는 것이다. 즉 그 성게는 깊이(60오르귀이아[70]나 그 이상)로 인해 차가운 바다에 있기 때문에 그 자체는 작지만 가시가 크고 단단하다. 가시가 큰 것은 몸의 성장을 위한 영양을 차가운 바다로부터 얻고 있기 때문이며(가지고 있는 열이 적기 때문에 영양물을 숙성하지 못하고 많은 잉여물이 생기며, 그리고 가시나 털이나 그런 종류의 것은 잉여물로부터 생기기 때문이다), 단단하고 석화되어 있는 것은 차가움과 단단하게 굳어지는 작용 때문이다. 동일한 방식으로, 그 밖의 식물은 북향인 곳에 자라

10

15

20

25

30

---

68 스퀴타이와 같은 이란계 유목민족으로, 비스투라강과 돈강 사이의 지역(오늘날의 폴란드와 러시아 일부)에 기주했던 것으로 진해진다.

69 pontios echinos('해생의 echinos', 즉 성게). echinos는 성게와 고슴도치라는 두 가지의 의미를 지닌다. 여기에서는 육생의 echinos(즉, 고슴도치)와 구별하기 위해 '해생의 echinos(성게)'라는 표현이 사용되고 있다. 이때 언급되는 성게에 대해서는 『동물 탐구』 제4권 제5장 530b7-10 참조.

70 양팔을 펼친 만큼의 길이(1패덤, 약6피트, 1.83미터).

고 있는 것이 남향인 것보다 단단하고 토질로 석화하게 되고, 바람을 맞는 곳에 자라고 있는 것이 움푹 팬 곳의 것보다 더 그렇게 된다. 왜냐하면 북향인 것이나 바람을 맞는 것 모두가 더 차가워져 수분이 증발하기 때문이다.

35   그리고 열도 냉도 딱딱하게 만든다. 즉 그 양자에 의해 수분은 증발되고, 열에 의해 자체적으로, 냉에 의해 부대적으로 증발하게 된다[71](즉 열과 함께 수분도 빠져나간다. 열 없이는 어떠한 수분도 없기 때문이다). 그

783b 러나 냉은 사물을 단단하게 만들 뿐만 아니라 조밀하게 만들기도 하지만, 열은 [사물을] 희박하게 만든다.

동일한 원인으로 털이 있는 동물에서는 나이가 들면 털이 단단해지고, 날개나 비늘이 있는 동물에서는 깃털이나 비늘이 단단해지는 일도

5   일어난다. 왜냐하면 나이가 들면 피부가 단단해지고 두꺼워지기 때문이다. 그것은 건조하기 때문이며, 노년(gēras)은 열이 부족하며, 그에 따라 수분도 부족해지기 때문에 그 말이 함축하는 바대로 토질의 것(geēros)[72]이다.

10   동물 중에서 특히 사람은 대머리가 되는 것이 현저하다. 그러나 그런 종류의[73] 상태는 일반적이다. 실제로 식물에는 늘 초록인 것(常綠)도 있고 낙엽이 지는 것도 있으며, 새 중에서 은신처에 숨는 것[74]은 깃털이 빠

15   진다. 대머리가 되는 사람이 대머리가 되는 것도 무언가 그러한 종의 상태이다. 부분적으로는, 모든 식물에서도 잎이 떨어지며, 날개나 털이 있

---

71 『기상학』 제4권 제5장 382b1 아래 참조.

72 이 두 말은 어원상 'gē'(땅)와 연관되어 있다.

73 즉 대머리임.

74 '은신처에 숨다', '잠복하다'(phōlein)는 겨울잠을 이용하는 경우가 많다. 이곳에서는 새들이 겨울에 어디론가 몸을 숨기는 것, 즉 '떠돌이'일 것이다.

는 것에서도 깃털이나 털이 빠지는데, 그 종의 상태가 한꺼번에 일어나는 경우에 지금 말한 것과 같은 호칭이 된다. 즉 '벗겨지다'[대머리가 되다]라든가, '낙엽이 진다'라든가, '깃털이 빠진다'라고 불리는 것이다. 그 상태의 원인은 뜨거운 습기[75]의 부족이며, 습한 것 중 특히 기름진 것이 그런 것이다. 식물에서도 늘 초록인 것이 더 기름진 것은 그 때문이다. 그러나 이러한 상태들에 대한 원인은 다른 곳에서[76] 말해야 한다. 왜냐하면 식물의 경우에는 그 상태에 대해 다른 보조 원인도 있기 때문이다. 식물에는 겨울에 그러한 상태가 생기고(계절의 변화가 연령보다 더 영향력이 있으니까), 동물에서는 은신처에 숨는 것들이 그렇게 된다(왜냐하면 그것들이 그 자연 본성에서 사람보다 습기와 열이 적기 때문이다).

인간은 나이가 들면서 겨울이나 여름을 맞는다.[77] 따라서 성행위 이전에 대머리가 되는 사람은 없다.[78] 본성적으로 그렇게 성행위를 하고자 하는 사람은 그 시기에 더욱 대머리가 되기 쉽다. 왜냐하면 뇌는 본성상 몸에서 가장 차갑고, 성행위는 몸을 식히기 때문이다. 성행위는 순수한 자연 본성적인 열의 분리이니까.[79] 그래서 뇌가 최초로 그 변화를 느끼는 것은 이치에 맞다.[80] 사실 약하고 열악한 상태의 것은 작은 원인이나 계

20

25

30

---

75 『자연학 소론집』 가운데 「장수와 단명에 대하여」 제5장 466b21-22에는 뜨거운 습기가 성장과 증대, 생명의 원인이 있는 것으로 되어 있다.

76 아리스토텔레스의 상실된 작품인 『식물에 대하여』를 가리키는 것으로 해석한다.

77 식물에서의 1년 주기의 '춘하추동'이, 사람의 경우에는 '일생'에 대응한다고 상정하고 있다. 이 장 784a17-19에서 다시 언급된다. 이 부분의 설명에 따르면, 적어도 털에 관련해서 성행위를 할 수 있게 되는 사춘기가 '겨울의 시작'에 해당한다(아테나이 달력에서는 한 해는 하지 후의 첫 음력 7월에 시작된다).

78 『동물 탐구』 제3권 제1장 518a29-31 참조.

79 성행위를 할 때 더운 정액이 방출되는 것을 염두에 두고 있다. 『문제집』 제4권 제17항 참조.

80 아리스토텔레스에 의하면 뇌는 감각의 자리가 아니기 때문에, 여기에서는 작용에 민

기(契機)에도 움직임의 영향을 받는다. 그러므로 (1) 뇌 그 자체는 열이

35 적고, 게다가 (2) 필연적으로 그 주변의 피부는 한층 열이 적으며, (3) 그

것으로부터 나 있는 털 만들기는 [심장[81]으로부터] 멀어짐에 따라서 그

만큼 한층 더 열이 적다고 추론할 수 있다면, 그 나이 무렵에 정액을 내

놓는 사람이 대머리가 된다는 것은 이치에 맞는 것 같다.

784a 동일한 원인 때문에, 사람은 머리 앞면만 벗겨지고, 더구나 그렇게 되

는 것은 동물 중 사람뿐이다. 앞면만 벗겨진 것은 뇌가 그곳에 있기 때문

이고,[82] 동물 중 사람뿐인 것은 사람의 뇌가 뛰어나게 크며, 습기가 매우

5 많기 때문이다. 그리고 여자는 벗겨지지 않는다. 여자는 그 자연 본성이

아이의 그것에 가깝기 때문이다. 사실 여자도 아이도 정액을 방출하는

생식력이 없다.[83] 거세당한 남자도 대머리가 되지 않는 것은 여자로 전

환되었기 때문이다. 늦게 나는 털에[84] 대해서도 거세당한 남자에게는 그

털이 나지 않거나, 있다고 해도 거웃(陰毛)은 별개이지만 빠져 버리고 만

10 다. 왜냐하면 여자에게는 사춘기 무렵에 음모가 생기지만, 그렇게 늦게

자라는 털은 없기 때문이다. 즉 그 결손[거세]은 남자에서 여자로의 전

환이기 때문이다.

은신처를 갖는[동면하는] 동물에서는 털이 다시 나고, 낙엽이 지는 나

무에서는 다시 잎이 자라나지만, 대머리가 된 것에는 다시 자라는 일이

감하게 반응한다는 것을 지적하고 있다.

81 열이 부족한 것의 근거로서 몸에서 열의 시원인 심장과의 거리를 꺼내는 것은 자연스
럽지만, 플라트(Platt)가 지적하고 있듯이, 이 해석에는 이 문맥으로부터 심장의 언급
을 읽어 내는 것이 어렵다는 난점이 있다.

82 『동물의 부분들에 대하여』 제2권 제10장 656b12-13('뒤통수에는 없지만, 앞쪽에 뇌가
있다') 참조.

83 제1권 제20장 728a17-25 참조.

84 수염, 가슴털, 거웃 등.

없다. 이 일의 원인은 전자의 경우는 오히려 계절이 몸의 변화로 이어지고 있기 때문이며, 그 때문에 계절이 바뀔 때는 깃털이나 털이 나거나 빠지거나 식물의 잎이 떨어지는 변화도 일어나는 것이다. 그러나 사람에게는 [계절이 아닌] 연령상 겨울, 여름, 봄, 가을이 찾아오고, 그 결과 연령은 [계절과 같은 회귀적인] 변화를 하지 않으므로, 연령 때문에 일어나는 상태 변화의 원인은 [다른 동물이나 식물의 경우와] 마찬가지임에도 불구하고 변화하지 않는 것이다.

이렇게 해서 털의 [색을 제외한] 다른 상태와 성질에 대해서는 거의 이상에서 말한 바와 같다.

제4장

사람 이외의 동물에서는 털 색깔의 원인, 즉 털이 종마다 단일한 색이거나 여러 가지 색이 있는 것의 원인은 피부의 자연 본성에 있다. 하지만 인간에 대해서 노년이 아닌 병 때문에 모발이 하얗게 되는 경우를 제외하고는 이는 해당되지 않는다. [병에 의한 경우를 제외하는 것은] 백모증(leukē)[85]이라고 불리는 병에 걸리면 털이 하얗게 변하기 때문이다. 하지만 만일 노년이기 때문에 털이 희다면, 그 흼은 피부 탓이 아니다. 병으로 하얗게 되는 원인은 털이 피부에서 나기 때문이다. 그래서 피부병에 걸려 피부가 하얗게 되면, 그로부터 털병도 함께 일어나는 것이며 털병

---

85 문자적으로는 '백모증'으로, 한센병의 일종으로 여겨진다. 『동물 탐구』 제3권 제11장 518a12-18, 『소작품집』 가운데 「색채에 대하여」 제6장 797b14-17 참조. 힙포크라테스 『예언』 제2권 제43절 참조.

이 백발인 셈이다. 나이 때문에 털이 하얗게 되는 것은 몸이 약해지고 열이 부족하기 때문이다. 어느 나이든 늙고 몸이 쇠약해지거나 하면, 차가

운 상태가 되기 때문이다. 실제로 노년은 차갑게 말라 가고 있다.[86] 몸의

각각의 부분에 도달한 영양은 각각의 부분에 고유의 열이 숙성시킨다고

생각해야 하는데, 그 힘이 쇠약해지면 그 부분은 쇠약해지고 손상되거나 병이 생긴다. 그런 원인에 대해서는 나중에 성장과 영양에 대한 논의[87] 속에서 좀 더 정확하게 밝혀져야 한다.

그런데 털에 선천적으로 열이 적고 유입되는 습기가 과다한 사람의 경우, 고유의 뜨거움에 숙성력이 부족하기 때문에 주변 환경 속에 있는 열에 의해 부패된다. 다른 곳에서[88] 말했듯이, 부패는 모두 열에 의해 일어나지만 타고난 열에 의한 것은 아니다. 부패는 물과 흙과 이와 유사한

모든 물체적인 것에서 일어나고, 그 때문에 토질의 수증기[89]에서 부패가 일어난다(예를 들어 '곰팡이'라고 불리는 것이 그러하며, 곰팡이도 토질의 수증기의 부패이기 때문이다). 따라서 털 속의 영양은 그런 것이기 때문에 숙성되지 않으면 부패하고, 그리고 백발이라고 불리는 것이 된다. 하얗게 되는 것은 말하자면, 부패한 것에 생기는 곰팡이이지만, 그것은 하

얗기 때문이다. 그 원인은 공기가 많이 들어 있다는 데 있다. 실제로 토질의 수증기는 모두 농밀한 공기의 힘을 갖고 있다. 사실 곰팡이는 [흰]

---

86 제5권 제3장 783b6-8, 「장수와 단명에 대하여」 제5장 466a19 참조.

87 「잠과 깸에 대하여」 제3장 456b6에는 '영양물에 대한 논의'에 대한 언급이 있다. 『동물의 부분들에 대하여』 제3권 제14장 674a20 및 제4권 제4장 678a19-20에는 '(동물의) 발생과 영양물에 대한 논의'라는 언급이 나와 있다. 영양물에 대한 독립적인 논구가 있었는지 여부는 분명치 않다.

88 『기상학』 제4권 제1장 379a16 아래 참조.

89 제5권 제3장 782b29 참조.

서리와 반대 관계에 있는 것과 같다. 왜냐하면 상승하는 수증기가 굳으면 서리가 되고, 부패하면 곰팡이가 되기 때문이다. 그러므로 양쪽 모두 사물의 표면에 생기는 것이며, 실제로 수증기는 표면에 있다.

그래서 시인들은 희극 속에서 잘 비유해 흰머리를 농담식으로 노년 **20** 의 곰팡이나 서리라고 부른다. 사실 하나는 유의 수준에서, 다른 하나는 종의 수준에서 흰머리와 같다. 즉, 서리는 유의 수준에서 같고(둘 다 수증기이니까), 곰팡이는 종의 수준에서 같다(둘 다 부패하니까). 그것을 뒷받침하는 징표는 그러한 성질이다. 즉 많은 사람들은 병에 걸리면 흰머리가 나고, 나중에 건강해지면 흰머리를 대신해 검은 머리가 난다. 그 **25** 원인은 쇠약해져 있을 때에는 몸 전체도 자연 본성적인 열이 결핍된 상태에 있는 것에 대응하고, 심지어 여러 부분도 아주 작은 부분까지도 그러한 쇠약을 나누어 가지기 때문이다. 또 몸 전체에서도 각 부분에서도 많은 잉여물이 생긴다. 그 결과, 살 중에서의 미숙성이 흰머리를 만들어 **30** 낸다. 건강해지고 체력이 붙으면 다시 변화해서 노인이 젊어진 것과 같게 된다. 그에 따라 상태(pathos)가 변화하는 것도 그 때문이다. 질병을 '획득하게 된 노년'[90]과 노년을 자연스러운 질병으로 부르는 것은 적절하다. 적어도 어떤 종류의 병은 노년과 동일한 작용을 한다.

가장 먼저 머리카락이 하얗게 되는 것은 관자놀이이다. 왜냐하면 후 **35** 두부에는 뇌가 없기 때문에[91] 습기가 없고, 앞 윗부분[92]은 습기가 많으며 **785a**

---

90 자연 본성적인 경과로 생긴 것이 아닌 것.

91 『동물 탐구』 제1권 제16장 494b33-34, 『동물의 부분들에 대하여』 제2권 제10장 656b12-13 참조.

92 제2권 제6장 744a25 참조. bregma에 대해서 『동물 탐구』 제1권 제7장 491a31-b5, 제16장 495a9-10, 제3권 제7장 516a13-23에서 '두개골(頭蓋骨)의 앞부분'으로 설명되며, 이는 분명 전두골(前頭骨)을 가리키는 것으로 보인다. 그러나 맥락에 따라 bregma는 '두개골 전체'(entire cranium)를 가리키기도 한다(『동물의 부분들에 대하여』 제2권 제

습기가 많으면 부패하기 쉽지 않기 때문이다.[93] 이에 반해 관자놀이 부위의 털은 숙성시킬 정도로 수분이 적은 것은 아니며, 쉽게 부패되지 않을 정도로 수분이 많은 것도 아니다. 왜냐하면 양자[후두부와 앞 윗부분]의 중간에 위치하여 양자의 상태에서 벗어나 있기 때문이다.

이렇게 해서 인간의 흰머리에 대해서 그 원인을 이상에서 말했다.

제5장

인간 이외의 동물에서 나이 때문에 그러한 변화가 뚜렷하게 일어나지 않는[94] 원인은 대머리에 대해서 말한 원인[95]과 동일하다. 즉 사람 이외의 동물은 뇌가 작아서 사람만큼 습하지 않으며, 그 결과 열이 숙성의 힘을 완전히 없애기 전까지만큼은 되지 않는다. 그 점에 대해서 우리가 아는 동물 중에서 가장 현저한 것은 말(馬)이며, 그 이유는 몸의 크기로 볼 때 뇌 부근의 뼈가 다른 동물에 비해 가장 얇기 때문이다. 그 증거는 말에서는 그 부근의 타격이 치명상이 된다는 점이다. 그래서 호메로스는 다음과 같이 노래했다.

은 갈기의 앞부분이 두개골 위에

7장 653a35).

93 양이 많으면 부패하기 어려운 것에 대해서는 『기상학』 제4권 제1장 379b2-4, 『천계에 대하여』 제3권 제6장 305a6-7 참조.

94 『동물 탐구』 제3권 제11장 518a7-9 참조.

95 제5권 제3장 783b8-784a21 참조.

자라고 있는 곳, 바로 가장 치명적인 급소.[96]

그래서 습기가 뼈의 얇음 때문에 쉽게 그곳으로 흘러 들어가고, 열이 나이 때문에 부족해지면 그곳의 털은 흰머리가 된다. 그리고 검은 털보다 황갈색 털이 더 하얗게 되는 것이 빠르다. 털이 황갈색인 것은 털의 쇠약 상태와 같은 것이기 때문이며, 약한 것은 모두 늙기가 빠르다.[97] 한편, 두루미는 늙으면 털이 더 검어진다고 한다.[98] 그 상태의 원인은 그 깃털 만들기가 본성적으로 다른 것에 비해 습하고,[99] 늙으면 깃털에서 습기가 부패하기 쉬운 한도를 넘어 많아지기 때문일 것이다.[100]

흰머리는 (1) 어떤 종류의 부패에 의해 일어나는 것이며, (2) 어떤 사람들이 생각하는 바와 같이 말라붙는 것이 아니라는 것에 대해서[101] 그 것을 뒷받침하는 징표는 모자나 덮개로 덮은 머리카락은 빨리 하얗게 쇠는 것이며(왜냐하면 바람은 부패를 막는 것인 데 비해, 덮개는 바람을 맞지 않게 하는 것이기 때문이다), 또 물과 기름을 섞은 것을 [머리에] 바르면 그것을 막을 수 있다. 즉 물은 차게 하고, 기름은 물과 섞이면 쉽게 건조해지는 것을 막기 때문이다. 실제로 물은 건조되기 쉽다. (2) 흰머리는 말라붙는 것이 아니며, 목초가 말라붙으면 희게 되는 것과 같이 털도

---

96 『일리아스』 제8권 83~84행.

97 제3권 제4장 755a19 아래 참조.

98 『동물 탐구』 제3권 제12장 518b35-519a2 참조.

99 785a23: 사본에는 "더 하얗다"(leukoteran)로 되어 있으니, 맥락상 이해되지 않으므로 대본은 비터라우프(Bitterauf)의 제안에 따라, 'leptoteran'(보다 얇다)으로 고쳐져 있다 (Louis, Sánchez, Lanza, Lefebvre). 그러나 나는 아우베르트와 비머(Aubert & Wimmer)의 제안에 따라, "더 습하다"(hugroteran)로 읽는다(Platt, Peck, Liatsi).

100 제5권 제4장 784b35-785a 참조.

101 『동물 탐구』 제3권 제11장 518a7-18 참조.

희게 되는 것은 아니다. 그것을 뒷받침하는 징표는 흰머리가 곧장 자라

35 는 경우도 있다는 것이다. 메마른 것은 자라지 않는다.[102] 흰머리도 역시 그 끝이 하얗게 되는 경우[103]가 많다. 왜냐하면 가장자리가 가는 곳에서 열이 최소가 되기 때문이다.

785b   사람 이외의 동물에서 털이 하얗게 되는 것은 타고난 본성에 의한 것이며 작용을 받는 데서 비롯된 것이 아니다. 사람 이외의 동물에서는 털

5 색깔의 원인은 피부에 있다. 털이 흰 것은 피부가 희고, 검은 것은 그 피부가 검으며, 털 색깔이 얼룩 모양이고 흰색과 검은색이 섞여 있는 경우는 피부가 흰 곳과 검은 곳이 있는 것이 관찰된다. 반면, 사람에 대해서는 피부가 그 원인이 아니다. 실제로 피부가 흰 사람이라도 털은 매우 검다. 그 원인은 사람이 그 크기로 볼 때 모든 동물 중 가장 피부가 얇다는

10 데 있으며,[104] 그래서 피부는 털의 변화에 대해 영향을 미치지 않는다. 하지만 약하기 때문에 피부 자체의 색이 변화하고 태양이나 바람에 의해 더 검어지지만, 그에 따라 털도 변화하는 일은 전혀 없다. 한편, 사람 이외의 동물에서는 피부는 두껍기 때문에 그것들의 낳고 사는 장소에 의

15 해 영향을 받는다. 따라서 털이 피부의 변화에 따라 변화하지만, 피부가 바람이나 태양 때문에 변화하는 일은 전혀 없다.

---

102 흰머리가 빠지고 자라나는 것은 흰색이지만, 마른 잎이 떨어진 후에 자라나는 것은 녹색이라는 뜻이다.

103 흰머리를 깎거나 백발이 빠져도 금방 다시 백발이 나오는 경우.

104 『동물 탐구』 제3권 제11장 717b27-28 참조.

동물에는 단색인 것도 있고(여기서 '단색인 것'은 해당하는 유 전체에서 색이 한 종류인 동물을 말하며, 예를 들어 사자는 모두 황갈색이다. 이것은 새나 물고기나 그 밖의 동물에서도 마찬가지이다), 해당하는 유로 색이 다양한 동물도 있는데, 거기에는 온몸이 같은 색인 것('온몸이 같은 색인 것'이라는 것은 몸 전체가 같은 색을 하고 있는 것을 말하는 것으로, 예를 들면 소에는 전신이 흰색인 것과 전신이 검은색인 것이 있다)과 얼룩인 것이 있다. '얼룩이'에는 두 종류가 있는데, 하나는 유로서 얼룩이인 경우로 예를 들면 표범이나 공작이 그렇고, 물고기 가운데 몇 개 —— 예를 들면 '트라타'(thratta)[105]라고 불리는 물고기도 그렇다. 다른 하나는 유 전체로서 얼룩인 것이 아니나 얼룩이 되는 것이 있는 경우이며, 예를 들어 소나 염소가 그러하고, 새에서는 예를 들어 비둘기가 그러하다. 또 다른 유의 새에서도 같은 작용을 받는 것이 있다.

한편, 온몸이 같은 색의 것[106]은 단색의 것보다 매우 잘 변화한다. 흰색에서 검은색으로, 검은색에서 흰색으로 번갈아 가며 단일 색상으로 변화하기도 하고, 흑백 모두가 혼합된 것으로 변화하기도 한다. 이것은 한 종류의 색을 갖지 않는 것이 유 전체의 본성에 따른 특성이기 때문이다. 즉 해당 유는 어느 색으로도 변화하기 쉽고, 그 결과 서로 변화하여 다른 것보다 얼룩이 되기 쉽다. 단색의 것은 그와 반대이다. 왜냐하면 작용을 받는 것이 아니라면 변화하지 않으며, 또 그것은 드물기 때문이다. 실제

---

105 어떤 물고기의 종인지 결정하기 어렵다. 『동물 탐구』 621b16 참조. 621b16에서 언급된 'thritta'(청어과의 청어류 *Alosa alosa*로 추정됨)의 다른 이름으로 추측하는 해석자도 있다(Peck; Louis; Thompson, 1947, p. 77).

106 전신이 같은 색이지만, 유로서 색이 정해지지 않은 동물.

로 흰 자고새나 까마귀, 참새나 불곰에서도 그것이 관찰된 적 있다.[107] 그러한 일이 일어나는 것은 발생의 단계에서 전환이 일어나고 있는 경우

이다. 왜냐하면 작은 것은 쉽게 망가지며[108] 쉽게 움직이고, 또 발생하고 있는 것이 그러한 것이기 때문이다. 실제로 발생하고 있는 것에서는 그 시원이 작은 곳에 있다.

가장 잘 변화하는 것은, 본성적으로 전신이 같은 색이지만, 유로서는

여러 가지 색의 것이 있는 동물이며, 그것은 마시는 물 때문이다.[109] 뜨거운 물은 털을 하얗게 하고 차가운 물은 검게 만드는 것으로, 식물의 경우에 볼 수 있는 것과 같다. 그 원인은 뜨거운 물은 물보다 프네우마(공기, 숨결)를 더 많이 함유하고 있다는 것이며, 들여다보이는 공기는 거품을 만들어 내듯이 흰색을 만들어 낸다는 것이다.[110] 작용을 받는 것에 의한

흰 피부가 태생에 의한 흰 피부와 다르듯이, 털의 경우에도 질병이나 나이에 의한 흰색, 자연 본성에 의한 흰색과는 그 원인이 다른 것으로 차이가 있다. 즉 후자는 자연 본성적인 열이 하얗게 만드는 데 반해, 전자는 외부에서 유래한 뜨거움이 하얗게 만든다. 수증기 상태의 공기는 어떤 것에라도 갇히게 되면 하얀색을 가져온다. 그러므로 단색이 아닌 동물

은 배 아랫부분이 전체적으로 다른 것보다 하얗다. 흰 동물은 거의 모든 것이 다른 것보다 뜨겁고 고기가 맛난 것도 동일한 원인에 의한다. 왜냐하면 숙성은 달콤함을 만들어 내며, 열은 숙성을 만들어 내기 때문이다.

---

107 피부나 모발 등에 색소가 생기지 않는 비정상적인 백화(백화증)의 관찰 사례로 여겨진다. 「색채에 대하여」 제6장 798a25-30에는 토끼, 사슴, 곰, 메추리, 산메추리, 제비가 예시로 언급된다.

108 제4권 제6장 775a9 참조.

109 『동물 탐구』 제3권 제12장 519a9-20 참조.

110 제2권 제2장 735b8-736a9 참조.

단색으로 검거나 흰색인 동물에 대해서도 그 원인은 같다. 즉 열과 냉이 피부와 털의 본성을 결정하는 원인인 것이다. 몸의 부분 각각에는 그것에 고유한 열이 있으니까.

게다가 혀는 동물마다 다르다. 즉 [전체] 색이 단일한[111] 동물, 얼룩을 가진 동물, 또 단일한 색이지만 흰색이라든가 검은색이라든가 서로 다른 색을 가진 동물에서는 다르다. 그 원인은 앞서 말한 것으로, 얼룩 동물의 피부는 얼룩이고, 흰 털의 피부는 하얗고, 검은 털의 피부는 검다. 그리고 혀는 몸뚱이 바깥 부분에 있는 몸 부분의 하나와 같은 것으로 보아야 하며, 입안에서 감싸 보호되는 것이 아니라 손이나 발과 같은 것으로 보아야 한다. 따라서 얼룩 동물의 피부가 단색이 아닐 때에, 그것이 혀의 피부에 대해서도 원인이 되는 것이다.

어떤 종류의 새[112]나 몇몇 야생의 네 발 달린 동물에서는 계절에 따라 색이 변화한다. 그 원인은 인간이 연령에 따라 변화하는 것처럼, 그 변화가 계절에 따라 일어난다는 것이다.[113] 왜냐하면 그 차이는 연령에 따른 변화보다 크기 때문이다.

대개의 경우로 말하자면, 잡식성 정도가 높은 동물 쪽이 좀 더 얼룩진 것은 이치에 맞다.[114] 예를 들면 꿀벌은 앙트레네(anthrēnē)[115]나 말벌에

---

111 온몸이 같은 색.

112 『동물 탐구』 제3권 제12장 519a3-9, 제8권(9권) 제49[B]장 632b14-20 참조(Balme, 2002).

113 제5권 제3장 784a17-21.

114 이것은 아리스토텔레스가 예로서 들고 있는 벌에는 해당되지만, 일반적으로는 해당되지 않는다(Platt 참조).

115 말벌과(Vespidae)의 일종. 『동물 탐구』 제4권 제7장 531b23, 제5권 제23장, 제8권(9권) 제42장 참조.

비하면 단색이다. 먹이가 변화의 원인이라면, 잡다한[116] 먹이가 운동이나 먹이의 잉여물을 잡다하게 만든다는 것은 이치에 맞고, 그 잉여물로부터 털이나 깃털, 피부가 생겨나기 때문이다.

색과 털에 대해서는 이상과 같이 규정되었다고 하자.

제7장

목소리에 대해서 동물에게는 낮은 목소리인 것도 있고, 높은 목소리인 것도 있고, 적당한 높이로 높낮이의 양극단에 대해 균형 잡힌 목소리인 것도 있다. 게다가 목소리가 큰 것과 작은 것이 있으며, 또 목소리가 매끄럽고, 까칠하고, 유연한지 아닌지라는[117] 점에서 차이가 있는 것이 있다. 그것들 각각이 그렇게 되는 원인은 무엇인가를 탐구해야만 한다.

그런데 목소리가 높고 낮은 것에 대해서 그 원인은 젊었을 때와 나이가 들었을 때의 다른 상태와 성질의 변화의 원인과 같다. 즉 소 이외의 동물은 젊을 때일수록 내는 소리가 높지만, 소에서는 송아지가 목소리가 더 낮다.[118] 동일한 일은 수컷과 암컷 사이에서도 일어난다. 사실 소 이외의 종류에서는 암컷이 내는 소리가 수컷보다 높다(특히 이것이 현저한 것은 인간의 경우이다. 그렇게 되는 것은 동물 중에서 인간만이 언어를 사용하고 목소리는 언어의 질료이기 때문에, 자연은 특히 인간에게 그 능력을 주었기 때문이다). 한편, 소에 대해서는 그 반대이다. 즉 암컷이

---

116 '얼룩이'나 '잡다한'은 같은 말로 poikilos이다.

117 리아차(Liatsi)는 이것을 목소리 음역의 넓이 차이로 설명하고 있다.

118 『동물 탐구』 제5권 제14장 545a19-20 참조.

수소(황소)보다 낮은 소리를 낸다.[119]

그런데 무엇을 위해서 동물은 목소리를 가지고 있는가, 목소리란 무엇이며, 일반적으로 소리란 무엇인가, 그것에 대해 어떤 점은 『감각에 대하여』[120] 속에서 말했고, 어떤 점은 『혼에 대하여』[121] 속에서 말했다. 목소리가 낮은 것은 움직임이 느리다는 데에 있고, 높은 것은 움직임이 빠르다는 데에 있으며,[122] 운동이 느리거나 빠르다는 것의 원인은 움직이는 쪽에 있느냐, 움직여지는 쪽에 있느냐 하는 것은 일종의 난제이다. 왜냐하면 어떤 사람들은 '양이 많으면 움직임이 느려지고, 양이 적으면 빨라지는 것이며, 이것이 어떤 동물이 낮은 목소리이고, 어떤 동물이 높은 목소리인가의 원인'이라고 주장하기 때문이다. 그 주장은 어느 정도까지는 적절하지만 일반적으로는 적절하지 않은 것이다. 왜냐하면 목소리가 낮은 것이 움직이는 것[공기]의 어떤 종의 크기에 의존하고 있다는 것은 일반적으로 말하면 올바르게 이야기되고 있는 것처럼 보인다.[123] 그렇다면 작고 낮은 소리를 내기도 쉽지 않고, 마찬가지로 크고 높은 소리를 내기도 쉽지 않은 셈이다. 그리고 낮은 목소리는 보다 고귀한 태생을 보여 주는 것으로 생각되며, 노래에서 낮은 목소리는 높은 목소리보다 더 좋은 것으로 생각된다. 왜냐하면 더 좋은 것은 탁월성(우월성, huperochē)에 근거해 결정되며, 낮은 것은 어떤 종류의 탁월성이기 때문

25

30

35

787a

---

119 『동물 탐구』 제4권 제11장 538b14-15, 제5권 제14장 545a18-19 참조.
120 「감각과 감각되는 것에 대하여」에서는 녹소리나 소리를 논의의 주제로 삼고 있지 않지만, 제6장 446a20 아래에서는 냄새 등과 함께 다루고 있다.
121 『혼에 대하여』 제2권 제8장 참조.
122 『문제집』 제19권 제35절 920b1-4 참조. 퓌타고라스학파의 아르퀴타스(Archutas, 기원전 435/410~360/350년), 「단편」 DK47B1; 플라톤, 『티마이오스』 67b-c, 80a 참조.
123 『문제집』 제19권 제37절 920b17-18 참조.

이다. 그러나 목소리에 관해서 낮고 높은 것은 크고 작은 것과는 다른 것

5 이기 때문에(실제로 높은 목소리의 동물이 큰 소리를 내거나, 마찬가지로 낮은 목소리의 동물이 작은 소리를 내거나 하니까), 그것들의 중간 목소리 억양에서도 마찬가지이다.

그것들에 대해서, 지금까지 말한 것과는 다른 어떤 점에서 구별할 수 있는 것인가(나는 목소리가 크고 작은 것을 말하는 것이다), 혹은 움직이게 되는 것[공기]의 많고 적음에 의한 것인가? 그래서 지금 말한 정의에

10 따라 목소리가 높고 낮음이 구분된다면, 낮은 목소리의 동물이 큰 목소리를 내고 있고, 높은 목소리의 동물이 작은 목소리를 내고 있다는 것이 될 것이다. 하지만 이것은 잘못이다.

[이 논의가 어려운] 원인은 '크다'와 '작다', '많다'와 '적다'라는 것에는 무조건적으로 말하는 경우와 상호 비교로 말하는 경우가 있다는 것이다. 그런데 '큰 소리'라는 것은 움직이게 되는 것[공기]이 무조건적으로 많다는 점에 있으며, '작은 소리'라는 것은 무조건적으로 적다는 점

15 에 있는 것에 비해, '낮은 소리'와 '높은 소리'라는 것은 그 차이가 상호 비교에 의한다는 점에 있다. 즉 움직이게 되는 것이 움직이게 하는 것의 세기를 이기고 있다면, 필연적으로 운반되는 것은 느리게 운반되는 것이 되며, 움직이게 되는 것이 압도되어 있다면 운반되는 것은 빠르게 운반되는 것이 된다. 힘이 센 것은 그 힘 때문에 많은 것을 움직여서 운동을 느리게 할 수도 있으며, 제압함으로써 운동을 빠르게 할 수도 있다.

20 동일한 이치로 움직이는 것이 약할 때, 능력 이상으로 많은 것을 움직이면 만들어 내는 운동은 느려지고, 약하기 때문에 적은 것을 움직이면 운동은 빨라진다.

그런데 이러한 원인으로 아래와 같은 반대되는 일이 일어난다. 즉 젊

25 은 것 모두가 높은 소리인 것도 아니며 낮은 소리인 것도 아니고, 나이

든 것 모두가 높은 소리도 아니고, 또 수컷이나 암컷 모두가 높은 소리도 아니고 낮은 소리도 아니다. 더불어 병에 걸린 사람은 목소리가 높아지고, 몸이 건강한 사람도 목소리가 높아진다. 게다가 노년은 젊은 나이와 반대인데 노년이 되면 목소리가 더 높아진다.

그런데 대부분의 동물들은 비교적 젊거나 암컷일 경우 힘이 부족하기 때문에, 움직이는 공기의 양이 미미하고, 높은 소리가 난다. 왜냐하면 [움직이는 공기가] 적다면 공기는 빨리 운반되고, 빠른 것은 목소리에 관련해서는 높은 것이기 때문이다. 그러나 송아지와 암소에 대해서, 전자는 나이 때문에 후자는 암컷이라는 그 자연 본성 때문에, 공기를 움직이는 몸의 부분이 강하지 않지만, 많은 공기를 움직이는 것으로 낮은 목소리가 된다.[124] 왜냐하면 느리게 운반되는 것은 무겁고[목소리가 낮고[125]], 많은 공기는 느리게 운반되기 때문이다. 송아지나 암소는 많은 공기를 움직이지만, 다른 것에서는 움직이는 공기는 얼마 되지 않는다. 그것은 프네우마(숨결)가 최초로 운반되는 통로인 용기[126]가, 전자에서는 그 간격이 커서 움직이는 공기는 필연적으로 많아지지만, 후자에서는 적절히 배분되기 때문이다. 나이가 들면서 각각의 동물에서 공기를 움직이는 그 부분은 점점 힘을 얻게 된다. 그 결과로, 반대 상태로 변화해 높은 목소리의 것은 이전보다 낮은 목소리가 되고, 낮은 목소리의 것은 이전보다 높은 목소리가 되는 것이다. 그래서 수소[황소]는 송아지나 암소보다 더 높은 소리를 가지고 있다.

30

787b

5

10

---

124 소에서는 암컷 쪽이 목소리가 낮다는 것에 대해서는 『동물 탐구』 제4권 제11장 538b14-15에도 언급되고 있다.

125 barus는 '무겁다'라는 뜻과 '[소리가] 낮다'라는 뜻이 있는데, 여기서는 그 두 가지 의미를 사용하고 있다.

126 숨통.

그런데 모든 동물에서 힘은 근육에 존재하며, 따라서 전성기에 있을 때는 다른 시기보다 강하다. 왜냐하면 어린 것은 아직 관절이 튼튼하지 않고, 힘줄이 없기 때문이다. 게다가 어린 것은 아직 힘줄이 없으며, 늙으면 팽팽한 힘이 느슨해진다. 그래서 양쪽[젊은 것과 늙은 것] 모두가

15 약해서 공기를 움직이기 위한 힘이 부족하다. 한편, 특히 수소는 근육질이며, 그 심장도 근육질이다. 그래서 숨결[프네우마]을 움직이는 그 부분은 팽팽하게 잡아당긴 현처럼 힘줄의 상태이다. 황소의 심장이 그렇게 만들어진 것[근육질]은 수컷에서는 심장 속에 뼈가 생기는 것이 있다[127]는 데서 분명하다. 뼈는 힘줄의 본성을 구하는 것이다.[128]

20 동물은 거세되면 모두 암컷으로 변하며, 시원[심장] 속 힘줄의 세기가 느슨해지기 때문에 내는 소리가 암컷과 같아진다.[129] 그 이완은 말하자면, 여성이 베를 짤 때에 하는 것처럼, 추를 늘어뜨리게 함으로써 현을

25 잡아당긴 경우와 가까운 것이다. 즉 그녀는 '무게돌'(laias)이라고 불리는 것을 매달아 직조기의 날실을 팽팽하게 한다. 그와 마찬가지로, [한 쌍의] 고환은 정액의 관에 연결되어 있고, 그 관은 심장에 시작점이 있어서 목소리를 움직이는 것[130] 자체로 연결되어 있는 혈관으로부터 뻗어

---

127 『동물 탐구』 제2권 제15장 506a8-10, 『동물의 부분들에 대하여』 제3권 제4장 666b18-
21("말(馬)이나 어떤 종류의 소(牛)를 제외하면, 우리가 관찰한 모든 동물에서 심장에
는 뼈가 없다. 그 예외적 동물의 경우, 심장이 크기 때문에 몸 전체를 뼈[골격]가 지지
하고 있듯이, 말하자면 지탱을 위해 뼈가 묻혀 있는 것이다")에 동일한 언급이 나오며,
또한 소 이외에 말에서도 볼 수 있다고 알려져 있다.

128 뼈가 본성적으로 힘줄과 연결되는 경향을 가진다는 것. 제2권 제6장 744b36-38 참조.

129 『동물 탐구』 제5권 제14장 545a20-22, 제8권(9권) 제50장 632a4-6 참조. 갈레노스,
『정액에 대하여』(De semine) 제4권 575가 이 부분을 언급하고 있다.

130 제4권 제8장 776b16-18 참조. '격막' 주변으로 생각되지만 리아티(Liatsi, p. 198)는 '폐'
로 이해한다.

있다.[131] 그렇기 때문에 정액의 관이 이미 정액을 방출할 수 있게 된 나이 에 가까워져 변화하면, 그 부분도 변화한다. 그것이 변화하면 목소리도 변화하는 것이다.[132] 특히 수컷에서 현저하며 암컷에서도 동일한 일이 일어나는데 [수컷과 비교하여][133] 불명료하다. 그리고 목소리가 불균질 하면 '숫염소의 소리를 낸다'[134]라고 불리고 있는 일이 일어난다. 그 후에는 침착해지고, 그에 이어지는 연령에 상응해서 목소리가 낮고 또 높아진다.

그런데 고환을 제거하면 현이나 날실에서 추가 빠진 경우처럼,[135] 관의 팽팽함이 풀려 버린다. 그것이 느슨해지면 목소리를 움직이는 시원 도 느슨해진 정도에 비례해서 느슨해진다. 그래서 그 원인 때문에 거세된 동물은 목소리나 다른 형태가 암컷으로 변화하는 것이며, 그것은 몸에 긴장 상태를 가져오는 시원이 느슨해지기 때문이며, 어떤 사람들이 생각하는 것처럼 고환 자체가 많은 시원의 결절(結節)[136]이기 때문은 아니다. 작은 변성이 큰 변성의 원인이 될 수 있는데, 그것은 그 자체 때문이 아니라 그와 함께 시원이 변화하는 일이 일어날 경우에 그렇게 된다.

---

131 『동물 탐구』 제3권 제1장 510a14-15에는 대동맥(aortē)으로부터 혈관과 같은 관이 고환의 머리 부분에 연결되어 있다고 기술되어 있다.

132 제4권 제8장 776b15-16, 『동물 탐구』 제5권 제14장 544b29-30 참조.

133 『동물 탐구』 제9권(8권) 제1장에는 이를 다음과 같이 묘사하고 있다. "목소리는 거칠고 [높낮이가] 불균질한 것으로 변하기 시작하여 더 이상 높지는 않지만, 그러나 낮지도 않으며, 또한 [높낮이가] 모두 일정하지도 않지만, 팽팽하게 되지 않아 거친 소리를 내는 [뤼라의] 현처럼 된다"(581a17-20).

134 '음매'하는 소리(tragizein).

135 이 설명에 따르면, 추를 빼내 긴장 상태가 풀리면 목소리가 높아진다는 것이 되므로, 현의 고름(調絃)에 비추어 볼 때 부자연스럽다. 그래서 플라트(Platt)는 아리스토텔레스가 이 대목에서 현의 팽팽함을 길이와 혼동하고 있는 것이 아닐까 하고 추측한다.

136 연결되어 마디가 되는 곳(knot, ganglion).

즉 시원은 크기 면에서는 작아도 힘 측면에서는 큰 것이다. 그것이 시원
이라는 것이고, 즉 그것이 많은 것의 원인이며, 그보다 상위의 다른 것이
그 원인이 아니라는 것이다.

동물 중에는 본성적으로 낮은 목소리로 구성된 것이나 높은 목소리
로 구성된 것이 있는데, 그것에는 살고 있는 장소의 뜨거움이나 차가움
도 한 요인이 되고 있다. 왜냐하면 뜨거운 숨(프네우마)은 농밀함으로
말미암아 낮은 소리를 만들어 내고, 차가운 숨은 희박함 때문에 그와 반
대되는 것[높은 소리]을 만들어 내기 때문이다. 이는 아울로스(aulos)[피
리]의 경우에도 분명하다. 즉 비교적 뜨거운 숨으로 연주하는 연주자는
평평 우는 사람처럼 숨을 불어 넣어 더 낮은 피리 소리를 내는 것이고,
또 까칠까칠한 목소리의 원인과 목소리가 매끈한 원인, 그런 종류의 모
든 목소리의 불균질의 원인은 목소리를 내는 부분, 즉 기관(器官)이 까
칠까칠하거나 매끈하거나 혹은 일반적으로 균질 혹은 불균질인 것이다
(기관[氣管] 근처에 어떤 종류의 습기가 있는 경우나, 어떤 작용으로 까칠
까칠한 상태가 된 경우가 그렇다. 그때는 목소리도 불균질해지니까). 그
기관(器官)이 부드럽거나 딱딱하면, 목소리에 탄력성이 있거나 없는 원
인이 된다. 부드러운 것은 조정이 잘 되어 다양한 형태를 취할 수 있지
만, 딱딱한 것은 그것을 할 수 없는 것이니까. 그리고 부드러운 것은 작
은 소리도 큰 소리도 낼 수 있고, 그래서 높은 소리도 낮은 소리도 낼 수
있다. 왜냐하면 숨을 쉽게 조정할 수 있고, 그 자체로 쉽게 크거나 작게
할 수 있기 때문이다. 한편, 딱딱하면 조정하기 어렵다.

이렇게 해서, 목소리에 대해서 『감각에 대하여』나 『혼에 대하여』 중
에서 규정하지 않은 것을 말했다.

제8장

이빨에 대해서, 한 가지 일을 위해서만 이빨을 가지고 있는 것도 모든 동물이 동일한 일을 위해서 이빨을 가지고 있는 것도 아니며, 어떤 동물에서는 음식 섭취 때문에 이빨이 있고, 또 어떤 동물에서는 힘의 강함을 얻을 수 있도록, 혹은 음성으로 말을 할 수 있도록 이빨이 있다는 것은 앞에서 말한 대로이다.[137] 한편, 앞니가 먼저 나고 나중에 어금니가 생기는 것은 왜 어금니는 빠지지 않는데 앞니는 빠지고, 다시 나오는 것은 왜인가, 이런 것에 대해서는 발생에 대한 논의와 동류(同類)의 원인을 생각해야 한다.[138]

그런데 이빨에 대해 데모크리토스도 말하고 있기는 하지만 그것은 적절한 방식이 아니다. 왜냐하면 그는 모든 경우에 대해[139] 고찰하지 않고 보편적으로 원인을 말하고 있기 때문이다. 즉 그는 '동물의 이빨이 빠

5

10

---

137 이빨에 대해서는 제2권 제6장 745a18-b15, 『동물의 부분들에 대하여』 제2권 제9장 655b2-17("… 여러 이빨로 구성된 것들도 그런 유에 포함되어 있으며, 어떤 동물의 경우에는 영양물 섭취라는 하나의 기능을 위해 [이빨이] 있는 것이지만, 다른 동물의 경우에는 거기에 더해, 예를 들어 강함을 위해서도 그렇다. 톱니 모양의 이빨을 가진 동물이나 송곳니가 있는 동물이 모두 그렇다. 그런 이빨은 모두 필연적으로 토질이고 단단한 본성의 것이어야 한다. 그것이 무기에 상응하는 힘이기 때문이다. 이런 까닭에 그런 부분 모두가 태생의 네발동물에 더욱 부합하는 것이다. 그것들은 모두 그 구조가 사람의 유보다 토질이기 때문이다"), 제3권 제1장 661a34-662a15 참조. 이 장에서 다루어지는 이빨을 둘러싼 문제는 이 책의 제2권 제6장 745b13-15에서 나중에 이야기할 것으로 예고되어 있었다.

138 이 구절은 제5권이 『동물의 발생에 대하여』의 논의 중에서 적절한 위치를 차지하고 있음을 보여 준다(Louis 참조). (a) 앞니가 먼저 생기고 어금니는 나중에 생기는 이유, (b) 앞니는 빠지고 다시 자라나지만 어금니는 빠지지 않는 이유에 대해서는 이 장의 788b30-789b2를 참조. 이빨의 성장에 대해서는 제2권 제6장 745b2-9 참조.

139 즉 모든 사실에 대한 탐구.

지는 것은 시기가 오기 전에 자랐기 때문이다'라고 주장한다. 다시 말해 동물은 거의 성숙했을 때 이빨이 자라는 것이 자연스러운 것이며,[140] 시기가 오기 전에 자라는 원인은 젖을 빠는 데 있다는 것이다.[141] 하지만 돼지도 젖을 빠는데, 이빨은 빠지지 않는다.[142] 게다가 톱니 모양의 이빨을 가진 동물[143]은 모두 젖을 빨지만, 개 이빨을 제외하고는 이빨이 빠지지 않는 것도 있다. 예를 들면 사자가 그렇다.[144] 이 잘못은 모든 경우를 고찰하지 않고 보편적으로 말하고 있다는 점에 있다. 그것을 고찰해야만 한다. 왜냐하면 보편적인 것을 말하는 사람은 모든 것을 말하는 것이 필연적이기 때문이다.

관찰에 근거한 전제로서 각각에 대해 가능한 일이라면, 자연은 불충분한 일도 쓸데없는 일도 하지 않는다고 우리는 상정하고 있으며,[145] 동물이 젖을 빨고 자라는 시기를 지나 음식을 얻으려 한다면, 필연적으로 음식물을 처리하기 위한 기관이 있어야 한다. 그렇다고 한다면, 어른이

---

140 데모크리토스, 「단편」 DK68A147 참조. 이빨은 성숙기에 이르러서야 비로소 자연스러운 성장을 한다. 즉, '자연스러운' 이빨은 동물이 성숙기에 이르렀을 때 비로소 생긴다. 한편, 그보다 먼저 자라 이미 빠졌던 이빨은 너무 이르게 난 것으로, 이는 아리스토텔레스의 입장에서는 '자연에 반하는' 것으로 해석될 수 있다.

141 힙포크라테스는 『육질에 대하여』 제12절에서 첫 번째 이빨은 모체 내에서 섭취한 것과 젖을 바탕으로 형성된다고 설명한다.

142 『동물 탐구』 제2권 제1장 501b4-5에는 돼지의 이빨은 하나도 빠지지 않는 것으로 되어 있다.

143 『동물의 부분들에 대하여』 제3권 제1장 661b18-20("날카롭고 위아래가 [서로 어긋나] 잘 맞물리게 되어 있는, '톱니 모양의 이빨을 한 것'이라고 불리게 되는 이빨을 가진 것도 있다"), 『동물 탐구』 제2권 제1장 501a16-17에는 사자, 표범, 개를 그 예로 들고 있다.

144 『동물 탐구』 제6권 제31장 579b12-14에서 사자는 송곳니만 빠져나간다고 되어 있으나, 이는 사실에 부합하지 않는다.

145 제2권 제5장 741b4-5, 제6장 744a36-37, 『동물의 부분들에 대하여』 제3권 제1장 661b23-24("자연은 결코 무엇 하나 헛된 일이나 쓸데없는 짓을 하지 않으니까") 참조.

될 무렵에 데모크리토스가 말하는 것과 같은 일이 일어난다고 하면, 자연은 스스로에게 실행할 수 있는 일들 중 어떤 것에 실패하는 것이 되어 버려서, 자연의 소산(所産, ergon)이 자연에 반하여 생긴 것이 되어 버릴 것이다. 왜냐하면 강제에 의한 것은 자연에 반하는 것인데, 그는 '이빨의 생성은 강제에 의해서 일어난다'라고 말하고 있기 때문이다. 그렇다면 이것이 진실이 아닌 것은 이러한 것들로부터도 또 다른 그와 같은 것들로부터도 명백하다.

앞니가 납작한 이빨보다 빨리 자라는 이유는 첫째, 그것이 행하는 일이 먼저이기 때문이며(즉 물어뜯는 것이 으스러뜨리는 것보다 먼저이며, 납작한 이빨은 으깨는 것과 관련되고 앞니는 물어뜯는 것과 관련되니까), 나아가 동시에 자라기 시작한다고 해도, 작은 것이 큰 것보다 더 빨리 생기는 것이 자연스럽기 때문이다. 그리고 앞니의 크기가 어금니보다 작은 것은, 턱뼈가 어금니 근처에서 넓고 입 끝으로 갈수록 좁아져 있기 때문이다. 그러면 [이빨을 형성하기 위한] 영양은 더 큰 것에서 더 많이 흘러나오고, 더 좁은 곳에서는 더 적은 것이 필연이다.[146]

젖을 빠는 것 자체는 이빨 형성에 아무런 기여를 하지 못하지만, 젖의 뜨거움은 이빨이 더 빨리 자라도록 촉진한다. 그것을 뒷받침하는 징표는 젖을 빠는 동물이라도 더 뜨거운 젖을 빨던 아이가 이빨이 더 빨리 자라는 것이다.[147] 열은 성장시키는 것이니까.

생겨난 이빨이 빠지는 것은 '더 나은 것'을 위해서이고, 날카로운 것은 금방 무뎌지기 때문이다. 그래서 그 일을 다른 것이 이어받아야 하는

30

789a

5

10

---

146 아리스토텔레스는 이빨은 뼈에서 나온다고 생각하고 있으며(제2권 제6장 745a24), 뼈에 배분되는 영양에서 생긴다고 설명하고 있다(745b7-8).
147 『동물 탐구』 제9권(7권) 제10장 587b16-18 참조.

것이다. 이에 비해 납작한 이빨은 무뎌지지 않고, 시간이 지나면 닳아서 매끄러워질 뿐이다. 또한 빠지는 것은 필연에 의한 것이며, 어금니의 뿌리가 턱이 넓은 곳에서 뼈가 강한 곳에 있는 데 반해, 앞니의 뿌리는 좁은 곳에 있으며, 그 때문에 약하고 움직이기 쉽다.[148] 다시 자라는 것은 빠짐이 일어나는 것이 뼈가 아직 생장하고 있을 때이고, 아직 그 시기라면 이빨이 생기기 때문이다. 이를 뒷받침하는 징표는 납작한 이빨로 자라는 데 시간이 오래 걸린다는 것이다. 사실 마지막으로 자라는 이[빨]가[149] 나는 것은 20세 무렵인데, 어떤 사람은 뼈가 넓은 곳에 많은 영양이 있기 때문에 꽤 늦어서 가장 안쪽의 이빨이 생긴 것이다.[150] 앞니는 그 얇기 때문에 재빠르게 완성되고, 거기에는 잉여물이 생기지 않으며, 영양은 그 자신의 고유한 성장을 위해 소비된다.

그런데 데모크리토스는, '그것을 위해서'의 '그것'[목적]을 말하는 것을 소홀히 하고, 자연이 활용하고 있는 모든 것을 필연으로 돌리고 있다.[151] 자연이 활용하는 것은 그러한 필연에 의한 것이지만, 그럼에도 '무언가를 위해서', 각각에 대해 '더 좋은 것'을 위해서인 것이다. 따라서 그런 식으로[152] 이가 나고 빠지는 것을 방해하는 것은 아무것도 없지만, 그

---

148 789a8-11에서는 이빨이 빠지는 것이 '더 나은 것'을 위한 목적으로 설명되고, 789a11-14에서는 이빨이 있는 위치에서의 필연으로 설명된다.

149 '사랑니'를 말한다. 『동물 탐구』 제2권 제4장 501b24-25 참조.

150 『동물 탐구』 제2권 제4장 참조.

151 필연에 의해 발생한 것이라 하더라도, 자연이 그것을 어떤 기능을 위해 활용하고 있는 경우라면, 목적론적 설명을 제외한 설명은 불완전하다. 아리스토텔레스에 따르면, 데모크리토스가 저지른 치명적 실수는 모든 자연 현상을 '질료적 필연성'의 관점에서 설명한 데 있는 것이 아니라, 자연이 사용하는 모든 것에 대해 '최종 원인'을 말하지 않았다는 데 있다.

152 데모크리토스가 말하는 것처럼, 필연에 의해서.

렇게 되는 것은 그것들 때문이 아니라 그 '목적' 때문이다. 그것들은 움직이는 것, 도구로서의 원인이며, 또한 질료로서의 원인이다. 자연이 프네우마[숨결]를 도구로 사용해서 많은 일을 하는 것은 그럼직한 일이기 때문이다. 기술에 관련된 것 중 몇 가지는 ── 예를 들어 대장간 기술에서 망치나 모루처럼 ── 많은 것에 유용하지만, 자연에 의해서 형성된 것에서는 프네우마가 그러한 것이다. 필연적으로 원인을 이야기하는 것은 수종증(水腫症) 환자의 경우에 절개하여 물이 흘러나오는 것을 단지 칼 때문이라고 하여, 칼이 절개하는 것은 건강을 위한 것인데, 환자의 건강을 위해서가 아니라고 생각하는 것과 같다.

이렇게 해서 이빨에 대해서 왜 어떤 것은 빠져도 다시 생기는데 다른 것은 그렇지 않은지, 그리고 일반적으로 어떤 원인 때문에 이빨이 생기는지를 말했다. 여러 부분에 따른 다른 상태들(pathēmata) ── '무엇을 위해서' 생기는 것이 아니라, 필연에 의해, 즉 운동을 일으키는 원인 때문에 생기게 되는 것[153] ── 에 대해서도 말했다.

---

153 제1~7장에서 다른 '속성들'에 대해서도 언급했는데, 그것들은 '무언가를 위해' 생겨나는 것(목적론적)이 아니라 '질료적-작용적 원인들' 때문에 생겨난다는 사실을 특징으로 하고 있다. 이빨을 설명하는 제8장에서 논의된 이빨의 차이는 다른 것들과 달리, 비록 부차적이기는 하지만 '무언가를 위해'(목적론적 설명) 생겨난다는 점에서 다르다.

원전, 주석, 번역

Bekker, I.(1831), *Aristotelis Opera*, Vol. I, Berlin, G. Reimer.

Drossaart Lulofs, H. J.(1965), *Aristotelis De generatione animalium*, Oxford, Oxford University Press.

Liatsi, M.(2000), *Aristoteles, De generatione animalium, Buch V, Einleitung und Kommentar*(AKAN-Einzelschriften, Bd. 1), Trier, Wissenschaftlicher Verlag Trier.

Louis, P.(1961), *Aristote, De la Génération des Animaux*(*Collection des Universités de France*), Paris, Les Belles Lettres.

Oppenraaij, A. M. I. von(ed.)(1992), *De Animalibus, Michael Scot's Arabic-Latin Translation, Part Three: Books XV~XIX, Generation of Animals*, Leiden, Brill.

Peck, A. L.(1942), *Aristotle, Generation of Animals*(*Loeb Classical Library No. 366*), Cambridge, Mass., Harvard University Press.

Philoponus(Michael Ephesius), *In libros De generatione animalium commentaria*, (Commentaria in Aristotelem Graeca, XIV.3), ed. M. Hayduck, Berlin, G. Reimer, 1903.

Reeve, C. D. C.(2019), *Aristotle: Generation of Animals & History of Animals I, Parts of Animals I*, Translated with an Introduction and Notes, Indianapolis, Hackett Publishing Company.

연구서

Aubert, H., & Wimmer, F.(1860), *Aristoteles' Fünf Bücher von der Zeugung und Entwickelung der Tiere*(Aristoteles Werke, Bd. 3), Leipzig, W. Engelmann.

Balme, D. M.(1962a), "Development of Biology in Aristotle and Theophrastus: Theory of Spontaneous Generation", *Phronesis*, Vol. 7, pp. 91~104.

_____(1962b), "Genos and *Eidos* in Aristotle's Biology", *Classical Quarterly*, n.s., Vol. 12, No. 1, pp. 81~98.

_____(1980), "Aristotle's Biology was not Essentialist", *Archiv für Geschichte der Philosophie*, Vol. 62, No. 1, pp. 1~12, repr. with appendices in *Philosophical Issues in Aristotle's Biology*, eds. A. Gotthelf and J. G. Lennox, Cambridge, Cambridge University Press, 1987, pp. 291~312.

_____(1987a), "The Place of Biology in Aristotle's Philosophy", in *Philosophical Issues in Aristotle's Biology*, eds. A. Gotthelf and J. G. Lennox, Cambridge, Cambridge University Press, pp. 9~20.

_____(1987b), "Aristotle's Use of Division and Differentiae", in *Philosophical Issues in Aristotle's Biology*, eds. A. Gotthelf and J. G. Lennox, Cambridge, Cambridge University Press, pp. 69~89.

_____(1987c), "Teleology and Necessity", in *Philosophical Issues in Aristotle's Biology*, eds. A. Gotthelf and J. G. Lennox, Cambridge, Cambridge University Press, pp. 275~285.

_____(1991), *Aristotle: History of Animals: Books VII–X*, Cambridge, Mass., Harvard University Press.

_____(1990), "Matter in Definition: A Reply to G. E. R. Lloyd", in *Biologie, logique et métaphysique chez Aristote*, eds. D. Devereux and P. Pellegrin, Paris, Éditions du Centre National de la Recherche Scientifique, pp. 49~54.

_____(1992[1972]), *Aristotle: De partibus animalium I and De generatione animalium I(with passages from II.1–3)*(Clarendon Aristotle Series), Oxford, Clarendon Press.

Balme, D. M. & Gotthelf, A.(2002), *Historia animalium*, Cambridge, Cambridge University Press.

Balss, H.(ed.)(1943), *Aristoteles, Biologische Schriften: Griechisch und Deutsch*, München, Ernst Heimeran Verlag.

Barnes, J.(1980), "Aristotle and the Methods of Ethics", *Revue Internationale de Philosophie*, Vol. 34, No. 133/134, pp. 490~511.

Berryman, S.(2007), "Teleology without Tears: Aristotle and the Role of Mechanistic Conceptions of Organisms", *Canadian Journal of Philosophy*, Vol. 37, pp. 357~370.

Bitterauf, K. E.(1913), *Der Schlußteil der Aristotelischen Biologie,* Kempten in Allgäu, Kösel.

Bodson, L.(2014), *Aristotelis De generatione animalium: Index verborum*, Hildesheim, Olms-Weidmann.

Bolton, R.(2018), "The Search for Principles in Aristotle: Posterior Analytics 2 and Generation of Animals 1", in *Aristotle's Generation of Animals: A Critical Guide*(Cambridge Critical Guides), eds. A. Falcon and D. Lefebvre, Cambridge, Cambridge University Press, pp. 227~248.

_____(1987), "Definition and Scientific Method in Aristotle's *Posterior Analytics* and *Generation of Animals*", in *Philosophical Issues in Aristotle's Biology*, eds. A. Gotthelf and J. G. Lennox, Cambridge, Cambridge University Press, pp. 120~166.

Charles, D.(2000), *Aristotle on Meaning and Essence*, Oxford, Oxford University Press.

Charlton, W.(1987), "Aristotle on the Place of Mind in Nature", in *Philosophical Issues in Aristotle's Biology*, eds. A. Gotthelf and J. G. Lennox, Cambridge, Cambridge University Press, pp. 408~423.

Cho, D.-H.(2003), *Ousia und Eidos in der Metaphysik und Biologie des Aristoteles*(Philosophie der Antike, Bd. 19), Stuttgart, Franz Steiner Verlag.

Code, A.(1987), "Soul as Efficient Cause in Aristotle's Embryology", *Philosophical Topics*, Vol. 15, pp. 51~59.

_____(1995), "Biomedical Models of Reproduction in the Fifth Century BC and Aristotle's *Generation of Animals*", *Phronesis*, Vol. 40, pp. 48~88.

Connell, S. M.(2015), *Aristotle on Female Animals: A Study of the Generation of Animals*, Cambridge, Cambridge University Press.

Cooper, J. M.(1988a), "Metaphysics in Aristotle's Embryology", *Cambridge Philological Society Proceedings*, Vol. 214(n.s. 34), pp. 14~41.

_____(1988b), "Review of Martha Nussbaum's The Fragility of Goodness",

Philosophical Review, Vol. 87, pp. 543~564.

_____(1990), "Metaphysics in Aristotle's Embryology", in *Biologie, logique et métaphysique chez Aristote*, eds. D. Devereux and P. Pellegrin, Paris, Éditions du Centre National de la Recherche Scientifique, pp. 55~84.

_____(1999), "Aristotle on the Authority of 'Appearances'", in *Reason and Emotion: Essays on Ancient Moral Psychology and Ethical Theory*, Princeton, Princeton University Press, pp. 281~291.

Craik, E. M.(1998), *Hippocrates, Places in Man*, Oxford, Clarendon Press.

Devereux, D. & Pellegrin, P.(eds.)(1990), *Biologie, logique et métaphysique chez Aristote*, Paris, Éditions du Centre National de la Recherche Scientifique.

Diels, H. & Kranz, W.(1951~1952), *Die Fragmente der Vorsokratiker*, 3 Bde., Berlin, Weidmann(김인곤·강철웅·김재홍·김주일·양호영·이기백·이정호·주은영 옮김(2005), 『소크라테스 이전 철학자들의 단편 선집』, 서울, 아카넷).

Ebrey, D.(2015), *Theory and Practice in Aristotle's Natural Science*, Cambridge, Cambridge University Press.

Falcon, A.(2005), *Aristotle and the Science of Nature: Unity without Uniformity*, Cambridge, Cambridge University Press.

Falcon, A. and Lefebvre, D.(eds.)(2018), *Aristotle's Generation of Animals: A Critical Guide*(Cambridge Critical Guides), Cambridge, Cambridge University Press.

Freudenthal, G.(1999), *Aristotle's Theory of Material Substance*, Oxford, Clarendon Press.

Furth, M.(1988), *Substance, Form and Psyche: An Aristotelian Metaphysics*, Cambridge, Cambridge University Press.

Gelber, J.(2010), "Form and Inheritance in Aristotle's Embryology", in *Oxford Studies in Ancient Philosophy*, Vol. 39, ed. B. Inwood, Oxford, Oxford University Press, pp. 183~212.

Gill, M. L.(1989), *Aristotle on Substance: The Paradox of Unity*, Princeton, N.J., Princeton University Press.

Gotthelf, A.(1987a), "First Principles in Aristotle's *Parts of Animals*", in *Philosophical Issues in Aristotle's Biology*, eds. A. Gotthelf and J. G. Lennox, Cambridge, Cambridge University Press, pp. 167~198.

Gotthelf, A. & Lennox, J. G.(eds.)(1987), *Philosophical Issues in Aristotle's Biology*, Cambridge, Cambridge University Press.

Gotthelf, A. & Falcon, A.(2018), "'One Long Argument'? The Unity of Aristotle's *Generation of Animals*", in *Aristotle's Generation of Animals: A Critical Guide*(Cambridge Critical Guides), eds. A. Falcon and D. Lefebvre, Cambridge, Cambridge University Press, pp. 15~34.

Graham, D. W.(1986), "Some Myths about Aristotle's Biological Motivation", *Journal of the History of Ideas*, Vol. 47, No. 4, pp. 529~546.

Harissis, H.(2017), "The Location of the Euripus of Pyrrha in the Works of Aristotle and Strabo", *Acta Classica*, Vol. 60, pp. 113~144.

Henry, D.(2004), *How to Build an Animal: The Metaphysics of Aristotle's Ontogeny*, Ph.D. Dissertation, King's College London, University of London.

_____(2006a), "Aristotle on the Mechanism of Inheritance", *Journal of the History of Biology*, Vol. 39, pp. 425~455.

_____(2006b), "Understanding Aristotle's Reproductive Hylomorphism", *Apeiron*, Vol. 39, pp. 257~287.

_____(2007), "How Sexist is Aristotle's Developmental Biology?", *Phronesis*, Vol. 52, pp. 251~269.

_____(2008), "Organismal Natures", *Apeiron*, Vol. 41, pp. 47~74.

_____(2009), "Generation of Animals", in *A Companion to Aristotle*, ed. G. Anagnostopoulos, Oxford, Blackwell, pp. 368~383.

_____(2019), *Aristotle on Matter, Form, and Moving Causes: The Hylomorphic Theory of Substantial Generation*, New York, Cambridge University Press.

Hett, W. S.(1936), *On the Soul*, Cambridge, Mass., Harvard University Press.

Irwin, T. H.(1987), "Ways to First Principle: Aristotle's Methods of Discovery", *Philosophical Topics*, Vol. 15, No. 2, pp. 109~134.

Irwin, T. H.(1988), *Aristotle's First Principles*, Oxford, Clarendon Press.

Johnson, M. R.(2005), *Aristotle on Teleology*, Oxford, Oxford University Press.

Joly, R.(1970), *Hippocrate, De la génération, De la nature de l'enfant, Des maladies IV, Du foetus de huit mois*(Collection des Universités de France), Paris, Les Belles Lettres.

Katz, J. T.(2015), "Aristotle's Badger", in *The Frontiers of Ancient Science, Essays in*

Honor of Heinrich von Staden, eds. B. Holmes and K.-D. Fischer, Berlin, De Gruyter, pp. 267~288.

Karbowski, J.(2016), "Justification 'by Argument' in Aristotle's Natural Science", in *Oxford Studies in Ancient Philosophy* Vol. 51, pp. 119~160.

Kember, O. D.(1972), "Aristotle, *De generatione animalium* 761b35", *The Classical Review*, Vol. 22. pp. 172~173.

Lanza, D.(1990[1971]), *Riproduzione degli animali,* in *Opere biologiche di Aristotele*(Biblioteca universale Laterza), eds. D. Lanza and M. Vegetti, Roma, Laterza.

Le Blond, J.-M.(1939), *Logique et méthode chez Aristote*, Paris, Vrin.

Lefebvre, D.(2014), *La Génération des animaux*, in *Aristote, Œuvres Complètes*, ed. P. Pellegrin, Paris, Flammarion.

Lennox, J. G.(1987), "The Disappearance of Aristotle's Biology: A Hellenistic Mystery", in *Philosophical Issues in Aristotle's Biology*, eds. A. Gotthelf and J. G. Lennox, Cambridge, Cambridge University Press.

_____(2001a), *Aristotle's Philosophy of Biology: Studies in the Origins of Life Science*, Cambridge, Cambridge University Press.

_____(2001b), *Aristotle on the Parts of Animals I–IV: Translated with an Introduction and Commentary*, Oxford, Clarendon Press.

_____(2018), "Aristotle, Dissection, and Generation: Experience, Expertise, and the Practices of Knowing", in *Aristotle's Generation of Animals: A Critical Guide*(Cambridge Critical Guides), eds. A. Falcon and D. Lefebvre, Cambridge, Cambridge University Press, pp. 249~272.

Leroi, A. M.(2014), *The Lagoon: How Aristotle Invented Science*, New York, Viking.

Lesky, E.(1950), *Die Zeugungs- und Vererbungslehren der Antike und ihr Nachwirken*(Akademie der Wissenschaften und der Literatur), Mainz, Franz Steiner Verlag.

Leunissen, M.(2007), "The Structure of Teleological Explanations in Aristotle: Theory and Practice", *Oxford Studies in Ancient Philosophy*, Vol. 33, pp. 145~178.

Leunissen, M.(2010a), *Explanation and Teleology in Aristotle's Science of Nature*, Cambridge, Cambridge University Press.

_____(2010b), "Aristotle's Syllogistic Model of Knowledge and the Biological Sciences: Demonstrating Natural Processes", *Apeiron*, Vol. 43, pp. 31~60.

_____(2017), "Biology and Teleology in Aristotle's Account of the City", in *Teleology in the Ancient World: the Dispensation of Nature*, ed. J. Rocca, Cambridge, Cambridge University Press, pp. 107~124.

Leunissen, M. & Gotthelf, A.(2010), "What's Teleology Got to Do with it?: A Reinterpretation of Aristotle's *Generation of Animals* V", *Phronesis*, Vol. 55, No. 1, pp. 325~356, Repr. in Gotthelf, A., *Teleology, First Principles, and Scientific Method in Aristotle's Biology*, Oxford, Oxford University Press, 2012.

Littré, É.(1839~1861), *Œuvres complètes d'Hippocrate, traduction nouvelle avec le texte grec en regard*, Vols. 1–10, Paris, J.-B. Baillière.

Lloyd, G. E. R.(1990), "Aristotle's Zoology and His Metaphysics: The Status Quaestionis. A Critical Review of Some Recent Theories", in *Biologie, logique et métaphysique chez Aristote*, eds. D. Devereux and P. Pellegrin, Paris, Éditions du Centre National de la Recherche Scientifique, pp. 7~35.

Macfarlane, P.(2013), "Aristotle on Fire Animals(*Generation of Animals* III.11, 761b16-24)", *Apeiron*, Vol. 46, pp. 136~165.

Morsink, J.(1982), *Aristotle on the Generation of Animals*, Washington, D.C., University Press of America.

Müller, J.(1842), *Über den glatten Hai des Aristoteles*, Berlin, Verlag der Königlichen Akademie der Wissenschaften.

Needham, J.(1959[1934]), *A History of Embryology*, London, Cambridge University Press.

Pellegrin, P.(1982), *La Classification des animaux chez Aristote: statut de la biologie et unité de l'aristotélisme*, Paris; "Logical difference and biological difference: the unity of Aristotle's thought", in *Philosophical Issues in Aristotle's Biology*, eds. A. Gotthelf & J. G. Lennox, Cambridge, Cambridge University Press, 1987.

_____(1985), "Aristotle: Zoology without Species", trans. A. Preus, ed. A. Gotthelf, in *Aristotle On Nature and Living Things*, Pittsburgh, Mathesis Publications, pp. 95~116.

Pellegrin, P.(1986), *Aristotle's Classification of Animals: Biology and the Conceptual Unity of the Aristotelian Corpus*, trans. A. Preus, Berkeley, University of

California Press.

Platt, A.(1912), *De generatione animalium*(*The Works of Aristotle*, volume V), Oxford, Clarendon Press.

Potter, P.(2012), *Hippocrates: Generation, Nature of the Child, Diseases IV, Nature of Women, Barrenness*, Cambridge, Mass., Harvard University Press.

Putnam, H.(1981), *Reason, Truth and History*, Cambridge, Cambridge University Press.

Saint-Hilaire, J. B.(trad.)(1887), *Traité de la génération des animaux d'Aristote*(Vols. 1–2), Paris, Hachette et Cie.

Salmieri, G.(2018), "Something(s) in the Way(s) He Moves: Reconsidering the Embryological Argument for Particular Forms in Aristotle", in *Aristotle's Generation of Animals: A Critical Guide*(Cambridge Critical Guides), eds. A. Falcon and D. Lefebvre, Cambridge, Cambridge University Press, pp. 188~206.

Sánchez, E.(1994), *Reproducción de los animales*(Biblioteca clásica Gredos, 201), Madrid, Editorial Gredos.

Scharfenberg, L. N.(2001), *Die Cephalopoden des Aristoteles im Lichte der modernen Biologie*(AKAN-Einzelschriften, Bd. 3), Trier, Wissenschaftlicher Verlag Trier.

Sharples, R.(2005), "Some Thoughts on Aristotelian Form: With Special Reference to Metaphysics Z 8", *Science in Context*, Vol. 18, pp. 93~109.

Sober, E.(1992), "Evolution, Population Thinking, and Essentialism", in *The Units of Evolution: Essays on the Nature of Species*, ed. M. Ereshefsky, Cambridge, Mass., MIT Press, pp. 247~278.

Solmsen, F.(1961), "Greek Philosophy and the Discovery of the Nerves", *Museum Helveticum*, Vol. 18, pp. 150~197.

Staden, H. von.(1989), *Herophilus: The Art of Medicine in Early Alexandria*, Cambridge, Cambridge University Press.

Susemihl, F.(1885), "Kritische Studien zu den zoologischen Schriften des Aristoteles", *Rheinisches Museum für Philologie*, Vol. 40, pp. 563~598.

Thompson, D. W.(1895), *A Glossary of Greek Birds*, London, Oxford University Press.

_____(1913), *On Aristotle as a Biologist with a Prooemion on Herbert Spencer*, Oxford, Clarendon Press.

_____(1928), "How to Catch Cuttlefish", *The Classical Review*, Vol. 42, pp. 14~18.

_____(1940), *Science and the Classics*, Oxford, Oxford University Press.

_____(1947), *A Glossary of Greek Fishes*, London, Oxford University Press.

_____(1954[1980]), *The People of the Sea: A Journey in Search of the Seal Legend*, Edinburgh, Canongate.

Thompson, R. D. A.(1958), *D'Arcy Wentworth Thompson, the Scholar-Naturalist, 1860~1948*, Oxford, Oxford University Press.

Whiting, J.(1990), "Aristotle on Form and Generation", in *Proceedings of the Boston Area Colloquium in Ancient Philosophy*, Vol. 6, eds. J. Cleary and D. Shartin, Lanham, Md., University Press of America, pp. 35~63.

Witt, C.(1985), "Form, Reproduction, and Inherited Characteristics in Aristotle's *Generation of Animals*", *Phronesis*, Vol. 30, pp. 46~57.

_____(2012), "Aristotle on Deformed Animal Kinds", in *Oxford Studies in Ancient Philosophy* 43, pp. 83~106.

강영희, 『생명과학대사전』, 서울, 아카데미서적, 2008.

디오게네스 라에르티오스, 『유명한 철학자들의 생애와 사상』(전 2권), 김주일·김인곤·김재홍·이정호 옮김, 파주, 나남, 2021.

박홍규·이태수, 「아리스토텔레스에 있어서 목적인과 운동인」, 『희랍철학 연구: 怡耕 趙要翰 敎授 華甲 紀念 論文集』, 서울, 종로서적, 1988.

아리스토텔레스, 『니코마코스 윤리학』, 강상진·김재홍·이창우 옮김, 서울, 길, 2011.

_____, 『동물의 부분들에 대하여』, 김재홍 옮김·주석, 서울, 그린비, 2024.

_____, 『분석론 전서』, 김재홍 옮김·주석, 서울, 서광사, 2024.

_____, 『분석론 후서』, 김재홍 옮김·주석, 서울, 서광사, 2024.

_____, 『아리스토텔레스 관상학』, 김재홍 옮김·주석, 서울, 그린비, 2024.

_____, 『정치학』, 김재홍 옮김, 서울, 그린비, 2023.

_____, 『토피카』, 김재홍 옮김·해설, 서울, 서광사, 2021.

이남기, 「아리스토텔레스의료-형상설과 실체적 생성의 문제」, 석사학위논문, 연세대학교 대학원 철학과, 2023.

_____, "질료는 실체적 형상의 생성에 기여할 수 있는가?", 『서양고전학연구』 제63권 2호, 2024, pp. 115~148.

찾아보기

* 가령, 749a19는 Bekker판 페이지 숫자와 좌우(ab) 난(欄), 행수를 나타내고,
  → 는 그 항목을 참조하라는 의미.

748a21, 750b10, 756a31, 34, b19,
757b4, 25, 28, 759b11, 24-760a7,
764b6, 767a23

교미하다, 짝짓기하다(oxeuein, plēsiazein,
sunduazesthai, mignunai) 715a25,
17b3-11, 720b8f., 729b23-730a8,
731a13-b7, 732b11, 750b34f.,
757a6f., 759a16-19, b3-27, 760b35,
761a7, 767a11

구더기(kampē) 758b9-29, 759a2

구더기(skōlēx, skōlēkōdēs) 721a6, 732a29,
31, 733a2, b14, 752a27, 758a36, b7-
759a3, 762b27-33, 763a18, 구더기를
낳다(skōlēkōtokein) 729b32, 732a29,
b10, 733a25-28, b13, 755a15,
758a31-33, 763a14

귀(ous) 781a35, b13-25

균형(summetria, summetron) 723a29,
729a17, 767a16, 23, 772a17, 777b28,
779b27f., 780b24

'그것은 무엇인가'(to ti esti) 742b33

'그것을 위하여'의 '그것'(to hou heneka)
715a5, 8, 742a20-29, 778b13 → 목적

기능(작용)(ergon) 716a23, 717a21,
718b26f., 719a14, 724a16,
731a25-b10, 735a19, 736b12, 745a27

기본 요소(stoicheion) 715a11, 722a34,
736b31, 737a1

긴노스('수컷 노새와 암컷 말', ginnos)
748b34-749a6

깨어나다(egeirein) 778b26, 31, 779a7-22

껍데기(ostrakon) 718b18, 752a30, 32,
754a2

껍데기동물('부드러운 껍데기를 가진 동물',
껍데기류(ta ostrakoderma) 715b17,
731b8, 761a13-30, b5, 24, 762a29,
763a26

꿀벌(melitta) 758b18, 32-761a10, 763a18,
770a28, 786a35

나타나고 있는 사실(현상; phainomenon)
759a11, 760b33

남자(anēr) 723a27, 30, 728a13, 746b23,
747a1, 4, 768a24, 782a10

낳다, 출산하다, 산출하다(gennan, tiktein,
ektiktein) 715a23-b5, 722b13,
729a25, 731a2, b11, 13, 732a27,
734b2, 35, 735a13, 737b13-19,
741a9-18, b3, 742a25, 31, 753a7-
16, 756a13, 27, 759a10-16, 766b10,
775a34, b2, 낳은 부모, 낳는것(to [ho]
gennōn) 721b7, 11, 21, 31, 722a20,
724a5, 747b31, 765b13, 767b22-29,
769a2, 7, 34

냉각, 냉(psuxis) 743a4, 36, 764b7, 777b2

네 발의(tetrapous) 717b15, 732b24,
751a17, 752b32-753a14, 754a17,
755b29, 762b28, 781b14

노년, 늙은, 노령(gēras) 725b20f., 745a14,
32, 767b11, 783b7, 784a25, 33, b33f.

노른자(ōchron) 751a33, b7, 10, 20-752a7,
b10, 26, 753a35, b1, 11-754a14, b22,
755a2, 757b12 → 알에서는 거기서
시원이 생기는 부분과 거기서 영양을
얻는 부분 751b7-9, 753b24

노른자(쌍생란, lekithos) 751b14, 753a25,
27, 770a16 → 노른자, [노른자에서
영양이 제공되는] 770a22

노새(oreus) 728b11, 746b14

논증(apodeixis) 742b25-33, 747a28, b23,
28

뇌(egkephalos) 743b29-744b2, 780a22, b7,
782b17, 783a1, b28-784a2

눈(omma, ophthalmos) 743b32-744a20, b3,
9, 778a18, 32, 779a26-781a12

늙다(gēraskein) 745a12, 29, 780a18, b5,
785a21-24, 787b13

능력 → 가능상태

다산의, 많은 알을 낳는다(polugonos)

739a15, 752a6, 774a4, 783b30,
정액의 방출 737b27, 월경혈의 방출
750b6, 12, 751a1, 잉여물의 방출
776a27

분리하다, 분비하다(apokrinesthai) 716a11,
723b12, 724b27, 739a5, 18, 740a3, 6,
751b15-752a3, b17, 762b7

분화(diakrisis) 740b2, 13, 775a17, 26

불(pur) 722a33, 736b35-737a6, 743a7-
19, 761b17f., 779b17-24

비동질 부분(anomoiomerē) 715a10,
722a18-29, b31, 724b24, 740a19

비둘기(peristera) 749b12, 756b23, 770a12,
774b31, 785b25

비둘기의 무리(peristerōdē) 749b18,
750a15

뻐꾸기(kokkux) 750a11, 17

뼈(ostoun) 743a18-21, b5, 744b28-
745a25, 787b18f.

사자(leōn) 760b23, 785b17, 788b17

살(sarx) 722a17, 27, 34, b34-723a20,
734b25-34, 743a10, 21, b3, 6

새(orinis, orneon) 717b15, 729b34-
730a10, 749a17-b2, 26, 750a29-
751a8, 20-b32, 752b16-753a14,
754a33-755a2, 756b13-30, 774a6,
10, b27

(털) 색의 다양함(poluxhroos, poluchrōs)
779a34-b10, 785b19, 786a3

생명(zōē) 722b22, 728b32, 732a12,
736a33, 741a23, 762a32, 776b6

생식기, 음부(arthron) 716b34, 747a21,
748b26, 749a30, 751a30

생식력(번식력)이 결여된(agonos) 718a23,
725a15, 726a3, 728a13, 18, 730a21,
732b9, 746b17-35, 747a4, 25, 33,
b13-26, 748b7-19, 756a18

생식력(번식력)이 있는(gonimos) 718a24,
725a10, 730a6, 21, 736a35, b34,

747a5, 748a13, b6f., 750b21, 751b24,
756a24, 757b1, 765b3

생식력이 부족(agonia) 746b20, 747a33,
748b8, 12, 750a31, 생식을 위한 721a1

생식액(gonē) 718a4-22, 719b4, 723b25,
724b12, 726a18, b3, 727a3, 6, b1,
16, 728a30, 729a6, 21-31, 730a2,
731a20, 733b20, 33, 734a36, 736a11-
25, 737a7-17, 738b11f., 739a9, b9-
24, 741b7, 746b29, 747a17, b1, 22,
748a32, b3, 749a16, b6, 750b16,
751b31, 757a22, 767b18, 769a28, 34

생식액(어류), 이리(thoros) 730a20, 755b6,
756a8-25, b4, 8, 757a16-26

설명 규정, 본질 규정, 이치(logos) 715a5,
8, 716a18, 20, 729a16-26, b8, 731b19,
732a4, 735a2, 740a5, 760b17-32,
768a34, 778a34, b10, 12, 이치에
맞다 718b5, 756a15, 758b28, 775b30,
778a1

성교, 성행위(aphrodisia, aphrodisiasmos)
723b33, 725b18, 747a16, 783b29,
성행위를 좋아하다(aphrodisiastikos)
756b25, 773b29-774a16, b2, 성교를
하다(aphrodisiazein) 725b34, 726b8,
773b32, 783b26

성장(auxēsis) 733b3, 735a16, 740a12, b31,
741b32, 743b20, 744b21-745a10, 27-
b2, 752a24, 28, 753b29, 755a13-29,
757b5, 779a5, 21, 25, 789b2, 성장의
시원 735a16, 성장과 영양에 대한
논의 784b3

성장시키는 것(auxētikon) 744b34f., 789a8

성장하다(auxanesthai) 725a19, 730b4,
732b7, 735a14-22, 737a20, 740a21,
b34, 745a8-25, 751a6, 24, 755a16, 22,
763a11 766a11, 767b18f., 775b29

성질과 상태, 상태, 겪음(pathos, pathēma)
721b16, 722b31, 33, 734b32, 746b32,
751a16, 759b15, 765b22, 775b26-36,
778a16f., 34, 779a3, 781a35, 783b10-

b14, 788a7-23, 789b8-20, 운동을
일으키은 원인 715a13, 732a4,
789b20, 생성의 원인 726b20

월경혈(katamēnia) 721b5, 727a4-29,
b11-33, 728a23, b24, 31, 729a22,
739b24, 26, 748b21, 24, 764a5,
765b21,767a1f., b16, 774a1f., 777a15,
[월경혈은 순수하지 않은 정액이다]
728a26, 737a28, [월경혈은
잉여물이다] 727a2, 31, b33

위, 장, 복부(koilia) 725b1f., 728a15f., 22,
756b9f., 28

유(genos) 723b4, 6, 725b26f., 731b32, 35,
732b15, 22, 747a23, 25, 748a4, 15,
760a5-b1, 763b26, 767b7, 778a21-
33, 784b21f., 785b17-786a3

유방(mastos) 725b3, 728b30, 776b4, 18-
32

유절(마디)동물(ta entoma) 715b2, 7,
721a2, 25, 32, 723b20, 729b25,
732b10, 12, 733a24-27, b13, 758a27,
29, b6

유혈동물(ta enaima, enaimos) 715a20, 29,
716a34, b2, 720b3, 726b2, 731a19,
732a21, 28, b9, 733b18, 740a18,
741b16, 749a12, 766a33, 36

육생의, 보행하다(pezos) 718a38, 746a24,
749a13, 15, 761b14, 771b10

융해물(suntēgma) 724b26-725a1, 23-34,
726b29

은신처에 숨다(phōleuein) 783b11, 24,
784a12

음경, 음부, 성기(aidoion, perineos) 716b28,
33, 718a18-23, 719b31, 720a4, 24,
33, 722b5, 737b31, 751a5-9, 764a15,
766a5, 770b33, 36, 772b26, 773a21,
24

음낭(불알주머니, oschea) 719b5

응유소(puetia) 729a12, 739b22, 772a25

이것(개체; tode ti) 734b18, 767b35

이베리아(Ibēria) 748a26

이빨(odous) 745a18-b14, 788b3-789b16

인간(anthrōpos) 717a32, 732b17, 25,
737b27, 738b6, 9, 744a24-31,
753a13, 767b4f., 26-32, 768a13, b14,
769b8f.,772b1, 8, 775a4, 6, 23, 28,
776a22, b24, 777b3, 5, 778a22, 26,
780b3f., 781b18, 31, 782a7-14, b10-
16, 783b9, 784a2, 4, 18, 25, 785b6,
8, 786b19, '사람이 사람을 낳는다'
735a21

인도 개(Indikos kuōn) 746a34

임신(kuēsis) 756a6, b5, 775a28-b7,
임신기간 746a32, 769b23, 772b6,
776a21, 777a32, b9-17, 임신하고
있다(kuein) 773b15, 25, 777b13

임신하다(sullambanein) 727b19, 25,
739a27, 30, 748b22, 29, 775b10, 28,
777a13f.

입(stoma) 720b16, 18, 756b9-16, 32

잉여(perittōsis), 정액적 잉여(spermatikē
perittōsis) 717b6, 744b29, 38, 767b16,
774a5, b21, 776b9

잉여물(perittōma) 715a25, 724b26-
725b13, 726a5-b10, 25-727a11, 31,
34, b33, 728b23, 26, 737a4, 18-34,
738a2f., 23-b18, 739a2-15, 740b19,
741a7, 749b3-22, 750a30, 35, b13-
20, 762a3-15, b2-12, 765b27, 36,
766a10, 13, b8-19, 771a30, 772a5,
18, 773b2, 774a22, 26, b1, 775a32,
36, b12-23, 776a27-b11, 30, 정액적
씨앗 잉여물 717a30, 727b5, 743a27,
738b19, 739a5, 746b28, 749b28,
750a3, 771b22 생성력이 있는 잉여물
738b19, 739a5

자고새(꿩과의 새, alektoris) 738b32, 746b2,
751a13, 785b35

자궁(hustera) 716a33, b32, 718a35, b11-
25, 719a5-32, b18-28, 720a13-
27, 738a10-14, 739a1, 31-b20,

740a25-35, 745b26-746a25, 751a1-
8, 753b35-754a7, 755b16-22,
756b27-36, 763b34, 764a3, 15-b1,
31f., 765a10-18, 자궁 입구 727b23,
739a33, 37, 773a16

자동으로 움직이는 구경거리(automata)
734b10, 13, 741b9

자손[새끼의 씨](gonos) 759a8-b1, 26,
760b4, 26, 34

자연, 본성, 자연 본성(phusis) 715b13-
27, 717a15, 720b18, 730b19, 731a24,
b26-732a4, 733a33, 735a3f., 736b33-
737a4, 738b1, 740a28, 741b21,
742b1, 4, 743a34, 37, b23, 744b16-
28, 745a32, 746a3, 749b8, 750a3,
752b19, 24, 753a8, 755a32, 35, 759b3,
762a18, 766a5, 767b9, 770b17,
771a29, 35, 777a6-16, 778a5,
781b22, 782a20, 786b20, 자연에
의거하다, 들어맞다 724a18, b24,
727b30, 731b26, 774a30, 777a13-
29, 778a8, 자연에 어긋나다 724b25-
725a2, 745b11, 13, 748b16, 18,
770b10-24, 771a14, 772b13-31,
774a29, 775a24, 27, 777a19, 778a9,
자연은 쓸데없는 일을 하지 않는다
739b19, 741b4, 744a37, 788b20,
[자연은 좋은 가정 관리자인 것 같다]
744b16

자연학자(phusikos) 741b10, 742a1,
756b17

자연철학자(phusiologos) 742a16, 763b31,
769a7, 778b7

잠자다(katheudein) 738a2, 778b22-779a20

저절로(automatos) 732b12, 758a30, b8,
759a7, 13, 31, 761a18, b24, 762a1, 9,
763a25f.

젊다, 어리다(neos) 725b22, 766b29,
779b7, 11, 782a6, 786b14f.,
787a23-b13

점액(phlegma) 725a15, 735b35

정액, 씨앗(sperma) 716a8, 719b33-
720a10, 721a30-b35, 722a13, b4,
723a15-35, b1-16, 724a8-20,
35-b22, 725a9-23, b5-726b20,
727a28-b6, 25-728a31, b22-729a4,
b2, 5, 730a12-25, b10-23, 732a16,
22, 734a14, 34-b22, 735a5, 29-
35, b32-737a33, b28, 738b14, 34-
739a17, 35-b17, 749b8, 763b30, 32,
764a10, b9-16, 765b2, 11, 766b8-
767a1, 771a26, 31, b28, 772a8-23, b4,
773b12 [(정액이) 온몸에서 나오다]
721b9-12, 35, 722a4, 21f., b3-25,
723a10, 12, 28, b6-724a12, b35,
725a22, 729a6, 730a12, 24, 769a13,
[정액은 잉여물이다] 725a12, 726a26,
b10, 727a30, 737a18, 749b8, 766b8

정화(katharsis) 727a15, b14-22, 728b3, 12,
746b30, 747a19, 773b31f., 774a1, 22-
28, 775b5-11, 776a11

젖(gala) 729a11f., 735b2, 752b23, 26,
776a15, 24, b3, 777a3-24, 789a5,
7, (아이가 부모를) 닮음(eoikenai,
proseoikenai) 721b29, 722a8, 19,
728a17, 764b27, 766b9, 767a36-b6,
21, 768a7, 25-b11, 33-769a35

조개(ostreion) 761a31, 763a33, b1

조상(progonoi) 767b2, 37-768a14, 34, b3,
769a4, 24, b7

종(eidos) 731b35, 746a31, 747b33-748a7

종양(phuma) 724b25, 772b29

종차, 차이 특성, 다름(diaphora) 715b21,
716a35, 718b28, 737b24, 743a6,
756a3, 761b15, 763b27, 29, 764a8-
23, 766a22, 775a28, 778a20, b15,
780b17-30, 781a16, 18, 782a1, 6, 27,
786a33

'좋음'(to eu) 717b34, '더 나은 것'을
위해서 717a16, 20, 755a23, 789a9, b5

중복임신(epikuiskesthai) 773a33-b14, 28,
774a14, 17, 31

페린토스(Perinthos) 773a26

포란하다(epōzein) 752b16-34, 753a15, 20, b2

풍란(hupēnemia) 730a4, 7, 737a30, 741a17, 30, 749b1, 750b1-21, 751a10-23, b21, 24, 757b1, 14

퓌그마이오이족(Pugmaioi) 749a4

퓌라(Purra) 763b1

피부, 살갗, 피막(derma) 719b6-17, 743b6, 14, 780a26-36, b25, 782a25-b10, 785b3-15, 786a8-b4

필연, 필요(anagkaion) 717a15, b34

필연에 의한, 필연적으로(ex anagkēs) 720b18, 731b21, 738a33, 739b28, 743a37-b17, 744a13, 748b19, 755a22, 770b11, 776a25, b33, 778a35, b16f., 789a12, b13, 20

하이에나(huina) 757a3-9

해부(anatomai) 764a35, 771b32, 779a8

『해부집』719a10, 740a24, 746a15

해소되다(luein) 743a11, 768a15-b15, 769b12

헤로도로스(Herodōros) 757a4

헤로도토스(Herodotos) 736a10, 756b6

혈관(phleps) 737b5, 738a9-14, 740a22-33, 743a1, b27, 745b26-33, 746a10, 17, 753b19f., 764b30, 34, 777a26, 787b27

혈액(haima) 722b34-723a5, 16f., 726b2-12, 727a35, 728a20, b1-3, 738a23, 36, 751a34, b1, 764b33, 765b21-34

형상(eidos) 724b6, 729a10-25, 729b20, 730b14f., 732a5, 734a31, 735a2, 4, 765b11, 766a19, 770b17, 772b25

형태, 체형(morphē) 716b7, 729b7, 730b14, 733b21, 734a32, 740b28, 743a14, 751b2, 761b19, 762a13, 722b34-723a5, 16f., 767b17, 768b32, 769b27

호메로스(Homēros) 785a15

혼(psuchē) 730b15, 731b29f., 734a1, 14, b25, 735a5f., 736a29-b14, 30, 32, 737a16, 29, 738b26f., 741a2-27, 745b25, 757b17, 영양 섭취를 위한 혼 736a35, b8, 740b29, 37, 741a25, 감각적 혼 736b1, 14, 741a11, 27, b6, 지성적 혼 736b14, [혼에 대해 규정하는 논의] 779b23

『혼에 대하여』786b25, 788b2

혼이 없는(apsuchos) 731a35, 731b29, 736a32, 혼이 있는(empsuchos) 722b19, 731b29, 733a12, 734a15, b24, 32, 737a32, 738b20, 741a21

활동상태, 활동(energeia) 717a26, 726b17, 730b21, 734b13, 21, 735a4, 736b10-29, 737a18, 24, 740a4, b20, 28, 741a21, b14, 742a12, 743a23-28, 744a8, 768a12, b4, 7, 760b1

황소(bous) 769b24, 779a31, 785b21, 25, 786b16, 22, 787a31, b10, 18

획득하다(epiktētos) 721b30, 747a19

횡격막 → 격막

흑해(Pontos) 782b33

흙, 대지(gē) 735b1, 6, 24, 761a20-b20, 762a10-19, b12-35, 784b8

흙의 성질, 토질의(geōdēs) 718b19, 735b9, 36, 736a6f., 743a14, b13, 745b19, 751b10, 19, 752a3, b1, 753b5, 762a28f., 781b20, 782b22, 25, 783a18, 30

흰자(leukon) 751a33-b26, 752a1-13, b9, 26f., 753a35-b13, 754b22, 757b7-28, 770a21, [발생의 시원을 흰자에서 얻는다] 751b5

힘 → 가능상태